초등영어문자지도

초등영어문자지도

English Literacy Teaching for Primary School Students

정 동 빈
Dong-Bin Jeong

한국문화사

English Literacy Teaching for Primary School Students

Written by Dong-Bin Jeong, Ph.D.

E-mail:dbjeong@cau.ac.kr

Web: http://EnglishT.com

First Published in 2008

Published by President Jin-Su Kim of Hankook Publishing Co.

Registration Number of Hankook Publishing Co.: 2-1276(November 9th, 1991)

#502, Do&Can Building 656-1683 Sungsu-1ga-2dong, Sungdonggu, Seoul 133-823 Korea

E-mail: hkn77@korea.com

Web: http://hankookmunhwasa.co.kr

Phones: 02-464-7708 02-3409-4488 (Seoul)   FAX: 02-499-0864 (Seoul)

Price : ₩ 18,000 $ 18.00

ISBN 978-89-5726-533-8 93730

Prologue

그 동안 초등학교에서의 문자지도에 대한 열의가 응집되어 교육인적자원부에서는 2007년 2월28일 제 8차 영어과 교육과정을 고시하면서 많은 부분 강화되게 것이 사실이다. 그러나 아직도 이런 초등영어교육을 위한 문자지도의 방법, 절차, 기법 등에 대한 연구가 많이 필요한 것도 사실이다. **어린이 영어문자지도**에서 부분적으로 해결하지 못한 초등영어문자지도의 의문점을 해결하고자 노력하였고, 이제 **초등영어문자지도**에서 초등영어문자교육의 쟁점이 되는 것을 더욱 명확하게 해결하여 제시 할 필요가 있다. 그래서 이 책에서 다음과 같은 주제를 중심으로 필자가 그 쟁점을 해결하고자 노력 할 뿐만 아니라 그 쟁점을 현장교사 스스로도 해결 방안을 찾기 위해서 노력할 수 있도록 그 이론과 실제적 기저를 제공하고자 한다.

첫째, 어린이에게 흥미 있는 읽고 쓰기 지도는 어떻게 효과적으로 할 것 인가?
둘째, 어린이에게 u-러닝 초등영어문자지도는 어떻게 할 것 인가?
셋째, 어린이에게 문학을 활용한 영어교육은 어떻게 할 것 인가?
넷째, 어린이에게 문자지도프로그램을 어떻게 운영 할 것 인가?
다섯째, 어린이를 위한 문자지도접근법의 유형들은 어떤 것들이 있는가?
여섯째, 어린이에게 유익한 문자지도평가 방법은 어떻게 할 것 인가?

이런 위에서 제시한 의문점을 해결하기 위해서 어린이 영어문자지도에서도 언급한 바와 같이, **어린이 영어문자 학습지도**란 어린 시기의 언어습득의 특성을 고려하여 체험적인 교육방법, 기법, 절차를 설계하여 학습현장에 적용하는 구체적인 문자해독놀이 활동과정이라고 볼 수 있다. 그러므로 이 책은 초등영어문자학습지도에서 어린이의 언어발달과정의 특성을 고려하여 초등영어교사들은 감각적인 활동과 놀이를 활용하여 실시하면 더욱 효과적이라는 것을 전제로 하다. 일반적으로 어린이에게는 반복적인 문자놀이학습방법을 활용하여 나선형으로 되풀이하면 효율적인 영어놀이훈련이 필요하다. 이 책에서는 초등영어읽기와 쓰기학습지도의 모형을 제시하여 그 것들의 특성을 살펴보고, 초등영어교사에게 문학작품

감상, 다양한 프로그램 운영, 지도 접근법, 놀이를 활용한 바람직한 초등영어문자놀이학습지도와 평가모형 설정과 그에 대한 구체적인 방향을 제시해주고자 한다.

초등영어 문자놀이 학습지도의 처음 도입 시기에는 재미있는 놀이를 통하여 영어문자에 대한 친숙감과 자신감을 심어주도록 노력하고, 영어에 대한 흥미와 관심을 지속적으로 유지시켜 주는 것이 중요하다. 이러한 분위기와 학습태도는 향후 초등학교영어교육으로 이어져, 영어문해능력을 향상시키는 첫 걸음이 될 수 있도록 한다. 어린이영어문해놀이지도의 목표는 외국어로서 영어문자에 흥미와 관심을 갖고 학습하여 모국어와 다른 새로운 영어문자세계에서 의사소통을 할 수 있는 능력을 기르는 데 있다. 어린이가 이런 다른 외국 세계의 문자언어를 기본적으로 표현하고 이해하기 위해서는 우리나라 어린이의 언어발달과 영어학습지도의 특성을 파악하여 실시하여야 하며, 간단한 내용의 파닉스를 스스로 듣고 이해하는 능력을 배양하여 문자로 표현 할 수 있도록 해야 한다. 어린이가 스스로 문해력을 기른 후에 자유자재로 반응할 수 있는 의사소통 능력을 기르도록 해야 한다. 그러면, 궁극적인 초등영어문자놀이학습지도의 목표는 무엇일까? 어린이 개인과 국가적으로 보면, 세계화와 정보화 사회에 능동적으로 적응 할 능력을 기르는데 있다. 즉, 21세기 세계화와 정보화의 주역을 성장시키는데 있다. 어린이 발달과 교육적으로 보면, 어린아이가 가지고 있는 언어습득장치를 최대로 활용하여 영어발달을 할 수 있도록 어린이 영어교사와 부모가 그 책무를 다 하는데 있다.

이 책이 완성되기까지 여러 초등영어교육학자들과 유아영어학습지도 현장 선생님들의 자료 모음과 실제 적용 방안에 대한 구체적인 제시가 큰 도움이 되었다. 유치원, 어린이영어전문학원 및 초등학교 등에서 영어문자를 가르치는 선생님들께 실제지도자료 제공과 지도기법을 체험 할 수 있도록 논의에 임해 주신 점에 감사 인사드린다. 마지막으로 방대한 원고를 꼼꼼이 교정해 준 중앙대학교 대학원 김지은, 김현정, 이지연, 전지혜, 김기정, 정윤미 선생에게 깊은 감사를 드린다. 그들의 공헌 없이는 이 책이 완성되지 못했을 것이고 현장감이 없었을 것이다.

2008. 2. 7.
청담동 서재에서
저자 정 동 빈

CONTENTS

Prologue__05

제 1장 초등영어 읽고 쓰기 지도

Ⅰ 머리말 ········· 10
Ⅱ 쓰기지도의 이론적 배경 ········· 10
Ⅲ 과정중심 쓰기지도의 실제 ········· 51
Ⅳ 맺음말 ········· 56

제 2장 u-러닝 영어 영어문자지도 모형

Ⅰ 머리말 ········· 64
Ⅱ 문자지도의 이론적 배경 ········· 66
Ⅲ 영어 문자지도 모형 설계를 위한 연구 방법 및 분석 ········· 81
Ⅳ 영어 문자 지도 모형 ········· 92
Ⅴ 맺음말 ········· 111

제 3장 어린이 문학활용 읽기지도

Ⅰ 머리말 ········· 118
Ⅱ 어린이 문학과 전래동화 ········· 119
Ⅲ 전래동화 교수학습 모형과 교수 지도안 ········· 149
Ⅳ 맺음말 ········· 154

제 4장 초등영어 문자지도 프로그램 운영

Ⅰ 머리말 ········ 160
Ⅱ 문자지도 프로그램 개발과 운영의 이론과 적용 ········ 161
Ⅲ 맺음말 ········ 197

제 5장 초등영어 읽기지도의 접근법

Ⅰ 머리말 ········ 220
Ⅱ 읽기 지도의 접근법 ········ 222
Ⅲ 맺음말 ········ 261

제 6장 영어문자지도 평가방법

Ⅰ 머리말 ········ 268
Ⅱ 이론적 배경 ········ 269
Ⅲ 실제적 평가의 예 ········ 308
Ⅳ 맺음말 ········ 329

제 7장 게임활용 초등영어 문자지도

Ⅰ 머리말 ········ 334
Ⅱ 구성주의 이론과 게임학습 ········ 335
Ⅲ 맺음말 ········ 361

Epilogue __ 373
저자소개 __ 375

제 1장

초등영어 읽기 쓰기 지도

English Literacy Teaching

for Primary School Students

I 머리말

영어교육에서 의사소통능력이 중시되면서, 쓰기에 대한 학습자들의 관심이 날이 갈수록 증가하고 있다. 말하기나 듣기와 달리, 쓰기는 언어에 계속적으로 노출된다고 해서 저절로 익혀지는 것이 아니라 학습과 노력이 필요한 기능이다. 이러한 쓰기의 교수에 있어서 두가지 접근법이 있는데, 하나는 쓰기의 결과물을 중시하는 **결과중심 접근법**이며, 다른 하나는 쓰기의 과정을 중시하는 **과정중심 접근법**이다. 과거에는 쓰기 교수에서 결과중심 접근법이 우세하였으나, 요즘에는 점차 과정중심 접근법에 대한 관심과 활용도가 높아지고 있다. 그렇다면 여기에서 말하는 과정중심 접근법의 구체적인 내용과 효과성은 무엇일까?

또한 과거에는 쓰기가 말하기, 듣기, 읽기의 학습이 선행되어지고 난 후에 가장 마지막으로 학습되어지는 요소로 여겨졌지만, 요즘에는 다른 기능들과 통합되어 가르칠 때 그 학습효과가 가장 높다는 의견이 우세해지고 있다. 특히, 쓰기는 읽기와 밀접한 관련이 있어 두 기능이 통합되어 가르치면 효과적이라고 하는데, 두 기능은 어떻게 관련되어 있으며 어떻게 가르치는 것이 효과적일까?

이 장에서는 앞서 제시한 두가지의 큰 연구문제와 함께 다음의 세부적인 연구문제들에 대해 알아보기로 한다. 쓰기란 무엇인가? 어린이의 쓰기 과정은 구체적으로 무엇인가? 글을 쓰기 전에 어떤 절차를 밟는가? 주제를 선정할 시에 어떤 요소를 고려해야 할까? 어린이가 쓴 글을 어떻게 수정하고 편집해야 할까? 어린이의 읽기와 쓰기는 어떻게 연관되어 있는가? 읽기가 쓰기에 어떤 영향을 주는가? 반대로, 쓰기가 읽기에 어떤 영향을 주는가?' 이 장에서는 먼저 이론적 배경의 탐구를 통해 제시된 연구 문제에 대한 해답을 찾아보고 그 살펴본 이론을 바탕으로 실제 현장에서 적용할 수 있는 모형과 교수-학습 지도안 활동에 대해 알아보도록 한다.

II 쓰기지도의 이론적 배경

1. 쓰기의 개념

쓰기란 무엇인가를 종이나 유사한 물건 위에 글자로 옮기는 것이라고 말할 수 있지만, 상황에 따라서 여러 가지로 해석할 수 있다. 문자로 된 글자, 한 단어, 더 나아가 어구 또는 문장을 쓰는 것에서부터 문자 언어를 수단으로 하여 필자의 생각, 느낌, 의견 또는 경험을 독자에게 전달하는 복잡한 정신적 기능까지 모두 포함한다. Byrne(1981)은 글쓰기가 단순한 개별의 문장을 쓰는 것이 아니라, 연결된 문맥으로 이루어져 일관성 있는 보다 큰 단위의 내용을 담은 것이라고 했다.

쓰기의 개념은 시대의 흐름에 따라 변화하고 있다. Rivers(1988)는 어형 변화, 언어 규칙에 관한 연습, 모국어를 외국어로 번역하는 것, 간단한 대화 만들기 등을 모두 쓰기에 포함시켰다. Emig(1971)는 자신이 말하고자 하는 것을 다시 발견해 나가려는 계속적인 시도가 바로 쓰기 활동이라고 하였으며, Widdowson(1978)은 의식적인 노력이 필요한 과정, 즉, 무슨 내용을 쓸지 생각하는 것 뿐만 아니라 쓴 내용을 다시 읽어보고 수정하는 과정이 쓰기 활동이라고 하였다. Murray(1979)는 쓰기 활동이란 글을 쓰는 사람이 글의 의미를 찾고자 쓰기와 교정의 과정을 반복하고, 이러한 여러 과정을 통해 중요한 아이디어를 계속 확장해 가며 다듬는 과정이라고 했다. 또한, 그는 쓰기 활동이 완전히 갖춰진 아이디어의 기록이 아니라 아이디어 발전의 기록이므로 글을 쓰는 사람은 다시 고쳐 쓰는 단계에서 자신의 의도에 좀 더 부합되는 방향으로 글을 수정해나가야 한다고 했다. 그밖에, Zamel(1983)은 쓰기란 마음의 목소리를 글로 적어나가는 과정이라고 하였으며 Brown(2001)은 말하기와 달리 자연적으로 발달시킬 수 없는 특별한 기술을 요구하는 과정으로, 사고, 초고 작성, 수정과정의 산물이라고 했다.

이처럼 쓰기의 개념은 형식적인 결과물 중심에서, 과정을 중시하는 관점으로 변화해왔다. 또한, 쓰기는 자신이 말하고자 하는 바를 스스로 발견하고 표현해가는 과정이다. 따라서 쓰기란 일회적인 결과물이 아니라 아이디어를 산출하고, 이를 바탕으로 초고를 작성한 후, 여러 번의 수정 작업을 거쳐 최종적인 글을 써내는 일련의 과정이라고 할 수 있겠다.

2. 쓰기의 시작

쓰기 과정은 발달 초기부터 시작된다. 쓰기는 어린이가 발화 전 몸짓을 하고, 언어를 듣고 사용하며, 구어만이 현재를 표현할 수 있는 유일한 방법이 아님을 깨닫기 시작하는 것에서부터 시작된다(Gunning, 2008). 쓰기가 시작되는 구체적인 시기 및 특징에 대해서는 학자들마다 약간의 견해 차이가 있는데, 그 내용을 정리해보면 다음의 <표 1>과 같다(조정숙 · 김은심, 2000).

<표 1> 쓰기의 출현 시기 및 특징

연구자	연령	특징
Hildreth	3세	선긋기에 규칙적인 수직적 움직임과 수평적인 일직선의 방향이 나타남.
Clay	3~5세	종이에 목적을 가지고 표시한다는 것을 인식. 쓰기를 모방하며, 긁적거리기

		단계의 글씨와 유사한 글자가 나타남.
Lavine	3~6세	유아의 긁적거리기와 글자변별 능력 및 활자의 특수 형태 변별 능력이 단계적으로 진전됨.
Atkins	3~5세	쓰기 패턴이 모방에서 창작 형태로 변화. 실제 글자, 유사 글자, 발명된 상징 글자가 혼합되어 나타남.
조정숙 · 김은심	2~5세	2세 : 긁적거리기 단계의 쓰기 행동이 나타남. 3세 : 긁적거리기 단계와 획의 개념이 나타남. 4~5세 : 의도적 자형 및 완전한 글자 형태 출현 단계, 단어 쓰기 단계로 발전함.

어린이들은 엄마가 소리 내어 읽어주는 이야기책을 통하여 그림과 글자들을 발견한다. 그리고 어린 아이들은 엄마와 아빠, 집 등을 그리기도 하고 재미로 여러 가지 낙서를 하기 시작한다. 어느 정도의 시간이 흐르면, 이런 낙서들에 의미를 부여하기 시작한다. 결국, 어린 아이들은 사람이나 사물을 그림으로 표현할 수 있을 뿐만 아니라 글로도 표현할 수 있다는 사실을 깨닫게 된다. 이러한 놀라운 사실을 많은 어린 아이들은 유치원에 들어가기 전에 깨닫게 된다.

어린 학습자들의 **쓰기 지도**를 돕기 위해서는 학습자들의 현재 쓰기 수준이 어느 단계에 있는가를 파악하는 것이 중요하다. 쓰기 발달 단계는 제시하는 학자들마다 약간씩의 차이가 있지만, 여기서는 Gunning(2008)이 제시한 6가지 쓰기 발달 단계를 기준으로 삼았다. Gunning(2008)이 제시한 쓰기 발달 단계는 다음에 제시된 <그림 1>과 같다. 여기서 기억해야 할 것은, 학습자들이 각 단계에서 전진하기도 하고 후진하기도 한다는 점과 각 단계들이 서로 중복되기도 한다는 사실이다. 게다가 학습자들은 어떤 종류의 쓰기를 하느냐에 따라 학습하고 있는 단계가 달라지기도 한다. 예를 들어 이야기식 쓰기를 할 때에는 4단계 정도이던 학습자가 설명문식 쓰기를 할 때는 2단계 수준 정도 밖에 되지 않을 수도 있다.

모든 **쓰기의 활동**이나 과정이 항상 동일한 것은 아니다. 예를 들면, 시를 쓰거나 수필을 쓰는 과정은 친구에게 편지를 쓰는 과정보다 더 복잡하다. 그리고 글을 쓰는 과정은 나이와 경험의 영향에 의해 더 발전하기도 하고, 다양하게 변하기도 한다. 글쓰기에 아직 초보인 학습자들은 글을 쓸 때 말로 이야기를 전달하는 것과 비슷한 '있는 그대로 지식을 전달하는 과정'을 사용한다. 이 과정에서는 일상적인 대화 수준을 넘어서는 목표 설정이나 계획을 필요로 하지 않는다(Bereiter & Scardamalia, 1982). 또한 초보자들은 '바로 다음을 위한 전략'을 사용하는데, 이는 전체적인 글에 대한 종합적인 계획을 세우지 않고 바로 전 문장에서 다음 문장의 글을 유도해내는 방법이라 할 수 있다(Dahl & Farnan, 1998). 이 단계에서는 지금 쓰고 있는 문장이 바로 다음 문장을 위한 발판이 되는 것이다.

이러한 초보 단계를 거치면서 학습자들은 점차 '지식을 변형할 수 있는 능력'을 습득하게 되는데, 이 능력은 자신의 생각에 따라 지식을 변형시켜 글을 쓸 줄 아는 능력으로 발전한다. 글을 쓸 때 글은 생각에 영향을 미치고 동시에 생각은 글에 영향을 미친다. 글을 쓰는 학습자들은 제시된 개념이나 생각을 단순히 요약하는 대신 다시 한 번 생각을 해보고, 자신의 생각에 맞게 결론을 도출해내어 자신의 글에 반영할 수 있어야 한다. 그러므로 교사는 학습자들을 훈련시키기 위해서는 단순히 주어진 사실을 배열하고 요약하는 수준을 넘어 제시된 개념을 비교하고 대조하며 결론짓고 평가할 수 있는 글쓰기 활동을 제시해주어야 한다.

- 주제의 전개, 구조, 세부사항에 대한 내용이 거의 없음.
- 독자나 글쓰기에 대한 지식이 거의 없음.
- 표면적인 오류가 많아서, 독자들이 글쓴이의 메시지를 이해하지 못함.

- 토픽의 전개가 조금씩 이루어짐. 글의 구조에 대한 계획을 시작함.
- 간단한 단어의 선택 및 문장을 유형별로 사용하기 시작.
- 독자나 글쓰기에 대해 약간의 지식을 가짐.
- 표면적인 오류가 의사소통을 방해함.

- 전개가 완벽하진 못하나 주제는 비교적 분명함.
- 아이디어(idea)들이 긴밀히 연결되어있진 않으나 글에 대한 계획은 분명함.
- 독자들과 글쓰기에 대해 어느정도 이해하기 시작함.
- 사용하는 단어와 문장 유형이 조금 더(최소한이지만) 다양해짐.
- 표면적 오류들이 의사소통의 흐름을 방해하는 정도임.

- 주제가 분명하며 토픽 전개도 비교적 잘 이루어짐.
- 글의 처음, 중간, 끝에 대한 명확한 계획이 있음.
- 독자들을 대상으로 하여 글을 씀
- 다양한 단어와 문장 유형을 사용함.
- 단어의 결합이나 단어의 선택이 기발할 수도 있음.
- 표면적 오류들이 의사소통의 흐름을 방해할 수도 있음.

- 주제의 전개를 잘함/글의 처음, 중간 끝이 명확함.
- 글의 구조가 글쓴이의 목적에 잘 부합.
- 독자들의 흥미를 유발함.
- 다양한 언어와 문장 유형을 효과적으로 사용함.
- 표면적 오류들이 의미 전달에 방해가 되지 않음.

- 표면적 오류가 의미의 전달을 방해하지 않는다.
- 독자의 흥미를 끌고 그것을 잘 유지시킨다.
- 창의적이고 새로운 단어를 사용하고, 다양한 문장 유형을 효과적으로 사용한다.
- 표면적 오류가 의미의 전달을 방해하지 않는다.

<그림 1> 쓰기발달단계(Gunning, 2008)

각 단계별로 Gunning(2008)이 제시한 **쓰기발달단계**의 주요 특징들을 표로 정리해보면 다음 <표 2>과 같다.

<표 2> 발달 단계에 따른 특징

		STAGE1	STAGE2	STAGE3	STAGE4	STAGE5	STAGE6
Topic	Clearness	거의 없음	조금 명확	비교적 명확함	clear	clear	clear
	Development	거의 안됨	약간 전개	불완전함	uneven	good	perfect
	Organization	거의 없음	시작되는 단계	loosely orfanized	good (글의 처음, 중간, 끝이 명확함)	good enough(sustains the writer's purpose)	perfect(sustains the writer's purpose)
	Detail	거의 없음	약간 있음	있음	있음	구체적	구체적
Awareness	Audience	little	limited	sense of audience	written for audience	engages readers	engages and sustains the reader
	Writing Tasks	littel	limited	sense of tasks	good	good enough	perfect
Variety	Vocabulary		simple	minimal variety	experiments. N ovel	effective and varied use	creative and novel use
	Sentence pattern		simple	minimal variety	experiments. N ovel	effective and varied use	effective and varied use
Errors	Surface features	메시지 이해 불가	의사소통에 방해	의사소통 흐름을 방해	때때로 의사소통 흐름 방해	의미전달 방해 하지 않음	의미전달 방해 하지 않음

3. 쓰기지도 접근법

쓰기지도의 목표는 좋은 쓰기의 결과물을 산출하기 위한 것이다. 그러나 그 결과에 도달하는 방법으로 쓰기의 결과만을 강조하느냐 아니면 쓰기 과정을 강조하느냐에 따라 크게 결과중심접근법과 과정중심접근법으로 나누어진다. 두 가지의 쓰기지도 접근법에 대해서 간략히 정리하자면 다음과 같다.

먼저, **결과중심 접근법**은 쓰기의 결과 자체를 강조하여 주로 결과에 나타나 있는 오류를 점검하는데 초점을 둔다. 대체로 결과중심접근은 결과 자체를 강조하는 경향이 짙으므로, 결과에 나타나 있는 문법이나 수사학적 규칙을 강조한다. 전통적 방법으로 알려진 결과중심의 쓰기지도 방법은 글의 내용(의미)보다는 구두법이나 문법적인 기능에 초점을 맞추게 된다. 하지만, 결과중심 접근법은 교사가 어린학습자들의 쓰기 과정에 자발적으로 참여하여 전문성을 발휘 할 수 있는 기회를 제한하며, 어린 학습자들이 글을 쓰는 것을 꺼려하게 만든다는 단점이 있었다(송명석, 2004).

한편, **과정중심 접근법**은 쓰기의 결과물이 나올 때까지의 일련의 과정을 강조한다(Selzer, 1984). 과정을 강조하는 교실에서는 대체로 어린이들 간의 개인차를 강조하고 동시에 교수 · 학습 활동에서 어린 학습자들의 선택권을 존중하는 경향이 있다. 과정중심접근법에서는 한 어린이가 여러 가지 글을 쓸 때에도 똑 같은 방식으로 글을 쓰는 것이 아니라는 점을 강조한다.

이 장에서는 과정중심접근법에 중점을 둔 쓰기지도에 대해 알아볼 것이며, 그 구체적인 내용은 별도로 언급하도록 하겠다. 앞 서 제시한 결과중심접근법과 과정중심접근법을 비교하여 정리해보면 다음 <표 3>과 같다.

<표 3> 결과중심 접근법과 과정중심 접근법의 비교(김영철, 2005)

	결과중심 접근법	과정중심 접근법
쓰기의 정의	-일련의 직선적 과정	-복잡하고 순환적인 창의적 과정
초점	-학습 과정의 산출물 -글의 형식에 중점	-쓰기 단계별 과정 (쓰기 선행 단계, 쓰기 단계) -학습자 중심 -다양한 교실 수업 활동 -글의 내용 중심
주요 특징	-정확성 중시 -예시 글의 모방, 베껴 쓰기, 변형 연습 중심의 학습자 활동 -문장과 담화 수준의 연습 -학습자 개별 활동의 쓰기 -교정 단계 배제 -쓰기 단계에서의 교사 간섭 배제	-글의 양보다 질 위주의 학습 -쓰기에 필요한 충분한 시간 배정 -언어 형태적 정확성 경시 -문법의 중요성 약화 -협동 학습 고무 -적절한 쓰기 전략 개발지도 -교사 간섭의 최소화 -교사와 학생간의 개인 면담을 통한 쓰기 과정 중 피드백 교환 중시 -학습자간 피드백 주기 권장
이론적 배경	-구조주의 -상향식 접근법	-인지주의 -사회 언어학

4. 유도된 쓰기(Guided writing) 지도

쓰기교수는 어린이들의 쓰기 발달 단계에 맞게 이루어져야 한다. 전체 어린이들에게 동시에 지도해주어야 하는 기술이 있는가하면, 소그룹 어린이들을 대상으로 그들의 구체적인 필요에 따라 지도해야 하는 기술들도 있다. 어린이들의 쓰기 발달 단계를 가늠하기 위해서는 교사는 어린이들이 쓴 글의 샘플(sample)을 검토해야 한다. 교사는 한 소그룹씩 요일별로 만나서, 각 어린이들에게 맞는 쓰기 과정과 전략 수업을 해주는 것이 좋다. 쓰기 발달 단계에 맞게 그룹 지어진 학습자들에게는 자신들의 단계와 수준에 맞는 지도가 필요하다. 예를 들어서 제1 시작단계에 있는 어린이들에게는 최근에 다녀온 현장 학습에 대해 설명해주는 그림을 그려보라고 한 뒤, 그림에 대한 글을 써보라고 하는 것이 좋다. 그리고 제4 시도 단계의 어린이들에게는 주제를 전개시키는데 필요한 예나 세부 사항을 표현해 보게끔 지도 하는 것이 좋을 것이다(Davis, Jackson, & Jackson, 2000). 어린이들에게 쓰기 전략을 지도할 때에는 다음의 4가지 단계를 밟는다(Collins, 1998).

첫째, 지도할 어린이에게 가르치기 적당한 전략을 제시한다.

둘째, 시범을 통해 전략을 소개한다.

셋째, 어린이들이 선생님의 지도에 따른 전략을 사용하도록 격려한다.

넷째, 반복적인 연습과 강화를 통해 어린이들이 위의 전략들을 충분히 이해하고 응용할 수 있게 돕는다.

어린이에게 필요한 전략을 제시해주기 위해서는, 먼저 어린이가 쓴 글을 검토해야 한다. 그 후, 교사는 어린이들과 함께 그들의 글에 대해 토의를 하고 문제가 있거나 어려움을 느끼는 부분에는 따로 표시를 해둔다. 그리고 어린이들의 발달 단계에 맞는 가장 효과적인 전략을 선택한다. 전체 어린이들을 대상으로 하거나 소그룹, 개인을 대상으로 전략을 지도할 수 있다. 교사는 적절한 전략을 알려준 후, 어린이들에게 배운 전략을 적용해볼 수 있는 기회를 제공한다. 그리고 교사는 배운 전략이 어린이들의 글쓰기 레퍼토리가 될 수 있게 도와주어야 한다. 그러기 위해서는 어린이들이 다양한 상황에서 배운 전략을 사용해 볼 수 있도록 많은 기회를 제공해주어 그 전략을 완벽하게 자기 것으로 만들 수 있게 해야 한다. 이러한 '유도된 전략적 쓰기'는 과정중심 쓰기 접근법의 뼈대를 이룬다(Gunning, 2008).

5. 과정중심 쓰기 접근법

과정중심 쓰기 접근법에서 쓰기의 교수는 글을 쓰는 학습자들이 실제로 사용하는 글쓰기 과정에 중점을 둔다. Graves(1983), Emig(1971)와 그 외 여러 학자들의 연구 결과에 따르면 학습자가 글을 쓰는 데는 일련의 특정 단계가 있는데 쓰기 전, 작문활동 중, 교정, 편집, 발행의 5가지이다. 그러나 이러한 단계들은 선형적이지 않으며 순환적이다. 예를 들어 글쓰기를 한 후에도 쓰기 전 단계의 활동들을 할 수 있으며, 작문과 교정을 병행할 수도 있다. 미국의 전국적 평가자료에 따르면, 과정중심 쓰기 접근법을 사용한 학습자들이 그렇지 않은 학습자들보다 쓰기 능력이 향상되었다고 한다. Ballator, Farnum & Kaplan(1999)은 과정중심 쓰기 접근법이 학습자들에게 글을 쓸 수 있는 기회와 전략을 사용할 수 있는 기회를 많이 제공하므로, 쓰기 능력을 향상시킬 수 있다고 하였다.

과정중심 접근법에서는 글을 쓰는 학습자의 삶에서 쓰기가 어떤 역할을 하는지에 대해 아는 것이 매우 중요하다(Gunning, 2008). 쓰기의 과정을 배우면서 학습자들은 그들의 삶에서 쓰기가 얼마나 중요하며, 얼마나 큰 영향력을 가지고 있는지 알게 된다. 교사들은 쓰기가 학습자들에게 의미를 가질 수 있는 환경을 만들어 학습자가 쓰기 활동을 하고 싶게 만들어 주어야 한다. 예를 들어 쓰기를 통해 친구와 연락을 한다던지, 흥미 있는 주제에 대해 쓰기를 하는 환경을 조성해주는 것이다.

어떤 어린 학습자들은 쓰기 활동을 즐기지만, 또 다른 어린 학습자들은 쓰기를 귀찮은

일로 여기거나 어쩔 수 없이 해야 하는 숙제 정도로 생각한다. 그러나 어린 학습자가 자신의 삶에 대한 관찰을 통해 다른 사람에게 말해 줄 만한 이야깃거리가 있다는 사실을 깨닫게 될 때, 쓰기는 어린 학습자에게 새로운 의미로 다가가기 시작할 것이다.

1) 쓰기 전 단계

쓰기 전 단계는 가장 중요한 단계로 쓰기에 필요한 모든 준비과정을 다 포함한다. 대표적인 활동으로 주제 선택, 주제 연구, 정보 수집이 있다. 그 자세한 내용을 살펴보도록 하자.

(1) 주제선택

주제선택은 과정중심접근법의 가장 중요한 특징 중 하나이다. 과거에는 주제를 미리 정해서 학습자들에게 제시해 주었으나 학습자들에게 흥미가 없는 주제를 선택했을 때, 글의 내용은 지루하고 글의 구조도 부자연스러울 뿐만 아니라 요지가 분명하지 못한 경우가 많았다. 학습자들에게 자신이 쓸 글의 주제를 정할 수 있게 해주는 것은 좋은 글쓰기를 위한 핵심적인 열쇠가 된다. 왜냐하면 학습자들에게 의미 있는 주제를 정할 때 어린이들이 글쓰기에 더욱 몰입할 수 있게 되기 때문이다. Graves(1975)는 7살을 대상으로 한 그의 실험에서 자신이 원하는 주제를 골라서 글을 쓴 집단이 그렇지 않은 집단에 비해 4배 정도 많은 내용의 글을 썼다고 했다.

Murray(1998)는 쓰기를 지도하는 것이 어린이들로 하여금 무엇을 말해야하고(what they have to say), 어떻게 말해야하는지(how to say)를 알게 도와주는 것이라고 했다. 그러기 위해서 교사는 먼저 주제를 선택하는 과정에 대한 시범을 보여주어야 한다. 시범을 보여줄 때는 먼저 교사가 한 일, 본 것, 아는 것 중 다른 사람에게 얘기하고 싶은 내용에 대한 검토를 하고 그 후에 3~4가지의 주제를 정해 칠판에 적는다. 주제의 예는 다음과 같다.

- I saw a real whale close up. (나는 진짜 고래를 매우 가까이에서 봤다.)
- I saw the tallest building in the world.(나는 세계에서 제일 높은 건물을 봤다.)
- I saw the longest baseball game ever played.(나는 예전에 가장 긴 야구게임을 보았다.)

이때, 교사는 주제를 정해야 한다. 칠판에 적은 세 문장 중, 앞의 두 문장은 많은 사람들이 경험할 수 있는 주제이므로 제외하고 마지막 문장을 주제로 선택한다. 주제 선택 시 가장 중요한 것은 그 주제가 글을 쓰는 어린이에게 가장 흥미로운 것이어야 한다는 것이다.

교사가 주제선택 과정의 시범을 보여줄 때, 어린이들로 하여금 주제에 대해 브레인스토밍(brainstorming)을 하게한 후 생각난 주제들을 칠판에 모두 적어보게 한다. 이러한 과정은 흥미 있는 주제를 발견하게 하는데 도움이 될 것이다. 토론의 과정을 거친 후, 각각의 학습자들은 잠정적인 3~4가지의 주제를 정하고, 그 중 하나를 선택하여 전개시키기 시작한다. 그룹 토의나 일대일 대화, 교사와의 협의는 어린이들이 추가적인 주제를 발견하게 하는데 도움이 된다. 그리고 교사들간의 협의를 통한 정보교류는 어린이들이 탐구하고 싶은 주제나 공유하고 싶은 주제를 찾는데 도움을 준다.

어린 학습자들이 거의 규칙적으로 매일, 하루에 적어도 하나의 글을 써야한다고 인지하면, 그에 관한 계속해서 주제를 찾게 된다. 어린이들은 TV나 책, 학교에서의 수업, 집에서 있었던 일, 쓰기 노트, 친구들과 있었던 다양한 활동들을 통해 글의 주제를 찾을 수 있다. 그리고 어린 학습자들은 발견한 주제들을 폴더(Folder)나 노트, 문집에 적어둘 수 있다(Calkins & Harwayne, 1991; Calkins, 1994). 어린이들은 또한 질문 목록을 만들어 주제 선정에 활용할 수 있는데, 어린이가 던진 질문에 대한 대답이 좋은 주제 거리가 될 수 있기 때문이다. 이러한 질문에는 개인적인 질문, 스포츠나 취미에 대한 질문, 공부하는 내용에 대한 질문, 누군가에게 들은 내용 중 흥미로운 사실에 대한 질문 등이 있을 수 있다(Spandel, 2001).

문집은 글을 쓰는 사람의 아이디어나 관찰한 것들을 담아놓은 일종의 저장소라고 할 수 있다. 어린이들은 쓰기 문집 속에 다양한 주제에 대한 여러 가지 아이디어들을 나열할 수도 있고, 연구하거나 관찰한 아이디어에 대한 개요를 쓸 수도 있으며 기억에 남는 문장들을 적어둘 수도 있다. 혹은 쓰기 기법을 테스트 해 보는 공간으로도 사용할 수 있고, 쓰고 싶은 이야기를 미리 적어볼 수 있는 공간으로 이용할 수도 있다. 즉, 문집은 학습자의 머릿속에 있는 다양한 아이디어들을 싹 틔울 수 있게 해주는 공간인 것이다.

교사는 어린이들과 함께 문집에 대한 지침서를 만드는 것이 좋다. 교사가 나중에 어린이의 저널을 검토할 계획이라면, 어린이들에게 미리 문집이 개인적인 일을 적는 일기장이 아니라는 사실을 주지시켜야 한다. 교사가 어린이의 쓰기 문집을 읽는 것에는 여러 가지 장점이 있는데 먼저 문집이 쓰기 프로그램의 일부분이 된다는 점, 어린이들이 쓰기를 시작할 수 있도록 동기 부여를 해준다는 점, 교사가 쓰기에 대한 어린이들의 생각, 반응을 알 수 있게 된다는 점 등을 들 수 있다. 어린이는 문집의 내용 중 교사가 다시 확인해 주기를 바라는 부분에는 표시를 해두고, 너무 개인적인 내용이라 교사가 보기를 원치 않는 부분은 접어서 표시를 해 둘 수 있다. 이때, 교사는 어린이의 문집을 가지고 성적을 매기거나 잘못된 부분을 지적해서는 안 되는데, 이는 글을 쓰는데, 생각의 흐름을 끊어버릴 수도 있기 때문이다. 그렇지만 저널을 읽은 후에 피드백은 해주어야 한다.

한편, 문집이 가진 단점 중 하나는 문집이 자칫하면 학습자들의 일상을 담은 일기로 그칠 수 있다는 것이다. 이러한 단점을 막기 위해서 교사는 어린이가 세상과 사물에 대해 넓고 깊은 안목을 가질 수 있게 지도해주어야 한다. 예를 들어 어린이가 문집에 '나는 야구 미니 리그에서 삼진 아웃 되었다.'라고 썼다면, 교사는 '네가 아웃 됨으로써 어떤 일이 생겼니? 기분이 어땠니? 네가 아웃된 것에 대해 어떻게 생각하니? 너는 어떻게 반응했니? 이 문장이 새로운 이야기의 시작이니?' 등과 같은 구체적인 피드백을 주어야 한다. 또한 교사는 어린이에게 흥미로운 주제에 대해 글을 쓸 수 있도록 격려해줄 수도 있으며(Routman, 2000), 문집을 작성하는 과정의 모델을 제시해줄 수도 있다. 모델을 제시해 줄 때에는 주제를 어떻게 전개시키는지, 새로운 쓰기 기술을 어떻게 사용하는지에 대해 보여주는 것이 좋다.

주제를 선택하고 수집하는데 많은 시간을 투자할 때, 어린이들은 말 하고 싶은 이야기를 더 쉽게 찾을 수 있다. 그리고 글을 쓰는데 걸리는 시간이 줄어들게 되며, 더 나은 글을 쓸 수 있게 된다. Graves(1983)는 그의 연구에서, 주제를 선택하고 제한하는 방법을 배운 어린이들이 그렇지 않은 어린이들에 비해 초고를 쓰는 횟수가 적은 경향이 있다고 했다.

(2) 계획

연구와 준비도 쓰기 전 단계의 필수적인 부분이다. 고학년 생을 대상으로 하는 준비활동에는 토론, 브레인스토밍(brainstorming), 의미 지도 및 의미 그물망 만들기, 읽기, 관련 영화나 그림 자료 보기, 어떤 사건이나 전체적인 사건에 대한 개요 구상하기 등이 있다. 그리고 저학년 생을 위한 준비 활동에는 주제에 대해 토론하기, 그림 그리기가 있다. 그림은 어린이들에게 준거 기준을 제시해주므로 특히 더 유용하다. 또한 그림은 말로 자신을 표현하기 힘든 고학년들을 위해서도 유용하게 쓰인다.

쓰기 전 단계에서 매우 효과적인 전략 중 하나가 브레인스토밍인데, 이를 통해 어린이들은 자신의 주제를 전개할 때 사용 할 단어들을 생각해낸다. 브레인스토밍이란 자연스러운 생각의 흐름이자 자발적인 활동이다. 모든 아이디어들은 비판 없이 모두 수용되고 기록되며 모든 사람이 참여하는 장점을 가진다. 브레인스토밍의 과정을 거친 후, 제시된 아이디어들은 토론을 통해 정교화 되고 명료해지게 된다.

브레인스토밍(brainstorming)은 학습자가 글에 포함되어 있는 세부 사항에 주목할 수 있게 돕는다(Bereiter & Scardamalia, 1982). D'Arcy(1989)는 여러 종류의 브레인스토밍을 추천한 바 있다. 첫 번째 방법은 가장 간단하고 쉬운 것으로 예를 들면, 새나 유명인사, 불가사의한 장소 등에 대한 명칭을 적어 내려가는 것이다. 어린이들은 단순히 생각을 떠올리는 것에서 그치는 것이 아니라 결과를 메모한다. 이렇게 생각을 메모하는 것은 문자에 대한 연상을 돕는다. 그 후, 학습자들은 메모한 종이를 파트너와 바꾸어 보면서, 추가적인 아이디어를 더 얻는다. 이 때 학습자들은 가장 잘 아는 항목에 동그라미를 치면서 선택한 항목에 대한 브레인스토밍을 한다. 나중에, 어린이들은 선택한 항목에 관한 질문들을 브레인스토밍 한다. 예를 들자면, '대머리 독수리는 어디에 살까? 어떤 종류의 둥지에서 살까? 대머리 독수리는 멸종 위기에 처했는가? 무엇을 먹는가? 얼마나 빨리 나는가?'등과 같다. 이러한 질문들은 주제에 대해 연구하고 글을 쓰는 근간이 된다.

두 번째 방법은 기억이나 감정, 이미지, 장면들을 브레인스토밍 하는 것이다. 예를 들어, 어린이들은 여러 항목들에 대한 리스트를 적어두고, 그 중에서도 강렬한 느낌과 정확한 이미지를 떠오르게 하는 항목에 주목을 한다. 또는 그 감정에 대해 설명해주거나 이미지의 세부 사항에 대해 묘사해주는 단어들을 브레인스토밍하거나 메모할 수도 있다.

세 번째 방법은 자유로운 글쓰기와 다발 짓기(clustering)이다. 다발 짓기는 브레인스토밍의 한 형태로, 하나의 단어에서 연상되어지는 내용들을 모두 적어 내려가는 것이다. 그리고 줄과 동그라미를 이용해 각 내용의 연관성을 나타낸다. 다발 짓기의 예는 <그림 2>와 같다. 자유로운 글쓰기란 학습자들이 스스로 선택한 주제나 주어진 주제들에 대해서 사전 계획 없이 즉각적으로, 약 10분 동안 멈추지 않고 자유롭게 글을 쓰는 것이다. 이 방법은 어린 학습자의 생각과 감정의 흐름을 보여주는데 효과적이다.

교사들은 어린이가 글을 구체화하고, 글에 포함시키고자 하는 세부사항을 결정하도록 돕기 위해서 어린이들이 가질 수 있는 다양한 질문들을 어떻게 브레인스토밍 하는 지를 보여주어야 한다. 예를 들어, 어린이들이 뱀에 대한 글을 쓰려고 할 때 다음과 같은 질문들로 브레인스토밍 할 수 있다.

- How do the snakes fly? (어떻게 뱀이 나니?)
- Where do they live? (어디에 사니?)
- Are they poisonous? (독이 있니?)
- How big are they? (얼마나 크니?)
- What do they eat? (무엇을 먹니?)
- Why do they fly out of trees? (왜 그 뱀들은 나무 밖으로 날아다니니?)

구두로 생각 나누기는 쓰기 준비 단계의 또 다른 방법 중 하나이다. 토론을 하는 것은 어린이들로 하여금 그들의 생각을 정리하게 하고, 다양한 관점을 취하게 해주며 많은 아이디어를 제시하게 한다(Muschla, 1993). 이 방법은 두 명이 짝을 이루어 할 때 가장 효과적이다. 어린이들이 브레인스토밍이나 다발 짓기 혹은 다른 방법들을 통해서 아이디어를 떠올리고 난 후에, 파트너와 함께 그 아이디어에 대해서 이야기를 한다. 청자는 화자의 말을 듣고 그 내용을 요약하며, 명확하지 않은 부분에 대해서는 명료화해 달라고 요청을 하고 화자는 묻는 질문에 답변을 해준다. 즉, 청자는 화자가 그의 생각을 가다듬고 명료화 하도록 돕는 역할을 한다.

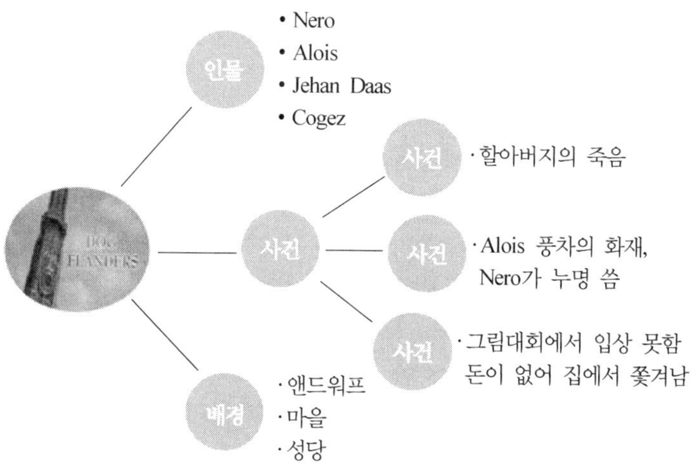

<그림 2> 다발 짓기(clustering)의 예

아이디어를 떠올리는 또 다른 효과적인 방법에는 역할극하기가 있다(Muschla, 1993). 학습자들은 허구적인 사건이나 실제의 사건, 즉, 역사적 사실, 개인의 경험담 등으로 역할극을 할 수 있다. 역할극 또한 학습자들이 말하고자 하는 것을 정교화하고 명료화 하는데 도움이 된다. 예를 들어, 멀리 이사 간 친구에게 편지를 보내는 상황을 설정하고 짝과 함께 역할을 나누어 한 명은 편지를 쓰는 사람, 나머지 한 명은 편지를 받는 사람의 역할을 해보게 할 수 있다. 그 외에도 공원을 조성하도록 마을 주민들 설득하기, 지역 위생 건강 단체에 바퀴벌레를 박멸해 달라고 요청하기, 달에 착륙한 우주 비행사들의 대화, 외국 관광객들에게 우리나라 문화재 소개하기, 싸우는 두 명의 친구를 말리는 선생님 되어보기, 지고 있는 팀을 격려하는 야구 코치 되어보기 등과 같이 어린이들이 쓰기 원하는 다양한 소재들을 가지고 역할극을 해 볼 수 있다.

사실 글을 쓰기 시작하는 것은 첫 출발과 같다. "쓰기란 생성적인 과정이므로 가장 힘든 부분은 바로 맨 처음 문장을 쓰는 것이다"(Spandel, 2001). 그러나 힘들게 첫 문장을 쓰고 나면, 아이디어들이 꼬리에 꼬리를 물어 글이 막힘없이 잘 써 지는 경우도 많다.

(3) 시연하기

글을 많이 써 본 사람들은 기사나 이야기, 책을 쓸 때 시연(rehearsing), 즉 머릿속으로 쓸 내용에 대한 시연을 해보는 것에 많은 시간을 할애한다. 쓰기의 과정에서 시연이란, 글에 대해 깊이 생각하면서 마음속으로 쓰기활동을 하는 것을 뜻한다. 전문 작가들이 책상에 앉아 펜대를 잡는 때는 이미 자신이 쓸 글에 대해 머릿속으로 충분히 시연을 해본 뒤, 글을 쓸 준비를 마쳤을 때이다. 그렇다면 이 시연의 단계가 얼마나 중요할까? 퓰리처 상 수상 작가인 Murray(1998)는 다음과 같이 말했다. "글이 잘 써지는 때는 오랫동안 그 글의 아이디어와 소재에 대해 심사숙고 했을 경우이다."

2) 작문 단계

작문(composing)이란 글을 쓰는 행동을 일컫는 말이다. 즉, 글을 쓰는 사람들이 글의 간결성, 스펠링, 기계적인 실수에 대한 염려 없이 자신들의 생각을 종이 위에 글로 써내려 가는 것을 의미한다. 글을 쓰는 사람이 스펠링에 대해 지나치게 염려한다면, 그는 창조적인 작업에 필요한 귀중한 시간을 허비하게 될 것이다. 교사들은 어린이들에게 이 후에 수정과 편집을 위한 시간이 있다는 것을 재차 확인해주어야 한다. 또한 어떻게 작문을 하는지, 그 과정에 대해 어린이들에게 시범을 보여주어야 한다. 교사는 글을 써 내려가면서 지금 자신의 머릿속에 전개되어지고 있는 생각이 무엇인지를 설명해주어야 하는데, 어린이들은 이러한 과정을 통해 작문의 방법에 대한 통찰을 얻게 된다.

글을 써본 경험이 많은 사람들은 대개의 경우, 글에서 쓰게 될 내용보다 훨씬 더 많은 정보를 이미 가지고 있고, 글을 쓰기 전이나 후에 불필요한 내용들은 과감히 버릴 줄 안다. 그러나 초등학생과 같은 어린 학습자의 경우, 글을 쓸 수 있을 만큼의 충분한 정보나 이야깃거리를 갖고 있지 않다. Scardamalia, Bereiter & Goelman(1982)도 역시, 어린 학습자들에게는 글을 쓸 만한 소재와 정보를 찾는 것도 어려운 문제이며, 그 중에서도 글의 내용에 적합한 정보만을 고르고 나머지 정보는 과감히 버려야 한다는 것은 상상조차 못하는 어려운 일이라고 했다.

글을 써 본 경험이 많은 사람과 그렇지 않은 사람은, 글에 대한 정보를 찾을 때 그 정보에 대한 접근 방법에서 차이가 나게 된다. 어린 학습자들은 자신의 글에 필요한 정보를 얻기 위해서 청자와 실제로 대화하여 그들의 반응을 살피는 방법을 사용한다. 화자가 충분한 정보를 제공해주지 못하거나 관련 없는 정보를 전할 때, 청자는 이해가 가지 않는다는 표정을 지으며 질문을 하게 되는데, 어린 학습자들은 이러한 청자 반응을 통해 더 많은 정보가 필요하다거나 이 정보가 관련성이 없다는 것을 깨닫게 된다.

Vygotsky(1987)는 글로 생각을 전달하는 것은 말로 전달하는 것과는 달리 실제적인 청자가 없으므로 어린 학습자들에게는 매우 모호하고 추상적이라고 하였다. 그러므로 어린 학습자들을 지도할 때에는 쓰기 전 활동이 중요하고, 쓰기 후 토론 활동이 중요하다. Scardamalia, Bereiter & Goelman(1982)는 그들의 실험에서 알고 있는 모든 것을 다 쓰라고 어린 학습자들을 단지 격려만 해주었는데 어린이들이 2배의 성과를 냈다고 했다. 어린이들을 격려해주었을 때 이들은 상위 수준의 기억을 활성화 하였는데, 상위 수준의 기억이란 중심 생각, 일반적인 사실에 관한 것이다. 어린이들은 하위 수준 기억을 활성화하는 일에는 괘념치 않았는데, 하위 수준 기억이란 중심 생각에 살을 붙이는 예, 세부 사항, 설명 등에 관한 것이다. 단지 격려해주는 것만으로도 학습자들은 이러한 성과를 낼 수 있었다.

글을 쓰는데 서투른 어린이의 경우, 이야기 식 쓰기지도부터 먼저 시작하는 것이 좋다.

왜냐면 이야기 식 쓰기가 설명문 식 쓰기보다 쓰기가 쉽고 자연스러우며, 어린이들이 이야기를 듣고 읽는 것에 이미 익숙해져 있기 때문이다. 어린이들에게 처음 이야기 쓰기를 시킬 때, 어린이들은 단지 한 두 문장 정도 밖에 쓰지 못한다(New Standards Primary Literacy Committee, 1999). 2학년 정도가 되면 사건과 사건 연결하기와 같은 기법을 사용할 줄 알게 되지만 글에 중심 생각은 없다.

이야기 쓰기의 형식 중 하나로는 '**잠자기 전에 쓰는 이야기**'가 있는데, 이것은 그 날 있었던 일을 되짚어보는 이야기 쓰기 형태이다. 또 다른 형식으로는 '대화식 이야기'가 있는데, 이것은 두 사람 사이에서 오고가는 대화를 중심으로 이루어지는 이야기 쓰기이다. 예를 들자면, The boy said, "I am so full." Then the girl said, "Why are you so full?" The boy said, "I ate five pieces of pizza."와 같이 쓰는 것이다. 이야기 쓰기의 마지막 형식은 '사건 중심 이야기'인데, 어린이들은 상호 관련성이 없지만 일어난 일련의 사건들에 대해 단순히 진술을 한다.

이야기 쓰기의 향상을 돕기 위한 몇 가지 기법 있는데, 그 첫째가 '함께 읽기'이다. 쓰기를 쉽게 할 수 있는 방법으로, 어떤 작품에서 반복되는 문장 구조를 사용하되 그 구조 속에 학습자 자신이 선택한 어휘나 아이디어를 적용시키는 것이다. 예를 들어, 'Brown bear, Brown bear, what do you see?'를 읽고 난 후, 학습자가 'Gray owl, Gray owl, what do you spy?'와 같이 바꾸는 것이다. 두 번째 기법은 Eric Carl의 동화 시리즈와 같이 '글자 없는 그림책'을 사용하는 것이다. 이야기 쓰기에 대한 경험을 쌓은 어린이들에게는 이러한 동화책을 보면서 그림에 맞는 이야기를 써 볼 수 있게 해도 좋다. 마지막으로 장난감이나 인형, 칠판 등을 사용하여 어린이들에게 이야기를 만들어보게 하는 것도 좋은 방법이 될 수 있다(Education Department of Western Australia, 1994). 이러한 모든 방법들은 어린이들로 하여금 이야기의 구조를 익히게 하는 데 많은 도움이 된다.

고학년의 어린학습자들에게는 순서가 있는 일련의 그림들을 잘라서 섞은 후, 순서에 맞게 그림을 배열하고 그에 맞는 이야기를 써 보게 하는 활동도 좋다. 이것은 짝 활동이나 그룹 활동으로 활용해도 좋다. 그리고 고학년들은 스토리보드 만들기 활동도 할 수 있는데, 스토리보드란 TV나 영화 등의 주요 장면이나 사건을 간단히 그린 그림을 배열해 놓은 화면이다.

저학년의 어린이들의 경우, 글자나 단어를 기계적으로 연습하는데 많은 시간을 소비하는 경우가 더러 있다. 교사들은 이러한 기계적인 측면에 대한 관심을 글의 내용과 문체로 돌릴 수 있게 해주어야 한다.

작문이란 쉽지 않은 과정이다. 때로는 글이 쉽게 술술 써지기도 하지만, 어떤 경우는 영원히 끝나지 않을 것처럼 글이 잘 안 써 지기도 한다. 대부분의 경우, 심사숙고 끝에 글쓰기를 시작해야 글이 머릿속에서 쏟아져 나오듯 술술 써지게 된다. 글쓰기에 대한 준비도 작문의 과정에서 필요하지만, 인내심 또한 작문에 있어서 필수적인 요인이다. 글을 쓰는 사람은 작문 과정에서 겪게 되는 다양한 장벽이나 어려움을 극복할 수 있는 인내심이 있어야 한다.

또한 글을 능숙하게 쓰는 사람들이 사용하는 전략들을 사용함으로써, 어린이들도 특정한 함정을 피할 수 있다. 어린이들이 가장 잘 빠지는 함정은 글의 초본을 완성 본으로 여기는 현상인데, 어린이들은 글의 정확성과 간결성을 지나치게 염려함으로써 글을 쓰는데 오히려 방해를 받는다. Calkins(1998)에 의하면, 단어의 스펠링이나 정확성에 지나치게 걱정하는 어린이들은 쓰기에 있어서 마치 말더듬과 같은 현상을 보이게 되며, 이는 글의 유창성을 떨어뜨린다고 말했다.

어린이에게 초안이 그들의 생각을 쏟아놓는데 중점을 두는 활동임을 알려주어야 한다. 초안을 수정하고 편집하는 시간은 작문 단계 이후에 따로 주어진다는 사실을 유념해야 할 것이다. 실제로 쓰기 중 글을 시작하는 단계가 가장 힘든 부분이다. 독자들의 흥미를 끌 만한 첫 글을 쓰고 싶지만, 흥미롭게 잘 쓰고 싶은데, 마땅한 표현이 잘 생각나지 않아서 글쓰기가 중단되었다면 일단 당장 머릿속에 떠오르는 생각나는 내용으로 먼저 글을 시작하는 것이 좋다. 그리고 초안을 다 쓴 후, 앞으로 다시 돌아와서 좀 더 멋진 내용으로 고치면 된다. 그리고 이러한 원리를 막히는 모든 부분 －철자를 모를 때, 이름이 기억나지 않을 때 등－에 다 적용시키면 된다. 따라서, 그 무엇도 작문 과정의 흐름을 막거나 끊어버리지 않게 유의하여야 한다.

(1) **독자에게 중점을 두기**

일기처럼 우리 자신만을 위해 쓰는 글도 있지만, 대부분의 글들은 독자를 염두에 두고 쓰는 것이다. 그리고 독자에 대한 인식은 글을 쓰고 다듬는데 도움이 된다. 글을 쓸 때에는 독자들의 배경과 흥미에 대해 고려해야 한다. 우리가 쓰는 글이 독자에게 필요한 지식을 제공해 줄 뿐만 아니라 독자의 마음도 끌 수 있어야 한다. 그러나 어린 학습자들의 경우, 대부분 독자들에 대한 인식이 부족하고 자신들이 아는 것은 독자들도 이미 알 것이라고 확대 해석하는 경우가 있다. 글을 쓰는데 있어서 첫 번째 단계는, 이 글을 읽을 대상이 누구인지를 미리 결정하는 것이다. 어린 학습자들이 특정 대상의 독자를 고려하여 글을 쓰는 것을 돕기 위해서 다음과 같은 질문을 제시해보는 것도 좋다. 첫째, 나의 주제가 무엇인가? 둘째, 나는 왜 이 글을 쓰는가? 셋째, 누가 나의 글을 읽을 것인가? 넷째, 독자들이 이 주제에 대해 이미 알고 있는 것은 무엇일까? 다섯째, 독자들이 알고자 하는 것은 무엇일까? 이러한 질문에 대한 대답은 어느 부분에 중점을 두고 글을 써야 하는지 알게 해 줄 것이고, 글을 쓰는데 꼭 필요한 정보를 모을 수 있게 도와줄 것이다. 모은 정보들을 분류할 때에는 의미망이나 다이어그램(diagram)을 사용하는 것도 효과적이다.

독자에 대한 인식을 돕기 위해서 어린이들에게 쓰고 있는 글을 함께 읽어보자고 하는 것도 좋은 방법이 된다. 자신들이 쓴 글을 다른 학습자와 바꿔 읽으면서 서로 피드백을 할 수 있으며, 명료하지 못한 부분이 어디인지, 세부사항이나 예를 첨가하면 좋을 부분이 어디인지를 알 수 있게 된다. 또는, 교사가 자신이 쓴 글을 가지고 모델을 제시해주는 것도 좋다.

3) 교정 단계

많은 어린 학습자들이 **교정단계**의 기계적인 실수들 – 마침표를 잊어버리거나 대문자로 쓰지 않았거나 철자를 잘못 쓰는 것 등 – 을 바로잡는 단계라고 잘못 생각한다. **교정**이란 글의 핵심적인 요소를 바로잡는 것으로 본문에 필요한 내용을 추가하기, 불필요한 내용 빼기, 글의 순서 다시 잡기, 서론 고쳐 쓰기, 세부 사항 덧붙이기, 보다 명료한 단어로 대체하기 등을 하는 것이다. 즉, 교정이란 전체 글에 대한 재검토를 하는 단계인 것이다. 이러한 교정 활동은 친구들과의 협의, 선생님과의 협의를 통해 하면 효과적이다.

(1) 교정 과정을 모델링하기

교정의 개념을 알려주는 여러 가지 방법들이 있다. 첫째, 교사가 교정 과정의 시범을 보여주는 것이다. 교사는 자신이 쓴 초안의 내용을 칠판에 쓰거나 범 프로젝터(Beam-projector)로 비추어 보여준다. 그리고 그 옆에 다음과 같은 질문을 제시해 둔다. ① 이 글은 내가 말하고자 했던 내용을 충실히 반영하고 있는가? ② 내가 말하고자 했던 내용을 충분히 설명했는가? ③ 글이 명확한가? ④ 글이 재밌으며 조직적인가? 그 후 교사들은 세부사항을 덧붙이는 방법, 모호한 내용을 명확히 고치는 방법, 문장의 순서를 바꾸는 방법 등을 보여준다. 교사들은 또한 많이 사용되는 교정 규칙들에 대한 사용의 예를 제시해주어야 한다. 자주 사용하는 교정 규칙으로는 명료하게 바꿔 쓰기, 서론과 결론 고치기, 보다 적합하고 분명한 단어로 대체하기, 문장과 문단 순서 재배열하기, 예나 세부사항 덧붙이기 등이 있다.

둘째, 효과적인 방법으로는 출판된 글이나 어린이가 쓴 글의 샘플을 이용하는 것이 있다. 예를 들어 글의 서두를 효과적으로 교정하는 것을 돕기 위해서, 서두 부분을 잘 쓴 다른 사람들의 글을 참고 자료로 보여줄 수 있을 것이다.

셋째, 교사는 어린이들이 현재 직면하고 있는 쓰기 과정에서의 어려움이나 문제에 맞는 교정법을 알려주어야 한다. 서두를 쓰는데 어려움을 겪는 어린이들에게는 그에 맞는 교정법을, 생각을 전개해나가는 것에 어려움을 겪는 어린이들에게는 올바른 전개의 방법을 알려주어야 하는 것이다.

넷째, 어린이 책의 작가나 기자 등 전문적으로 글을 쓰는 사람을 초청하여 교정을 하는 효과적인 방법에 대해 특강을 듣는 방법도 있다.

다섯째, 다른 사람의 글을 교정해 봄으로써 교정의 과정을 연습하게 하는 방법이 있다. 교사가 쓴 글, 다른 어린이가 쓴 글, 신문이나 책에서 가져온 글을 가지고 연습할 수 있으며 대신 글의 저자는 익명으로 하여 사용한다. 어느 정도의 교정이 필요한 글을 샘플로 사용하되, 지나치게 교정할 내용이 많은 글은 어린이들에게 부담을 줄 수도 있으므로 사용하지 않는다. 먼저 그룹 별로 교정을 해보게 하는데, 불필요한 내용을 삭제하거나 필요한 내용을 첨가하게 해본다. 그리고 어린이가 교정의 과정에 대해 어느 정도 이해를 한 것 같으면, 짝과 함께 하거나 혼자서 교정을 해보게 한다. 짝과 함께 교정을 할 때에는 이 부분을 왜 교정해야 하는지에 대해 서로 의논한 후 고치게 한다. 그리고 혼자서 교정을 할 때에는 자신의 글을 직접 교정해보게 한다. 물론 혼자서 교정을 할 경우에도, 교정 작업을 다 마친 후에는 다른 사람과 함께 교정한 내용에 대해 논의 및 검토를 해보게 한다.

여섯째, 수업을 통해 교정의 기계적인 기술 및 교정 부호에 대해서도 알려준다. 학생들은 지울 내용에 x표를 하고, 글을 삭제하고 추가하는 기호를 사용하여 교정을 할 수 있다. 그리고 교정 체크리스트를 활용하는 것도 교정에 도움이 된다. 교정 체크리스트의 예는 다음과 같다.

<표 4> 교정 체크리스트

질문	**답변** (아니오 1<2<3<4<5 예)
1. 이 글은 내가 말하고자 하는 내용을 잘 전달하는가?	4
2. 독자들이 이 글의 내용을 이해할 수 있는가?	3
3. 글이 흥미로운가?	1
4. 글을 더 흥미롭게 만들기 위해서 내가 할 수 있는 것은 무엇인가?	2
5. 나는 충분한 예와 세부 사항을 제시해주고 있는가?	4
6. 글이 논리적인가?	5

어린이들은 글을 쓸 때 철자, 글씨모양, 규칙, 주요 정보, 교정의 5가지 영역에 많은 주의를 기울인다(Graves, 1983). 물론 글을 쓰는 첫 단계부터 5가지 영역에 주의를 기울이긴 하지만, 초반에는 하위 수준 과정인 철자, 글씨모양, 규칙을 강조한다. 글을 많이 써보지 않은 어린이들이 내용을 교정하기는 어렵기 때문이다. 그러나 교사가 수업 때 강조했던 내용에 어린이도 주안점을 두게 마련이므로, 교사는 어린이가 철자나 규칙보다 내용이나 표현에 더 중점을 두도록 지도한다. 어린이들이 초기에는 철자나 글씨 모양 같은 기계적인 측면에 관심을 두지만 후에는 세부 사항 추가하기, 문장 재배열하기 등과 같은 교정의 내용적인 측면에 초점을 맞추게 된다. 그리고 어린이들이 가장 마지막에 배우게 되는 교정 기술은 불필요한 자료를 삭제하는 것이다.

일곱째, 다른 사람과 협의를 통해서 어린이는 기계적인 교정을 넘어서 내용적인 부분을 교정할 수 있게 된다. Graves(1983)는 다른 사람과 협의를 한 뒤 교정을 하는 어린이들은, 혼자 교정 작업을 하는 어린이에 비해 보다 수준 높은 교정을 할 수 있다고 했다. 이것은 Vygotsky(1987)의 근접 발달 영역을 잘 나타내주는 좋은 예가 된다. 근접발달영역이란 어린이가 교사나 동료의 도움을 받아서 자신의 수준보다 한 단계 위의 일을 할 수 있는 영역으로, 후에는 도움 없이 혼자서도 수행이 가능하게 되는 영역이다.

다른 인지적 활동들과 마찬가지로, 어린이들은 자신의 글을 검토하지 않으려는 경향이 있다. 특히 어린이들은 글을 검토할 때 글을 읽을 수 있는 독자의 흥미나 배경을 고려하지 못하는 경우가 많다(Maimon & Nodine, 1979). 그러나 토론 과정에서 이루어지는 다양한 질문들을 통해서 어린이들은 독자의 관점에서 자신의 글을 바라볼 수 있게 된다. 그리고 토론은 독자의 이해를 돕기 위해서 무엇을 어떻게 말해야 하는지에 대해서도 알 수 있도록 도와준다.

교정의 과정 동안에는 한 번에 한 가지 요소에 중점을 도와야 효과적인 교정 작업이 가능하다. 서론, 세부 사항, 단어 선택, 결론 문장 등 한 가지 요소에 집중할 때 학습자는 더욱 효과적으로 교정을 할 수 있을 것이다.

(2) 교정에 필요한 도구들

Barry Lane 은 그의 저서인 *After the End*(1993), *The Reviewer's Tool Box*(1998)에서 학습자들의 **교정 작업을 돕는 5가지 도구**를 사용할 것을 제안했다. 5가지 도구에는 질문, 순간포착, 생각순간포착, 순간적 폭발, 장면 만들기가 있다.

① 질문(Questions)

글을 쓴 사람이 자신의 글을 읽을 때, 청자는 질문 사항을 적어두었다가 읽기가 끝나면 질문을 한다. 글을 쓴 사람은 질문에 답을 한 후, 답의 내용을 그의 글에 포함 시킬지 말지에 대해 결정을 한다. 주요 질문에 대한 답은 글의 내용에 포함되어 글을 더 늘리기도 하고, 글의 방향을 재설정하는데 도움이 되기도 한다.

② 순간포착(Snapshots)

세부 사항을 이용하여 어떤 인물이나 사건에 초점을 맞추게 한다. 이것은 단지 형용사를 한두 개 첨가시키는 정도가 아니라, 인물이 행한 일이나 사건의 특정 부분을 보여 줌으로써 그 인물이나 사건을 보다 생생하게 묘사하는 것이다.

③ 생각순간포착(Thoughtshots)

설명문식 쓰기(expository writing)에서 순간적으로 포착되어지는 생각은 곧 그 글의 중심 생각(main idea)이라고 할 수 있다. 글을 쓰는 사람은 다음과 같은 질문을 한다. '내가 여기서 이해시키고자 하는 요지가 무엇인가?' 그리고 소설이나 자서전식 쓰기에서 순간적으로 포착되어지는 생각이란 주인공의 생각, 주제라고 할 수 있다. 이렇듯 생각을 순간적으로 포착하기 위해서 어린이들은 스스로에게 다음과 같은 질문을 던져야 한다. '주인공이 생각할만한 것은 무엇인가? 내가 주인공이라면 나는 무슨 생각을 할 것인가?'

④ 순간의 폭발(Exploding a Moment)

글을 쓴 지 얼마 되지 않은 사람들은 절정의 순간을 한두 문장으로 끝내버리곤 한다. 극적인 사건을 뒷받침 해 줄만한 줄거리가 부족하기 때문이다. 이 때 학습자들에게 베스트셀러의 지문을 읽게 하고, 작가들이 극적인 긴장감을 어떻게 표출하는 지에 대해 토론해보게 한다. 작가들은 다음과 같은 질문을 던지며 글을 쓸 것이다. "무슨 일이 일어나는지를 독자들에게 어떻게 보여줄 것인가?", "어떻게 흥분과 긴장을 고조시킬 수 있을 것인가?"

⑤ **장면 만들기**(Building a Scene)

글을 쓰는 사람은 장면을 구성하기 위해서 대화와 순간포착, 생각 순간포착을 결합시켜 사용해야 할 것이다.

4) 편집 단계

편집 단계에서 학습자들은 기계적인 실수, 예를 들면 콤마와 물음표의 사용, 철자의 사용, 단어 사용의 정확성 등에 대해 점검을 한다. 모든 기계적인 실수들을 다 고쳐주는 것이 이상적이겠지만 실제로 교사들은 주요한 특정 요소들을 고치는데 중점을 두어야 한다. 어떤 어린이들은 실수를 일일이 지적할 때 사기가 저하되고 학습 의욕을 잃게 되기 때문이다. 그러므로 편집을 하는 정도는 어린이의 성숙도와 능력에 비례해서 이루어져야 한다.

편집 과정은 유치원을 기점으로 이루어지기 시작하는데, 유치원 때부터 어린이들의 글에 적힌 이름과 날짜, 쪽수에 대한 점검을 시작하기 때문이다(Calkins, 1986). 어린이들이 쓰기에 대한 새로운 기술을 배우면 배울수록, 점검해야 할 항목들은 더 늘어간다.

교정과 마찬가지로 교사는 편집과정에 대한 모델도 제시해주어야 한다. 학습자들은 편집에 필요한 도구들 – 연필, 사전, 스타일 지침서, 편집 체크리스트 – 을 챙겨야 한다. 편집의 과정에 사용되는 체크리스트는 어린이들의 수행능력을 증진시키는데 도움을 주고, 쓰기에 필요한 규칙들을 상기시키는데 도움을 준다. 그리고 체크리스트의 항목들은 학습자들의 능력과 경험에 적용되어 사용되기도 한다. 체크리스트의 예는 다음 표 5와 같다.

<표 5> 편집 체크리스트의 예

질문	답변
내가 쓴 글은 명확한가? 독자들이 그것을 이해할 수 있겠는가?	
내가 완벽한 문장을 사용하였는가?	
나는 모든 문장의 첫 글자를 대문자로 썼는가?	
사람이나 도시의 이름, 장소의 이름을 대문자로 표기하였는가?	
문장마다 마침표나 물음표, 느낌표를 사용하여 끝을 맺었는가?	
모든 단어의 철자를 정확하게 사용하였는가?	

한편, 동료들에 의한 편집 방법도 사용할 수 있다. 그러나 이것은 단지 추가적인 점검을 할 시에 사용하는 방법이다. 학습자들은 자신의 글에 대한 실수를 점검하고 이를 수정, 편집하는 일이 본인의 책임이라는 것을 알아야 한다.

편집 과정을 배울 때, 어린이들은 사전의 사용법도 함께 배워야 한다. 어린이들은 사전의 용도를 모르는 어휘의 뜻과 철자를 찾아보는 것이라고 알고 있지만 사전은 문법, 구두점의 사용, 고급 어휘 사용법, 관용법 등 쓰기 및 편집에 필요한 여러 가지 섹션(Section)을 두루 갖추고 있다. 교사는 어린이들에게 편집과정에서 사전을 사용하는 방법에 대한 구체적인 모델 제시를 해주어야 한다. 그리고 스타일 지침서나 동의어 사전, 워드 프로세서 프로그램을 사용하는 방법도 알려 주는 것도 좋다.

어린이에게 어떤 편집 기술을 가르쳐주어야 할 지 고민이 된다면, 학습자가 최근에 쓴 글을 검토해본 후 어린이에게 가장 필요한 기술을 가르쳐주면 된다. 때로는 쓰기의 특성 그 자체가 어떤 기술을 가르쳐야 할지에 대해 알려주어도 좋다. 예를 들어 어린이가 어떤 책의 제목에 대한 글을 썼다면, 어린이에게 책 제목을 이탤릭체로 표기하는 기술을 알려주면 되는 것이다. 교사는 편집 기술을 가르쳐준 후에, 어린이에게 배운 기술을 체크리스트에 추가시키라고 일러주어야 한다. 그리고 새로이 소개한 기술에 대한 간략한 설명이나 사용의 예를 게시판에 적어두어 어린이들이 배운 내용을 상기시킬 수 있게 해주면 좋다 (Muschla, 1993). 게시판을 활용한 예는 다음 <표 6>와 같다.

<표 6> 새로 배운 편집 기술을 게시판에 공고한 예

* 책이나 잡지, 신문, 영화의 제목에는 밑줄을 긋고 이탤릭체로 글을 씁니다. 예) *Harry Potter*, *Time for Kids*, *Korean Heralds*, *Shrek 3*

마지막으로 **편집 점검**을 할 때, 교사들은 어린이들의 글을 종이에 옮겨 쓰거나 타이핑하기 전에 꼼꼼히 살펴보아야 한다. 교사들은 높은 수준의 어린이의 글에 대해서는 사소한 실수 하나까지 일일이 체크해서 알려주는 것이 좋고, 낮은 수준의 어린이의 글에 대해서는 주요한 한두 가지 부분에 중점을 두어 알려주는 것이 좋다. 그러나 글을 출판하거나 출간할 예정이라면, 모든 실수를 일일이 점검해서 고쳐야 한다. 글을 편집하고 수정하는 것은 어린이들의 자신감을 저하시키지 않는 선에서 행해져야 한다.

이제까지 글을 쓰는 과정에 대해서 이해하기 쉽게 단계별로 설명을 하였다. 그러나 실제로는 여러 가지 단계들이 한꺼번에 동시에 일어나기도 하고, 순서와 무관하게 일어나기도 한다. 글을 처음으로 쓰기 시작하는 어린 학습자들을 도울 수 있는 쓰기 관련 책의 리스트는 다음 <표 7>과 같다.

<표 7> 쓰기 관련 책 리스트

어린 학습자들을 위한 쓰기 책 목록(Gunning, 2008)

- Bentley, N., & Guthrie, D. (1996). *Putting on a play.* Brookfield, CT: Millbrook Press. (글을 쓰는 방법과 연극을 하는 방법에 대해 설명해 놓은 책. 연습을 위한 샘플 스크립트를 제공함)
- Guthrie, D., Nancy, B., & Arnsteen, K. (1994). *Author's do-it-yourself book: How to write, illustrate, and produce your own book.* Brookfield, CT: Millbook Press. (이야기를 쓰는 방법과 토픽을 제시해 줌)
- Livingstone, M. C. (1991). Poem-making: *Ways to begin writing poetry.* NY: HarperCollins. (시에 대한 논의 및 시 쓰는 방법에 대한 설명)
- New Moon Books Girls Editorial Board (2000). *New moon writing: How to express yourself with passion and practice.* Duluth, MN: The New Moon Books Girls Editorial Board.
- Otfinoski, S. (1993). *The Scholastic guide to putting it in writing.* NY: *Scholastic.* (친구와 친척에게 편지 쓰기, 사업 관련 편지 쓰기에 관한 예와 모델, 조언 제시. 학교 레포트를 쓰는 방법에 대한 설명 및 예시)
- Ryan, E. A. (1992). *How to be a better writer.* Mahwah, NJ: Troll. (쓰기를 향상시키기 위한 실제적인 기법들을 제시해 줌)

5) 발행 단계

Elbow(2002)는 쓰기도 말하기와 마찬가지로 의사소통의 한 방법으로 간주해야 한다고 했다. 그러나 사람들은 쓰기를 어린이들이 쓰고, 교사가 수정해주는 학문적인 활동으로 간주하곤 한다. 그는 쓰기에 있어서 가장 큰 문제점이란 지나치게 평가적이고, 학교와 관련된 맥락으로만 인식되어지는 점이라고 했다. 그는 실제적인 목적을 가지고 실제의 독자를 대상으로 하는 쓰기를 해야 한다고 제안하면서, **발행 과정**이 생명력 없는 글에 대한 해결 방안으로 제시될 수 있다고 했다. 그는 발행이 어린이들로 하여금 수정과 편집을 할 수 있도록 격려해주고 도와주는 가장 강력한 방법이라고 믿었다. 어린이들은 다른 사람이 자신의 글을 읽을 것이란 걸 알 때 최선을 다해서 글을 쓰게 된다.

학습자들의 글은 다양한 방법으로 **발행**이 가능하다. 시의 경우는 전집으로 묶여서 발행될 수 있고 이야기는 책으로 출간할 수도 있다. 그리고 에세이나 레포트는 학급이나 교실 게시판이나 웹 사이트 등을 통해 게재가 가능하다. 대본은 드라마 형식으로 만들어 발행을 할 수 있게 된다. 그 외에도 도표, 포스터, 광고, 브로슈어, 공고, 비디오테이프, 오디오테이프 등을 사용해 발행을 할 수 있다.

글을 쓰는 사람의 중요성을 강조하기 위해서 교사들은 '작가의 의자'를 이용하여 어린이들에게 자신의 글을 발표할 수 있는 기회를 제공해주기도 한다. 이 특별한 의자에 앉은 학습자는 학급 내의 다른 어린이들에게 자신이 쓴 글을 읽어 주고, 그에 대한 피드백을 받는다. 그리고 유명 작가를 불러서 특별 모임을 가질 수도 있는데, 이때도 작가가 자신의 글을 읽고 교실 내의 다른 어린이들에게 글에 대한 피드백을 받는 식으로 이루어진다. 발행이나 이러한 발표 모임이 있을 때, 학습자들은 스스로 최선을 다해서 글을 완성할 수 있게 된다.

<표 8> 쓰기 관련 사이트

<참고자료>

* 어린 학습자들이 쓴 글을 웹 사이트에 게재할 수 있게 돕는 학습 사이트로는 Berit's Best Site가 있다. 이 사이트에서 무료로 학급 홈페이지의 개설도 가능하다.
  : http://www.beritsbest.com

* 학습자들이 쓴 글의 목록을 제시해주는 웹 사이트
  : http://www.ala.org/parentspage/greatsites/amazing.html

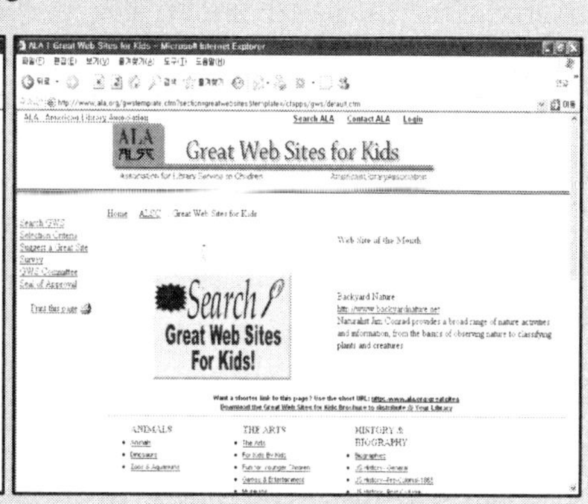

6) 협의과정

Calkins(1994)는 쓰기 실력을 늘리고 싶어서 유명한 쓰기 교사 Donald Murray에게 도움을 요청하는 편지를 보냈다. 두 사람은 2년간 한 달에 한 번씩 15분 동안 협의의 시간을 가졌고, 협의 시간에는 주로 Lucy의 글에 대한 대화를 나누었다. 이러한 과정이 Lucy에게 많은 도움이 되었는지 묻는 질문에 Lucy는 '그렇다'라고 대답하면서 Murray 선생이 그녀에게 이야깃거리가 있다는 사실을 가르쳐주었다고 했다.

만약 **협의 시간**에 글을 쓰는 사람에게 그 자신이 이미 글을 쓸 만한 이야깃거리를 가지고 있다는 사실을 보여주지 못한다면, 그것은 목적을 달성하지 못한 협의인 셈이다. 격려와 그에 따른 질문, 그에 대한 대답을 통해서 교사는 어린이에게 "너는 이미 글을 쓸 만한 이야깃거리를 가지고 있어!" 라면서 격려해 주어야 한다. 협의 과정이란 곧, 긍정의 과정이다. 만일 교사들이 모든 어린이가 글을 쓸 만한 이야깃거리를 가지고 있다는 사실을 믿는다면, 굳이 어린이들에게 글의 주제를 정해줄 필요가 없을 것이다. 어린이는 자신의 내부나 자신의 경험 속에서 글을 쓸 주제를 찾을 수 있다. 교사는 주의 깊은 질문과 세심한 답변을 통해 어린이들이 그들의 이야기를 발견할 수 있게 도와야 하고, 이야기를 풀어낼 수 있는 기법들을 발견하고 익힐 수 있게 도와주어야 한다. Turbill(1982)은 교사의 역할이 어린이들에게 무엇을 해야 하는지 알려주는 대신에, 질문의 기술을 개발하여 그 질문들을 통해 어린이들이 답을 발견해 갈 수 있게 해주는 것이라고 했다.

(1) 협의 중 질문

협의 중 질문 중에는 전형적인 3가지 유형이 있는데 시작할 때 던지는 질문, 글의 진척 상황을 알아보는 질문, 앞으로의 진행 과정에 관한 질문이 그것이다. 이러한 질문들은 어린이를 판단하기 위한 것이 아니라 글을 시작하게 하고 정직한 답변을 유도해내기 위해 고안된 것들이다. 시작에 관한 질문의 예로는 '어떻게 지냈니?' '글은 어떻게 되가니?' '오늘은 어떤 부분을 쓰고 있니?' 가 있다. 이러한 질문에 대한 학습자의 답변은 진척 상황을 알아보는 질문으로 넘어갈 수 있는 단서를 제공하고, 교사는 뒤이어 어린이가 얼마나 글을 더 진척시켰는지에 대해 알아보는 몇 가지 질문들을 한다. 앞으로의 진행 과정에 관한 질문은 '다음에는 무엇을 할 거니?'와 같이 어린이들이 계획을 세우거나 조치를 취하도록 유도하는 내용으로 구성된다. Calkins(1994)는 교사가 협의 중 질문 시 취해야 할 첫 번째 역할은 선생님이 되는 것이 아니라 어린이와의 협의를 즐기고, 주의를 기울이며, 친절히 반응을 해줄 수 있는 한 명의 참가자가 되는 것이라고 했다.

때때로 교사들은 협의에서 인간적인 반응을 해주기만 해도 된다. 또 어떤 경우에는 생각의 방향을 이끌어주고, 어린이들이 계속 글을 쓸 수 있도록 부드러운 자극을 주어야 할 때도 있다. 어린이는 예를 들어 다음과 같은 질문을 할 수도 있다. "우리 개를 어떻게 설명해야 할 지 잘 모르겠어요. 우리 개는 잡종이거든요." 그러면 교사는 잠시 생각한 뒤 다음과 같이 되물을 수 있을 것이다. "너희 개가 순종이 아니기 때문에 어떻게 설명할 지 어렵다는 거니?" 이렇게 되물어주는 것은 관심이 있음을 표현해주는 동시에, 어린이가 좀 더 자세히 계속해서 얘기할 수 있게 격려해준다. 만약 되묻는 질문이 효과가 없다면, 다음과 같이 보다 직접적인 반응을 해 줄 수도 있다. "너는 너희 개가 순종이 아니라고 말했는데, 그것 말고 너희 개가 가지고 있는 특징이 없니? 너희 개는 어떻게 생겼어? 다른 개와 비교해 봤을 때, 너희 개만이 가지는 독특한 행동이나 특징은 없니?" 이 때 유의해야 할 점은, 질문이 너무 직접적이어서는 안 된다는 것과 자칫 잘못하다가는 교사가 쓰기의 주도권을 쥐게 될 수도 있다는 점이다. 이러한 질문의 목적은 어린이로 하여금 글을 전개시킬 수 있는 방법을 찾아낼 수 있게 하는 것이다.

만약 학습자가 쓴 글이 좀 이해하기 어렵다면, 교사는 이렇게 말할 수 있을 것이다. "나는 너희 개가 했던 재밌는 일에 대해 네가 얘기하는 방법이 무척 마음에 들어. 그렇지만 네가 어떻게 너희 개에게 구르는 법을 가르쳤는지에 대해서는 잘 이해가 가지 않는데?" 그러면 어린이는 자신이 어떻게 개에게 구르는 법을 가르쳤는지에 대해 이야기를 해 줄 것이고, 지금 말하는 바로 그 내용을 글에 첨가시켜야 한다는 사실을 깨닫게 될 것이다.

어린이가 글을 적절히 잘 전개시키지 못한다면, 교사는 다음과 같이 말해줄 수 있다. "너희 개가 항상 말썽을 일으킨다고 했지? 그가 주로 일으키는 말썽들이 어떤 것들인지 자세히 얘기해줄래?" 교사의 반응은 종종 이어지는 다음 내용을 어떻게 쓸 것인지에 대해서 학습자가 말로 시연 해 볼 수 있게 하기도 한다. Murray(1977)는 "학습자들은 나에게 다음 부분을 어떻게 쓸 것인지에 대해 말해준다. 그러면 나는 듣고, 학습자들은 설명을 해주면서 배우게 된다."라고 말하기도 했다.

다양한 질문을 통해서 교사는 어린이를 이해하게 된다. 그리고 이러한 이해를 통해, 그들을 가장 잘 도와 줄 수 있는 방법을 제시해줄 수 있다. 교사는 스스로에게 다음과 같은 질문을 던져볼 수 있다. "내가 이 어린이에게 해 줄 수 있는 말 중에서, 가장 도움이 되는 말은 무엇일까?"(Calkins, 1994). 질문은 어린이의 특성과 필요에 맞게 주어져야 한다. 그리고 협의가 있을 때마다 어린이들의 글에 대한 긍정적인 반응 보여주고 동시에 어린이가 쓴 글에서 하나 이상의 요소를 짚어 가르쳐주어야 한다(Calkins, 2003). 교사는 어린이의 글이 독자에게 필요한 모든 정보 및 세부 사항을 다 제시해주고 있는지, 어린이가 스스로 점검해볼 수 있도록 자신의 글을 다시 읽어보라고 할 수 있다. 그리고 어린이가 필수적인 항목이 빠진 것을 알아차리지 못할 경우, 교사가 어린이의 글을 소리 내어 읽어주면서 뭔가 빠졌음을 발견할 수 있게 해 줄 수 있다. 필요할 시엔 고쳐야 할 부분을 지적해주고, 어린이가 그 부분을 교정하도록 돕는다. 교정이 끝난 후에는, 오늘 어떤 일들을 했었는지 다시 한 번 되짚어보고 어린이가 배운 내용을 앞으로의 쓰기 활동에 적용할 수 있게 한다. 예를 들면, "잘 했어요. 너는 오늘 너희 개가 왜 수의사에게 진찰을 받으러 가야 했는지에 대한 자세한 내용을 첨가시켰어. 좋은 글은 왜 그런 일이 일어났는지에 대한 설명을 꼭 해준단다. 혹시 설명이 더 필요한 부분은 없는지 너의 글을 다시 한 번 잘 살펴보렴."하고 말해 줄 수 있다.

<표 9> 공통적으로 겪는 어려움에 대해 교사가 제시할 수 있는 질문들

쓰기에서 어려운 점	교사의 질문 / 질문
주제가 너무 광범위하거나 주제에 초점이 맞추어져 있지 않음	이 글을 쓴 목적이 뭐니? 이 글에서 가장 중요하고 흥미로운 아이디어가 무엇이니? 그 아이디어를 어떻게 전개 할 거니?
예나 세부적 정보가 부족한 경우	나는 ____에 대해서 쓴 너의 글이 참 마음에 들어. 근데 ____에 대해 아직 잘 모르겠네. ___에 대해 좀 더 자세히 말해줄 수 있니?
시작 문장이 필요한 경우	어떻게 이 글을 시작 할 거니? 독자를 글로 끌어들

	이기 위해서 뭐라고 말을 할 거니?
결론 부분이 부 적절 하거나 그 내용이 부족한 경우	네가 말한 내용을 어떻게 요약할 수 있겠니? 이 글을 통해 독자가 유추해낼 수 있는 생각과 아이디어가 무엇이었으면 좋겠니?
일관성, 통일성이 부족한 경우	이 글의 주요 목적이 무엇이니? 너의 모든 생각은 글의 주요 목적에 맞는 거니? 너의 생각들이 알맞은 순서로 제시되고 있니?

<표 9>는 어린이들이 공통적으로 직면하는 어려움과 이를 극복하는 것을 돕기 위해 교사가 어린이들에게 줄 수 있는 질문의 예를 보여주고 있다. 어떤 경우에는 어린이들이 교사의 힌트나 제안을 거절하고 다른 방향으로 글을 쓰기도 하는데, 거절하는 것도 어린이들이 가진 특권이다. 협의가 끝난 후에는 어린이들의 강점, 필요로 하는 점, 계획 등에 대해 노트를 만들어 정리해두는 것이 좋다. 협의의 내용을 요약한 노트의 예는 다음 <표 10>과 같다.

<표 10> 쓰기 컨퍼런스 요약 노트

이름	날짜	주제	강점	필요한 점	계획
Amy	10/13	My mom	Exciting opening	Lack of details	Tell why she is busy
James	10/13	Environment	Good Subject	Topic is too broad	Narrow down topic
Jessica		My pet			
Tim		New computer			
Dina		My dream			
Matthew		New bicycle			
Yu-mi		Halloween			
Joey		Letter to actress			

(2) 동료 협의 과정

글을 쓰는 전문 작가들이 가장 필요로 하는 것은 바로 독자들의 피드백이다. 작가들은 글을 편집장에게 보내기 전에 동료나 배우자, 친구들에게 먼저 보여주고 비평을 해달라고 부탁한다. 이와같이 어린이가 글쓰기를 할 경우, 파트너가 바로 독자들과 같은 역할을 해줄 수 있다. 어린이들은 각자의 글에 대한 동료들의 반응을 살피고, 서로 피드백을 주고받음으로써, 보다 글을 읽는 사람에게 필요하고 알맞은 글을 쓰게 된다. 가능하다면 둘이 짝을 짓거나, 소그룹으로 편성하여 서로의 글에 대해 의논을 하게 한다. 파트너들은 글에서 어떤 부분이 좋았는지를 얘기해주면서 서로를 격려하고 지지한다. 그리고 내용 중 혼란스러운 부분이나 세부사항이 더 필요한 부분 등에 대해서는 질문을 제기함으로써 내용을 수정하게끔 한다.

효과적인 **동료 협의**가 이루어지기 위해서는 먼저 동료 협의 자체에 대한 학습이 이루어져야 한다. 첫째, 성공적인 동료 협의의 요소가 무엇인지에 대해 함께 토론해보고 둘째, 동료 협의의 모델을 제시하며 셋째, 협의의 과정을 감독해본다. 그 외에도 효과적인 협의가 이루어지려면 공동체 의식과 존중 의식이 있어야 한다. 동료 협의의 일반적인 원리들을 제시하면 다음과 같다. 첫째, 어린 학습자들은 주의 깊게 듣는 것을 배워야 한다. 둘째, 다른 사람의 글에 대해 피드백을 줄 때에는 긍정적인 말로 시작해야한다. 셋째, 구체적이고 분명하게 제안을 해주어야 한다. 넷째, 이때, 긍정적인 말로 제안을 해주어야 한다. 바람직한 교사는 학습자들에게 쓰기와 읽기 협의에 필요한 원리와 기술들을 주의 깊고 친절하게 알려준다. 그리고 어린이들과 함께 협의의 과정에 참여하면서 동료 협의의 모델을 제시해주고, 교정이 필요한 부분에 대해서는 어떻게 제안을 해주는지에 대해 잘 보여준다.

(3) 작가의 모임

작가의 모임은 동료 협의의 한 형태로, 다른 동료들과 함께 읽고 싶은 글을 가지고 있는 학습자들이 작가의 테이블에 모여 앉아서 서로의 글을 돌아가며 읽는 것이다. 교사도 이 모임에 참여할 수 있다. 단, 이 모임에 참여하기 위해서는 자기가 쓴 글이 꼭 있어야 한다 (Harste, Short, & Burke, 1988). 작가의 모임은 전반적인 내용을 검토하기 위해 고안된 것이므로, 다른 학습자들의 견해를 들은 뒤 각각의 학습자들은 어느 부분을 수정하고 보충할지를 결정한다. 학습자들은 이 모임을 통해 서로에게 필요한 유익을 얻게 된다. Harste, Short & Burke(1988)는 작가의 모임에 대한 이점을 다음과 같이 설명 한다. 작가의 모임에서 학습자들은 자연스럽게 대화하면서 각자의 글을 함께 읽는다. 학습자들은 이 모임에서 작가의 관점과 독자 및 비평가의 관점 모두를 경험한다. 학습자들이 독자에 대해 인식하기 시작할 때, 자신의 글을 다른 측면에서 바라볼 수 있게 된다.

협의의 궁극적인 목적은 학습자가 글쓰기의 과정을 내재화하여 스스로에게 다음과 같은 질문을 던질 수 있게 만드는 것이다. '내 글이 어떻게 진행되고 있는가? 다음의 내용은 어떻게 전개할 것인가? 내가 쓴 글 중에 어떤 점이 마음에 드는가? 내가 바꿔야 할 부분은 어디인가?'

6. 쓰기 워크샵

쓰기 워크샵이란 학습자들로 하여금 선생님의 지도하에 새로 배운 전략들을 사용해볼 수 있는 기회를 제공하는 한 가지 방법이다(Collins, 1998). 쓰기 워크샵을 구성하는 요소들로는 미니레슨, 유도된 쓰기, 쓰기 시간, 협의, 나누기가 있다. 쓰기 워크샵은 가능하다면 매일 이루어지는 것이 좋다.

1) 미니레슨

미니레슨이란 어린 학습자에게 필요한 쓰기 및 읽기 기술에 대해 짧고 간단히 수업을 하는 것이다. 일반적으로 전체 어린이를 교수할 때 많이 사용되는 방법이며, 목적은 어린이에게 필요한 쓰기 기술 및 개념을 제시해주는 것이다. 미니레슨은 약 10분정도의 시간동안 진행되므로, 교사는 가급적이면 어린이들이 쉽게 이해할 수 있는 한 가지의 기술만 알려주는 것이 좋다. 미니레슨 시에 알려줄 수 있는 기술로는 제목 대문자로 쓰기, 주제 선정하기, 정확한 글자를 사용하기 등이 있다. 또한 미니레슨 시, 워크샵의 과정에 대해 설명해주는 것이 좋다.

2) 유도된 쓰기 / 전략적 쓰기

어린 학습자들은 수준별로 편성된 소그룹 내에서 쓰기 전략을 배우게 된다. **쓰기 전략**을 가르치기 위해서는 교사나 동료가 쓴 글 중에 오늘 배울 특정 전략이 들어가 있는 글을 선택하여 어린이로 하여금 그 글을 읽게 함으로써 전략 사용의 예시를 보여준다. 교사는 먼저 오늘 배울 전략에 대해 이야기를 하고, 그 전략이 어린이들의 글쓰기를 어떻게 도울 수 있는지에 대해 설명해준다. 그 후 전략을 어떻게 사용하는지에 대한 모델을 제시해준다. 모델을 제시해준 후, 어린이들이 배운 전략을 그들의 글에 적용시켜보도록 유도된 연습을 시킨다. 그리고 오늘 배운 전략을 중심으로 학습자가 쓴 글을 교정하고 평가한다. 마지막으로 배운 전략을 자동적으로 쓸 수 있게 되기까지 컨퍼런스나 후속 수업을 통해 복습하고 강화한다. 유도된 쓰기나 전략적 쓰기를 가르치는 데는 약 20분 정도가 소요된다. 전략적 쓰기 수업의 예를 제시하면 다음과 같다.

<표 11> 전략적 쓰기 수업 예시(Gunning, 2008)

**** 오늘 배울 전략의 내용 : 구체적인 세부사항 첨가하기 ****

STEP 1 : 목표 전략의 예를 제시해주기

먼저 구체적인 세부사항을 첨가할 필요가 있는 글을 제시해준다.

<The strange day>

I turned on the radio. The announcer said to stay inside. She said that the streets were very dangerous. My father said that the announcement was a joke. But it wasn't.

어린이들과 글을 읽은 후, 어떤 부분에 문제가 있는지를 함께 토의해 본다.

STEP 2 : 전략 사용의 모델을 제시하기

어린이들에게 세부사항을 덧붙임으로서 어떻게 글을 더 생생하게 만들 수 있는지를 보여준다.

<The strange day>

On my way to my place at the breakfast table, I switched on the radio. My favorite song was being played. Suddenly, the music stopped. "We have an important news flash for our listeners," the announcer said. "A monkey stole keys from the zoo keeper and opened all the cages. The streets are now full of dangerous, wild animals. The elephants have already smashed five cars. Stay in your homes. If you spot any wild animals, call the police immediately. But do not let the animals into your home."

"Hey, Mom and Dad," I shouted. "Come quick. There's trouble in the streets." When I told them what I had heard, they started laughing. Dad pointed to the calendar. "Don't you remember what day this is? It's April first. It's April Fool's Day. Somebody is playing a trick on the town."

Dad was still laughing when he headed out the door for work. But he wasn't laughing seconds later when he rushed back inside and slammed the door shut. "Call 911!" he shouted. "There's a tiger sitting on the roof of my car."

STEP 3. 유도된 연습하기

세부사항이 부족한 한 두 개의 예문을 제시하고, 어린이들이 세부사항들을 보충해보게 한다.

STEP 4. 적용

어린이들이 필요한 세부사항을 덧붙임으로써 그들의 이야기에 살을 붙이게 한다. 도움을 필요로 한다면 도와주어라.

STEP 5. 확장

지원자를 받아서 그들이 어떻게 세부사항을 보충하였는지 발표해보게 해라.

STEP 6. 평가 및 복습

교사는 어린이들 스스가 협의를 통해 글을 평가하게하고 부가적인 지도가 필요하다면 보충해준다.

3) 쓰기 전략들

쓰기의 전략에는 여러 가지가 있으나, 다음에 제시할 전략들은 그 중에서도 학습자들에게 가장 필요한 것들이다. 그리고 각 전략들을 난이도 순에 따라 배열해보았다.

(1) 설명문 식 쓰기

① 분명하고 완전한 문장을 사용해라.

② 글의 중심 생각을 제시하며 독자의 흥미를 유발시키는 시작 부분을 써라.
③ 세부사항과 함께 글을 전개하라.
④ 효과적인 결론을 써라. 효과적인 결론은 전체 내용 요약해주며, 글의 핵심 내용 재언급해주어야 한다.
⑤ 정확하고 다양하고 생생한 어휘를 사용해라.
⑥ 적합하고 충분한 정보를 수집해라.
⑦ 직유법이나 은유법 등 상징적인 언어를 사용해라.
⑧ 두운, 수사의문법과 같은 수준 높은 쓰기 기술을 사용해라.
⑨ 다양한 문장 유형을 사용해라.
⑩ 단문을 결합하여 장문으로 써라.
⑪ 다양한 형태의 글을 써라 : 시, 소설, 연극, 편지, 광고, 보도, 신문기사, 에세이 등
⑫ 다양한 목적과 다양한 독자를 상대로 하는 글을 써라.
⑬ 전환어를 사용하여 글을 써라.
⑭ 제목, 부제목을 만들어 사용해라.
⑮ 관련 없는 세부사항은 삭제하라.

<표 12> 참고자료－설명적 쓰기

• 설명적 쓰기에 도움이 되는 web-site.
http://www.realkids.com/club.shtml
나이가 어린 쓰기 학습자들을 위한 정보전달 웹 사이트. author information, writing guidelines and hints, book review 등을 제공해준다.
http://www.bham.wednet.edu/bio/biomak2.htm
전기(biography)를 만드는 사람이 전기를 쓰기 위한 지침과 방향을 제시해준다.

(2) 이야기 / 소설 식 쓰기

① 처음, 중간, 끝의 전개가 잘 이루어진 글을 써라.
② 설명과 대화를 통해서 그럴듯한 캐릭터를 만들어라.
③ 배경을 설정해라.
④ 재미있는 구성을 만들어라.
⑤ 흥미롭고 놀라운 결말을 써라.
⑥ 자연스러운 대화를 써라.
⑦ 독자의 흥미를 유발하는 제목을 만들어라.
⑧ 긴장감을 고조시켜라.
⑨ 과거를 회상하는 기법인 플래시 백(flashback)이나 스토리의 중간부터 이야기가 진행되는 기법 등 수준 높은 소설기법을 사용해라.

4) 쓰기 시간

쓰기 시간(writing time)은 쓰기 워크샵의 핵심적인 부분으로, 30분 이상 지속된다. 이 시간 동안 어린이들은 글을 쓰고, 파트너와의 협의나 교사와의 협의를 하며 소그룹 토론을 한다. 쓰기 시간이 시작되기 전에 교사들은 어린이들이 이 시간 동안 해야 할 일에 대한 계획을 점검해보는 것도 좋다.

교사는 어린이들이 글을 쓰는 동안 한두 가지 정도의 유도된 쓰기 수업을 해도 좋다. 그리고 시간이 주어진다면 교실을 돌면서 어린이들이 도움을 요청할 때는 즉석에서 도움을 주고, 쓰기 활동을 잘 할 수 있게 격려해주는 것도 좋다.

5) 그룹과 함께 읽기

수업이 끝나는 시간 즈음에 어린이들은 모여서 그룹별로 **함께 읽기 활동**을 한다. 지원자들이 그들의 글을 읽고, 다른 학생들은 주의 깊게 들으며 어떤 부분이 좋은지를 얘기해 준다. 그리고 들은 내용에 대해 질문을 하거나 제안을 해준다. 즉, 청중에 의해 평가를 받을 수 있는 기회를 가지게 되는 것이다. 그룹과 함께 읽기는 긍정적인 분위기 속에서 진행되게 한다.

6) 쓰기 워크샵 관리하기

쓰기 워크샵을 할 때에는 주의 깊은 관리가 필요하다. 먼저 워크샵이 일어나는 교실 또한 작가들이 워크샵을 하는 장소 못지않게 세팅이 잘되어 있어야 한다. 워크샵을 할 교실의 환경설정 및 배치는 다음 <그림 3>와 같다.

<그림 3> 워크샵 교실 배치도

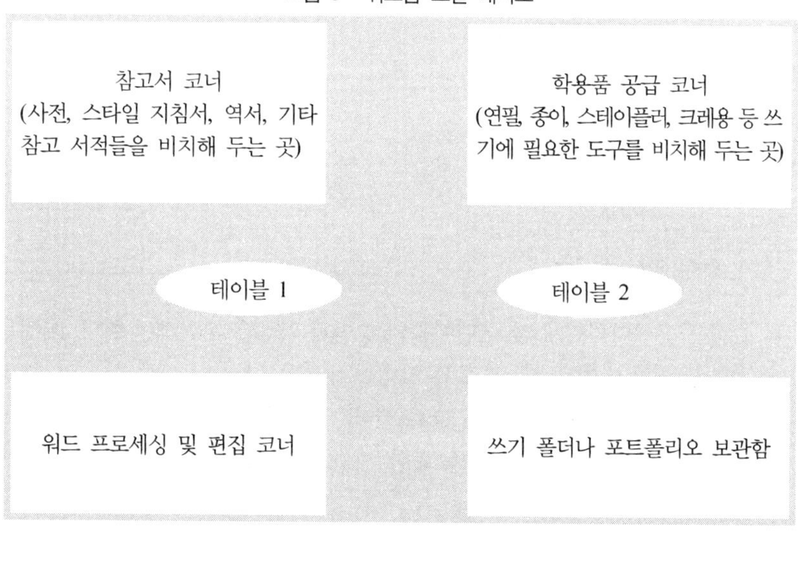

교실 환경에 대한 관리 외에도 어린이의 생산성에 대한 관리도 해주어야 한다. 그러한 생산성에 대한 관리의 한 방법으로 어린이들이 매일 있을 워크샵에 대한 구체적인 계획을 세우게 해야 한다.

쓰기는 인지적인 활동임과 동시에 사회적인 활동이기도 하다. 글을 쓰는 학습자들은 교사의 기대와 파트너의 기대에 많은 영향을 받는다. 어린이는 교사가 원하는 대로 글을 쓰려고 하며, 동료 학습자의 인정도 받고 싶어 한다. 만일 동료 어린이들이 특정 주제나 정보에 대해 비판적이라면 학습자들은 그러한 것을 소재로 글을 쓰지 않으려고 할 것이다(Dahl & Farnan, 1998).

또한 동료 협의에 있어서 사회적 힘이 얼마나 강하게 작용하는 지에 대해서도 주목해 볼 필요가 있다. Lensmire(1994)은 그의 연구에서 평소 아이들에게 괴롭힘을 당하고 왕따를 당하는 어린이들은 동료 협의 시간에도 마찬가지로 따돌림을 당한다는 사실을 알게 되었다. 이러한 문제점을 완화시키기 위해서 소그룹의 어린이들이 공동으로 할 수 있는 과제나 주제를 제시하는 것도 좋은 방법이 될 것이라고 제안한다.

그리고 **쓰기 활동**보다 협의 활동에 더 열심이며, 몇 주 동안 글의 내용에 전혀 진전이 없는 어린이들도 눈여겨봐야 한다. 이러한 어린이들을 위해서 교사는 어린이들의 활동을 일지(daily log)에 기록하는 것도 좋은 방법이 될 것이다. 일지의 예(Muschla, 1993)는 다음 <표 13>과 같다.

<표 13> 일지의 예(Muschla, 1993)

이름	주제	월요일	화요일	수요일	목요일	금요일
이철수	Pet rabbit	첫 번째 초안 씀. 교사와 컨퍼런스	참고자료에 대한 조사			
김미나	Little sister	편집 단계. 교사와 컨퍼런스	동료 편집			
김지선	Dream vacation	교사와 컨퍼런스 두 번째 초안 씀.	편집			
이지은	Letter to sports star	작가의 모임 활동.	수정 단계			

교사는 교실을 돌아다니면서 각 어린이들의 강점과 약점을 파악해야 한다. 이것은 미니레슨이나 유도된 쓰기 수업을 할 때 혹은 일대일 수업을 할 시에 매우 도움이 될 것이다. 무엇보다도 쓰기 활동은 많은 시간을 필요로 한다. 그러므로 교사는 적어도 하루에 30분~1시간, 일주일에 3일~5일 정도는 쓰기를 위한 시간으로 따로 할당을 해 두어야 한다.

7. 상호간에 주고받는 쓰기

학습자로 하여금 쓰기 활동을 유도하는데 가장 효과적인 방법 중 하나가 바로 상호간에 주고받는 쓰기 활동이다. 즉, 글을 통해 이루어지는 상호 간의 대화라고 할 수 있다. 쉬운 예를 들자면, 수업 시간에 친구들끼리 쪽지를 주고받는 것도 상호간에 이루어지는 쓰기 활동이라고 할 수 있을 것이다. 상호간에 주고받는 쓰기 활동의 대표적인 형태로는 대화 문집이 있고, 그 외에도 편지, 이메일, 문자 대화 등이 있다.

문자 대화(written conversation)도 일종의 쓰기 활동으로 교사와 어린이 간 혹은 어린이와 어린이 간에 글로써 서로의 의사를 전달하는 것이다. 이 문자 대화를 통해서 어린이들은 읽기와 쓰기를 함께 연습할 수 있다.

8. 설명문 식 쓰기 향상 방안

어린이들마다 좋아하는 텍스트의 유형은 다르다. 어떤 어린이들은 이야기 식 텍스트를, 또 어떤 어린이들은 설명문 식 텍스트를 선호하기도 한다. 이 두 가지 유형은 서로 달라 보이지만, 글을 쓰고 전개하는 데 사용되는 주요 구조는 동일하므로, 어린이는 이러한 주요 구조들에 대해 학습을 해야 한다. 글을 쓰는데 적용할 수 있는 주요 구조를 익히는데 가장 효과적인 방법이 바로 폭넓게 읽는 것이다. 학습자들은 폭 넓게 다양한 글을 읽음으로써 비교－대조, 문제－해결과 같은 주요 구조에 대해 배경지식을 쌓게 된다. 그러나 폭 넓게 읽기만 해서는 안 되고 각각의 구조에 대한 설명, 쓰기에 적용 가능한 모델 제시, 비슷한 구조를 사용하여 실제로 글을 써보는 것에 대한 지도도 병행 되어야 한다.

그 중에서도 **설명문 식 쓰기**는 특별히 더 주의를 기울일 필요가 있다. 어린이들의 초기 쓰기 유형이 이야기 식 쓰기이므로, 초등학생의 경우 이야기 식 쓰기는 많이 해봐서 잘 쓰지만 설명문 식 쓰기는 아직 생소하여 쓰는데 서툰 경향이 있다(Langer, 1986). 그리고 이 두 가지 쓰기 유형에서 발생하는 격차는 점점 더 커질수도 있다.

쓰기에서의 인지 전략 지도로 잘 알려진 프로그램이 있는데, 이 프로그램은 Raphael, & Englert(1989)가 텍스트 구조와 쓰기 전략을 결합시켜 만든 지도 방법이다. 연구자들은 학습자가 텍스트 구조를 사용할 수 있게 도와줄 수 있는 전략을 고안하였다. 이 전략은 텍스트 구조를 사용하여 설명문을 이해하고, 설명문 식 쓰기를 할 수 있게 해준다. 이 C.S.I.W 프로그램은 쓰기에 대한 지도과 단계적 지도서(scaffolding)를 제공해준다. 여기서 단계적지도서란 어린이들이 계획하고, 글을 쓰고, 쓴 글을 교정하는데 사용하는 일련의 지침을 뜻하는데, 이러한 지침을 다른 말로 일명, '생각 종이(think sheet)'라고 부른다. 생각 종이에는 여러 가지 종류가 있는데 이야기 식 글을 위한 것, 비교－대조 구조에 관한 것, 설명문에 관한 것 등, 주요 텍스트 구조에 상응하는 다양한 종류들이 있다. 생각 종이는 다양한 구조의 글을 쓰는데 필요한 적절한 전략을 구체적으로 떠오르게 하기 위해 설계 된 것이다(Raphael & Englert, 1990).

<표 14-1>에서 계획을 세우기 위한 **생각 종이**는 학습자로 하여금 독자를 고려하고, 글을 쓰는 목적에 맞게 쓰기를 할 수 있도록 계획을 세우게 하기 위한 것이다. 이것은 또한 글의 단계를 어떻게 설정한 것인지, 어떠한 구조로 글을 전개해 나갈 것인지에 대해서도 계획을 세울 수 있게 해준다.

글을 쓰고 난 후, 어린이들은 자신의 글을 평가하기 위해 자가 점검을 위한 생각 종이를 사용한다. 이것은 교정단계에서 주로 사용되며, 학습자의 글이 명료하고 재미있으며 잘 조직되어 있는가를 보여준다. 이 생각 종이는 협의시, 동료 학습자들에 의해 사용되어지기도 한다. **자가 점검을 위한 생각 종이**의 예는 다음 <표 14-2>과 같다.

<표 14-1> 생각 종이

- Author's name : Meejin Ahn　　　　Date: 2007. 6. 22
- Topic : Preparation for travel.
- Who: Who am I writing for ? The kids in my class.
- Why : Why am I writing this?

: Summer vacation is coming soon. There are many people who are going to travel in summer vacation.

- What : What is being explained? Checklist for travel.
- What are the steps?

First, you should check your passport.

Second, you'd better purchase your plane ticket in advance

Third, you should reserve an accommodation early.

Finally, a travel guide book helps you a lot. Take it.

<표 14-2> 자가 점검용 생각 종이(Self-edit think sheet)

▸ Author's name : Meejin Ahn   Date: 2007. 6. 24 ▸ First, reread my paper. Then answer the following: What do I like best about my paper? Gives a good explanation Why? Has all steps What parts are not clear? Why not? ▸ Did I... 1. Tell what was being explained?   Yes   Sort of   No 2. Make the steps clear?   Yes   Sort of   No 3. Use keywords to make it clear?   Yes   Sort of   No 4. Make it interesting to my reader?   Yes   Sort of   No ▸ What parts do I want to change? Conclusion ▸ What questions do I have for my editor? Is the opening O.K?

동료 협의가 끝난 후, 어린이들은 동료 편집자가 준 제안 내용들을 참고로 하여 **교정 생각 종이**(revision think sheet)를 작성한다. 교정 생각 종이의 예는 다음 <표 14-3>과 같다.

<표 14-3> 교정 생각 종이(Revision think sheet)

▸ Suggestions from My editor ▸ List all the suggestions your editor has given you: x 1. Use a question as a beginning sentence. x 2. Use more key words. x 3. Write a good closing. ▸ Put an x next to all the suggestions you would like to use in revising your paper. ▸ Also think of ideas of your own that might make your paper clearer or more interesting. Read your paper once more, and ask yourself. Is my beginning interesting? Will it make people want to read my paper? Yes Are the steps in my explanation clear? Yes Did I write down all the steps? Yes Are the steps in the right order? Yes Do I have a good closing sentence? Kind of

실제 쓰기 활동에서는 어떤 과정들이 겹쳐서 일어나거나 생략되기도 하고, 반복적으로 사용되기도 한다. 그러나 되도록이면 모든 과정들을 다 사용하는 것이 좋고 앞서 제시한 생각 종이도 사용하는 것이 좋다. 전략을 익혀서 자동적으로 사용하기 전까지는 생각 종이를 계속 활용하는 것이 좋을 것이다.

9. 보고서 쓰기에 대한 지도

저학년 어린이들에게는 보고서를 쓰는 것이 문제가 된다. 초기의 보고서는 어떤 주제에 대한 세부 사항을 열거해놓은 형태이다. 이러한 **보고서**는 어린이가 주제에 대해서 무엇을 아는지 알려주긴 하지만, 글의 구조가 그리 탄탄하지 못하다. 하지만, 3학년 정도가 되면서부터 어린이들의 보고서에는 처음, 중간, 끝의 분명한 구조가 생겨나게 된다.

보고서를 쓸 때, 어린이들은 각기 정교화와 조직화를 위한 나름대로의 기준을 가지고 있다. **구성이 탄탄한 보고서**를 쓰기 위해서는, 정보를 분석하고 분석한 정보를 카테고리별로 분류할 줄 알아야 한다. 친숙한 주제에 관련된 정보를 분석하고 분류하는 것은 쉽지만, 낯선 주제에 관한 정보를 분석하고 분류하는 것은 쉽지 않다. 어떤 정보가 중요하고, 또 어떤 정보가 중요하지 않은지를 구별해 낼 수 없기 때문이다.

고학년 어린이들도 보고서를 쓸 때 그 내용에 무엇이 포함되어야 하는 지에 대해서 모르는 경우가 많다. 11~12살 정도 되는 학습자들에게 세계 제 2차 대전에 관련된 보고서를 써오라는 과제를 내주었을 때, 학습자들은 다음의 세 가지 방법 중 하나로 과제를 받아들였다(Many, Fyfe, Lewis, & Mitchell, 1996).

첫 번째, 정보를 축적하는 것으로 과제를 받아들인 학습자의 경우, 독자와 주제에는 관심을 두지 않았다. 그리고 주제와 별 연관성이 없더라도 재미있다고 생각하는 정보는 보고서에 모두 적었다. 이 학습자들은 정보의 적합성보다는 정보의 사용가능성에 근거하여 자료를 선택하였고, 찾은 자료에서 말만 약간 바꿔서 보고서를 작성하였다.

두 번째, 정보를 옮기는 것으로 과제를 받아들인 학습자는 관련 자료를 찾은 후, 그것을 자신의 말로 바꾸어 표현하였다. 그러나 자신들이 사용한 많은 정보들을 통합해내지는 못했다. 정보를 통합하는 대신 정보 하나는 첫 번째 부 주제로, 다른 정보는 두 번째 부 주제로, 또 다른 정보는 세 번째 부 주제로 사용하여 글을 쓰고, 세 개의 글을 서로 연결하였다.

마지막, 정보를 변형시키는 것으로 받아들인 학습자들은 특정한 독자를 위한 정보를 전체적으로 종합하였다. 그리고 자신의 글을 계획과 독자에 맞게 재검토, 교정하고 다양한 정보들을 통합하였다. 이 학습자들은 페이지를 채우는 데 열중하는 대신 정확한 정보를 재미있고, 이해 가능하게 효과적으로 전달하고 있는가에 초점을 맞추었다.

교사는 쓰기 지도를 통해 어린이가 정보를 변형할 수 있는 능력을 키워주어야 한다는 것에 궁극적인 목적을 두어야 한다. 그렇다면, 어린이들을 어떻게 정보 변형자로 만들 수 있을까? 그 방법에는 다음과 같은 것이 있다. 첫째, 어린이들이 과제의 목적과 특성을 이해했는지 확인해라. 둘째, 가능하면 어린이들이 주제를 선택하게 하여, 글에 대한 주인의식을 가지게 하라. 셋째, 어린이들이 적절한 정보를 선택하게 도와라. 어린이의 수준에 맞는 다양한 자료를 제공해주어야 한다. 넷째, 어린이들이 계획 지침서를 완성하게 해라. 다섯째, 어린이들이 관련 있는 정보를 종합할 수 있게 해라. 여섯째, 어린이들이 정보를 카테고리별로 잘 분류하고 조직하게 도와라. 일곱째, 정보를 종합하여 보고서를 작성하게 해라. 어린이들이 정보를 종합할 때 잘라서 붙이는 통합법과 담화 통합법의 두 가지의 방법을 사용한다. 잘라서 붙이는 통합법은 단순히 각 자료로부터 정보를 가져온 뒤 그것을 붙여서 사용하는 것이고 담화 통합법은 각 자료로부터 얻은 정보를 통합해서 사용하는 것이다. 열덟째, 어린이들이 담화 통합법을 사용하여 정보를 통합할 수 있게 지도해라. 아홉째, 어린이들이 자신의 글을 검토할 수 있게 해라.

보고서를 쓰는 것은 복잡한 과정이기 때문에, 좀 더 쉽게 하기 위해서는 다음과 같은 4가지 세부 단계로 그 과정을 나누는 것이 좋다.

① 주제 선택하기, 예비 설명하기, 계획서 완성하기
② 초안 쓰기(first draft)
③ 교정과 편집하기(revising and editing)
④ 보고서 마치기(finished report)

10. 쓰기의 향상과 평가 : 주요 특징 접근법

쓰기를 향상시키기 위해서는 좋은 글이 무엇인지에 대한 개념을 알아야하고, 좋은 글의 특성에 대해 설명할 수 있어야 하며, 그 예를 보여줄 수 있어야 한다. 그리고 자신이 쓴 글이 좋은 글의 특성을 포함하고 있는지 확인하기 위한 평가 시스템이 필요하다. 글을 쓸 때 가장 마지막으로 해야 하는 일은, 글의 특색을 살리기 위해 글을 어떻게 교정할 것인지에 대한 계획을 세우는 것이다(Spandel, 2001). 따라서 교사들은 어린이들이 쓰기에 대한 계획을 세우고, 쓰기를 평가하고 교정하는데 필요한 지침을 만들어주어야 한다. 이러한 지침은 지도안을 짤 때나 어린이의 글을 평가할 때에도 사용될 수 있다.

유명한 **쓰기 평가 시스템**인 *Profile Network*와 *Six Traits Plus*는 효과적인 쓰기에서 가장 핵심적인 요소를 글의 내용, 콘텐츠라고 했다. **콘텐츠**란 글이 전달하고자 하는 중심 생각과 정보이다. 콘텐츠 외에 쓰기 활동의 주요한 요소로는 형식과 어조가 있다. 좋은 글의 특성은 또 그 글이 전달되는 형식과 관련이 있다. 글의 형식은 구조, 어휘 선택, 문장 형성, 기계적인 측면으로 세분화 된다. 그리고 어조는 작가의 개인적 성격을 반영해주는 요소이다.

어린이들에게 좋은 글의 요소를 알게 하기 위해서는, 먼저 그들이 생각하는 좋은 글의 요소가 무엇인지에 대해 물어보는 것이 필요하다. 그리고 좋은 글의 샘플을 어린이들과 함께 읽어본다. 샘플로 제시한 글을 효과적으로 만드는 요소에는 어떤 것이 있는지 어린이들과 함께 토론해본다. 이러한 일련의 활동은 좋은 글에 대한 어린이의 개념을 넓히는데 도움이 될 것이다. 먼저 좋은 글의 특성들을 전체적으로 제시해주고, 그 후에 특성 하나하나에 초점을 맞춰 설명해주어야 한다. 어떤 특성을 먼저 설명하던지 상관은 없지만 가장 중요한 것은 콘텐츠이므로, 교사들은 콘텐츠에 중점을 두어 설명을 해야 한다(Spandel, 2001).

어린이들이 좋은 글의 특징에 친숙해지게 하기 위해서, 그리고 쓰기 평가를 할 수 있는 연습 기회를 제공하기 위해서 어린이들로 하여금 익명의 글을 평가하게 하는 것도 좋은 방법이다. 일단은 어린이의 수준에 맞게 쓴, 발행된 글로 평가를 시작하는 것이 좋다. 정기 간행물에서 연습 할 수 있는 좋은 글을 얻을 수 있을 것이다. 추천할만한 정기 간행물로는 *Weekly Reader*와 *Scholotic Magazine*, *Time for Kids*가 있다. 정기 간행물 외에, 웹 사이트에 올라와 있는 글을 사용해도 무방하다. 교사는 일단 주요 요소를 포함하고 있는 글을 모으는데, 이 때 좋은 글의 예와 나쁜 글의 예를 함께 모으는 것이 좋다. 어린이들로 하여금 먼저 다른 사람들의 글을 평가하게 한 다음에, 자신의 글도 평가하게 해본다.

어린이들의 **쓰기 능력**이 얼마나 향상되었는지를 보다 쉽게 평가하기 위해서는, 그들의 글을 모아둘 수 있는 파일 폴더를 사용하는 것이 좋다. 파일 폴더를 만들 때 2개의 파일 폴더를 만드는 것이 좋은데 하나는 이미 완성한 글을 위한 폴더, 다른 하나는 지금 쓰고 있는 글을 위한 폴더로 만든다. 지금 쓰고 있는 글을 위한 폴더는 좋은 쓰기의 핵심적 특징과 편집 체크리스트, 쓰기 가능한 주제의 목록에 관한 내용을 담고 있어야 한다. 이미 완성한 글을 위한 폴더는 어린이의 발달 정도를 측정하는 수단이 되기도 한다. 이 파일 폴더를 통해 교사는 어린이의 쓰기 능력에 얼마나 진척이 있는지를 평가할 수 있다. 또 이러한 포트폴리오의 내용을 자세히 살펴보면 학습자에 대한 통찰을 얻을 수도 있다. 어린이들 또한 자신의 포트폴리오를 비판적인 눈으로 바라보면서 자신이 그 동안 무엇을 배웠고 어떤 주제를 연구했었으며, 어떤 발전이 있었는지에 대해 살펴보아야 한다.

11. 과학 기술과 쓰기

인쇄기의 발명은 전 세계 사람들의 읽기와 쓰기 습관에 엄청난 변화를 가져왔다. 오늘날 컴퓨터는 우리의 생각을 기록하는 방법에 있어서 큰 변화를 가져다주었다. 컴퓨터를 사용해서 쓰기를 하는 것은 특히 학업 성취도가 낮은 어린이들에게 더 좋은 결과를 가져다주었는데(Bangert-Downs, 1993), 이는 학업 성취도가 낮은 학습자들이 컴퓨터 프로그램이 가져다주는 여러 가지 부가적 요인에 의해서 동기 부여를 잘 받기 때문이다.

컴퓨터를 사용하면 더 많은 협력학습이 가능하다. 컴퓨터를 사용하면 어린이들의 쓰기를 더 쉽게 볼 수 있으므로, 교사와 학습자, 학습자와 학습자 사이에 토론이 더 활발하게 일어나기 때문이다(Farnan, 1996). 그리고 워드 프로세스 프로그램은 교정을 더 쉽고 용이하게 해준다. 학습자들은 교정을 하기 위해서 원본을 복사해야 하는 번거로운 일을 더 이상 하지 않아도 된다. 컴퓨터 편집 프로그램은 사용자로 하여금 단어나 구, 문장, 전체 문단을 쉽게 옮기게 해주며, 불필요한 요소를 쉽게 지울 수 있게 해준다. 그리고 많은 프로그램들이 철자 점검을 해준다. 어떤 프로그램은 동의어 사전을 제공해서 학습자가 쉽게 동의어를 찾아 쓸 수 있게도 해준다. 앞으로도 문법을 점검해주고 문장의 길이를 조정해주며 문체 등에 대해서도 점검을 해줄 수 있는 좋은 프로그램들이 많이 나올 것으로 예상된다.

1) 데스크 탑을 이용한 간행

데스크 탑을 이용한 간행이란, 레이아웃이 있는 워드 프로세서와 다른 그래픽 디자인 요소들을 결합하여서 사용자가 페이지에 글이나 사진 등을 실을 수 있는 것을 말한다. 이런 데스크 탑 발행을 통해서 학생들은 포스터나 배너, 브로슈어, 이력서, 신문, 보고서 등을 만들 수 있다.

(1) *Ultimate Writing and Creativity Center*(The learning company)

이 프로그램은 글쓰기의 과정에 근거하여 쓰기 전 활동과 작문, 교정, 편집에 대한 팁을 제공해준다. 사진, 그림, 음악, 소리 효과를 더할 수 있다. 이 프로그램은 2학년이나 그 이상의 아이들에게 적합하다.

(2) *Stanley's Sticker Stories*(Edmark)

친절하고 명랑한 해달 스탠리(Stanley)가 주인공이다. 스탠리 외에도 Edmark사가 제작한 다른 소프트웨어에 등장하는 밀리, 새미 등의 동물이 함께 등장한다. 글자를 모르는 어린이도 자신의 이야기를 스티커(300개 이상), 배경(30개 이상), 애니메이션, 음향 효과, 음악 등을 통해 창의적인 이야기 만들기로 이끈다. 1997년 Bologna New Media Prize를 수상했다. 영문판이라도 한글로 쓰거나 녹음할 수 있으며, 이야기를 만들고 어휘력을 기르는데 좋은 프로그램이며 유치원생들이 쓰기에 적합하다.

<표 15> [참고자료] 그 외 유용한 소프트웨어 프로그램

1. 올리의 그림 동화 만들기 『*Orly's Draw a Story*』
제 작 사 : Broderbund, 1996 한국대리점 : 아리수미디어
대상연령 : 5~10세
다루는 영역 : 짓기, 창의
특 징 : 주인공 올리가 들려주는 이야기에 따라 어린이가 그림도 그리고 글도 쓰며 상상력과 창의력을 기를 수 있는 내용으로 구성되어 있다. 자메이카 여자아이가 주인공이어서 다문화적인 접근에 적합하다. 한국어로 번안하는 과정에서 올리의 자메이카 액센트가 없어졌다. 1997년 Bologna New Media Prize를 수상한 소프트웨어이다.

2. 『*Bailey's Book House*』
제 작 사 : Edmark Corp, 1995
한국대리점 : 에드엔
대상연령 : 2~6세
다루는 영역 : 읽기, 짓기
특 징 : 주인공은 고양이 베일리(Bailey)이고 7가지 활동을 이끌어 간다. 어린이가 전체 문장 속에서 자연스럽게 글자의 의미를 파악하도록 구성되어 있다. 총체적 언어 이론에 입각하여 설계되었으며 난이도가 다양하게 있다.

2) 스토리보드(Storyboard)

미니캠(minicam)과 Apple사의 아이무비(iMovie), Microsoft사의 윈도무비메이커(Windows Movie Maker)와 같은 소프트웨어를 사용해서 학습자들은 쓰기 보고서의 한 방법인 비디오 클립을 만들어 낼 수 있다. 비디오 클립을 사용해서 광고나 뉴스보도, 미니드라마도 만들 수 있다. 이렇게 만들어진 비디오 클립은 학급 웹페이지나 학교 웹페이지에 게재할 수 있다. **스토리보드**는 대략적인 스케치(혹은 장면에 대한 설명글)와 대화로 구성되며 일련의 순서가 있다. 스토리보드를 작성하기 전에 먼저 여러 주제들에 대한 생각들을 한꺼번에 나열한다. 그리고 그 중에서 한 가지를 선택한 후, 그에 대한 대본을 쓴다. 이 때 대본은 이야기의 전반적인 개요를 포함하며 캐릭터와 장소, 배경음악, 특수효과에 대한 설명도 포함한다. 대본의 길이는 하나 혹은 두 문단 정도로 전체 스토리 보드를 만든다. 스토리보드의 예는 다음의 <그림 8>과 같다.

3) 컴퓨터 보조 발표

컴퓨터를 사용해서 발표 수업을 할 수 있는데 이 때 Powerpoint, Keynote 등의 발표 프로그램 소프트웨어를 사용한다. 이러한 프로그램을 사용하여 발표를 하면 시각적인 정보도 함께 제공하여 줄 수 있다. 컴퓨터 보조 발표는 특별히 말로 표현하는 것에 어려움을 겪는 어린이들에게 효과적이다.

4) **이메일**(E-mail)

즉각적인 의사소통 수단인 **이메일**은 학습자에게 동기를 주기에 충분하다. 교사는 이메일로 어떻게 작문을 하는지 어린이들과 이야기를 해볼 수 있다. 이메일로 쓰기 지도를 하는 경우에도 정확한 스펠링 및 문법을 구사하는 것이 중요하다는 사실을 학습자에게 잘 숙지시켜주어야 한다. 어린이는 이메일을 통해 숙제를 제출할 수도 있고, 그룹 구성원들과 원활히 의사소통을 할 수도 있다. 또 어린이들은 이메일을 통해 키팔 친구를 사귈 수도 있다. 유용한 키팔 웹사이트를 소개하자면 다음과 같다.

http://www.iecc.org

http://www.epals.com

http://www.mightymedia.com/keypals/

12. 쓰기를 돕는 읽기

읽기를 자주 하면 쓰기의 실력도 함께 향상되는데, **읽기**가 쓰기를 강화시켜 주는 이유는 다음과 같다.

첫째, 읽기가 글의 형식에 대한 모델을 제시해 주기 때문이다.

둘째, 어린이들은 읽기에서 문체의 특징을 배운다. 그러므로 책에서 본 문장을 자신의 글에 가져와서 사용하기도 한다.

셋째, 어린이들은 책이나 기사의 구성을 모델로 삼는다. 예를 들어, 어린이들은 *Cinderella's rat*이라는 책을 읽고 동물이 주인공이 되는 새로운 관점을 익히게 된다. 책을 읽은 후, 이러한 구성(format)에 따라 동물이 주인공이 되는 글을 써본다.

넷째, 읽기는 글을 쓸 주제를 정하는데도 도움을 준다. 예를 들어 유머러스한 내용의 책을 읽은 어린이들은 글을 쓸 때 흥미롭고 재미있는 소재를 찾아 재밌는 내용의 글을 쓰려고 한다. 어린이들은 글을 읽을 때 자신이 작가가 된 기분으로 읽으면 쓰기에 대해 더 많은 것을 배울 수 있다. 그렇게 읽으면 글을 쓸 때 작가가 사용한 테크닉들이 더 눈에 잘 띄기 때문이다.

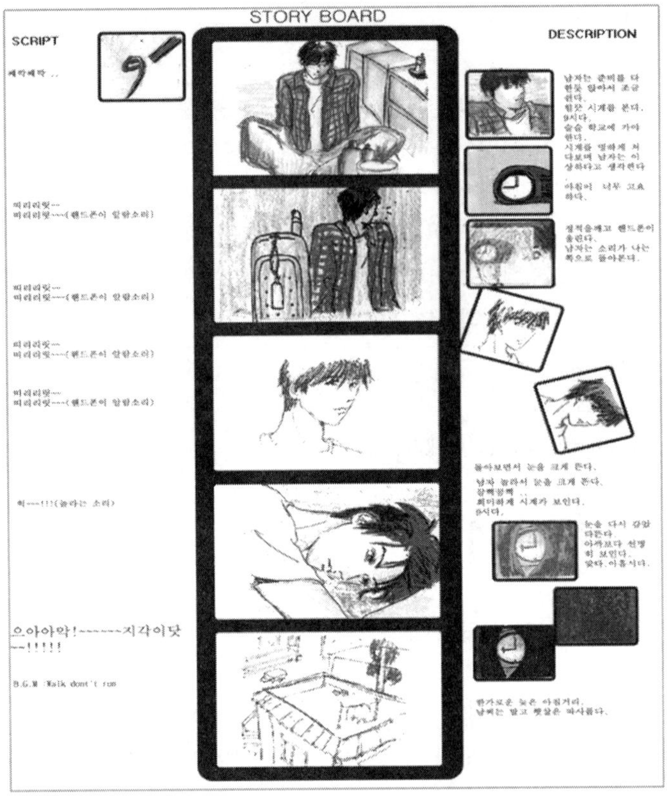

<그림 4> 스토리보드의 예

13. 쓰기에 활용할 수 있는 메뉴들

어린이들은 시나 연극 소설 등 다양한 분야의 **쓰기 활동**을 해보아야 한다. 새로운 장르의 글을 써보는 것은 특정한 형식에 대한 이해를 넓혀줄 뿐 아니라 어린이들에게 다양한 쓰기의 경험을 제공해 줄 것이다. 그리고 하나의 모드(mode)에서 배웠던 기술은 다른 모드에서도 전이가 가능하다. 예를 들어 시 쓰기를 통해 단어 선택과 비유적인 언어 사용에 대해 배울 수 있으며, 이것은 다른 장르의 글쓰기에도 도움을 줄 수 있는 기술들이다.

특히 글을 쓰는데 낮은 수준의 어린이들은 다음에 제시된 다양한 글쓰기 활동의 메뉴를 충분히 활용하여 다양한 글쓰기의 경험을 가져보는 것이 좋을 것이다.

<표 16> 다양한 쓰기 활동

쓰기 메뉴	쓰기 활동
학문적 쓰기	책에 대한 평가, 책 감상문 쓰기, 에세이 테스트, 진술 능력 시험, 컴퓨터 활용 발표, 웹 사이트에 글 쓰기
경영/경제 쓰기	사업 상 편지쓰기, 소비자 불만 사항 쓰기, 실수에 대한 정정, 정보 찾기, 물건 주문하기
시민/ 개인 개발을 위한 편지	편집장에게 편지쓰기, 제안하기, 정부의 정책에 반대하기, 도움 요청하기, 정보 찾기
일상/ 실제적 쓰기	방향 설명, 표 만들기, 컴퓨터나 전화로 메시지 전달하기, 주의 사항 쓰기
사회적 쓰기	이메일, 편지쓰기, 엽서, 감사카드, 초청장, 팬레터
일반적 의사소통	공고문, 뉴스레터
신문	광고, 사설, 편집자에게 편지쓰기, 포토 에세이
창조적 쓰기	소설, 시, 에세이, 연극 대본 쓰기
개인적 쓰기	일기, 저널
학습을 위한 쓰기	인물, 장소, 사건 묘사하기, 인물, 장소, 사건 과정 비교하기, 원인과 결과, 사건, 과정 설명하기, 관찰 일지, 요약문, 비평문쓰기

Ⅲ 과정중심 쓰기지도의 실제

1. 과정중심 영어 쓰기 모형 제시

앞의 이론적 배경에서 제시되었던 **과정중심접근법**의 내용을 바탕으로 영어 쓰기 모형을 만들고, 모형을 바탕으로 실제 수업에서 사용할 수 있는 교수-학습 과정 안 및 활동지의 예를 제시해보고자 한다. 먼저 모형을 제시해보면 다음과 같다. 이론은 과정중심접근법을 따랐으며, 방법 역시 이론적 배경에서 제시한 전략적 쓰기와 유도적 쓰기를 따랐다. 절차는 기본적인 쓰기 전, 쓰기 중, 쓰기 후 단계를 쓰기 전, 쓰기, 수정, 편집, 발행의 5단계로 세분화하였고 각 단계의 내용과 활동들은 이론적 배경에서 제시했던 내용을 바탕으로 <표 17-1>과 같이 구성하였다.

<표 17-1> 과정 중심 영어쓰기 모형

<table>
<tr><td>이론
(Approach)</td><td colspan="4">과정 중심 쓰기 접근법</td></tr>
<tr><td>방법
(Method)</td><td colspan="4">▸ 전략적 쓰기
▸ Guided writing</td></tr>
<tr><td rowspan="5">절차
(Procedure)
&
기법
(Techniques)</td><td>쓰기 전 단계</td><td>STEP 1
(Pre-writing)
쓰기 전 단계</td><td>▸ 주제선택
▸ 계획(Planning)
▸ 시연(Rehearsing)</td><td>▸ Brainstorming
▸ Semantic map
▸ Dlustering
▸ Sharing idea</td></tr>
<tr><td rowspan="2">쓰기 중 단계</td><td>STEP 2
(Composing)
작문단계</td><td>▸ 글쓰기(초안)</td><td>▸ 독자에 대해 고려하여 글 쓰기</td></tr>
<tr><td>STEP 3
(Revising)
교정단계</td><td>▸ 교정단계 시범보이기
▸ 교사나 학습자와 협의(Conference)
▸ 협의 내용을 바탕으로 글 완성하기(재교)</td><td>▸ Peer conference
▸ Author's chair
▸ Author's circle
▸ 교정 checklist 활용</td></tr>
<tr><td rowspan="2">쓰기 후 단계</td><td>STEP 4
(Editing)
편집단계</td><td>▸ 편집하기</td><td>▸ Peer editing/conference
▸ 편집 checklist 활용</td></tr>
<tr><td>STEP 5
(Publishing)
발행단계</td><td>▸ 발행(출판)하기</td><td>▸ Anthology
▸ Book
▸ Web site
▸ Board
▸ Scripts, play.</td></tr>
</table>

2. 교수-학습 과정안 제시

앞서 제시한 모형을 바탕으로 실제 수업의 **과정중심 쓰기교수-학습 과정** 안을 작성해보았다. 제시된 교수-학습 과정 안은 이야기 쓰기학습을 위해 <표 17-2>와 같이 고안된 것이다.

<표 17-2>과정중심 쓰기학습 지도안

<table>
<tr><th colspan="3">교수-학습과정</th><th>교수-학습 활동</th><th>시간</th><th>비고</th></tr>
<tr><td rowspan="2">도입</td><td colspan="2">동기유발</td><td>잘 알고 있는 이야기를 해보기</td><td>5'</td><td>이야기 글을 창작한다는 목표와 관련된다.</td></tr>
<tr><td colspan="2">학습목표확인</td><td>• 학습 목표 확인
: 쓰기 과정에 따라 이야기 글을 써봅시다</td><td>1'</td><td></td></tr>
<tr><td rowspan="3">쓰기 전 단계</td><td rowspan="3">주제 선택 및 계획</td><td>이야기 요소표 만들기</td><td>• <이야기 요소표 만들기>에 대한 시범 보이기
-설명하기(minilesson)
-시범보이기(modeling)
-질문하기(questioning)
-연습하기 : 그룹별</td><td>13'</td><td>교사가 직접 시범보이기</td></tr>
<tr><td>다발짓기 (clustering)</td><td>• <다발짓기(clustering)>에 대한 시범 보이기
-설명하기(minilesson)
-시범보이기(modeling)
-질문하기(questioning)
-연습하기 : 그룹별</td><td>3'</td><td>교사가 직접 시범보이기</td></tr>
<tr><td>이야기 사다리 만들기</td><td>• 한두 학습자의 다발 짓기 결과를 활용하여 협의(conference)하기
• 학습자로 하여금 자신이 구상한 내용을 중심으로 구두 작문(orally sharing idea)하게 하기.
-다듬을 만한 곳을 직접 찾게 하기
-동료들의 의견 들어보기
① 사건이 자연스럽게 연결되는가?
② 제목이 글의 내용과 어울리는가?
③ 가장 중심적으로 다루어야 할 부분은?
④ 이야기 사다리에서 순서를 바꾸거나 첨가했으면 하는 것은?
⑤ 그 외 궁금한 점은?
-그룹별로 동료 협의(peer conference)하기</td><td>28'</td><td>교사와의 협의, 동료와의 협의, 자기 점검</td></tr>
<tr><td rowspan="3">쓰기 중 단계</td><td>작문1</td><td>초고 쓰기</td><td>쓰기 전 단계의 활동을 바탕으로 초고 쓰기</td><td>13'</td><td>준비지에 쓰기</td></tr>
<tr><td>교정하기</td><td>돌려 읽기</td><td>• 동료 협의(peer conference)에 대한 시범 보이기
-설명하기(minilesson)
-시범보이기(modeling)
-질문하기(questioning)
-연습하기 : 그룹별</td><td>13'</td><td></td></tr>
<tr><td>작문 2</td><td>고쳐 쓰기</td><td>• 동료들의 의견을 수렴하여 초고 교정하기</td><td>13'</td><td>준비지에 쓰기</td></tr>
<tr><td rowspan="2">쓰기 후 단계</td><td>편집하기</td><td>기계적 실수 고치기</td><td>• 동료 협의 및 개인적으로 글의 기계적 실수(철자 오류, 대문자, 마침표 실수 등) 고치기.</td><td>10'</td><td>유색볼펜이나 포스트잇 활용하기</td></tr>
<tr><td>발행하기</td><td>작품화 하기</td><td>• 완성된 글을 극본으로 고쳐서 연극하기</td><td>4'</td><td>Role-play</td></tr>
</table>

3. 활동지 제시

제시된 이야기 식 쓰기(narrative writing) **교수-학습** 시에 활용할 수 있는 활동지에는 다음과 같은 것이 있다.

1) 활동지 1 : 이야기 요소표 만들기

학습자가 쓸 이야기의 등장인물 및 배경, 사건, 갈등구조, 결론 등에 대한 요소들을 다음의 <표 18>로 만들어 본다.

<표 18> 이야기 요소표 만들기

Date :　　　　　　　　　　　　　Name :

Characters & Name(등장인물과 이름)	Setting(배경)	Events(사건)	Conflict(갈등)	Conclusion(결론)

2) 활동지 2 : 다발 짓기(Clustering)

앞서 제시한 이야기 요소표의 내용을 바탕으로 **다발 짓기**를 <그림 5>와 같이 해 본다.

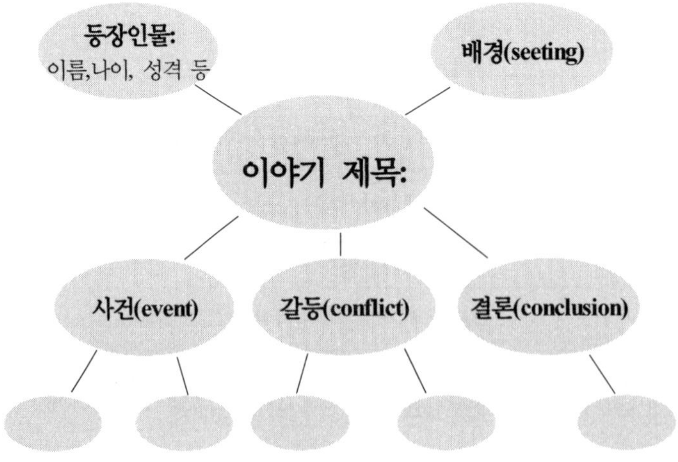

<그림 5> 다발 짓기

3) 활동지 3 : 이야기 사다리 만들기

이야기 요소표와 다발 짓기 한 내용을 바탕으로 사건의 전개 및 흐름을 보여주는 이야기 사다리를 <그림 6>처럼 작성해본다.

<그림 6> 이야기 사다리 만들기

4) 활동지 4 : 초고 쓰기

쓰기 전 활동 내용을 바탕으로 **초고쓰기** 작문을 <표 18>안에 작성 해 본다.

<표 18> 초고 쓰기

Date :   Name :

5) **활동지** 5 : **동료와 교정지**(Peer Conference)

작문을 한 후, 다음 교정지의 내용을 바탕으로 다른 **동료 학습자**들과 서로의 글을 읽어보며 교정을 해 준다.

<표 19> 동료와 교정지

<친구의 글을 읽고 다음 질문을 중심으로 얘기를 해줍시다!>
1. 가장 인상적인 부분은 어딘가요?
2. 이야기 사다리에서 순서를 바꾸거나 첨가할 내용이 있나요?
3. 제목과 글이 어울리나요?
4. 사건이 자연스러운가요? 비약이 심하지는 않나요?
5. 좀 더 자세한 설명이나 예시가 필요한 곳은 어디인가요?
6. 대화글로 표현했으면 좋았을 만한 곳은 어디인가요?
7. 맞춤법은 어떤가요?
8. 적절한 어휘를 잘 선정하여 사용했나요?

Ⅳ 맺음말

이 장에서 먼저 이론적 배경에서 다룬 내용을 간단히 요약해보면 다음과 같다. **쓰기**는 어린이의 발화 전 제스쳐와 그들이 듣는 언어로부터 시작된다. 쓰기는 단계에 따라 발전한다. 따라서 지도는 학습자들의 쓰기 발달 단계에 맞게 주어져야 한다. 필요한 쓰기 전략은 먼저 명시되어야 하고 그 후 제시, 연습, 적용되어야 한다. 한 때는 쓰기를 결과물로 간주했었으나, 요즘은 과정이자 결과물로 간주한다. 쓰기의 주요 과정은 다음과 같다: 즉, 쓰기 전 단계, 작문 단계, 교정 단계, 편집 단계, 발행 단계로 대분된다.

쓰기를 가르칠 때 필요한 기술에는 모델링, 컨퍼런스, 나누기, 기술과 전략을 직접 가르치기가 있다. 쓰기를 향상시키려면 좋은 글의 특성이 무엇인지를 알아야 한다. 좋은 글의 특징은 지침서의 기준이 되거나 체크리스트의 기준이 되기도 한다. 포트폴리오는 파일폴더의 한 형태이며 어린이의 글을 모으고, 발전 정도를 측정하는 좋은 수단이 된다. 비록 쓰기 교수에서 콘텐츠의 요소가 가장 중요하긴 하지만, 형식 역시 중요한 요소이다. 좋은 형식은 콘텐츠를 향상시켜준다. 균형 잡힌 쓰기 프로그램은 이야기 형식과 설명문 형식에 대해 다양하게 지도를 한다. 작문과 기계적 기술들에 대한 교수는 어린이들의 현재의 필요에 부합하는 것이어야 하며 계속적이고 체계적으로 이루어져야 한다.

좋은 독자는 좋은 작가가 되는 경향이 있다. 그리고 역의 경우도 마찬가지이다. 또한 많이 읽는 어린이가 글도 잘 쓰는 경향이 있다. 어린이들의 쓰기는 읽기를 통해 배운 글의 구조와 문체를 반영한다. 읽기를 통해서 어린이들은 또한 토픽에 대한 생각들도 얻을 수 있다. 그리고 이론적 배경에 대한 탐구를 바탕으로 실제 편에서는 과정 중심 영어 쓰기 지도 모형과 교수-학습 지도안, 활동지를 간단히 제시해보았다.

참 고 문 헌

김영철. (2005). 초등영어교육론. 서울: 한국문화사.

송명석. (2004). 과정 중심의 절차적 수업을 통한 영어 쓰기 능력 향상의 질적 연구. 열린교육연구 (Vol. 12, No. 1, pp. 265-296).

오선영, 장미아, 나귀옥. (2001). 프로젝트를 활용한 유아 쓰기 지도의 실제. 서울: 정민사 .

이홍수 편저. (1999). 초등 영어 교육론. 서울: 한국문화사.

임혜정. (2003). 과정 중심 쓰기 지도가 영어 학습에 미치는 효과. 석사학위논문. 인하대학교.

정동빈. (1985). 한국 어린이의 영어/한국어 통사 이해 연구. 영어교육. 29(1), 409-430 .

정동빈. (1987). 외국어학습과 습득모형. 영어교육. 33(1), 25-45.

정동빈. (1990). 이중 언어 한국어린이와 미국어린이의 화용론적 입장에서 본 영어습득. 응용언어학. 3(1), 109-137.

정동빈. (1992). 어린이의 화용 발달지도 방안에 관한 연구. 응용언어학. 5(1), 165-184

정동빈. (1996). 한국의 응용언어학 연구의 회고와 전망. 응용언어학. 9(1), 5-16.

정동빈. (1998). 한국응용언어학회의 20년-회고와 전망. 응용언어학. 14(1) 377- 416

정동빈. (1996-2007). 웅진 *Think-Big* 영어/ *Kids' story*. 서울: 웅진닷컴.

정동빈. (1997-2006). 교육부 검인정 초등영어 3-6학년 교과서, 지도서 서울: 웅진닷컴.

정동빈. (1998). 초등학교 영어 문자지도 방향. 초등영어교육, 4(2), 5-47.

정동빈. (1999). 조기영어교육론. 서울: 한국문화사.

정동빈. (2002a). 유아영어의사소통교육론. 서울: 한국문화사.

정동빈. (2002b). 유아영어의 통합적 교수요목 모형 개발. 한국영어어문교육학회. 8(2),219-243.

정동빈. (2002c). 유아영어교수학습접근, 방법, 기법 및 절차에 대한 개발 연구, 영어언어과학. Vol.8(2002.1) 37-67

정동빈. (2003a). 인터넷 활용한 유아영어문자지도방법. 현대영어영문학, 47(2)145-166.

정동빈. (2003b). 100가지게임 활용 초등영어지도, 창원: 드림랜드.

정동빈. (2003c). 수준별 조기 영어 교육 모형 설정과 그 활용방안. 외국학 연구, 7, 75-100.

정동빈. (2004a). 유아영어놀이지도. 서울: 한국문화사.

정동빈. (2004b). 웹기반 초등영어 교과서개발 모형. 현대영어영문학. 48(1).171-195.

정동빈. (2005). 어린이 영어 발달 지도. 서울: 중앙대학교 출판부.

정동빈. (2007). 똑 소리 나는 우리아이 영어, 3살부터 시작하자. 서울: 해피하우스.

정동빈. (2008a). 영미문화와 영어지도. 서울: 동인출판사.

정동빈. (2008b). 엄마가 들려주는 영미문화 이야기와 함께 신나는 영어공부를. 서울: 동인출판사.

정동빈, 김주은. (2004). 어린이 영어교육을 위한 컴퓨터 게임모형, 영어어문교육, 10(2), 133-158.

정동빈, 채유순. (2003). 누구나 영어 영재의 부모가 될 수 있다. 서울: 아가월드.

정동빈, 채유순. (2005). 동화를 활용한 어린이 영어지도. 서울: 드림랜드.

정동빈, 석진이. (2007). 유도적 읽기가 학습자의 자기 주도적 읽기 능력에 미치는 효과. *Foreign Language Education*. 14(2), 287-303.

정동빈, 진현정. (2007). 어휘덩어리 지도가 수준별 5-6세 유아들의 유창성 발달에 미치는 효과. 영어교육. 62(4), 539-562.

정동빈, 윤정주. (2007). 모바일 기기를 활용한 u-러닝 영어학습모형연구. 멀티미디어 언어교육. 10(1) ,131-155.

조정숙, 김은심 (2000). 유아 언어 교육. 서울: 정민사.

최현섭, 박은주, 곽지순, 박창균, 이지영. (2001). 창의적인 쓰기 수업 어떻게 할까? 서울: 박이정,

최현섭, 박태호, 이정숙, 이수진. (2003). 자기 주도 쓰기 학습을 위한 과정 중심의 쓰기 워크숍. 서울: 역락.

허윤정. (2006). 과정 중심적 영어 쓰기 지도 발달 : 고등학교 학습자를 중심으로. 석사학위논문. 경상대학교.

Ballator, N., Farnum, M., & Kaplan, B. (1999). *NAEP 1996 trends in writing: Fluency and Writing Conventions*. Washington, DC: National Center for Education Statistics.

Bangert-Downs, R. L. (1993). The word processor as an instructional tool: A meta-analysis of word processing in writing instruction. *Review of Educational Research, 63,* 69-93.

Bereiter, C. & Scardamalia, M. (1986). Research on written composition. In M. C. Wittrock(Ed.), Handbook of research on teaching (pp. 778-863). NY: Macmillan.

Bereiter, C. & Scardamalia, M. (1982). From conversation to composition: The role of instruction in a developmental process. In R. Grass(Ed.), *Advances In instructional Psychology*(Vol. 2, pp. 1-64). NJ: Lawrence Erlbaum.

Brown, H. D. (2001). *Teaching by Principles: An interactive Approach to Language Pedagogy*(2nd ed.). NY: Longman.

Byrne, D. (1986). *Teaching Writing Skills*. Singapore: Longman.

Calkins, L. M., & Harwayne, S. (1991). *Living between the Lines*. NH: Heinemann.

Calkins, L. M. (1994). *The Art of Teaching of Writing* . NH: Heinemann.

Calkins, L. (2003). *Nuts and bolts of Teaching Writing*. NH: Heinemann.

Collins, J. L. (1998). *Strategies for Struggling Writers*. NY: Guilford Press.

Dahl, K. & Farnan, N. (1998). *Children's Writing: Perspectives from Research*. DE: International Reading Association & National Reading Conference.

D'Arcy, P. (1989). *Making Sense, Shaping Meaning: Writing in the Context of a Capacity-based Approach to Learning*. NH: Boynton/Cook.

Davis, G., Jackson, J. & Johnson, S. (2000). *Guided Writing: Leveling the Balance*. Paper presented at the annual meeting of the International Reading Association, Indianapolis.

Elbow, P. (2002). The role of publication in the democratization of writing. In C. Weber (Ed.), *Publishing with Students: A Comprehensive Guide (1-8)*. Portsmouth, NH: Heinemann.

Emig, J. (1971). *The Composing Process of Twelfth Graders*. Urbana, IL: National Council of Teachers of English.

Farnan, N. (1996). Connecting adolescents and reading: Goals at the middle level. *Journal of Adolescent & Adult Literacy, 39*, 436-445.

Graves, D. H. (1983). *Writing: Teachers and Children at Work*. NH: Heinemann.

Graves, D. H. (1975). Examination of the writing processes of seven-year old children. *Research in the Teaching of English, 9*, 221-241.

Gunning, T. G. (2008). *Creating Literacy Instruction for all Students*(6th ed.). NY: Pearson education.

Harste, J. C., Short, K. G. & Burke, C. (1988). *Creating Classrooms for Authors: The Reading-writing Connection*. Portsmouth, NH: Heinemann.

Lane, B. (1993). *After the end: Teaching and Learning Creative Revision*. NH: Heinemann.

Langer, J. A. (1986). Reading, writing, and understanding: An analysis of the construction of meaning. *Written Communication, 3*, 219-266.

Lensmire, T. (1994). *When children write: Critical Re-visions of the Writing Workshop*. NY: Teachers College Press.

Maimon, E. P., & Nodine, B. F. (1979). Measuring syntactic growth: Errors and expectations in sentence-combining practice with college freshmen. *Research in the Teaching of English, 12,* 233-244.

Many, J., Fyfe, R., Lewis, G., & Mitchell, E. (1996). Traversing the topical landscape: Exploring student's self-directed reading-writing-research processes. *Reading Research Quarterly, 31,* 122-135.

Murray, B. A. (1998). Gaining alphabetic insight: Is phoneme manipulation skill or identity knowledge causal? *Journal of Educational Psychology, 90,* 461-475.

Murray, D. (1979). The listening eye: Reflection on the writing conference. *College English*, 41, 13-18

Muschla, G. R. (1993). *Writing Workshop Survival Kit.* NY: Center for Applied Research in Education.

Piaget, J. (1950). *The Psychology of Intelligence.* London: Routodge & Kegan.

Raphael, T. E. & Englert, C. S. (1989). Integrating reading and writing instruction. In P. Winograd, K. K. Wixson, & M. Y. Lipson(Eds.) *Improving Basal Reading Instruction*(pp. 231-255). NY: Teachers College Press.

Raphael, T. E. & Englert, C. S. (1990). Writing and reading: Partners in constructing meaning. *The Reading Teacher, 43,* 388-400.

Rivers, W. M. (1988). *Teaching Foreign Language Skills*. II: Univ. of Chicago Press.

Routman, R. (2000). *Conversation.* Portsmouth, NH: Heinemann.

Selzer, J. (1984). Exploring options in composing, *College Composition and Communication*, 35, 118-211.

Scardamalia, M., Bereiter, C. & Goelman, H. (1982). The role of production factors in writing ability. In M. Nystrand (Ed.), *What writers know: The Language, Process, and Structure of Written Discourse* (pp. 173-210). NY: Academic.

Spandel, V. (2001). *Creating Writers through 6-trait Writing Assessment and Instruction* (2nd ed.). NY: Longman.

Turbill, J. (1982). *No Better way to Teach Writing!* Rozelle, Australia: Primary English Teaching Association.

Vygotsky, L. S. (1987). The development of scientific concepts in childhood. In R. F. Rieber & A. S. Carton (Eds.), *The Collected Works of L. S. Vygotsky* (N. Mnick, Trans.)(Vol 1, pp. 167-241). NY: Plenum.

Widdowson, H. G. (1978). *Teaching Language as Communication.* Oxford: Oxford University Press.

Zamel, V. (1983). The composing process of advanced ESL students: Six case studies. *TESOL Quarterly, 17(2)*, 165-187.

참고 웹사이트

http://www.beritsbest.com

http://www.ala.org/parentspage/greatsites/amazing.html

www.realkids.com/club.shtml

www.bham.wednet.edu/bio/biomak2.htm

http://www.iecc.org

http://www.epals.com

http://www.mightymedia.com/keypals/

제 2장

u－러닝 영어 문자지도 모형

English Literacy Teaching

for Primary School Students

I 머리말

21세기 세계화와 정보화 시대를 맞이하면서 영어는 이제 실질적인 세계 공용어로서의 역할을 하고 있으며, 정보교환의 도구로 그 위상은 점점 더 높아져가고 있다. 이러한 세계화, 정보화 시대의 정보교환 수단으로 특히 '**정보의 바다**'라고 불리는 인터넷은 정보의 80% 가량이 영어로 되어 있어 문자로서 영어의 접촉은 더 빈번해 졌다. 이는 영어 문자 읽기·쓰기로 이루어지는 문자언어 중심의 의사소통이 듣기·말하기로 이루어지는 음성언어 중심의 의사소통보다도 더 중요하고 차지하는 비중도 점차로 높아질 것이라고 예상되고 있다.

우리나라에서는 1997년부터 영어가 정규 교과목으로 초등학교 3학년부터 채택되었고, 2000년을 맞이하여 3학년부터 6학년까지 전면적으로 영어 교육이 시작되어 3학년에는 듣기·말하기의 음성언어 위주의 교육을 4학년에는 읽기를 도입하고 있으나 문자와 알파벳을 보고 인식하는 수준에 머물러 있다. 5, 6학년이 되면 쓰기가 포함되어 듣기, 말하기, 읽기, 쓰기의 네 기능으로 되어 있지만 그 내용은 제한적이다.

정보화 시대의 인터넷 사용으로 우리나라 초등학교 영어교육의 학습내용이 음성언어 중심의 의사소통과 더불어 영어교육 초기단계에서부터 문자언어 즉, 읽기·쓰기의 필요성을 인식할 수 있다. 이러한 점에서 효과적으로 영어 교육 현장에서 읽기 지도를 하는 방법들이 있는데 그 중 발음과 철자의 상관관계를 지도하는 방법으로 파닉스(phonics)가 있다. 파닉스를 통해 문자지도를 하는 **균형적 언어 교수법(Balanced-Language Approach)**으로 읽기 지도를 지도한다면, 언어의 네 가지 기능인 듣기·말하기·읽기·쓰기를 균형있게 발달시킬 수 있을 것이다.

이와 함께 영어쓰기를 효과적으로 지도하기 위해서는 어린이들의 생활의 일부가 되고있는 인터넷의 웹을 활용할 필요가 있다. 전 세계를 하나로 묶어주는 강력한 네트워크인 인터넷은 사회전반에 미치는 영향과 힘에 초점을 두고 있어 현대사회를 '커뮤니케이션 시대'라고 말하기도 한다. 이렇듯 문화의 전반이 디지털 패러다임으로 전환됨에 따라 학습자들의 경향 역시 변화되고 있다. 지금 어린이들은 디지털 네트워크 문화에 매우 친숙해져가고 있다. 아이들이 영상 멀티미디어 환경 속에서 생활하는 시간이 증가하고 있으며 인터넷을 통해 정보를 습득하고 서로 상호교류를 즐기고 있다. 이들은 교실을 벗어나 온라인상에서 배우고, 놀이를 즐기고, 새로운 친구를 사귀는 등 또 다른 환경과 학습의 장으로 디지털 네트워크를 활용하고 있다.

이러한 변화 속에서 영어 교과 교수·학습 역시 변화의 필요성이 대두된다. 하지만, 쓰기가 처음 도입되는 현행 초등영어에서 어린이들은 쓰기를 부담스러워 하는 게 현실이다. 따라서 쓰기 지도를 하는 방법 중 요즘 어린이들의 생활의 일부가 되어있는 웹을 활용할 필요가 있다. 전통적인 면대면 교실환경에서 제한되어있는 쉬운 영어 쓰기에 웹을 활용하면 다음과 같은 장점이 있다. 첫째, 어린이들에게 보다 친숙하게 다가감으로서 좋은 동기 유발을 가져올 것으로 본다. 둘째, 영어 쓰기 공부에 긍정적인 태도를 형성할 것으로 보고, 흥미를 가지고 쉽게 접근할 수 있다. 셋째, 대부분의 어린이들의 가정에서 인터넷이 가능하므로 편리하게 접근하여 활용할 수 있다. 넷째, 어려워하고 부담스러워하는 영어쓰기 학습을 게임처럼 활용함으로써, 즐기면서 쓰기 학습을 할 수 있다.

그리고 이제는 현대 우리 사회가 첨단 과학기술의 발달로 인해 사회전반의 패러다임이 급속히 변화되어 '언제 어디서든 사용할 수 있는 컴퓨팅'의 유비쿼터스 즉 인간을 중심으로 구체화되는 '유비쿼터스 컴퓨팅' 환경으로 전환되고 있다. 이러한 유비쿼터스 컴퓨팅과 이를 연동한 네트워크 패러다임은 사회의 변화와 함께 미래교육 시스템이 나가야 할 새로운 방향을 요구하고 있다. 이제는 학교라는 공간적 제약을 벗어나 언제, 어디서나, 누구나 원하는 교육을 받을 수 있는 시대가 도래한 것이다. 유비쿼터스 컴퓨팅으로 인한 교육환경 변화는 곧 교육패러다임의 변화를 의미하며 유비쿼터스 환경에서 효과적으로 문자지도를 할 수 있는 u-러닝 문자지도 모형을 제시함으로써 학습자가 능동적이고 자기 주도적인 학습 능력을 신장시킬 수 있도록 할 필요성이 있다.

따라서 이 장의 목적은 첫째, 3학년 초등학교 어린이들을 대상으로 균형적 언어 교수법을 적용한 웹 기반 초등영어 학습 사이트를 제시함으로서, 능동적이고 자기 주도적 학습이 가능하도록 하며, 영어 학습을 시작하는 초등학교 3학년 어린이들의 언어 기능을 고루 발달시키고자 하는데 있다. 둘째, 초등학교 영어교육에서 쓰기의 중요성을 고려하여 현재 영어 쓰기에 대한 교육방식에서의 쓰기 지도 및 학습의 실태를 학생들에 대한 설문조사 및 진단검사, 그리고 전문가 집단에 대한 설문조사를 통해서 파악해 보고자 한다. 그리하여 학습자의 발달 수준과 흥미를 고려하며, 전문가 집단의 요구에 부응하고, 학습자가 보다 손쉽게 접근하고, 흥미롭게 접근해서, 학교 교과서 영어를 보충 · 심화할 수 있는 WBI(Web-based Instruction) 초등영어 쓰기학습 프로그램을 설계, 구현하고자 한다. 셋째, 유비쿼터스(ubiquitous) 컴퓨팅 환경에서 스스로 효과적인 영어 읽기, 쓰기를 학습할 수 있는 환경을 제공하는 학습 환경에 대해 논의해 보고, 그 학습 환경이 구성되기 위해 필요한 요소들과 학습 환경에서 이루어질 수 있는 교수 · 학습활동 및 영어문자지도 모형을 제시하고자 하는데 있다.

II 문자지도의 이론적 배경

1. 균형적 언어 교수법과 영어 읽기 지도

1) 균형적 언어 교수법의 생성 배경

<표 1> Phonics 접근법, 총체적 언어 교수법, 균형적 언어교수법의 특징

	The Phonics Approach	The Whole Language Approach	The Balanced Language Approach
시대	1960년대 ~ 1970년대	1980년대 ~ 1990년대	1990년 대 이후
교수의 중점	기능 중심적 접근법	의미 중심 접근법	기능 + 의미 결합 접근법
교수 방법	철자와 소리의 대응 관계, 그 규칙들에 대한 지식을 새로운 단어를 인지하는데 활용	읽기에서 이해를 강조하며, 단어를 분석하는 것 아닌, 단어 전체에 초점을 두고, 문장과 단락 속의 문맥으로부터 단어의 의미를 유추	파닉스 교수법(반복 발음 연습을 통한 읽기 교수)과 총체적 언어 교수법(흥미 있고, 실제적인 문학 작품을 활용한 읽기 교수)
장점	① 올바르고 정확한 발음을 학습 ② 새로운 단어를 인식 ③ 철사 공부에 도움	① 언어를 전체의 의미 덩어리로 인식 ② 듣기 · 말하기뿐만 아니라 읽기 · 쓰기의 네 가지 언어 기능 발달	① 단어를 인지하고 새로운 단어의 해독 능력을 발달 ② 풍부한 문학적 활동을 조합하여 즐겁게 읽기와 쓰기를 학습
단점	① 철자법과 소리가 맞지 않는 것이 많음 ② 반복, 연습으로 인해 어린이들이 학습에 흥미를 느끼지 못하게 됨 ③ 의미 파악을 도외시하고, 문자 해독에만 연연하여 무의미하고 기계적인 반복학습의 연속	① 읽기 교육에 있어 지나치게 의미만을 강조하여 맥락 안에 있지 않는 단어의 뜻을 잘 이해하지 못하게 됨(Foorman, 1997) ② 정확한 철자를 학습하는데 어려움을 겪는 것과 같은 언어의 정확성이 결여	파닉스 교수법과 총체적 언어 교수법의 장점을 통합하여 균형적 언어 교수법 발달.

2) 균형적 언어 교수법의 정의 및 필요성

균형적 언어 교수법(Balanced Language Approach)은 문해 교수의 방법에 있어 파닉스 접근법과 총체적 언어 접근법 중 어느 한 쪽에 치우치지 않고 균형있게 적용할 하는 교수법을 의미한다. 균형적 읽기 교수를 지지하는 많은 학자들의 공통된 의견은 어린이가 단어를 인지하고 새로운 단어의 해독 능력을 발달시키는데 필요한 기술을 가르치고 즐겁게 읽기와 쓰기를 할 수 있도록 하며, 총체적 언어와 연관된 풍부한 문학적 활동을 조합한 균형적 접근이 가장 효과적인 문해 교육이라는 것이다(Adams, 1990; Honig, 1996, 이수화, 2004 재인용).

균형적 언어교수법의 효과적인 교수방법으로, 안주현(2005)은 파닉스 접근법(Phonics Approach)에서 먼저 음소와 알파벳을 익히고, 단음절, 다음절, 단어의 순서로 어휘를 넓혀 가며 읽기를 배우는, 부분에서 전체로의 접근방법을 제시하였다. 또한 총체적 언어 접근법(Whole Language Approach)을 통해, 언어 표현을 구분하거나 따로 떼어 내지 않고, 그 표현이 사용되어지는 맥락이나 상황 속에 포함시켜 총체적으로 배울 수 있도록 해야 하는 전체에서 부분으로 접근을 균형 있게 적용해야한다고 말했다.

3) 균형적 언어 교수법의 적용

(1) 파닉스 접근법

① 파닉스의 정의와 필요성

파닉스는 일반적으로 읽기를 위해 어린이들에게 가르치는 문자와 소리와의 상관관계를 다루는 기초 음성학이라 정의되며, 소리와 철자와의 관계를 통해서 정확한 발음을 듣고 소리 내어 읽고 쓰는 원리를 터득할 수 있는 기술을 말한다. 정확한 발음과 영어 단어 습득은 듣기와 말하기의 기초가 되고 이렇게 해서 형성된 말하기의 기반은 결국 읽기의 기초가 되는 것이다.

② 파닉스 지도방법

살펴본 규칙을 바탕으로, 다음과 같은 방법을 이용하여 파닉스를 지도할 수 있다(김혜은, 2004).

<표 2> 파닉스 지도방법(김혜은, 2004)

지도절차	지 도 내 용
[제1단계] 단자음과 모음의 지도	① 교재에 나온 알파벳을 보고 단자음(single consonants)의 발음을 들려주고 어린이들이 따라 하게 하여 자음에 익숙하게 한다.
	② 다음에는 단모음의 발음을 들려주고 모음에 익숙하게 한다.
	③ 단자음과 단모음이 모여 하나의 음절(syllable)이 되는 것을 인식시킨다. ex) cat에서 'c'는 /k/음을 나타내고, 'a'는 /æ/음을, 't'는 /t/음을 나타낸다는 것을 알 수 있도록 지도한다.
	④ 철자는 같지만 다르게 발음하는 것을 인식시킨다. ex) cat과는 달리 city에서 'c'는 /s/음을 나타내고, 'i'와 'y'는 /i/음을 나타낸다는 것을 이해시키도록 한다.

[제2단계] 두 개 이상의 자음 결합의 지도	① 두 개의 자음과 자음을 연결하는 연습을 시킨다. ex) 'black', 'clock', 'fly', 'brown', 'cry', 'fry' 등의 단어에서 bl, cl, fl, br, cr, fr 등은 자음의 값을 유지하면서 발음을 한다는 것을 인식시킨다.
	② 두 개의 자음이 혼성(blend)되는 연습을 시킨다. ex) 'church', 'ship', 'photo', 'this', 'thank' 등에서 ch, sh,ph, th 등의 발음이 혼성되어 /ʧ/, /ʃ/, /f/, /ð/, /Θ/음으로 발음하는 것을 연습시킨다.
[제3단계] 음절과 단어의 구성 이해	① 자음+모음(CV)이 결합하여 음절이나 단어를 이룬다는 것을 인식시킨다. ex) 'me', 'go' 등은 한 음절이지만 한 단어가 된다는 것을 중심으로 하여 연습하게 한다.
	② 자음+모음+자음(CVC)이 결합하여 한 음절이나 단어가 된다는 것을 인식시킨다. ex) 'can', 'dog'처럼 단순한 자음의 결합을 하는 경우와 'thin', 'ship'처럼 자음 결합이 되는 경우를 나누어 연습시킨다.
	③ 자음+모음+자음+묵음(CVCe)이 결합하여 한 음절이나 단어가 된다는 것을 인식시킨다. ex) 'make', 'time'처럼 'e'로 끝나는 단어의 모음을 이용하여 자음 결합을 인식하면서 읽게 하는 연습을 시킨다.
	④ 자음+모음+모음+자음(CVVC)이 결합하여 한 음절이나 단어가 된다는 것을 인식시킨다. ex) 'four', 'laugh'와 같이 두 개의 모음이 나오는 경우에 처음 모음을 길게 발음한다는 것을 인식시키면서 읽는 연습을 시킨다.
	⑤ 그 외에도 국어에 비슷한 음이 있지만 영어에서는 철자와 조음법이 크게 달라 의미가 달라지는 단어를 인식시킨다. ex) 'light'와 'right', 'fly'와 'fry'와 같이 /l/과 /r/의 차이를 인식하면서 읽는 연습을 시킨다.

(2) 읽기 지도

① 읽기의 정의

'**읽기**'라는 말은 영어로 'reading', 'reading comprehension' 등의 용어로 사용되는데, 읽기란 '글을 읽고 의미이해의 단서를 추출하고, 그 단서와 자기가 이미 알고 있는 세상지식에 근거하여 예견하며, 추측한 것을 검증하고 확인하여 다음 단계의 행동을 결정하는 활동'을 말한다.

② 균형적 교수법의 읽기 지도

읽기 전 활동, 읽기 중 활동, 읽기 후 활동으로 나누어 각 단계에서 할 수 있는 활동들에 대해 알아본다.

<표 3> 읽기 전 활동, 읽기 중 활동, 읽기 후 활동의 예

읽기지도 단계	지도활동	세 부 내 용
읽기 전 활동	아침 메시지 (The Morning Message)	언어 경험 접근을 사용한 방법으로, 교사가 그 날의 혹은 다가오는 행사에 대한 정보를 이야기 하면서 시작하고 어린이들은 급우들과 소식을 나눈다. 이해 발달시키기, 어휘 소개하고 강화하기, 단어 읽기 전략 발달시키기, 쓰기 규약들을 소개하고 강화하기 등이 있다.
	선행지식 활성화	그림, 제목 보고 개인의 관련 경험, 자료의 주제와 관련하여 어휘, 정보 등 사전 지식을 분출한다. 또한 글의 종류, 작가에 대해서 사전 지식을 이야기한다.
	중심 단어로 글의 내용 예상하기 (Text Impression)	읽기 자료에 대한 예상을 이끌어내기 위해 중요하거나 재미있는 어휘를 사용하는 사고, 읽기 방법이다.
읽기 중 활동	소리 내어 읽기 (Read Aloud)	소리 내어 읽기는 어린이에게 동화를 읽어 줌으로써 읽기, 듣기, 말하기 등 언어능력을 향상시키고 흥미와 감상을 배가하는 장점을 가지고 있다. 소리 내어 읽기는 어린이가 읽어준 책을 통해 상상력을 키울 수 있고, 책에 대한 관심을 갖고 스스로 읽어보게 된다는 점에서 문학과 연결하는 매개역할을 한다고 볼 수 있다(이정은, 2002).
	함께 읽기 (Shared Reading)	교사와 어린이가 책의 내용을 나누어서 읽는 것을 의미하는 것으로, 풍부한 자료를 가지고 있고, 실제적, 재미있는 문학 작품을 사용함으로써 단어를 인식하는 기술이 뛰어나지 않은 학생들에게는 교사의 도움으로 책읽기에 대한 성취감을 느낄 수 있게 해주고, 읽기가 능숙한 어린이들에게는 재미와 자연스런 언어를 접할 수 있는 기회를 제공해 줌으로써, 모든 단계의 학습자들에게 적용할 수 있는 읽기 수업의 방식이다. 또한 다시 읽기를 통해 책을 여러 번 읽음으로써 문자의 기능을 인식하고, 언어 패턴에 친숙해지며, 단어 식별 능력을 향상시킬 수 있다(이수화, 2004).
	지도 읽기 (Guided Reading)	비슷한 읽기 양상을 보이는 어린이들을 소집단으로 나누어 교사가 지도하는 교수방법으로, 학생들이 읽기에 쉬운 책을 선택하여, 교사의 도움을 받아 읽기 전략을 사용할 수 있는 기회를 가지고, 이러한 전략을 확장시키는 기회를 갖게 하는 것이다(이수화, 2004).
	상호 질문하기 (Reciprocal Questioning)	교사의 시범을 통해 질문하기와 읽기 목적을 세우는 방법이다. 즉, 학습자의 능동적인 읽기 이해를 발달시키기 위한 것으로 교사의 시범은 학습자들이 질문하기, 읽기 목적 세우기, 정보를 통합하고 종합하는 방법을 배우도록 돕는 것이다. 이것은 학습자들이 자신의 이해과정을 스스로 모니터하는 능력을 개선하는데 도움이 된다.
읽기 후 활동	Phonics 활동	같은 철자가 들어가는 낱말군을 사용하여 알파벳 문자 인식, 챈트를 통한 음소인식, 발음 연습, 철자·소리의 분리와 혼합하기, 단어 만들기 등의 과정을 거쳐 자음·모음 철자, 소리 규칙을 익히도록 한다.
	Grand conversion	교사들이 어린이들의 대화를 조절하는 방법으로써 어린이들의 반응에 대한 진정한 관심을 보여 주며, 교사의 반응은 무비판적이며 격려적이고 확장적인 사고여야 한다. 어린이들의 반응을 지지하기 위해 교사가 사용할 수 있는 말로 격려, 종합, 그리고 탐구를 한다.

	단어 괘도 활동 (Word Walls)	어휘 개발의 한 방법으로, 어린이들이 읽는 책안의 단어들에 주의를 집중하여 새롭고 재미있는 낱말과 구를 인식할 수 있다. 빈출 단어들을 반복하여 복습함으로써 유창한 읽기를 위한 바탕을 제공한다.
	독서 일지 (Reading Log) 쓰기	읽기학습을 한 후 쓰기를 위한 자극을 촉진하는데 사용될 수도 있고, 독서하는 도중에 쓰게 할 수도 있다. 반응을 위해 일지를 쓸 때는 단순히 읽은 것을 요약하기보다 문학 텍스트와 자신의 삶을 관련시키는 내용을 쓰거나, 재미있거나 인상적인 단어나 부분을 쓰거나 등장인물에 대한 느낌을 쓰게 한다(Tompkins & Hoskisson, 1995). 교사는 특정한 주제를 주지 않고 떠오르는 생각을 자유롭게 써 보게 할 수도 있고 반응을 위한 몇 가지 질문이나 주제를 제시하고 써 보라고 할 수도 있다.
	예술 활동을 통해 반응하기	드라마와 예술 활동들은 어린이들이 문학작품에 대한 이해를 하고, 반성하고, 표현하려는 것과, 이들 작품에서 다른 어린이들이 관심을 가지게 하려는 것의 이중 목적을 제공할 수 있다. 스케치하기(sketch to sketch), 코믹 스트립 그리기(comic strips), 무비 롤(movie roll) 만들어 영화상연하기, 다이오라마 만들어 인형극 상연하기 등의 방법이 있다.
	자발적 읽기 (Independent Reading)	어린이들이 직접 선택한 책을 혼자 힘으로 읽는 시간이라고 할 수 있다. 자발적 읽기는 어린이들에게 소리 내어 읽기와 함께 읽기, 지도 읽기를 통해 배운 전략을 적용할 수 있는 기회를 제공한다. 자발적 읽기는 균형적 언어 교수법에서 실시되는데, 매일 15-20분가량의 시간을 할애하며, 어린이들의 읽기 실력이 향상도면 시간은 더 연장할 수 있다.

2. 영어 쓰기 지도

1) 쓰기의 특성

Scott와 Ytreberg(1990)는 다음과 같이 **쓰기의 특성**에 대하여 말하고 있다.

첫째, 쓰기에서는 말하기에서 의사소통을 도와주는 몸짓, 눈길, 억양, 어조, 표정 등을 사용하지 못한다. 눈에 보이지 않는 독자를 상대로 글을 쓰기 때문이다. 어린이들은 말의 세계에 익숙해져 쓰기를 어려워 할 수밖에 없다.

둘째, 어린이들의 세계는 즉각적 상황의 세계라 할 수 있는데 이는, 대부분의 경우 눈앞에 있는 대상을 보고 그들과 직접적인 관계가 있는 내용을 말하게 된다. 그러나 글을 쓸 때에는 대상이 분명하지 않거나 특정대상에게 쓴다고 하여도 직접 대면한 상태에서 쓰는 것이 아니기 때문에 어떻게 써야 할지 알지 못하는 경우가 많다.

셋째, 어린이들이 쓰기를 제대로 배우기까지 많은 시간이 필요하다. 쓰기 교육이 성공을 거두려면 장기간에 걸친 체계적인 지도와 연습이 필수적인데 대부분의 쓰기 교육이 단편적이고 일관성이 없는 경우가 많다.

넷째, 쓰기는 정확히 요구되고 오래 문자로 남으며 수정이나 취소가 불가능하다.

다섯째, 쓰기는 시간과 공간의 제약을 받는다.

여섯째, 쓰기 교육의 내용과 방법이 어린이들에게 쓰기를 어렵고 따분하게 보이게 한다. 즉, 의미와 의사소통보다는 언어 자체를 강조하는 쓰기 교육은 어린이들에게 흥미를 유발시키기 어렵다.

2) 쓰기 교육의 장점

영어 교육에서 **쓰기 교육이 갖는 장점**을 여러 학자들(Paulston, 1972)이 언급하고 있다. Rivers(1981)는 쓰기는 학습자들에게 언어 또는 언어 외적인 기능을 가르칠 수 있는 특유의 기능을 가지고 있으며, 시각적으로 언어를 이해할 수 있게 하기 때문에 다른 언어 기능의 습득에 도움을 줄 수 있다고 했다. 쓰기 교육이 갖는 장점을 구체적으로 살펴보면 다음과 같다.

첫째, 쓰기 교육은 기초단계에 있는 학습자에게는 영어 단어에 대한 인식이나 문법구조에 대한 제어를 쉽게 할 수 있고, 습득 정도가 높아질수록 학습자 자신의 아이디어, 생각, 경험 등에서 얻은 정보를 상대방에게 전달할 수 있는 능력을 키울 수 있는 종합적인 학습-교수 방법이라는 장점을 지니고 있다.

둘째, 쓰기 교육을 통해 학습자들은 자기 발견적(heuristic) 학습을 할 수 있다. 학습자들은 직접 쓰기를 해 봄으로써 구두어를 사용할 때 보다 구문의 형식이나 표현의 습득 수준을 높일 수 있다.

셋째, 쓰기 교육은 학습자에게 학습과정에서 발생할 수 있는 문제를 스스로 해결할 수 있는 능력을 키워준다. 즉, 학습자가 작문을 하는 과정에서 어떤 문제에 봉착하면 우선 자신의 노력으로 이를 해결해 보려는 시도를 하게 된다.

넷째, 쓰기 활동을 하는데 필요한 목적을 갖고 있기 때문에 (예: 학교수업 시간표, 좋아하는 음식을 조사한 표, 좋아하는 운동을 조사한 표, 가족소개, 자기가 가지고 싶은 것, 자기가 할 수 있는 것, 자기가 싫어하는 것, 자기가 한 일 등) 어떤 특정한 정보를 담고 있고, 이 정보는 화자가 표현하려는 의미를 그림 형태로 간직하고 있어서 그림을 이용하면 초기 지도 단계부터 의사소통 중심의 쓰기를 할 수가 있다.

다섯째, 수준을 조절할 수 있다. 어린이들의 개인적인 수준에 맞는 쓰기 활동을 할 수 있다.

여섯째, 쓰기 교육의 다른 장점은 개별학습을 통한 영어의 학습 뿐 아니라 교사나 다른 학습자와의 상호 교류를 통한 학습도 가능하게 한다.

3) 쓰기의 요소

쓰기는 기본적인 철자를 쓰는 것부터 시작하여 궁극적으로 자기의 느낌이나 생각을 문자로 명료하게 표현하는 것까지 여러 가지 언어 능력이 복합적으로 작용한다. Brown(1994)은 **글을 쓰는데 필요한 언어 능력**을 다음과 같이 제시하고 있다.

- 영어 철자 체계에 대한 지식
- 적절한 속도
- 단어 및 어순에 대한 지식
- 문법 체계에 대한 지식
- 의미를 문법 형태로 표현할 수 있는 능력
- 글의 조리성
- 수사법과 담화 격식
- 형태와 목적에 따른 의사소통 기능 달성 능력
- 효과적인 내용 구성 능력
- 문자적 의미와 내포적 의미 구분 능력
- 문화 이해 능력
- 효과적인 작문 과정 및 작문 전략

4) 쓰기 지도의 단계

Rivers(1981)는 단순한 베껴 쓰기로부터 반복적인 연습을 통하여 문자와 의미를 파악하여 실제 생활에 필요한 언어를 표현하게 하는 단계로 쓰기 지도를 하는 것이 효과적이라고 보고, **쓰기 지도의 단계**를 5단계로 제시하였다. 제 1단계는 배운 것을 베껴 쓰는 단계(copying)로 이 단계에서는 단순히 보고 쓰고 모방하여 바르게 쓰는 자세를 기른다. 제 2단계는 교재를 보지 않고 배운 것을 다시 써 보는 단계(reproduction)로서 이전에 들은 것을 보지 않고 쓰도록 한다. 제 3단계는 연습한 문장을 조금 다르게 조합하여 써 보는 단계(recombination)로 이미 터득한 문장을 활용하여 자신이 표현하고자 하는 의도를 써 보게 한다. 제 4단계는 자기가 배운 것을 넘지 않는 범위에서 보다 더 자유롭게 표현할 수 있는 어휘, 구문을 선택하는 단계(guided writing)이다. 이 단계에서는 어린이들이 이미 배운 문자 정보를 활용하여 다양한 표현을 시도해 보도록 한다. 제 5단계는 자유롭게 어휘, 구문을 선택하여 자기의 의사를 표현하는 단계(expressive writing)로 자유 작문 단계이다.

배두본(1997)은 의사소통 중심의 영어 교육을 위한 **쓰기 지도의 단계**로 첫째, 알파벳 인쇄체 필기체 쓰기, 둘째, 소리와 철자의 일치, 셋째, 구두점, 대문자, 철자법 등 기계적인 부분의 쓰기, 넷째, 인사 문장의 끝부분에 유의하여 형식적, 비형식적인 글쓰기, 다섯째, 노트 요약 등에 필요한 실용적인 쓰기, 여섯째, 의미를 효과적으로 전달하고 독자가 이해할 수 있는 표현 방법의 구성, 일곱째, 구어체와 문어체 그리고 형식적 문체와 비형식적 문체의 차이를 고려하여 쓰기 등 7단계로 제시하고 있다.

5) 쓰기 활동 유형

쓰기의 유형 분류는 무엇에 초점을 두느냐, 어떤 상황이냐에 따라 그 범주화가 달라진다. 그러나 일반적으로 초등학교에서 적용할 수 있는 쓰기 활동 유형으로는 전적으로 교사의 통제를 받는 통제된 글 쓰기(controlled writing), 교사의 전적인 통제보다는 유도에 의해 어느 정도 학습자의 선택이 주어지는 유도 글 쓰기(guided writing), 그리고 교사로부터 독립되어 학습자의 완전 선택에 의한 자유 글 쓰기(free writing)로 나눌 수 있다.

6) 쓰기 지도 방법

학습자들이 효율적으로 쓰기를 익히기 위해서는 단계별 쓰기 지도가 이루어져야 한다. 배두본(1997)은 **쓰기 지도의 단계**를 ① 알파벳의 인쇄체와 필기체 쓰기, ② 소리와 철자의 일치, ③ 구두점, 대문자, 철자법 등 기계적인 부분의 쓰기, ④ 인사, 문장의 끝 부분에 유의하여 형식적, 비형식적인 글쓰기, ⑤ 노트, 요약 등에 필요한 실용적인 쓰기, ⑥ 의미를 효과적으로 전달하고 독자가 이해할 수 있는 표현 방법의 구성, ⑦ 구어체와 문어체, 형식적인 문체와 비형식적 문체의 차이를 고려하여 쓰기 등으로 구분하고 이 중 초등학교에서는 ① ~ ④ 단계에 역점을 두어 지도해야 한다고 하고 있다.

이상의 단계별 쓰기 지도 내용을 종합하면, 초등학교에서 지도되는 쓰기 내용은 크게 알파벳 쓰기, 단어 쓰기, 그리고 구두점이나 대소문자, 철자법을 포함한 문장쓰기의 세 부분으로 나눌 수 있다.

7) 초등학교 영어과 교육과정의 쓰기 내용

제8차 교육과정에 제시되어 있는 **쓰기 활동 유형**에는 알파벳 순서대로 나열하기, 알파벳, 단어, 문장 베껴 쓰기, 단어 속의 빈 곳에 알파벳 써넣기, 알파벳순서 정렬하여 단어 만들기, 그림에 알맞은 낱말 쓰기, 문장 속의 빈 곳에 단어나 구 써넣기, 단어순서 정렬하여 문장 만들기, 단어나 문장 외워 쓰기, 게임을 이용한 쓰기, 실질적인 쓰기 활동하기 등을 들 수 있다.

8) 초등학교 영어 쓰기 지도에 관련된 선행 연구

초등 영어의 쓰기 지도에 관련된 선행 연구를 살펴보면 다음과 같다. 김재혁(1999)은 쓰기를 배우는 데는 많은 시간과 노력이 필요하므로, 초등학교에서부터 체계를 세워서 적극적으로 지도해야 함을 강조하고 있다. 김혜영(2000)은 5학년 어린이들의 영어 입문기 쓰기활동－쓰기 전 학습 단계, 베껴 쓰기단계, 받아쓰기 단계-의 효율적인 지도 방법의 도입에 관한 실험 연구를 통하여 다음과 같은 결론을 제시하였다. 첫째, 5학년 어린이들은 단순한 베껴 쓰기의 반복을 싫어하기 때문에 호기심, 발견의 기쁨과 흥미를 줄 수 있는 퍼즐이나 퀴즈와 같은 활동들이 필요하다. 둘째, 알파벳의 모양, 크기, 위치를 바르게 쓰고 낱말의 뜻과 낱말 속에서의 알파벳의 배열 순서를 익히는 데 다양한 학습활동을 구안하여 과정 중심으로 지도해야 한다. 셋째, 대문자와 소문자 쓰기를 병행 지도하는 것이 바람직하며 특히 EFL상황에서는 대문자 우선의 학습이 유리하다. 넷째, 학생들의 쓰기 오류가 굳어지지 않도록 과정 중심의 첨삭 쓰기 지도가 필요하다. 다섯째, 받아쓰기 능력은 읽기 기능과 상관도가 가장 높다. 강영은(2001)은 효과적인 쓰기 학습 접근법의 이론을 근거로 하여 3학년에서 6학년까지 어린이 활동 중심의 학습 활동을 구체적으로 제시하였다. 3학년에서는 파닉스의 접근에서 알파벳을 철자의 소리 및 단어들과 연관하여 철자 쓰기 학습을 하고 4학년에서도 음철법에서 학습한 소리-철자와의 관계를 단어 쓰기 및 베껴 쓰기를 통하여 배우고, 5~6학년에서는 구, 표현, 문장의 쓰기를 적절한 접근법으로 가르치며 이 모든 쓰기 학습을 어린이 활동 중심의 흥미 있는 게임 등을 활용하여 제시하였다. 오정인(2001)의 심화 · 보충형 수준별 학습활동을 통한 초등학교 영어 쓰기 지도에 관한 연구는 6학년을 대상으로 학습자의 수준과 과제 수준을 고려하여 차별적, 선택적으로 제공한 심화 · 보충형 수준별 학습활동이 쓰기 능력 및 태도, 흥미도에 효과적이었고, 학습자들은 호기심 있고 도전해 볼만한 선택적인 쓰기 활동을 선호하며, 소집단 중심의 쓰기 활동을 통해서 흥미와 자신감을 얻는다고 제시하고 있다. 초등학교에서의 쓰기가 학습자의 수준에 따라 학습 방법과 내용도 다르게 제공되어야 함을 강조하고 있다.

김종환(2001)은 게임과 놀이가 어린이들의 쓰기에 대한 흥미와 쓰기 수업에 임하는 태도 모두에 긍정적인 영향을 주었다고 한다. 그리고 교육과정에 부합하는 쓰기 게임이나 놀이가 더 많이 필요하고 어린이들이 개인차를 줄일 수 있는 쓰기 지도 방법이 강구되어야 하며, 쓰기 지도 시간이 더 많아져야 한다고 했다. 김정렬(2000)은 영어 교육의 절대량을 늘려야 된다는 사실을 강조하고, 제 7차 교육과정에 주어진 영어 교과 단위수의 부족을 극복할 수 있는 방안으로 자기 주도적 웹기반 초등 영어 학습 컨텐츠의 설계 및 개발 방향 설정을 강조하고 있다. 그리고 멀티미디어 교수-학습용 컨텐츠의 설계, 구축 및 운용이라는 일반적인 교수 공학적 관점에서 시작하여 영어 교과 교육의 특성을 살린 컨텐츠의 설계 및 개발 방향제시와 함께, 개발된 웹기반 영어 교육용 컨텐츠를 효과적으로 운용하기 위한 웹기반 멀티미디어 교수-학습 모형을 구성하고 있다. 정동빈(2003)은 초등 영어 교과서에 관한 개발 방향성과 구성 모형을 제시함으로써 초등학교 영어교과서의 발전적 측면과 앞으로 시행될 제 8차 영어교육의 웹기반 초등영어교과서 연구에 활성화와 초등영어교육의 발전 및 초등 영어교과서의 개발 방향, 그리고 웹기반 초등 영어교과서를 선정하는데 기준을 제시하고 있다. 정재욱(2005)은 현재 교실에서 이루어지고 있는 면대면 쓰기 수업에서 발생하는 여러 한계를 극복하고 또한 상호 보완할 수 있는 효과적인 대안으로서 Web 기반 쓰기 지도 모형을 제시하고 있다.

3. 웹 기반 영어교육

1) 웹 기반 영어교육의 특성과 장점

우리나라는 2003년 OECD 국가 중에서 인터넷 활용과 초고속 정보망을 위한 웹기반 구축과 활용에서 세계 1위를 자랑하고 있다. 그래서 이런 초고속 정보망을 제 8차 교육과정에서 최대한 활용하여야 한다. 기본적으로 **웹 기반 영어교육**은 다음과 같은 특성과 장점을 지니고 있다.

첫째, 웹기반 영어 교수학습은 전 세계의 정보자원을 이용할 수 있도록 해주어 영어로 이루어진 웹상의 정보를 사용함으로써 영어 학습에 대한 강한 목적의식과 동기를 가질 수 있다(이정공, 1999). 이러한 정보 활용을 통해 어린이에게 호기심, 흥미와 강력한 본질적 동기를 증진시킨다. 둘째, 영어교육에 있어서 원어민을 대신 할 수 있는 가장 좋은 매체라고 할 수 있다. 조세경(1999)도 강조하였듯이, 원어민과 다양한 형태의 상호작용을 할 수 있다. 셋째, 학습자가 영어와 함께 문화를 터득할 수 있다. 영미 문화의 체험을 직접 하면서 영어를 학습할 수 있다. 언어학자들은 언어와 문화는 불가분의 관계에 있다고 한다. 넷째, 개별학습 혹은 자기 주도적 학습 환경을 구축할 수 있다. 하이퍼텍스트로 구성된 웹상의 자료들은 개별학습자들의 다양한 학습 스타일, 학습능력, 정보요구를 모두 수용할 수 있어 개별학습이 가능하다. 다섯째, 창조적인 학습을 경험하고 제시하는 매체역할을 할 수 있다. 정동빈(2003)도 지적하였듯이, 웹기반 영어교육은 어린이가 실제 생활에 연결 할 수 있는 창조적인 영어 학습을 경험하게 할 수 있다. 웹상의 전자출판활동을 통하여 교사와 어린이들은 전 세계의 독자를 위한 작가가 될 수 있으며 자신의 수업자료나 학습 과정과 결과를 전자적으로 출판하여 활용할 수 있다. 여섯째, 웹의 특성인 멀티미디어 학습 자료 제시를 통하여 학습 내용의 파지를 향상시킨다. Singhal(1997)이 지적하듯이, 자연스럽고 실제적인 언어학습 환경을 제공함으로서 집중코스 프로그램의 특성을 영어교육 현장에 잘 적용 할 수 있다. 가장 좋은 학습 상황은 학습자들 스스로 경험해 보도록 해주는 것인데 현실적으로 교실에서 사실적인 학습 환경을 구사해 내는 것이 용이하지 않다. 하지만 웹기반 영어교육을 통해 실제적 활동 중심 과제를 부여하여 다양한 활동을 체험 할 수 있다.

2) 웹 기반 영어교육의 단점

첫째, 학습자의 요구에 부응하는 적절한 웹 기반 영어 학습 사이트를 찾는데 어려움이 있을 수 있다. 둘째, 웹 사이트에서 다루어질 수 있는 자료들은 교사가 활용하는 언어지식의 단편에 불과하기 때문에 교육용 웹 사이트가 교사를 대신할 수는 없다(정동빈, 1997). 셋째, 말하기 학습이 부족할 수 있다.

3) 초등학교 웹기반 영어 교육용 컨텐츠 형태

초등학교 영어 웹기반 교수 · 학습 내용의 설계는 학습 영역이 영어이고 학습 대상이 초등학생이라는 비교적 구체적인 컨텐츠 구성을 포함한다. 초등학생을 대상으로 한 웹기반 영어 교육용 컨텐츠는 교수학습 모델이나 전략에 따라서 아래와 같이 나누어 볼 수 있다(양영선, 조은순, 1998).

① 지식 전달 · 강의형(Presentation Mode)
② 문제 해결 학습형(Problem Solving Mode)
③ 발견 학습형(Discovery Learning Mode)
④ 협동 학습형(Collaboration Mode)
⑤ 개별 학습형(Individual Learning Mode)
⑥ 자기 주도적 학습형(Self-directed Learning Mode)

4) 초등학교 영어 컨텐츠의 이용 방향

우리 주위에 수많은 교사들이 효율적인 교수－학습을 위해서 만들어 쓰는 학습자료가 많지만 이들이 대부분 계속적으로 쓰이지 못하고 일회성으로 끝나 버린다(김정렬, 2000). 영어 교과의 경우, 현재 많은 교사들이 교과내용에 따라서 그림, flash cards 게임, power point, big book 등을 다양하게 직접 만들거나 시중에서 구입해서 교수 · 학습에 이용하고 있다. 그러나 이러한 자료들도 해당 교사가 다른 학년을 가르치게 되면 쓰지 못하게 되고, 동일 학년을 가르치는 다른 교사가 그 자료들을 다시 이용하는 경우도 흔하지 않다.

이러한 자료 공유의 단절성을 극복하기 위해서는 이들 자료들을 보다 효과적으로 컨텐츠화하고, 그 컨텐츠를 현재 구축되어 있는 정보고속도로를 통해서 효과적으로 유통시킬 필요가 있다. 우선, 영어 교수 · 학습 자료를 컨텐츠화하기 위해서는 현장 경험이 있는 교사들의 적극적인 참여가 있어야 한다. 이들은 영어 교육 컨텐츠의 공급자이면서 동시에 이들을 현장 학습에 적용할 소비자들이기 때문에 이들의 참여는 성공적인 영어 교수·학습 내용의 컨텐츠화를 위해서 꼭 필요한 일이다. 그리고, 영어 교수·학습 내용의 컨텐츠화는 전체적인 교과 교수·학습 내용의 연계선 상에서 통합적으로 추진되어야 될 필요가 있다. 그 이유는 웹을 기반으로 하는 정보화 사회에서 인위적인 학문 영역의 분류는 더 이상 큰 의미가 없고, 오히려 통합적으로 정보를 생산하고 소비할 필요가 있기 때문이다(김정렬, 2000).

5) 웹 기반 영어교육의 발전 방향

웹기반 영어교육의 발전을 위해 다음과 같은 구체적 방안이 필요하다.

첫째, 인터넷이 영어 학습에 활용될 수 있도록 교육과정의 재개편이 있어야 하고 현장 수업에 적절히 도입하기 위한 교사의 창의적이고도 유연한 활용 자세가 뒷받침되어야 한다. 둘째, 교사가 진행하고자 하는 수업목적에 부합하는 자료가 개발되어야 한다. 셋째, 양질의 관련 인터넷 자료의 공유가 필요하다. 넷째, 교사 연수내용은 교과목 활용을 지원하는 내용으로 구성되어야 한다. 웹 기반 영어교육에서는 '왜 웹을 사용 하는가' 보다는 '어떻게 웹을 효율적으로 이용할 것인가'를 고려해 보아야 하며, 교사나 학습자가 학습내용과 학습자 수준에 맞는 학습 자료를 선택하기 위해서는, 무한한 웹 학습 자료들이 교육과정의 어느 단계에 알맞은지, 학습자들의 어느 수준에서 적합여부를 평가하고 분석 연구하여 목록화하는 작업이 선행되어야 한다.

4. 균형적 언어 교수법을 적용한 웹 기반 초등영어 읽기 지도

1) 초등영어에서 문자지도의 필요성

초등학교 3학년 영어 교육은 의사소통 중심의 흥미와 놀이 위주이며, 문자언어 교육이 전혀 실시되고 있지 않다. 조경숙(2000)은 **읽기 교육의 중요성**을 주장하면서 외국어로서의 영어 읽기는 언어 교육에 있어서 매우 중요한 부분을 차지하며, 많이 듣고 읽으면 읽을수록 그만큼 더 구어나 문어로 표현할 수 있기 때문에 읽기는 의사소통능력 향상에 필수조건이라고 하였다. 그러므로 영어학습 초기 단계부터 문자언어 교육, 특히 읽기를 음성 언어 교육과 같이 실시하는 것이 바람직하다.

2) 웹 기반 초등영어 읽기의 효과

웹 기반 초등영어 읽기의 효과를 살펴보면 다음과 같다.

첫째, 학습에 대한 동기와 흥미를 높여주는 애니메이션과 동영상 읽기 자료들은 초등학생 학습자의 학습 내용의 이해를 돕는다. 둘째, 웹 기반으로 영어 읽기를 학습 시에는 초등학생 학습자가 자신의 수준에 맞게 학습이 가능하므로 자기주도적인 읽기 학습이 가능하다. 셋째, 웹 기반 읽기 자료를 통해 텍스트 읽기와 음성을 동시에 입력 받을 수 있으므로 말하기 · 듣기 · 읽기 · 쓰기의 네 가지 언어 기능을 고루 발달시킬 수 있어 균형적인 언어 학습에 효과적이다. 웹 기반 초등영어 교육은 시각적, 청각적인 다양한 종류의 매체를 동시에 구현할 수 있으며, 학습자 중심의 개별학습, 신속성 및 프로그램과 학습자간의 상호 작용성 등의 장점을 가지고 있다. 이러한 장점들은 초등학생의 초기 영어 학습 시에 말하기 · 듣기 · 읽기 · 쓰기의 네 가지 언어 기능을 고루 발달시키는 균형적인 언어학습에 큰 효율을 가져다준다.

5. u-러닝의 정의 및 특징

1) u-러닝의 정의

유비쿼터스란 라틴어에서 온 말로 '언제 어디서나 존재한다.'라는 뜻이다. 다시 말해서, 언제 어디서나 자유롭게 이용할 수 있는 정보통신 환경을 말한다. 인간의 주변 기기나 사물이 모두 네트워크에 연결되어 있어 원하는 정보를 언제 어디서나 얻을 수 있는 컴퓨터 환경이며 이러한 유비쿼터스 환경을 이용한 학습을 u-러닝이라고 한다. 현재는 무선 인터넷망과 1인 1단말기(PDA 또는 Tablet PC)의 시스템에서 교사와 학습자, 학습자와 학습자 간의 원활한 커뮤니케이션이 이루어지는 수업을 의미한다.

유비쿼터스, 유비쿼터스 컴퓨팅, 유비쿼터스 네트워크는 상황에 따라 따로 또는 함께 사용되는 용어들이다. 현재 학습이 이루어지는 곳이면 어디에나 있는 책이나 노트, 펜처럼 언제 어디서나 컴퓨터나 네트워크에 접속하여 필요한 자료를 찾아볼 수 있고, 시 공간을 넘어선 의사소통을 하고, 실제공간과 가상공간이 통합되어 학습 경험을 보다 풍부하게 하는 것이 바로 유비쿼터스 학습 환경이라 할 수 있다.

u-러닝에 대한 정의들은 공통적으로 u-러닝이 유비쿼터스 네트워크와 유비쿼터스 컴퓨팅 기술을 기반으로 하는 교수 · 학습활동을 진행하는 활동이라는 개념을 기본으로 삼고 있다. 원은석(2006)은 '언제, 어디서, 어떤 단말기로든 학습자의 필요에 맞는 정보를 스스로 제공하는 유비쿼터스 학습환경에서 학습자 중심의 학습을 진행하는 것'으로 u-러닝에 대한 정의를 제시하였다. 이러한 유비쿼터스 컴퓨팅의 특징들이 교육에 적용되었을 때, 학습자들은 휴대하고 있는 단말기를 통해 언제 어디서든지 학습정보를 제공받을 수 있고, 학습에 따른 즉각적인 피드백을 제공받을 수 있게 될 것으로 예상할 수 있다. 더불어 학습자 스스로 자신의 학습을 주도하고 주위 환경을 학습자원으로 활용할 수 있을 것으로 예상할 수 있다. 한국교육학술정보원이 2005년도 발간한 교육정보화 용어집에서는 u-러닝을 '유비쿼터스

학습 환경을 기반으로 어린이들이 시간, 장소, 환경 등에 구애받지 않고 일상생활 속에서 언제, 어디서나 원하는 학습을 할 수 있는 교육 형태를 말한다'라고 정의하고 있다.

이와 같은 교육적 가능성에 대한 논의를 통해 기존의 학습과 u-러닝의 차이점을 다음과 같이 설명할 수 있다.

<표 4> 전통적 교육체제와 유비쿼터스 학습체제 비교 (한국교육학술정보원, 2005a)

구 분	전통적 교육체제	유비쿼터스 학습체제
범위	· 초등교육부터 고등교육까지 형식적 학교교육	· 전 생애에 걸친 학습(학교, 직장, 퇴직 후)
내용	· 지식 내용의 습득과 반복 · 교육과정 중심형	· 지식의 창조, 습득, 활용 · 다양한 지식원천 · 학습자의 학습선택권 강화 · 핵심능력 중심
전달체제	· 학습방식과 모델이 제한적 · 공식적 교육기관 · 획일적 중앙 통제형 관리 · 공급자 주도형	· 학습방식, 상황, 모델의 다양화 · 정보통신 기술 기반형 학습 지원체제 · 다양하고 유연한 분권적 관리 · 학습자 주도형

위 자료는 기존의 **교육체제와 u-러닝의 차이점**을 학습범위, 학습내용, 전달체제를 중심으로 제시하고 있다. u-러닝의 학습범위는 전 생애에 걸친 평생학습이 될 것으로 예상하고 있는데 이는 기술의 발전으로 인해 지식의 형태가 확장되는 것에서 그 원인을 찾을 수 있다. 유비쿼터스 컴퓨팅 기술은 지금까지의 형식화된 지식의 공유에서 더 나아가 형식화가 어려운 지혜나 요령, 노하우까지도 공유할 수 있는 환경을 제공한다. 또한, 영상 등을 포함한 리치 커뮤니케이션, 리치 콘텐츠의 전송 · 인덱스화 · 축적을 가능하게 함과 동시에 사용자 간 콘텐츠의 상호 교환 · 공유를 용이하게 한다. 이에, 감성과 요령에 가까운 지식, 즉 '형태지(形態知)'의 전송과 공유가 가능해지게 될 것이다(노무라총합연구소, 2002). 이러한 변화로 말미암아 유비쿼터스 사회에서는 정규 학교과정 이후 일상생활에 필요한 지식들을 쉽게 접하고 학습할 수 있게 될 것이다(그림 1 참조).

학습 내용의 측면을 살펴보면 학습자는 다양한 지식원천을 사용하여 학습활동을 진행하게 될 것이다. 어린이들은 언제, 어디에서나, 어떤 단말기를 사용하든지 학습자중심의 학습활동에 참여할 수 있게 된다. 또한, u-러닝에서는 유비쿼터스 컴퓨팅 기술과 유비쿼터스 네트워크 접속을 통해 획일적이거나 강제적이고 않고, 학습자의 개별화된 욕구에 따른 학습활동이 가능해질 것이다(하원규, 김동환, 최남희, 2003). 이와 같이, 유비쿼터스 학습체제에서는 학습자의 선택권과 능력이 강화된 학습자 중심의 학습이 될 것이다.

이러한 u-러닝에서 '학습'이란 교사의 안내나 촉진에 따라 학습자 스스로 부가가치가 높은 정보나 지식을 창출할 수 있는 능력을 배양해 가는 과정으로 인식되는 '학습 방법의 학습'이다.

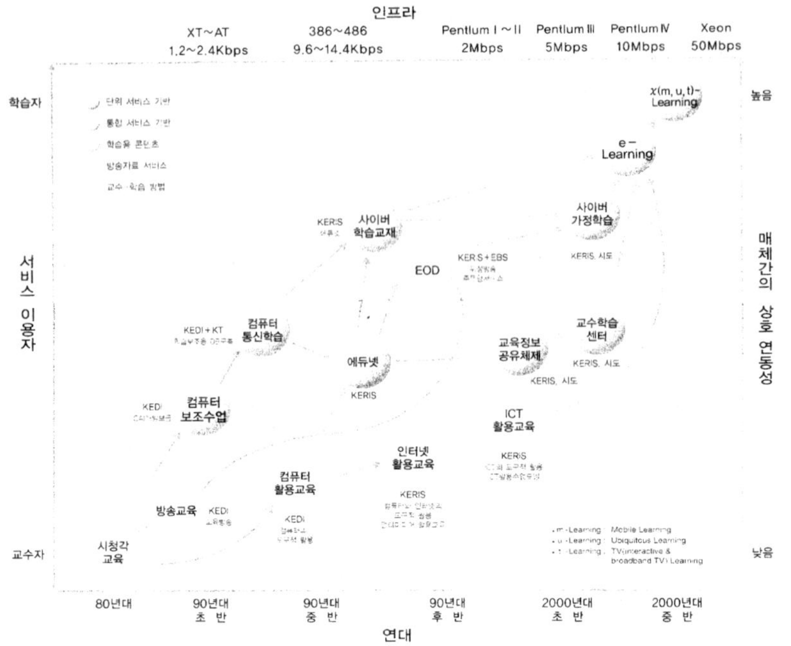

<그림 1> e-Learning의 발전 체계도 (한국교육학술정보원, 2005b)

마지막으로 전달체제의 측면은 유비쿼터스의 대표적 특성인 이동성과 휴대성을 중심으로 살펴볼 수 있다. 학습자의 컴퓨터는 사용하기 쉬운 인터페이스와 함께 높은 휴대성을 지니게 될 것이다. 이로 인해 어린이들이 공부하는 학습공간도 학교와 교실에 제한되지 않고 모든 실제 세계의 공간이 학습공간이 될 것이다(하원규, 김동환, 최남희, 2003). 이와 같이 u-러닝에서는 컴퓨터의 이동성과 휴대성이 증가되어 다양한 형태의 학습활동이 등장하게 될 것이고, 이에 따라, 새로운 형태의 학습모형이 대두될 것이다.

2) u-러닝의 특징

(1) 영구적인 학습자원 관리(Permanency)

학습자가 의도적으로 삭제하지 않는 이상 결코 그들의 작업 내용을 잃어버리지 않는다. 또한, 모든 학습 과정은 하루마다 지속적으로 기록되게 된다.

(2) 접근성(Accessibility)

학습자는 어느 곳에서나 그들이 작성한 문서, 데이터, 비디오 자료들에 접속할 수 있으며, 이러한 정보는 학습자의 요청에 의해 제공된다. 그러므로 자기주도적인 학습이 이루어지게 된다.

(3) **즉시성**(Immediacy)

학습자가 어디에 있던지 학습자는 **즉시적으로 원하는 정보**를 얻을 수 있어 신속하게 문제를 해결할 수 있게 된다. 또는 현장에서 생긴 의문을 기록하거나 녹음해둘 수 있다.

(4) **상호 작용성**(Interactivity)

학습자는 전문가, 교사, 또래 학생들과 동시적, 비동시적으로 언제나 **상호작용** 할 수 있다. 그러므로 전문가와 지식에 보다 접근하기 쉬워진다.

(5) **학습 활동의 맥락성**(Situating of Instructional Activities)

학습은 일상생활 속에 내재되며, 모든 문제나 관련된 지식은 자연스럽고 **실생활과 밀접히 연관된 형태**로 제시된다. 이것은 학습자로 하여금 문제 상황의 특성을 알아내고 관련한 활동을 할 수 있게 도와준다.

III 영어 문자지도 모형 설계를 위한 연구 방법 및 분석

1. 웹 기반 초등영어 읽기 학습 사이트 평가

웹 기반 초등영어 읽기 학습 사이트 모형 설계를 위해서는 우선 기존의 초등영어 학습 사이트들을 평가하고 분석하여, 사이트들의 장점은 설계할 학습 사이트에 반영하고, 단점은 보완하는 것이 필요하다. 첫째로, 평가항목에 기초가 된 선행연구들의 평가기준 항목들을 살펴보았고, 둘째로, 40개의 평가항목들을 표를 통해 제시해보았으며, 마지막으로, 평가 결과를 제시, 분석하였다.

1) 초등 영어 읽기 학습 사이트 평가 기준표

이 사이트평가 연구는 교육용 소프트웨어 인증 기준, 영어교수-학습용 웹 사이트 평가기준(한국교육학술정보원, 1999), **영어교육 웹 기반 사이트 평가 모형**(김광민, 1999)의 세 가지 평가기준을 참고하여, 초등영어 읽기 학습 사이트 설계에 기준을 제공하기 위한 평가 기준표를 도출하였다. 평가 기준은 대상 영역, 내용 영역, 웹 영역으로 분류한 다음, 다시 대상 영역에서 학습자 측면 5항목, 내용 영역의 소재, 언어, 균형적 언어학습 측면에서 각각 5항목으로 구성하고, 웹 영역에서 화면구성, 접근성 및 이동성, 최신성, 관리자와의 상호작용 측면에서 각각 5항목으로 분류하여 총 40개의 평가 항목으로 구성되어있다. 각 항목들은 Likert Scale을 사용하여 1점(전혀 그렇지 않다)에서 5점(매우 그렇다)까지 5등급을 두어 평가하였다.

<표 5> 초등영어 읽기 학습 사이트 평가 기준표

분 류		평 가 항 목	평가척도				
대상	학습자	① 학습자의 수준을 고려하였는가?	①	②	③	④	⑤
		② 학습자의 학습 동기와 관심을 유발하는가?	①	②	③	④	⑤
		③ 학습자의 컴퓨터 사용능력을 고려하였는가?	①	②	③	④	⑤
		④ 학습자가 능동적으로 학습할 수 있는가?	①	②	③	④	⑤
		⑤ 학습자의 읽기 향상에 도움이 되는가?	①	②	③	④	⑤
내용	소재	① 교과서의 수준과 비슷한가?	①	②	③	④	⑤
		② 아이들의 창의성과 사고를 자극하는가?	①	②	③	④	⑤
		③ 학습 내용이 실제성(authenticity)이 있는가?	①	②	③	④	⑤
		④ 영어에 대한 흥미를 가질 만한 읽기소재인가?	①	②	③	④	⑤
		⑤ 학습자의 읽기 능력 차이를 고려하였는가?	①	②	③	④	⑤
	언어	① 어휘의 수준이 적절한가?	①	②	③	④	⑤
		② 철자의 오류는 없는가?	①	②	③	④	⑤
		③ 문장의 길이는 적절한가?	①	②	③	④	⑤
		④ 읽기 내용 내에 자연스러운 반복이 있어 예측이 가능한가?	①	②	③	④	⑤
		⑤ 학습자와 웹 사이트 간에 의사소통적인 상호 작용이 가능한가?	①	②	③	④	⑤
	균형적 언어 학습	① Phonics를 익힐 수 있는 활동이 있는가?	①	②	③	④	⑤
		② 읽기 내용을 보면서 들을 수 있는가?	①	②	③	④	⑤
		③ 쓰기를 할 수 있는 활동이 있는가?	①	②	③	④	⑤
		④ 말하기, 듣기, 읽기, 쓰기의 네 가지 언어 기능을 고루 발달시킬 수 있도록 구성되어 있는가?	①	②	③	④	⑤
		⑤ 수준별 학습을 가능하게 하는가?	①	②	③	④	⑤
웹	화면 구성	① 첫 화면이 학습자의 시선을 끄는가?	①	②	③	④	⑤
		② 화면이 균형, 통일, 비율을 잘 맞추고 있는가?	①	②	③	④	⑤
		③ 삽화가 내용 이해에 도움이 되며, 크기가 적절한가?	①	②	③	④	⑤
		④ 학습자가 어느 페이지를 보고 있는지 알 수 있는가?	①	②	③	④	⑤
		⑤ 학습자의 관심을 지속시켜 집중하게 하는가?	①	②	③	④	⑤
	접근성 및 이동성	① 로그인이 필요한가?	①	②	③	④	⑤
		② 로딩 속도가 빠른가?	①	②	③	④	⑤
		③ 학습자가 원하는 페이지로 이동하기 쉬운가?	①	②	③	④	⑤
		④ 열리지 않는 페이지가 있는가?	①	②	③	④	⑤
		⑤ 다음 학습단계로 넘어갈 수 있도록 안내를 잘 하고 있는가?	①	②	③	④	⑤
	최신성	① 학습 내용이 최근 내용인가?	①	②	③	④	⑤
		② 주기적으로 최근 내용을 갱신하고 있는가?	①	②	③	④	⑤
		③ 갱신 날짜를 명확하게 나타내고있는가?	①	②	③	④	⑤

		④ 웹사이트 관리를 통해 내부 링크나 외부 링크의 문제점을 체크하고 있는가?	①	②	③	④	⑤
		⑤ 최근의 삽화, 게임, 노래, 동영상을 제공하는가?	①	②	③	④	⑤
	관리자의 상호 작용	① 웹페이지내의 자료가 저작권자로서의 단체나 개인의 이름이 표기되어 있는가?	①	②	③	④	⑤
		② 질문 내용을 학습자가 쉽게 게재할 수 있는가?	①	②	③	④	⑤
		③ 학습자가 관리자에게 이메일을 쉽게 보낼 수 있는가?	①	②	③	④	⑤
		④ 관리자가 학습자 반응에 즉각적, 교정적, 개별적인 피드백을 제공하는가?	①	②	③	④	⑤
		⑤ 학습자의 학습 성취에 대한 격려가 있는가?	①	②	③	④	⑤

2) 평가대상

사이트 평가 대상으로 선정된 웹 사이트들은 국내 무료 웹 사이트들로, 초등교사 2인과 조기영어전문가 3인의 추천을 받은 초등영어 학습 사이트이다.

① http://www.kizclub.com ② http://story.lg.co.kr ③ http://www.edupia.com
④ http://www.dikid.com ⑤ http://www.e-donghwa.com

3) 초등 영어 읽기 학습 사이트 평가 결과

김광민(1999)의 연구에서 평가 결과의 공개로 인해 발생할 수 있는 문제를 방지하기 위하여 무작위로 사이트 A, 사이트 B, 사이트 C, 사이트 D, 사이트 E로 정하여 평가 기준 <표 4>에 의하여 평가하였다.

(1) 전체 항목별 평가 결과 분석

홈페이지 설계 모형을 위한 취약 항목들을 살펴보고, 구체적으로 분석해 보고자 한다.

① 대상 영역

<표 6> 대상 영역의 학습자 측면 (김광민, 1999)

요인	평 가 항 목	평균	표준편차
학습자	① 학습자의 수준을 고려하였는가?	3.28	1.24
	② 학습자의 학습 동기와 관심을 유발하는가?	3.52	0.77
	③ 학습자의 컴퓨터 사용능력을 고려하였는가?	2.76	0.78
	④ 학습자가 능동적으로 학습할 수 있는가?	2.68	0.80
	⑤ 학습자의 읽기 향상에 도움이 되는가?	2.88	0.77

② 내용 영역

<표 7> 내용 영역의 소재, 언어, 균형적 언어학습 측면 (김광민, 1999)

요 인	평 가 항 목	평균	표준편차
소재	① 교과서의 수준과 비슷한가?	2.36	0.81
	② 아이들의 창의성과 사고를 자극하는가?	3.24	0.94
	③ 학습 내용이 실제성(authenticity)이 있는가?	3.00	0.58
	④ 영어에 대한 흥미를 가질 만한 읽기소재인가?	3.80	0.58
	⑤ 학습자의 읽기 능력 차이를 고려하였는가?	3.08	1.26
언어	① 어휘의 수준이 적절한가?	2.56	0.96
	② 철자의 오류는 없는가?	4.28	0.46
	③ 문장의 길이는 적절한가?	3.08	0.70
	④ 읽기 내용 내에 자연스러운 반복이 있어 예측이 가능한가?	3.56	0.51
	⑤ 학습자와 웹 사이트 간에 의사소통적인 상호 작용이 가능한가?	2.24	1.33
균형적 언어학습	① Phonics를 익힐 수 있는 활동이 있는가?	1.88	1.51
	② 읽기 내용을 보면서 들을 수 있는가?	3.50	1.35
	③ 쓰기를 할 수 있는 활동이 있는가?	2.16	1.52
	④ 말하기, 듣기, 읽기, 쓰기의 네 가지 언어기능을 고루 발달시킬 수 있도록 구성되어 있는가?	2.72	0.84
	⑤ 수준별 학습을 가능하게 하는가?	2.54	1.10

③ 웹 영역

<표 8> 웹 영역의 화면구성, 접근성 및 이동성, 최신성, 관리자와의 상호작용 측면 (김광민, 1999)

요인	평 가 항 목	평균	표준편차
화면구성	① 첫 화면이 학습자의 시선을 끄는가?	3.00	1.08
	② 화면이 균형, 통일, 비율을 잘 맞추고 있는가?	3.48	1.19
	③ 삽화가 내용 이해에 도움이 되며, 크기가 적절한가?	3.96	0.79
	④ 학습자가 어느 페이지를 보고 있는지 알 수 있는가?	2.96	0.74
	⑤ 학습자의 관심을 지속시켜 집중하게 하는가?	3.56	0.71
접근성 및 이동성	① 로그인이 필요한가?	1.80	1.63
	② 로딩 속도가 빠른가?	4.04	0.68
	③ 학습자가 원하는 페이지로 이동하기 쉬운가?	4.00	0.58
	④ 열리지 않는 페이지가 있는가?	1.36	0.49
	⑤ 다음 학습단계로 넘어갈 수 있도록 안내를 잘 하고 있는가?	2.80	0.91
최신성	① 학습 내용이 최근 내용인가?	2.28	1.13
	② 주기적으로 최근 내용을 갱신하고 있는가?	2.08	1.35
	③ 갱신 날짜를 명확하게 나타내고 있는가?	2.50	1.73
	④ 웹사이트 관리를 통해 내부 링크나 외부 링크의 문제점을 체크하고 있는가?	2.26	1.04
	⑤ 최근의 삽화, 게임, 노래, 동영상을 제공하는가?	2.56	1.18
관리자와의 상호작용	① 웹페이지내의 자료가 저작권자로서의 단체나 개인의 이름이 표기되어 있는가?	3.52	1.30
		1.96	1.17
	② 질문 내용을 학습자가 쉽게 게재할 수 있는가?	2.48	1.50

	③ 학습자가 관리자에게 이메일을 쉽게 보낼 수 있는가? ④ 관리자가 학습자 반응에 즉각적, 교정적, 개별적인 피드백을 제공하는가? ⑤ 학습자의 학습 성취에 대한 격려가 있는가?	2.08 1.08	1.12 0.28

2. 웹기반 쓰기 지도 모형을 위한 연구방법 및 분석

1) 어린이들에 대한 설문 조사

(1) 조사내용

"영어쓰기에 대한 진단 검사지"

"영어쓰기 학습에 대한 기초 설문지"

(2) 조사방법

① 조사 대상: 초등학교 5학년 2개반.

② 자료 수집: 담임교사 감독 하에 면집원이 총 94부의 설문지를 배포하고 회수.

③ 자료 수집 기간: 2005년 3월 25일 ~ 3월 26일(2일간)

(3) 조사결과의 분석

① 영어쓰기에 대한 진단검사 결과

<표 9> 영어 대/소문자쓰기 정답률(전체= 94명)

항 목 내 용	[정답자수]	[정답률]
(1) 대문자 쓰기(7개)	88명	93.6%
(2) 소문자 쓰기(7개)	85명	90.4%

<표 10> 단어 철자 빈 칸 채우기 정답률(전체= 94명)

항 목 내 용	[정답자수]	[정답률]
(1) (b)reakfast	66명	70.2%
(2) can(d)y	70명	74.5%
(3) (b)ir(d)	67명	71.3%

<표 11> 우리 말 단어에 대한 영어 단어쓰기 정답률(전체= 94명)

항 목 내 용	[정답자수]	[정답률]
(1) 눈(=eye)	39명	41.5%
(2) 코(=nose)	46명	48.9%
(3) 귀(=ear)	37명	39.4%
(4) 입(=mouth)	30명	31.9%

<표 12> 우리말 문장에 대한 영어 문장쓰기 정답률(전체=94명)

항 목 내 용	[정답자수]	[정답률]
(1) 수영하러 가자(=Let's go swimming)	19명	20.2%
(2) 이것은 피아노다(=This is a piano)	23명	24.5%

<표 13> 영어 문장중 맥락에 맞는 영어 단어쓰기 정답률(전체= 94명)

항 목 내 용	[정답자수]	[정답률]
(1) In(v)(i)te you for my birth party.	6명	6.4%

② 영어 쓰기 학습에 대한 기초 설문 결과

<표 14> 영어공부 내용중 향후 희망 내용(중복 응답) [전체= 94명]

항 목 내 용	[응답자 수]	[응답률]
(1) 말하기	42명	44.7%
(2) 듣기	31명	33.0%
(3) 쓰기	30명	31.9%
(4) 읽기	19명	20.2%

<표 15> 학교 외의 "영어쓰기" 학습 방법(중복 응답) [전체=78명]

항 목 내 용	[응답자 수]	[응답률]
(1) 학원에서	45명	57.7%
(2) 학습지를 통해서	20명	25.6%
(3) 개인 과외를 통해서	12명	15.4%
(4) 인터넷을 통해서	8명	10.3%

<표 16> 학교 외의 "영어쓰기" 학습 내용(중복 응답) [전체=78명]

항 목 내 용	[응답자 수]	[응답률]
(1) 단어 외워 쓰기	45명	57.7%
(2) 알파벳 대소문자 쓰기	26명	33.3%
(3) 문장 쓰기	25명	32.1%
(4) 단어 베껴 쓰기	21명	26.9%

<표 17> 인터넷 활용 “영어쓰기” 공부내용(중복 응답) [전체=21명]

항 목 내 용	[응답자 수]	[응답률]
(1) 단어 외워 쓰기	10명	47.6%
(2) 알파벳 대소문자 쓰기	7명	33.3%
(3) 단어 베껴 쓰기	6명	28.6%
(4) 문장 쓰기	5명	23.8%

<표 18> 인터넷 활용 “영어쓰기”에 대한 평가 [전체=21명]

항 목 내 용	[응답자 수]	[응답률]
(1) 어렵고 부담스러웠다	6명	28.6%
(2) 보통/그저 그랬다	10명	47.6%
(3) 재미있고 유익했다	5명	23.8%

<표 19> 다양한 컨텐츠 활용 “인터넷 영어쓰기” 공부에 대한 평가 [전체=94명]

항 목 내 용	[응답자 수]	[응답률]
(1) 어렵고 부담스러울 것 같다	3명	3.2%
(2) 보통/그저그렇다	12명	12.8%
(3) 재미있고 유익할 것 같다	79명	84.0%

<표 20> “인티넷 영어쓰기” 컨텐츠중 선호 컨텐츠(중복 응답) [전체=94명]

항 목 내 용	[응답자 수]	[응답률]
(1) 게임이나 역할극	53명	56.4%
(2) 노래나 챈트	35명	37.2%
(3) 동화나 그림	21명	22.3%

2) 전문가 집단에 대한 설문 조사

(1) 조사 내용

① 현재 영어 수업을 할 때 가장 중점을 두어 지도하는 영역과 그 이유

② 어린이들의 능력이 생각되는 영역과 그렇게 생각하는 이유

③ 초등학교 영어교육 도입시에 듣기, 말하기, 읽기, 쓰기 수업이 순차적 도입 또는 병행 도입에의 찬성여부와 그 이가장 뒤떨어진다고유

④ 활용하시는 웹사이트들의 좋은 점과 개선되어야 할 점들

⑤ 현재 유·무료 웹 사이트들을 어린이들이 잘 활용하지 못하고 있는 이유

⑥ 교과서 영어와 연계된 쓰기 학습을 위한 웹 사이트의 필요 여부와 그 웹 사이트가 갖추어야 할 점

⑦ 교과서 영어와 연계된 쓰기 웹 사이트에서의 자율학습에 대해 수업중에 피드백이 이루어졌을 때의 효과

⑧ 쓰기 웹 사이트에서 효과적인 쓰기 지도 방법과 그 이유 등에 대해서 질문을 하였다.

(2) 조사 방법

① 조사 대상

초등영어교육전문가 4인

② 자료 수집

현직 서울 소재 초등학교 교사로서 인터넷을 수업시간에 많이 활용하고 있으며, 웹에 대하여 전문적인 지식을 가지고 있는 영어 교육 전문가 4인에 대하여 오픈 설문을 하였다.

③ 자료 수집 기간

2005년 4월 20일에서 4월 26일까지 (7일간)

(3) 조사 결과의 분석

① 가장 중점을 두어 지도하는 영역과 그 이유

영어 수업 시간에 가장 중점을 두어 지도하는 영역에 대해서 말하기, 듣기, 읽기 순으로 나타났다. 현행 초등영어교과 과정이 의사소통능력 신장으로 말하기와 듣기를 우선시 하고 있어서 이에 충실하기 위해서 교사와 학생들에게도 말하기와 듣기는 다른 영역보다 우선시 되어 지는 것으로 보인다. 그 외 읽기와 쓰기 영역도 교사로서 중요하다고 생각은 되나 주어진 수업시간만으로는 지도하기에 어려움이 있음을 알 수 있었다.

② 어린이들의 능력이 가장 낮은 영역과 그 이유

어린이들의 능력이 가장 뒤떨어진다고 생각하는 영역에 대해서는 전문가 4인 모두가 쓰기를 꼽았다. 그 이유로는 '실생활에서 영작문을 할 기회가 많지 않다', '어린이들이 싫어하고 부담스러워하는 영역이라 수업 중에 소홀히 다루어진다', '쓰기의 중요성에 대한 인식 부족과 지도 부족'을 들었으며, '다른 영역보다 뒤늦은 도입'으로 인한 이유도 나왔다.

③ 초등영어의 순차적 지도 혹은 병행 지도에 대한 의견

초등영어 교육과정에서 네 가지 영역이 순차적 지도 혹은 병행지도 되어야 하는지에 대한 질문에서는 만장일치로 병행지도 되어야 한다고 나왔다. 그 이유는 위에서 보는 바와 같이, 초등학생 정도의 인지적 신체적 정의적 발달 수준이면, 모국어로서 자연스레 습득되어지는 영 유아기 때와는 달리, 쓰기 지도를 병행했을 시에 장기 기억에 도움이 되는 등 영어 학습에 유리하다는 것이다. 또 선행학습이 많이 되어 있는 요즘 초등학생들에게 초등5학년의 뒤늦은 영어 쓰기 도입이 어린이들의 흥미와 수업 집중력을 떨어뜨리는 요인이 되고 있다는 이유도 꼽았으며, 시대적 흐름에 맞추어 인터넷에서의 의사소통 능력이 되고 있는 읽기와 쓰기 능력 또한 말하기와 듣기 영역과 병행해서 지도하는 것이 바람직하다는 의견이었다.

④ **활용하고 있는 웹 사이트들의 좋은 점**

현재 영어 쓰기지도를 위해 활용하고 있는 웹 사이트들의 좋은 점에 대해서는, 요즘 우리나라는 인터넷이 대중화되어 있어서 언제나 어디서나 때와 장소에 구애받지 않고 활용할 수 있어서 바쁜 교사와 어린이들에게 도움을 줄 수 있다고 보았다. 교사는 웹 사이트를 통해서 영어 수업을 위한 아이디어와 각종 자료들을 빠르고 편리하고 저렴하게 얻을 수 있어서 유익하다는 의견이 나왔다. 어린이들은 다른 교육방법보다 저렴하게 영어 학습을 할 수 있으며, 어린이 본인이 편리한 때와 장소에서 학습하므로 심리적 부담이 적고, 게임처럼 재미있게 공부할 수 있어서 좋고, 어린이 스스로 자기 진단과 관리를 한다는 점에서 좋은 습관을 기를 수 있으며, 또 자기 주도적 학습이 가능하다는 점을 웹 사이트 학습의 좋은 점을 들었다.

⑤ **웹 사이트들의 개선점에 대한 의견**

웹사이트들의 개선되어야 할 부분에 대한 질문에서는, 피드백에 대한 문제를 두 명의 전문가에서 중복 응답이 나왔다. 이는 웹 사이트에서의 피드백이 제대로 이루어지지 않는 점이 웹 사이트의 학습을 지속적으로 하기 어렵게 만든다는 결론을 내릴 수 있었다. 또한 웹 사이트의 학습 내용이 학교 교과서와의 연계성이 부족하여 학교내신 성적에 쫓기어 바쁜 요즘 어린이들에게 인터넷 학습에 대한 필요 욕구를 갖지 못하게 하는 것으로 나타났다. 뿐 만 아니라, 웹 사이트들의 지나치게 단조롭고 반복적인 학습 내용과 웹 디자인이 어린이들의 취향에 맞지 않거나 기술이 부족하다는 지적이 있었다.

⑥ **어린이들이 웹 사이트를 잘 활용하고 있지 못하는 이유**

현재 어린이들이 웹사이트들을 잘 활용하고 있지 못하는 이유로는 역시 피드백에 대한 문제를 전문가 2인이 지적하였다. 웹 사이트에서의 학습의 장점을 최대한 얻기 위해서는 교사와 학부모의 지속적인 관심과 관리가 필요하다고 판단된다. 그 외의 이유로는, 홍보와 인식의 부족, 그리고 교과와 무관으로 어린이들이나 학부모들이 학원이나 기타 교육방법을 우선시 한다고 보았으며, 웹 사이트에 대한 어린이들의 흥미 부족, 그리고 사용하고자 할 때의 가입 등의 절차 복잡, 비용 부담 및 사용 방법의 불편 등의 웹 사이트의 문제점에 대한 지적사항도 많았다.

⑦ **교과서 기반 웹 사이트가 갖추어야 할 점**

교과서 영어와 연계된 쓰기 학습을 위한 웹 사이트에 대해서 전문가 4인 모두 필요성을 느끼고 있었다. 어린이들의 쓰기 능력 성취도 향상을 위하여 그 웹 사이트가 갖추어야 할 점으로는 다양한 의견들을 내주었다. 정리하면 다음과 같다.

첫째, 교사와의 피드백이 이루어져야 한다. 그래서 완전 학습 원리를 활용할 것과 어린이들의 자기 주도적 학습 습관을 기를 수 있도록 해야 한다.

둘째, 어린이들의 개개인의 수준에 맞게 개인차가 고려되어야 한다는 것이다. 그래서 모든 단계의 어린이들이 저마다의 성취감을 느낄 수 있도록 배려되어야 한다.

셋째, 다양한 컨텐츠 활용으로 어린이들의 흥미를 유발해야 한다. 전통적인 쓰기 지도 방법은 요즘 세대의 어린이들에게 더 이상 흥미를 줄 수 없다. 역할극, 게임, 노래, 챈트 등과 같이 다양한 컨텐츠를 활용하여 어린이들이 공부한다는 생각없이 재미있게 흥미롭게 즐길 수 있도록 구성해야 한다.

넷째, 학습 사이트가 교과서와 연계되어야 한다. 이는 질문5에서 어린이들이 웹 사이트를 잘 활용하고 있지 않는 이유에서 확인되었듯이, 웹 사이트를 활용하여 가정에서 학습한 내용이 교과서를 다루는 학교 수업 내용과 별 연관성이 없어서 어린이들이 학습해야 한다는 절실한 필요를 느끼지 못하고 있기 때문이다. 쓰기 웹 사이트가 교과서와 연계되어 있어서 자율적으로 학습한 내용을 교사가 적절히 피드백을 해준다면 학습의 효과를 높일 수 있을 뿐 아니라 어린이들의 자기 주도적 학습 습관을 형성할 수 있다는 것이다.

다섯째, 학습 사이트 이용에 대한 경제적인 비용 문제는 국가가 전적으로 지원하거나 교육부에서 운영하여 개인의 부담이 없어야 한다.

여섯째, 가입절차가 간편해야 한다. 학교에 학적이 등록된 어린이는 학적 확인만으로도 바로 등록이 이루어지도록 배려되어야 한다 등으로 쓰기 웹 사이트가 갖추어야 할 점들에 대해 많은 의견이 있었다.

⑧ 웹 사이트 학습에 대한 피드백의 효과

학교 교과서 수업 전 후에 웹 사이트에서의 보충. 심화 학습을 자율적으로 가정에서 이루어지게 하고 그 학습한 것을 교사가 수업 중에 피드백을 준다면 어떤 면에서 효과가 있겠는가에 대한 질문이었다. 학교와 가정의 연계 학습으로 성취도 향상에 탁월하리라고 보았고, 학생들은 쓰기 학습 하는 데에 보다 많은 시간을 투자할 수 있겠고, 교사는 어린이들의 취약한 부분을 보다 빠르게 진단할 수 있다는 점을 피드백의 효과로 꼽았다. 또 제한된 수업 시간만으로는 충분한 쓰기 지도가 어려운 현 상황에서 수업시간을 연장하는 효과를 기대해 볼 수 있다는 의견이었다.

⑨ 웹 사이트에서의 효과적인 영어 쓰기 지도 방법

영어 쓰기 학습 웹 사이트에서 효과적인 지도 방법에 대한 질문에서는 대체로 어린이들의 흥미와 수준을 고려한 게임, 역할극, 노래, 챈트, 동화, 영어 일기 등 다양한 지도 방법을 내놓았다. 이러한 다양한 컨텐츠들은 다른 영역, 즉 말하기, 읽기, 듣기에서는 잘 활용하고 있긴 하지만 쓰기 영역에서는 생소한 컨텐츠들이다. 쓰기 영역에서는 대체로 따라 쓰기, 외워 쓰기, 듣고 쓰기 등 전통적인 쓰기 지도 방법을 사용하고 있다. 이는 요즘 다양한 캐릭터의 어린이들에게 획일적이고 단순한 지도 방법이 될 수도 있다. 쓰기 지도 방법에 있어서의 선입견을 깨고 다양한 컨텐츠들을 활용한 다양한 지도 방법에 대한 아이디어가 많이 필요하다고 본다.

⑩ 웹 사이트에서의 효과적인 영어 쓰기 지도에 대한 이유

질문8에 대한 답변의 이유에 대해서는 각각 위의 표와 같은 의견을 내주었다. 어떤 학습 방법이든간에 어린이들의 흥미를 유발하면서 학습의 부담을 줄여주고 그러면서도 장기 기억에 도움이 된다고 보았다. 또 쓰기 학습을 함으로써 기타 영역 즉, 말하기, 듣기, 읽기 부분에 있어서의 능력 향상도 함께 성취 되도록 하는 배려가 필요하다고 보았다.

3. u-러닝 컴퓨팅 환경 조성

교육현장에 u-러닝을 적용하기 위해서는 우선 유비쿼터스 컴퓨팅 환경이 구축되어야 한다. 유비쿼터스 컴퓨팅 환경을 세 가지 측면에서 살펴보면 첫째, 무선인터넷 인프라 구축 둘째, u-러닝 적용을 위한 하드웨어 구축 셋째, u-러닝적용을 위한 소프트웨어 구축으로 나누어 생각해 볼 수 있다.

<표 21> u-러닝 컴퓨팅 환경

구 분		활 용 사 항	사 양
무선 인터넷 인프라 구축	AP(Access Point)	학습 현장에서 무선 인터넷 접속	단독-B형/mw-1700ap 최대속도 10M
하드웨어	TPC	u-러닝 교수·학습 활동	안테나 및 무선랜 내장
	AP	네트워크 연결	최대 속도 100M
	PC카메라	화상 토론 활용	70만 화소 이상
	PC보관 및 충전함	PC 보관 및 충전	원목 (36대 보관)
	전자칠판	펜마우스로 작동 펜으로 쓰고 그리기	71인치 LDP 프로젝션 TV 화이트보드, 게시판
	디지털 비디오카메라	화상 강의 촬영	200만 화소, 10배 줌
	디지털 카메라	이동학습 때에 자료 촬영(학생용)	800만 화소급
	개인용 헤드셋	사운드 자료 혼자 듣기	초고성능Actto
소프트웨어	Client Manager	어린이와 교사 컴퓨터 프로그램 연결	HDD SHERIFF Client Manager
	Live Class	어린이 학습활동 확인 학습 결과 제시 (어린이의 TPC모니터를 전자칠판에 제시)	어린이용(Live Class Student V 0.7E)과 교사용(Live Class Teacher V 0.7E)

		자료 관리	
	OneNote2003	공책 기능(필기, 그리기) 학습 내용 저장 통계 자료 작성 음성 녹음/재생, 동영상파일 프레젠테이션	OneNote2003 Version
	RSS Reader	자료 및 정보 전달	[XML] RSS Reader 연모 5.8.0.0

Ⅳ 영어 문자지도 모형

1. 영어 읽기 웹 사이트 모형 설계

1) 평가결과에 따른 보완, 설계 내용

평가결과에 따른 보완, 설계 내용을 살펴보겠다.

<표 22> 평균 3.00 미만의 평가결과에 따른 보완, 설계 내용

영역	요인	항목	평가내용	웹 사이트 설계 내용
대상	학습자	3	학습자의 컴퓨터 사용능력을 고려하였는가?	메뉴의 구성을 간단, 명료하게 하고, 각 화면 중앙 하단에 메뉴를 클릭할 수 있게 하였으며, 마지막 메뉴에 Site Map을 제시한다.
		4	학습자가 능동적으로 학습할 수 있는가?	노래와 게임 제시를 통해 학습내용에 흥미를 부합하여 능동적인 학습이 될 수 있도록 한다.
		5	학습자의 읽기 향상에 도움이 되는가?	Story & Song 메뉴에서 초등학교 3학년 교과서의 주제들과 연관된 동화를 제시하고 노래를 제시하여 읽기 향상에 도움이 되도록 한다.
내용	소재	1	교과서의 수준과 비슷한가?	내용의 수준을 교과서와 비슷하도록 구성하였으며, 교과서에서 다루는 주제들을 story에서 다룬다.
	언어	1	어휘의 수준이 적절한가?	쉬운 어휘들로 구성된 story를 싣는다.
		5	학습자와 웹 사이트 간에 의사소통적인 상호 작용이 가능한가?	Chat Room, Q&A, e-mail을 통해 상호작용이 가능하도록 한다.
	균형적 언어 학습	1	Phonics를 익힐 수 있는 활동이 있는가?	첫 번째 메뉴에 Phonics학습을 싣는다.

		3	쓰기를 할 수 있는 활동이 있는가?	세 번째 메뉴에 쓰기 활동을 싣는다.
		4	말하기, 듣기, 읽기, 쓰기의 네 가지 언어 기능을 고루 발달시킬 수 있도록 구성되어 있는가?	Phonics, Story & Song, Writing에서 네 가지 언어 기능을 모두 발달시키도록 구성한다.
		5	수준별 학습을 가능하게 하는가?	Story & Song에서 세 단계 Level로 나뉘어 수준별 학습이 가능하게 한다.
웹	화면 구성	4	학습자가 어느 페이지를 보고 있는지 알 수 있는가?	현재 보고 있는 메뉴의 색깔이 파란색으로 되도록 하였고, 화면 상단 중앙의 구름 모양에도 현재 보고 있는 메뉴의 이름이 떠서 어느 페이지를 보고 있는지 알 수 있도록 한다.
	접근성 및 이동성	5	다음 학습단계로 넘어갈 수 있도록 안내를 잘하고 있는가?	각 메뉴의 학습내용을 순서별로 제시하였고, 마지막 메뉴에 Site Map을 제시하여 웹 사이트 전체의 학습 내용을 한눈에 볼 수 있도록 하여 쉽게 다음 학습단계로 넘어가도록 한다.
	최신성	1	학습 내용이 최근 내용인가?	메인화면 중앙에 'Notice'란을 통해 학습내용의 업데이트 사항을 공지하고 그 옆에 날짜를 명기한다.
		2	주기적으로 최근 내용을 갱신하고 있는가?	
		3	갱신 날짜를 명확하게 나타내고 있는가?	
		4	웹 사이트 관리를 통해 내부 링그나 외부 링크의 문제점을 체크하고 있는가?	업데이트사항을 알리고 Q&A의 즉각적인 답변을 통해 관리자가 웹 사이트를 관리하고 있도록 신뢰성을 부여한다.
		5	최근의 삽화, 게임, 노래, 동영상을 제공하는가?	최근의 내용만을 선정하여 학습내용을 구성한다.
웹	관리자와의 상호 작용	2	질문 내용을 학습자가 쉽게 게재할 수 있는가?	Q&A를 통해 학습자가 질문내용을 올릴 수 있도록 한다.
		3	학습자가 관리자에게 이메일을 쉽게 보낼 수 있는가?	각 화면 하단에 Webmaster@EZEnglish를 클릭하면 메일을 쓸 수 있는 창이 뜨게 한다.
		4	관리자가 학습자 반응에 즉각적, 교정적, 개별적인 피드백을 제공하는가?	Q&A와 Email의 주기적인 체크로 학습자의 반응에 피드백을 제공하도록 한다.
		5	학습자의 학습 성취에 대한 격려가 있는가?	일주일에 한번 Chat Room에서 만나 학습한 내용에 대한 질문을 하고, 성취에 대한 격려를 하도록 한다.

2) 웹 사이트 구성

이 **웹 사이트**는 균형적 언어 교수법을 활용한 초등학교 3학년 읽기 학습 사이트이며, 초등학교 3학년 학습자가 좀 더 쉽게 영어를 배울 수 있도록 하고자, 웹 사이트의 제목을 'EZ(easy) English'로 정하였다. 웹 사이트의 구성은 다음과 같다.

<표 23> 웹 기반 초등영어 학습 사이트 모형

Approach	The Balanced Language Approach		
Method	웹 사이트 상의 Phonics 학습과 동화 학습을 통한 읽기		
Procedures	세부 내용		
Phonics	Step 1	알파벳 익히기	초보 단계인 초등학교 3학년 학습자에게 알파벳의 소리와 문자의 관계를 익힐 수 있도록 한다.
		알파벳 노래	노래와 게임을 이용하여 흥미를 가지고 학습할 수 있도록 한다.
		알파벳 게임	
Story & Song	Step 2	Story 1	초등학교 3학년의 수준에 맞게 동화 내용을 구성한다. 교과서에서 다루는 주제들을 중심으로 다룬다. 동화를 통해 학습한 주제와 같은 노래로 학습에 흥미를 부여한다.
		Song 1	
	Step 3	Story 2	
		Song 2	
	Step 4	Story 3	
		Song 3	
Writing	Step 5	대문자	알파벳 그려보기를 통해 알파벳의 형태를 익힐 수 있다.
		소문자	
	Step 6	대소문자 A-r	
		대소문자 S-z	
Notice	Notice (메인화면)	업데이트사항 공지	
	SiteMap	학습자가 혼자서도 학습할 수 있도록 학습 안내를 받을 수 있도록 하였다.	
Feedback	Q&A 게시판	① 매주 학습할 내용 공지 ② Chat Room 만날 시간 공지 ③ 학습자의 질문사항, 관리자의 답 게재	
	Chat Room	일주일에 두 번 만나 질문과 학습 진도 점검할 수 있도록 하였다.	
	e-mail	학습 시 의문사항을 학습자가 이메일을 통해 질문하고, 학습한 내용을 이메일로 보내면 관리자가 피드백 할 수 있도록 하였다.	

3) 웹 사이트 설계 내용

메인화면, 학습내용, 상호작용, 학습안내로 분류하였으며, 각각의 분류 안에 자세한 내용을 제시하였다.

(1) **메인화면** (EZ English)

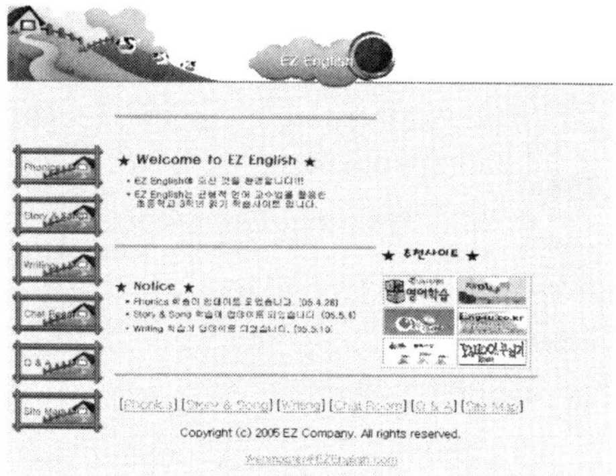

<그림 2> EZ English 메인화면

(2) **학습내용**

① Phonics 학습

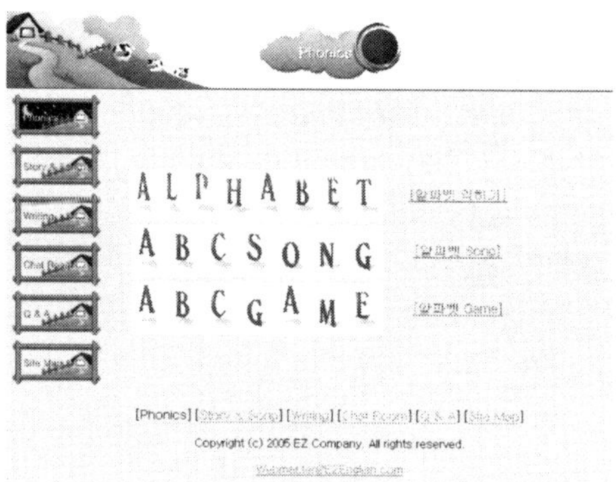

<그림 3> Phonics 학습 첫 화면

② Story & Song 학습

<그림 4> Story 1 첫 화면

③ Writing 학습

<그림 5> Writing 학습 첫 화면

(3) 상호작용

① Chat Room

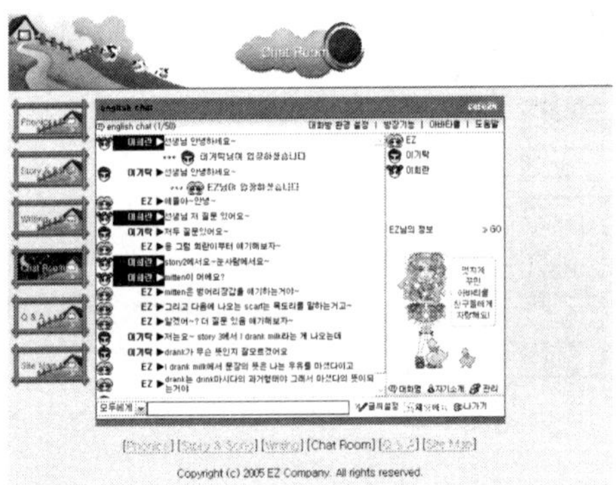

<그림 6> Chat Room 화면

② Q & A

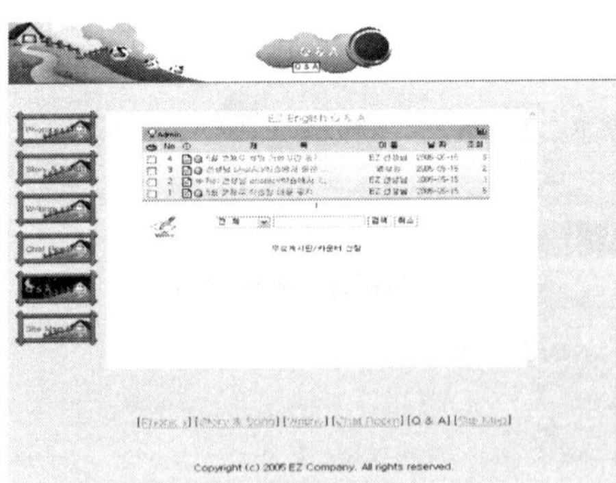

<그림 7> Q & A 화면

③ e-mail

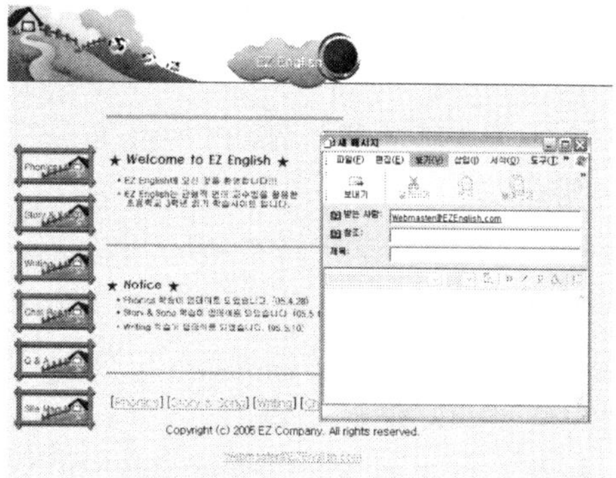

<그림 8> e-mail 화면

④ 학습 안내 (Site Map)

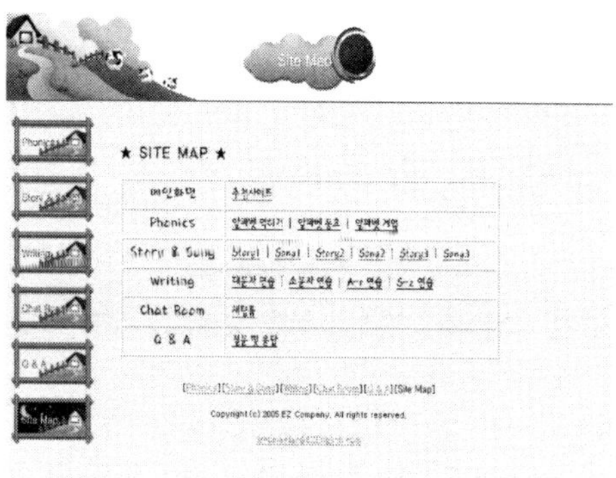

<그림 9> Site Map 화면

2. 웹기반 영어 쓰기 지도 모형

1) 웹 사이트 개요

이 **웹 사이트의 특징**은 다음과 같다.

첫째, 초등 영어 교과서와 연계된 쓰기 학습 사이트이다. 어린이들이 학교 수업 시간 이외의 어느 때든지 어디에서든지 시간과 장소에 구애 없이 인터넷을 활용하여 자율적으로 교과서 영어를 보충. 심화 학습을 할 수 있도록 한 것이다.

둘째, 웹 사이트에서의 어린이들의 학습은 교사와의 피드백이 이루어진다. 이를 위해 본 사이트에서는 각 단계마다 어린이들의 성취를 확인할 수 있는 워크시트(worksheet), 게시판, 그리고 질문 있어요 라는 메뉴를 통해서 교사와의 피드백이 잘 이루어지도록 배려하였다.

셋째, 다양한 컨텐츠 활용으로 어린이들의 흥미를 유발하고 성취도 향상을 기했다. 따라 쓰기, 베껴쓰기, 외워 쓰기 등과 같은 전통적인 쓰기 지도 방법만으로는 요즘 세대의 어린이들에게 더 이상 흥미를 줄 수 없다. 본 사이트는 역할극, 게임, 노래, 챈트 등과 같이 다양한 컨텐츠를 활용하였다. 이러한 다양한 컨텐츠 활용이 말하기, 듣기, 읽기 등의 영역에서는 익숙하지만, 쓰기 영역에서는 아직 생소한 느낌을 준다. 쓰기 지도 방법에 있어서의 선입견을 깨고 다양한 컨텐츠들을 활용한 다양한 쓰기 지도 방안을 구현해 보았다.

넷째, 어린이들의 개개인의 수준에 맞게 개인차가 고려되었다. 어린이 각자의 필요에 따라 보충 학습을 하거나 심화 응용하기 학습을 하도록 구성하여 모든 단계의 어린이들이 저마다의 성취감을 느낄 수 있도록 배려하였다.

다섯째, 본 사이트는 비상업용으로서 무료이다. 어린이들의 학습 사이트 이용에 대한 경제적 부담을 해소하기 위해서 개인의 비용 부담이 없다. 전국 어디든지 인터넷이 가능한 곳이면 누구나 이용할 수 있으며, 빈부 차에 의한 교육의 차별화를 감소시키는데 도움이 되고자 하였다.

여섯째, 어린이의 흥미와 취향을 고려하여 디자인 되었다.

일곱째, 가입절차가 간편하다. 학교에 학적이 등록된 어린이는 학적 확인만으로도 바로 등록이 되어 학습하는데 불편하지 않도록 배려하였다.

<표 24> 웹 사이트 구성도

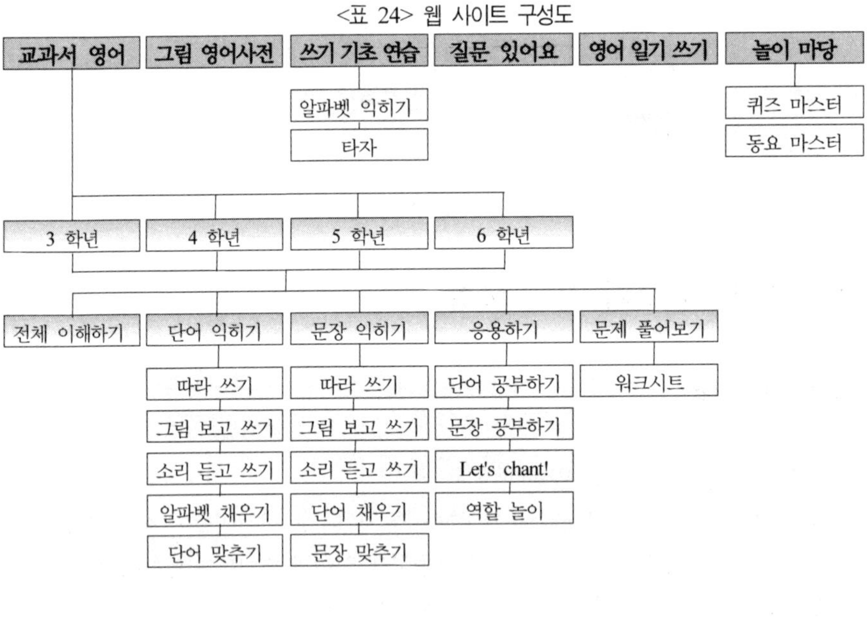

2) 웹 사이트 메뉴의 구성 및 화면 보기

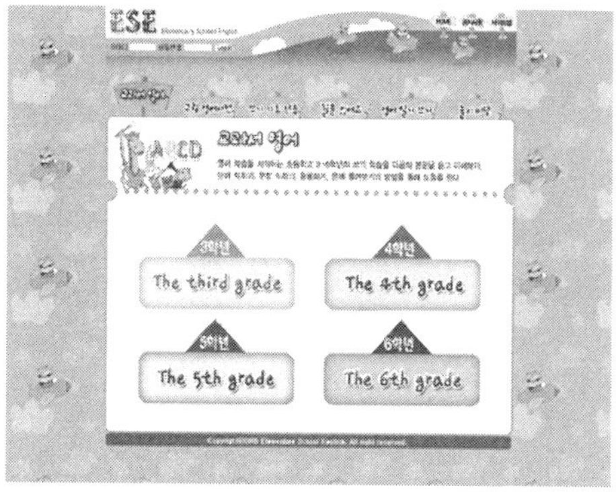

<그림 10> 메인 메뉴의 화면

(1) 교과서 영어

교과서 영어는 초등학교 교과서 과정에 대해 쓰기 공부를 하는 화면이다. 이 메뉴는 3학년부터 6학년까지 학년별, 단원별로 구성되어 있으며, 각 단원은 본문 전체 이해하기, 단어 익히기, 문장 익히기, 응용하기, 문제 풀어보기 등의 메뉴로 구성되어 있다. 이는 영어를 쓰는 능력뿐만 아니라 컴퓨터 자판에 익숙하지 않은 어린이들이 단계적으로 학습할 수 있도록 학습 내용에 따라 문제를 풀고 확인하는 형태로 학습이 진행된다.

① 본문 듣고 이해하기 화면

<그림 11> 본문 듣고 이해하기 화면

② 단어 익히기 화면

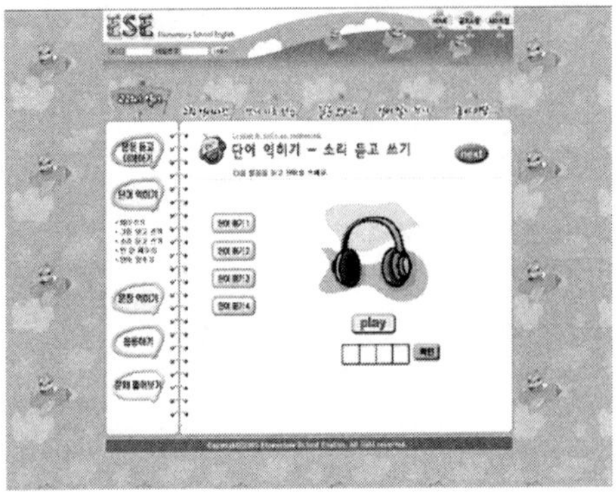

<그림 12> 단어 소리 듣고 쓰기

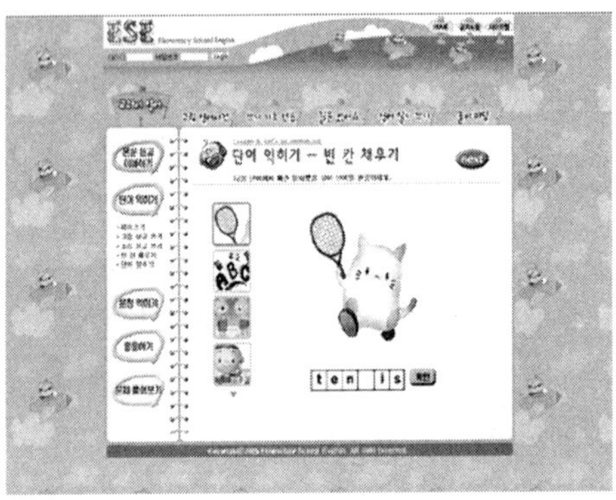

<그림 13> 단어 빈 칸 채우기 화면

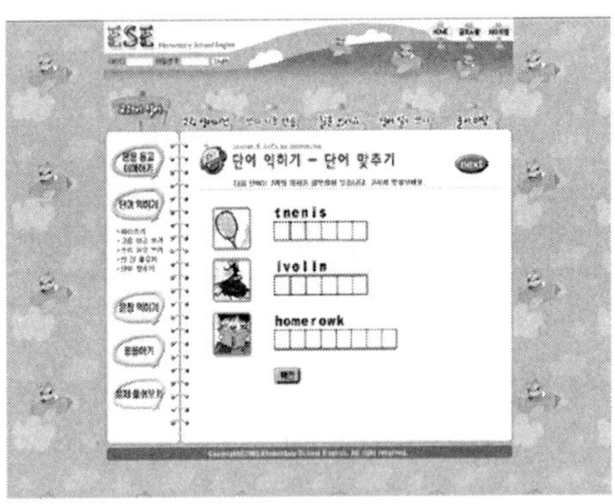

<그림 14> 단어 맞추기 화면

③ 문장 익히기 화면

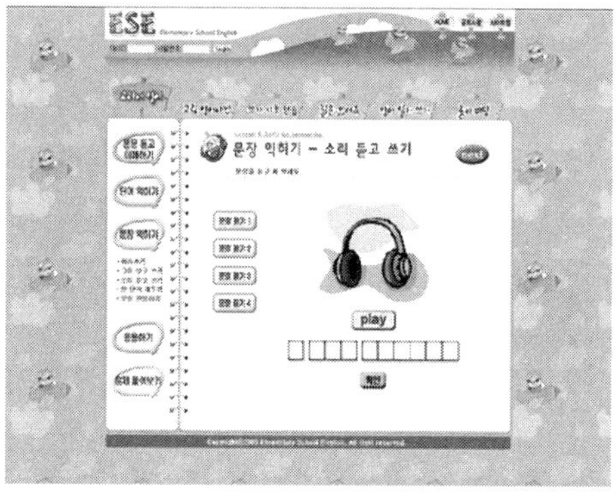

<그림 15> 문장 소리 듣고 쓰기 화면

<그림 16> 문장 빈 단어 채우기 화면

<그림 17> 문장 완성하기 화면

④ 응용하기 화면

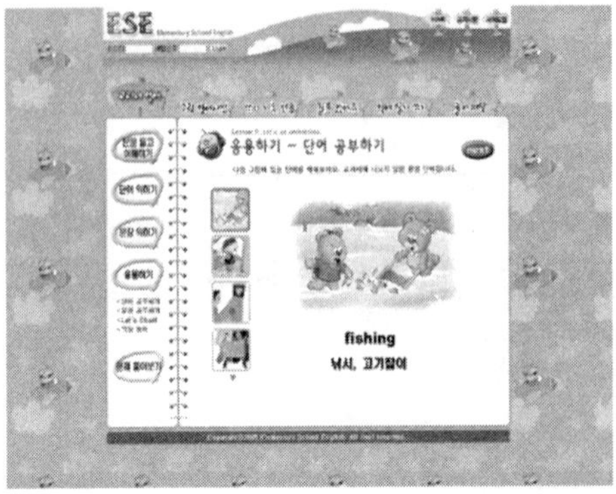

<그림 18> 응용 단어 공부하기 화면

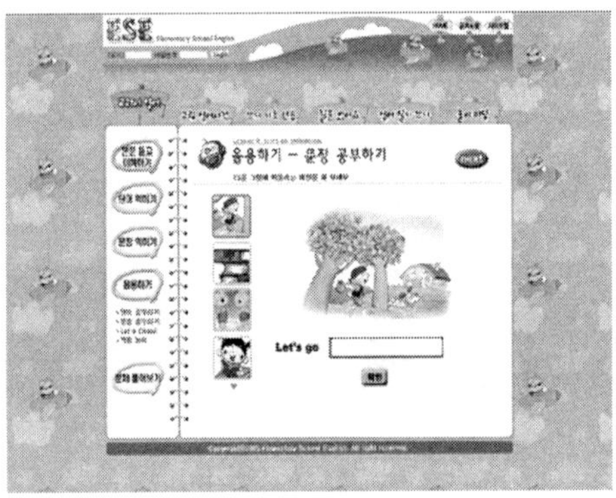

<그림 19> 응용 문장 공부하기 화면

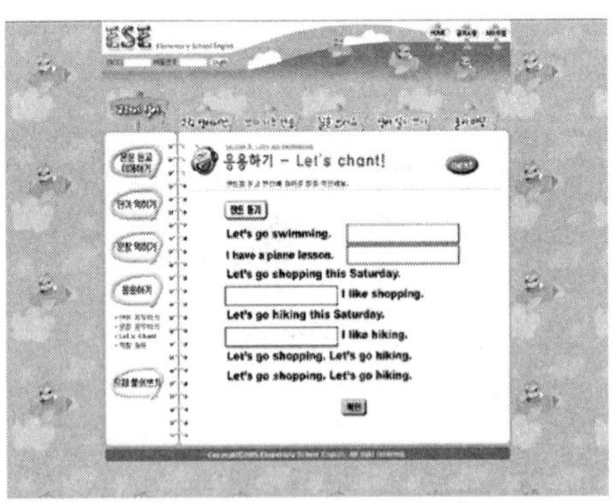

<그림 20> 응용 Let's chant! 화면

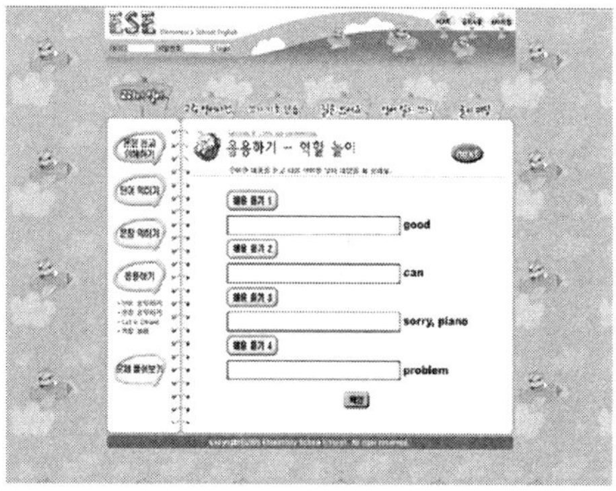

<그림 21> 응용 역할 놀이 화면

<그림 22> 문제 풀어보기 화면

<그림 23> 그림 영어 사전 화면

<그림 24> 타자 익스프레스 화면

<그림 25> 질문 있어요 화면

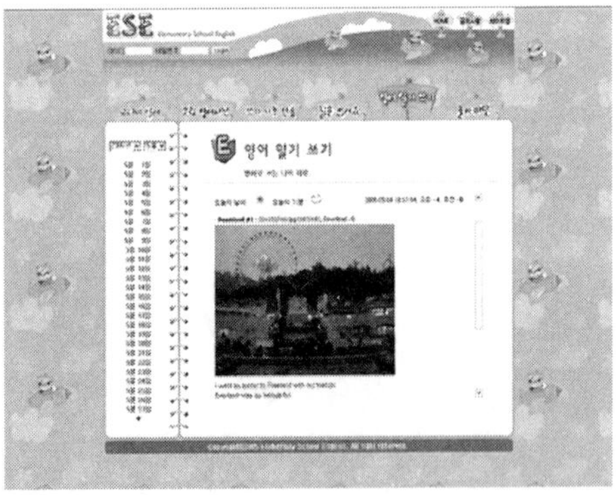

<그림 26> 영어 일기 쓰기 화면

⑤ 놀이마당

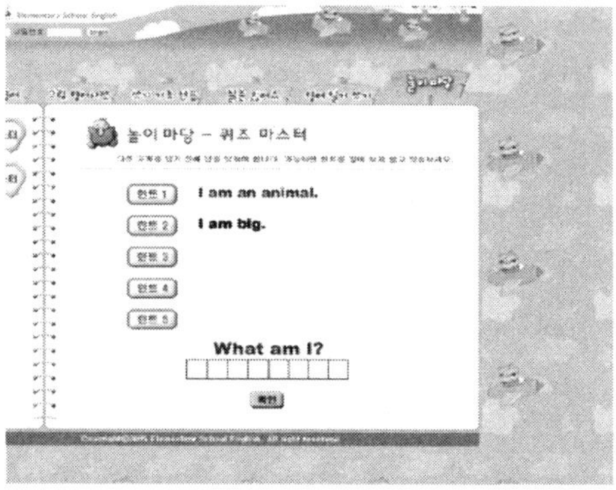

<그림 27> 놀이마당 퀴즈 마스터 화면

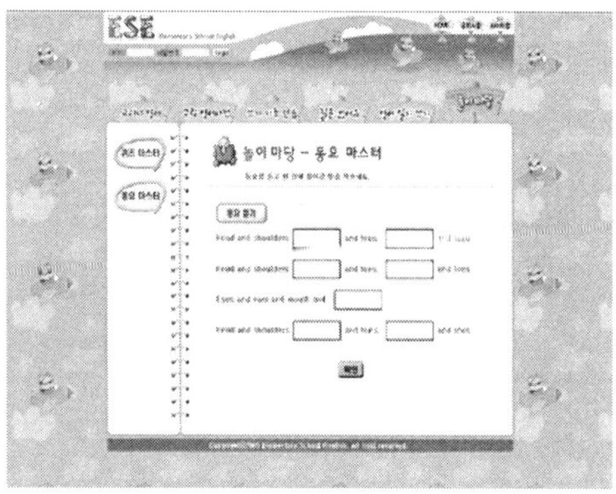

<그림 28> 놀이마당 동요 마스터 화면

3. u-러닝 환경에서의 문자지도 모형

1998년 미국의 Mark Weiser가 '**유비쿼터스(Ubiquitous)**'라는 개념을 제시한 이후, 현재에 이르기까지 유비쿼터스 컴퓨팅 기술은 꾸준히 개발되었다. 이러한 사회적 변화를 토대로 유비쿼터스 컴퓨팅 기술을 교수-학습활동에 활용하는 u-러닝에 대한 연구가 광범위하게 진행되고 있다. 2005년 교육인적자원부는 전국 18개 학교를 'u-러닝 시범학교'로 지정하여 운영하고, 'u-러닝 중장기 발전 전략'의 수립하는 등 u-러닝 도입을 위해 적극적으로 움직이고 있다.

이와 더불어 학계에서도 u-러닝에 대한 다양한 연구(이재원, 나은구와 송길주, 2006; 주길홍, 2005; 원은석, 2006; 이영민, 2005; 안성훈, 2006; 최정민, 2005)들이 진행되고 있다. 해외에서도 u-러닝에 대한 다양한 연구들이 진행되고 있다. 대만과 일본 그리고 미국에서

대학 연구기관들을 중심으로 다양한 유비쿼터스 컴퓨팅 기술과 모바일 단말기를 활용하여 교수 · 학습환경을 구성하는 다양한 프로젝트(MIT Handheld Augmented Reality Simulations, (USA); Mobile Butterfly-Watching Learning System, (Taiwan); Digital Museum 2000, (Japan) 등)들이 진행되고 있다. 또한, 다양한 단말기를 활용하여 학습활동을 진행하는 미국 학교들의 사례(Avery Coonley School; St. Paul Academy and Summit School; Marysville High School 등)들도 보고되고 있다.

이처럼 전 세계적으로 다양한 형태의 연구들이 활발하게 진행되고 있어 u-러닝이 점점 보편화되고 있음을 알 수 있다. 이에, 앞으로 유비쿼터스 환경에서는 어떠한 형태로 문자지도가 이루어 질 것인가를 논의해 보는 것이 필요하다. 앞서 논의한 u-러닝의 정의와 특징을 바탕으로 유비쿼터스 환경에서 문자지도를 할 수 있는 방법에 대해 논의해 보고자 한다. u-러닝 환경에서 어린이들은 단말기를 활용하게 될 것이고 학습의 내용은 콘텐츠로 제작되어 언제 어디서나 필요한 학습활동을 진행할 수 있게 될 것이다. 현재까지 진행된 u-러닝 교수학습활동의 상호작용을 중심으로 각 사례를 유형화 시켜 보면, 크게 두 가지 모형으로 나누어 볼 수 있다. 첫째는 증강현실 기반의 상황학습의 상호작용 모형이고 둘째는 유비쿼터스 관찰학습의 상호작용 모델이다.

1) 증강현실 기반의 상황학습의 상호작용

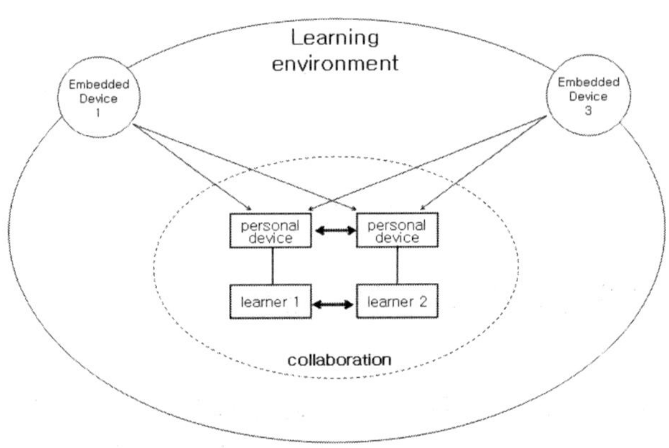

<그림 29> 증강현실 기반의 상황학습의 상호작용

이 모형에서 학습자는 실제 환경에 내재되어있는 시뮬레이션으로부터 필요한 정보를 수신하고, 문제를 해결하기 위한 시도를 수행하게 되는데, 이는 학습자가 컴퓨터가 제공하는 환경과 상호작용을 수행하는 것으로 볼 수 있다. 더불어 다른 학습자와 팀을 이루어 시뮬레이션 환경에서 제공하는 문제를 주어진 시간동안 해결해야 하는데, 이 과정에서 단말기를 통해 다른 학습자가 가지고 있는 정보를 공유하며 학습자간 상호작용을 하게 된다.

이 모형의 특징은 학습자가 다른 학습자와 활발하게 상호작용을 진행하는 반면, 학습자

-교사의 상호작용이 존재하지 않는다는 점이다. 이러한 교사-학습자의 상호작용을 대신하여 주는 것이 바로 학습자와 내재 환경과의 상호작용이다. 학습자는 교사와의 상호작용 대신 내재된 컴퓨터와의 상호작용을 통해 학습목표와 활동에 필요한 정보들을 수신하게 된다. 또한, 학습의 수행 과정이 전적으로 학습자가 중심이 된 활동이기 때문에, 교사는 학습자의 학습활동이 모두 끝난 이후에 결과를 논의하는 과정에서 학습자와의 상호작용을 갖게 된다. 이 환경에 활용될 수 있는 문자지도 방법을 다음과 같이 제시해 볼 수 있다.

<표 25> 증강현실 기반의 상황학습 모형을 바탕으로 한 문자지도 방법

절 차	활 동	세 부 내 용
제시 (Presentation)	활동의 소개	- 어린이들에게 학습활동에 대한 내용을 단말기를 통해 제시한다.
	과제의 제시	- 어린이들이 주어진 상황에서 수행해야 할 활동에 대해 설명을 한다. 또, 각 상황에서 알게 된 어휘들을 정리하고 자신의 활동을 정리할 수 있는 활동에 대해 설명한다.
연습 (Practice)	상황학습 활동 수행	- 어린이들이 주어진 상황에서 활동을 수행하도록 한다. - 어린이들이 활동을 수행하면서 자신들이 접한 어휘에 대한 목록을 만들도록 유도하고 자신이 행한 활동들을 정리하도록 하고 이를 제대로 실행하고 있는지 확인한다. - 활동을 끝내고 어린이들이 작성한 내용과 어휘목록을 확인하고, 아이들에게 피드백을 제공한다. 만약, 어린이들이 어휘를 모른다면, 어휘의 의미를 어린이들이 알고 있는지 확인한다. 의미를 모르면 의미를 알려주고, 함께 읽어 본다.
응용 (Application)	활동에 대한 내용을 쓰기	- 오늘 활동한 내용을 바탕으로 어린이들이 작성한 자료의 내용을 기반으로 자신의 활동에 대해 글짓기를 하도록 유도한다.
의사소통 (Communication)	작성한 내용을 설명하기	- 어린이들이 작성한 작문내용을 설명할 수 있는 기회를 주어 의사소통을 할 수 있도록 한다.

2) 유비쿼터스 관찰학습의 상호작용

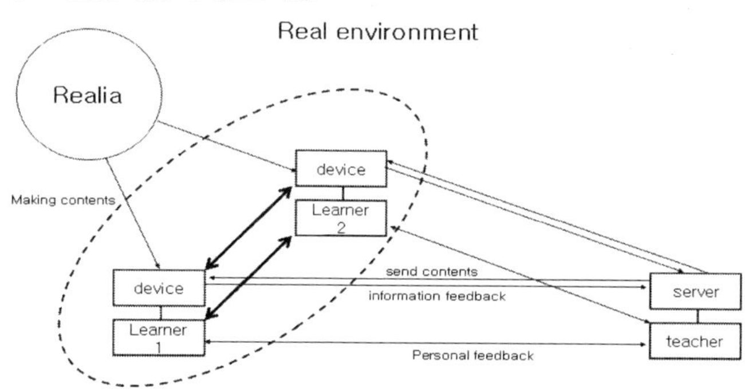

<그림 30> 유비쿼터스 관찰학습의 상호작용

학습자는 실제 대상을 단말기를 통해 콘텐츠로 제작하고, 제작한 콘텐츠를 서버에 전송한다. 이후, 교사의 컴퓨터는 학습자의 콘텐츠를 수신하여 분석하고 학습자에게 관찰대상과 관련된 학습정보들을 제공하게 된다. 더불어 교사는 학습자에게 직접 학습활동에 대한 피드백을 제공할 수 있다. 학습자는 다른 학습자와 단말기를 통해 정보를 주고받을 수 있으며, 학습자간 협동을 통해 학습활동을 진행하는 상호작용을 수행할 수도 있다. 이에, 교사가 학습자에게 탐구활동 결과에 따른 피드백을 주고 받는 교사-학습자 상호작용이 진행되며, 학습자간 자신들의 정보를 공유하고 의사소통을 진행하는 학습자-학습자 상호작용과 학습자가 서버에 구축된 데이터베이스로부터 학습활동과 관련된 자료를 받을 수 있는 학습자-테크놀로지 상호작용도 일어나게 된다.

이 모형에는 학습자와 교사, 학습자와 학습자의 상호작용이 모두 나타난다. 특히 이 모형에서는 학습자가 실제 학습활동에서 접한 정보를 콘텐츠로 제작한다는 점과 이러한 콘텐츠에 대한 피드백을 교사의 컴퓨터가 자동으로 제공한다는 점을 특징으로 언급할 수 있다. 이에, 교사의 단말기(서버)가 교수-학습활동의 상호작용에서 매우 중요한 위치를 차지하고 있다. 이 환경에 활용될 수 있는 문자지도 방법을 다음과 같이 제시해 볼 수 있다.

<표 26> 유비쿼터스 관찰학습의 상호작용 모형을 바탕으로 한 문자지도 방법

절 차	활 동	세 부 내 용
제시 (Presentation)	관찰활동의 소개	- 어린이들에게 오늘 관찰할 학습활동에 대해 설명한다.
연습 (Practice)	관찰활동 수행	- 어린이들은 단말기를 활용하여 자신이 관찰하고자 하는 대상을 관찰하고 이를 콘텐츠로 저장한다. - 교사의 컴퓨터에서 받은 피드백을 바탕으로 자신이 관찰한 대상에 대한 정확한 정보를 수집한다. - 자신이 관찰한 대상에 대한 관찰 결과를 정리한다.
응용 (Application)	활동에 대한 내용을 쓰기	- 오늘 관찰한 대상과 활동한 내용을 바탕으로 어린이들이 작성한 자료의 내용을 기반으로 자신의 활동에 대해 글짓기를 하도록 유도한다.
의사소통 (Communication)	작성한 내용을 설명하기	- 어린이들이 작성한 작문내용을 설명할 수 있는 기회를 주어 의사소통을 할 수 있도록 한다.

3) u-러닝 환경에서의 문자지도 모형 Lesson Plan (상황학습 모형)

<table>
<tr><td>Unit</td><td colspan="5">Lesson 14. Would You Like to Come to My House? (6학년 2학기)</td></tr>
<tr><td>Theme</td><td colspan="3">Read an invitation card and Write a reply to an invitation card</td><td>차 시</td><td>2～3/4'</td></tr>
<tr><td>Objectives</td><td colspan="5">Students will be able to read an invitation card and write a reply to an invitation card.</td></tr>
<tr><td rowspan="3">u-러닝
수업전략</td><td rowspan="3">• 초청카드 쓰기와 관련된 인터넷상의 자료 찾아보기
• 친구의 초청카드를 읽고 응답카드 보내기</td><td rowspan="3">u-러닝
학습
자료</td><td>웹 활용</td><td colspan="2">http://www.ebse.co.kr/6학년 영어/16강 Would you like to come to my house?</td></tr>
<tr><td>하드웨어
활용
H</td><td colspan="2">TPC, 인터넷사전, 전자칠판, 메신저 헤드폰세트</td></tr>
<tr><td>소프트웨어
활용
S</td><td colspan="2">Live Class, 포털사이트, 원노트2003, PPT, 메신저</td></tr>
<tr><td>TPC활용
선수능력</td><td colspan="5">• 원노트 공유기능 익히기
• Live Class를 이용하여 발표하기</td></tr>
<tr><td>사전
준비</td><td colspan="5">• 내용분석하기
- 분문 내용을 듣고 초대상황을 설정하여 초대카드를 쓴 후 친구에게 보낸다.
- 친구의 초대카드를 읽고 초대장에 답장을 보낸다.
- 답장 속에 ‘Would you like to?’ ‘I'd love to.’ 또는 ‘Sorry, I can't.’와 이유가 들어가도록 쓴다.
• 모둠 구성하기- 4인 1조</td></tr>
<tr><td>평 가</td><td colspan="5">• 학습목표를 잘 파악하였는가?
• 초대카드와 답장 쓰기를 잘 수행했는가?
• 모둠별 의사소통 및 발표는 잘 이루어졌는가?</td></tr>
<tr><td>수업자
의도</td><td colspan="5">인터넷의 장점을 활용하여 모둠 구성원과 상호작용하여 invitation card 및 답장을 작성하여 함께 의사소통하도록 한다.</td></tr>
</table>

전자우편 사용 · 온라인대화 · 웹 사용 · M 멀티미디어자료 · A 응용프로그램 · 커뮤니티

<table>
<tr><td rowspan="2">Procedure</td><td colspan="2">Teaching and Learning Activities</td><td rowspan="2">Time</td><td rowspan="2">Materials and Tips</td></tr>
<tr><td>Teacher</td><td>Students</td></tr>
<tr><td>[Introduction]

Greetings
&

Review the previous lesson</td><td>• Greetings

Hello, everyone.
How are you feeling today?
How's the weather today?
Let's sing 'opening song' and start today's lesson.

• Let's review
- Before studying today's lesson, let's review last lesson.
- Explain the questions for students.</td><td>• Greetings & Opening song

Hello, Ms. Chung.
Fine/So so/Not so good.
It's ________.
Sing 'Hello, how are you?'

- Ok.
- Contact the cyber school site and check the answers.</td><td>5'</td><td>M
Power Point

W
타블렛 PC

W
Cyber school site</td></tr>
</table>

Procedure	Teaching and Learning Activities		Time	Materials and Tips
	Teacher	Students		
Recognition of the objectives	• Objectives Recognition Today, we'll learn about reading an invitation card and write a reply to an invitation card. Students will be able to read an invitation card and write a reply to an invitation card.	- Recognize the objectives.		Power Point
[Development] <Activity 1> Watching ebse	• Let's watch! - This is the dialog of the invitation. Listen very carefully.	• Look and Listen - http://www.ebse.co.kr/ 6학년 영어/16강 Would you like to come to my house? - Watch the short film from the ebse.	10'	웹 사용 One Note
<Activity 2> Read & write an invitation card	- You're going to be got an invitation card from your friend. Then Read it and if you want to come to your friend's house, you can write a reply to an invitation card. - When you reply to it, you should use these sentences 'Would you like to?' 'I'd love to.' 또는 'Sorry, I can't.'	- After watching ebse and write and invitation card. - Read friend's invitation card and reply to an invitation card.	15'	전자 우편 사용
[Closing] Presentation & Peer evaluation	• Let's present! - Now presenters, come out and present your invitation card and replies. - Very good. All of you did a good job. - How do you feel about your friends' presentations? Let's reply to them in English on the portal site. - We are going to do role play next time. Have a nice day.	• Present their cards - Present their work - Reply to other groups' presentation using community. - Have a nice day.	10'	Power Point Live Class 커뮤니티-모둠별 발표 듣고 느낀 점 적기

V 맺음말

이 장의 첫 번째 목적은 3학년 학습자를 대상으로 균형적 언어 교수법을 적용한 **웹 기반 초등영어 학습 사이트**를 제시함으로서, 능동적이고 자기 주도적 학습이 가능하도록 하며, 영어 학습을 시작하는 초등학교 3학년 어린이들의 언어 기능을 고루 발달시키고자 하는데 있었다. 이를 위해, 이 장에서는 먼저 균형적 교수법을 적용한 읽기 이론과 웹 기반 영어교육에 대한 이론을 구체적으로 살펴보았다. 다음으로는 현재 초등학생을 대상으로 운영되어지고 있는 초등영어 학습 사이트들을 분석하기 위한 평가 기준표를 도출하여 설문지를 통한 평가를 하고, 그에 따른 결과를 분석하였으며, 마지막으로 앞서 고찰한 이론들과 평가 결과를 토대로 균형적 교수법을 적용한 웹 기반 초등영어 읽기 학습 모형을 제시하였다.

이 장에서 제시한 **웹 사이트의 구성**을 살펴보면 다음과 같다. 첫째, 본 학습 사이트 모형은 초등학교 3학년 어린이의 컴퓨터 사용 능력과 학습 수준을 충분히 고려하였다. 어린이가 혼자서도 이용할 수 있도록, 웹 사이트의 메뉴 구성과 웹 사이트 내에서 이동이 편리하도록 구성하였으며, 교과서에서 다룬 주제들을 다루고, 어휘의 난이도를 어린이의 수준에 맞추었다. 이러한 특징들로 어린이가 웹을 통하여 능동적이고 자기주도적인 영어 학습이 가능하도록 하였다. 둘째, 말하기 · 듣기 · 읽기 · 쓰기의 균형적인 언어 학습이 가능하도록, Phonics 학습을 구성하고, 수준별 동화 읽기를 제시하여 어린이가 읽기를 단계적으로 발달시킬 수 있도록 하였다. 또한 알파벳 따라 그리기 기능을 통해 영어 학습 초기 단계에서 알파벳을 그려보도록 설계하였다. 본 학습 사이트의 Phonics 학습과, 동화 내용을 들으면서 읽기가 가능하도록 하여, 소리와 철자와의 관계를 영어 학습 초기부터 발달시키고자 하였다. 셋째, ChatRoom과 Q&A 게시판, e-mail 기능을 통해 학습자가 관리자와의 상호작용을 통해 학습의 효율을 높이고자 하였다. Q&A게시판을 통해 한 주의 학습 분량을 제시하고, ChatRoom에서 만날 시간을 공지하였다. 또한 ChatRoom에서의 채팅을 통해 어린이의 학습 진행 상황을 파악하고, 격려하며, 학습에 대한 질문 사항을 받아 학습자에게 즉각적인 피드백이 가능하도록 하였다. 또한 e-mail 기능을 통해 언제든지 질문을 할 수 있도록 하여, 학습자의 영어 실력 향상에 도움을 주고자 하였다.

이 장의 두 번째 목적은 현행 초등학교 영어교과 과정에서의 영어 쓰기 지도에 대한 소홀함과 이에 따른 어린이들의 쓰기 능력 부진과 쓰기에 대한 거부감을 해소하기 위해 영어 쓰기 웹 사이트의 모형을 구현하는데 있었다. 이에 필자는 초등학교 영어 교과를 기반으로 하여, 어린이들의 요구와 전문가들의 의견을 수렴해서, 영어교과서 쓰기 내용을 보충. 심화 학습 할 수 있는 영어 쓰기 웹 사이트를 구현해 보았다. 필자가 제시한 웹 사이트 모델을 통한 영어 쓰기 학습은 어린이들의 영어 능력의 향상과 자기 주도적 학습 습관

등 태도 개선에 효과적인 학습 방안이 되리라 판단된다. 아울러 보다 많은 관심과 연구를 통하여 웹 사이트를 활용한 다양한 교육 프로그램의 개발을 기대해 본다.

이 장의 세 번째 목적은 세계적으로 유비쿼터스 환경이 보편화되어 가고 있으며 이에 따라 u-러닝 환경에서의 교육 환경에 대한 연구가 활발히 진행되고 있다. 이러한 시대적 요구에 의해 u-러닝 환경에서 영어 문자지도를 할 수 있는 모형에 대해 논의를 해 보았다. u-러닝 교수학습활동의 상호작용을 중심으로 증강현실 기반의 상황학습의 상호작용 모형과 유비쿼터스 관찰학습의 상호작용 모델의 두 가지 모형과 이에 따른 교수·학습 과정안을 제시하였다. 이러한 u-러닝 컴퓨팅 환경에서 학습한 어린이들의 학습 흥미도는 일반 환경에서 학습한 어린이들의 학습 흥미도에 비해 크게 향상되었으며 학업성취도도 높게 나타났다. 또한 학부모의 학교 교육에 대한 기대가 높아지고 학교 교육에 대한 신뢰와 협조가 향상되었다. 아울러 u-러닝 특성을 활용한 u-class의 학급관리가 새로운 학교 문화, 학급 문화 및 학습 문화를 창조하였다.

균형적 언어 교수법을 적용한 웹 기반 초등영어 읽기 학습, 쓰기 학습, u-러닝 학습이 제대로 이루어지기 위해서는 앞으로 이에 관련한 많은 연구들이 필요할 것으로 생각되며, 이러한 읽기 및 쓰기의 문자지도 교육의 실효성을 증대시키기 위한 과제로서 필자는 다음과 같은 제언을 하고자 한다.

첫째, 말하기, 듣기, 읽기, 쓰기를 고루 발달시킬 수 있는 초등영어 학습 사이트에 대한 연구가 필요하다. 현재 다양한 초등영어 학습 사이트는 존재하지만 대부분의 사이트가 한 언어 기능이나 두 언어 기능에만 초점을 두고 있다. 균형적인 언어실력을 향상시키기 위해서 초등학생 학습자를 위한 좀 더 체계적인 학습 사이트가 요구된다.

둘째, 초등학생 학습자들이 자발적이고 능동적인 학습을 위해 수준에 맞고, 학습 사이트의 이용이 쉽도록 구성해야 한다. 대부분의 초등영어 학습 사이트는 학습 내용의 수준이 높고, 또한, 선생님이나 부모의 도움이 있어야 학습 내용을 이용할 수 있도록 되어 있다. 초등학생이 쉽게 이용할 수 있는 학습 사이트는 거의 없는 실정이다. 초등학생 학습자를 위한 학습 내용 수준과 구성을 갖춘 학습 사이트에 대한 연구가 필요하다.

셋째, 필자가 웹 기반 영어 교육에 관한 이론과 균형적 언어 교수법에 관한 이론을 참고하여 제작한 학습 사이트는 학습 내용의 양이 제한적일 수 있다. 웹 기반 교육의 필요성에 대한 요구가 날로 높아지고, 균형적 언어 교수법을 적용한 읽기 교수의 필요성을 인식하고 학습자, 교사의 요구를 반영한 다양한 학습 내용과 효과적인 학습 활동 모형들에 관한 후속 연구가 이어지길 바란다.

넷째, 현행 초등학교 영어 교과 교육 과정에서 주어진 영어 수업 시간만으로는 쓰기 학습을 충분히 하기에 부족하다고 생각된다. 게다가 말하기 듣기는 초등 3학년에 도입되는 것에 반해, 쓰기 영역은 초등 5학년이 돼서야 도입되는 것은 쓰기 학습 시간의 부족을 더 가중시킨다. 이로 말미암아 어린이들은 영어 쓰기 능력이 다른 영역보다 뒤떨어져 있으며 영어 쓰기가 어렵고 힘들다고 느끼게 하는 등 부작용이 있다. 때문에 본인은 영어 쓰기의 좀 더 빠른 도입이 필요하며, 읽고 쓰기도 말하기 듣기 영역과 함께 처음부터 병행 지도함이 필요하다고 제안한다.

다섯째, 쓰기 영역 뿐 아니라 타 영역에서도 교과서와 연계된 다양한 컨텐츠를 활용한 영어 학습 사이트가 필요하다. 대부분의 영어 학습 사이트에서의 학습 내용은 어린이들에게 유익하다 할지라도 학교 영어 교과서와 별개의 것이기 쉽다. 때문에 요즘처럼 바쁜 어린이들은 사이트를 이용한 학습에 대해 필요성을 못 느끼고 있다. 교과서와 연계한 학습 사이트에서 어린이들에게 효율적인 학습을 하게하고 이에 대해 교사가 적절한 피드백을 준다면 어린이들의 영어 능력은 훨씬 향상될 수 있다고 생각된다.

여섯째, 수업에 활용할 수 있는 효율적인 웹 사이트의 정보에 대한 교사들 간의 공유가 필요하다고 생각된다. 매년 가르치는 학년이 달라지는데 그때 마다 각각의 교사들이 각자에 필요한 웹 사이트 정보를 찾아야 한다면 번거로울 것이다. 질적인 수업을 위하여 모든 교사들이 정보를 공유하고 효율적으로 정보를 이용하기 위하여 많은 홍보가 필요하다고 생각된다.

일곱째, u-러닝을 적용하기 위해서는 학교 환경을 유비쿼터스 컴퓨팅 환경으로 구축하는 방안이 선행되어야 한다. 또한 이러한 유비쿼터스 컴퓨팅 환경 구축을 위해 많은 예산이 투입되므로 u-러닝이 학교 교육에서 높은 성과를 얻어내기 위한 노력이 필요하다.

여덟째, 기존의 수업과 다른 첨단 IT 기술을 활용하는 교수·학습 방법이 학교 교육에 뿌리를 내리기 위해서 u-러닝 수업방법 개선 연구가 꾸준히 이루어져야 한다. 또한 u-러닝이 적용되기 위해서는 u-class 시스템이 학년에 1개 학급 이상 구축하는 것을 시작으로 그 범위가 점차 확대되는 것이 효율적이라 본다.

마지막으로, 학교뿐만 아니라 가정과 사회 곳곳에 u-러닝을 할 수 있는 시설들이 갖추어져야한다. '언제 어느 곳에서든지'라는 뜻은 중요한 u-러닝의 구성요소이다. 하지만 현장 체험 장소에 AP(access point)시설들이 제대로 갖추어진 곳이 많지 않아서. 아직까지는 학습 목표 도달을 위해 현장 체험 장소를 선정하기 보다는 u-러닝을 하기 위하여 AP시설이 갖추어진 곳을 기준으로 장소를 정하는 경우가 많다. 따라서 u-러닝을 하기 위한 AP 시설의 구축, TPC 및 u-러닝 인식을 확대시키기 위한 지원이 필요하다.

참고문헌

강영은. (2001). 초등영어 쓰기 학습 방법에 관한 연구. 초등영어교육, 7(2).

고은영. (2006). 유비쿼터스 환경에서의 교육의 실태 분석, 석사학위논문, 중앙대 교육대학원, 서울.

김광민. (1999). 영어교육용 CALL Software의 평가 점검 모형 연구. 박사학위논문. 중앙대학교.

김정렬. (2000). 웹기반 초등영어 교육용 컨텐츠 개발과 이용 방안. 학위논문. 한국교원대학교.

김종한. (2001). 게임과 놀이를 통한 초등학교 영어 쓰기 지도에 관한 연구. 석사학위논문. 한국교원대학교.

김재혁. (1999). 초등영어교육론. 이홍수 (편), 호남영어교육학회.

김혜영. (2000). 초등영어 입문기 쓰기 지도에 관한 연구. 석사학위논문. 한국교원대학교.

김혜은. (2004). 음철법과 영어 동화 읽기를 활용한 초등학교 영어 읽기 수업 모형 개발과 그 효과. 석사학위논문. 중앙대학교.

노무라총합연구소. (2002). Ubiquitous network to shinshakai system. 박우경, 김의(역) (2003) 유비쿼터스 네트워크와 신사회 시스템. 서울: 전자신문사.

부원중학교. (2005). 학습자와 동행하는 u-러닝 교실 구현.

배두본. (1997). 영어 교육학. 서울: 한신문화사.

서울신학초등학교. (2005). 유비쿼터스 컴퓨팅 기술의 초등학교 적용 효과성 탐색.

안성훈. (2006). u-러닝에 적합한 콘텐츠 개발 방안. 한국컴퓨터교육학회 논문지. 9(6), 53-64.

안주현. (2005). 균형적 언어 교수법을 적용한 초등학교 읽기 지도의 효과 연구. 석사학위논문. 중앙대학교.

양영선, 조은순. (1998). 원격 교육의 이해와 적용. 서울: 예지각.

오정인. (2001). 심화,보충형 수준별 학습 활동을 통한 초등학교 영어 쓰기 지도에 관한 연구. 석사학위논문. 한국교원대학교.

원은석. (2006). u-러닝 환경에서의 학습콘텐츠 제작기반 영어 읽기 수업모형 연구. *U-Childhood English Education. 3*, 63-78.

윤안나. (2006). ICT 활용 영어교육과 유비쿼터스 시대의 미래 영어 교육, 석사학위논문, 경원대 교육대학원.

이수화. (2004). 효과적인 초등학교 영어 읽기 교육을 위한 균형적 읽기 교수 적용 방안. 석사학위논문. 중앙대학교.

이영민. (2005). 타블렛 컴퓨터를 활용한 모바일 학습사례 분석. 한국컴퓨터교육학회 논문지. 8(1), 25-32.

이재원, 나은구, 송길주. (2006). 휴대폰을 이용한 공교육 u-러닝의 기술 성숙도 분석. *IE Interface*. 19(4), 306-315.

이정공. (1999). 영어 교수-학습도구로서의 인터넷 활용연구. 석사학위논문. 한국외국어 대학교.

이정은. (2002). 균형적 읽기 교수를 통한 초등학교 영어 읽기 지도 방안 연구. 석사학위논문. 한국교원대학교.

정동빈. (1985). 한국 어린이의 영어/한국어 통사 이해 연구 . 영어교육. 29(1), 409-430 .

정동빈. (1987). 외국어학습과 습득모형 . 영어교육. 33(1), 25-45.

정동빈. (1988). 한국대학생의 영어와 한국어 발화 변속에 따른 청각이해 효과 . 영어교육. 35(1), 149-178.

정동빈. (1990). 이중 언어 한국어린이와 미국어린이의 화용론적 입장에서 본 영어습득. 응용언어학. 3(1), 109-137.

정동빈. (1991). 청각이해도 실험 연구에 관한 문헌적 고찰. 응용언어학. 4(1), 139-154.

정동빈. (1992). 어린이의 화용 발달지도 방안에 관한 연구 . 응용언어학. 5(1), 165-184

정동빈. (1996). 한국의 응용언어학 연구의 회고와 전망. 응용언어학. 9(1), 5-16.

정동빈. (1998). 한국응용언어학회의 20년-회고와 전망. 응용언어학. 14(1) 377- 416

정동빈. (1996-2007). 웅진 Think-Big 영어/ Kids' story. 서울: 웅진닷컴.

정동빈. (1997-2006). 교육부 검인정 초등영어 3-6학년 교과서, 지도서 서울: 웅진닷컴.

정동빈. (2003). 웹기반 초등영어 교과서 개발 모형. 한국현대영어영문학회, 48(1),171-195.

정동빈외. (1997). 어린이 영어교육론. 서울: 홍익미디어.

정재욱. (2005). 웹 기반 쓰기 지도 모형 연구. 석사학위논문. 중앙대 교육대학원.

조경숙. (2000). 초등영어 읽기교육방안. 영어교육연구, 7(2), 153-171.

조세경. (1999). 영어교육에서의 인터넷의 활용 방안. 영어평가 및 멀티미디어 교육론. 서울: 한국문화사.

조 숙. (2005). 웹기반 초등영어 쓰기 지도 모형, 석사학위논문, 중앙대 학교교육대학원.

주길홍. (2005). 유비쿼터스 학습(u-Learning)을 위한 미디에이터 기반의 분산정보 활용방법. 한국정보교육학회. 9(1), 79-87.

충남입장초등학교. (2007). 창의적인 학생 육성을 위한 u-러닝 탐구 학습 모델 개발· 적용.

최정민. (2005). 유비쿼터스 환경에서의 모바일 디바이스에 관한 연구. 기초조형학연구. 6(4), 487-496.

하원규, 김동환, 최남희. (2003). 유비쿼터스 IT혁명과 제3공간. 서울: 전자신문사.

한국교육학술정보원. (2005). u 러닝 시작하기 교육자료. 한국교육학술정보원, TM 2005-14.

한국교육학술정보원. (2005). 미래교육을 위한 u-러닝 교수· 학습 모델 개발 교육자료, 한국교육학술정보원 CR2005-12.

Adams, M. (1990). *Beginning to Read : Thinking and Learning about Print.* MA: MIT Press.

Brown, H. D. (1994). *Teaching by Principles: An Interactive Approach to Language Pedagogy.* NJ: Prentice Hall Regents.

Foorman, B. (1997). Research on the great debate over whole language approaches to reading instruction. *School Psychology Review.6, 24-35*

Honig, B. (1996). *Teaching our Children to Read : The Role of Skills in a Comprehensive Reading Program.* Thousand Oaks. CA: Corwin Press, Inc.

Piaget, J. (1950). *The Psychology of Intelligence.* London: Routodge & Kegan.

Paulston, C. (1972). Teaching Writing in the TESOL Classroom: *Techniques of Controlled Composition, TESOL Quarterly,* 6(1), 33-60.

Rivers, W. M. (1981). *Teaching Language Skills.* Chicago: The University of Chicago Press.

Scott, W. A. & Ytreberg, L.H. (1990). *Teaching English to Children.* London: Longman.

Singhal, M. (1997). *The Internet and Foreign Language Education*: Benefits and challenges. The Internet TESL Journal, 3(6). : http://iteslj.org/Articles/Singhal- Internet.html.

Tompkins, G. & Hoskisson, K. (1995). *Language Arts: Content and Teaching Strategies.* NJ: Prentice-Hall.

Vygotsky, L. S. (1987). The development of scientific concepts in childhood. In R. F. Rieber & A. S. Carton (Eds.), *The Collected Works of L. S. Vygotsky* (N. Mnick, Trans.)(Vol 1, pp. 167-241). NY: Plenum.

보고서

한국교육학술정보원. (2005). u 러닝 시작하기 교육자료. 한국교육학술정보원, TM 2005-14.

서울신학초등학교. (2005). 유비쿼터스 컴퓨팅 기술의 초등학교 적용 효과성 탐색.

충남입장초등학교. (2007). 창의적인 학생 육성을 위한 u-러닝 탐구 학습 모델 개발 · 적용.

부원중학교. (2005). 학습자와 동행하는 u-러닝 교실 구현.

한국교육학술정보원. (2005). 미래교육을 위한 u-러닝 교수 · 학습 모델 개발 교육자료, 한국교육학술정보원 CR2005-12.

제 3장

어린이 문학활용 읽기지도

English Literacy Teaching

for Primary School Students

I 머리말

문학 작품 읽기는 감상, 즐거움, 그리고 독자의 반응에 초점을 두고 있다. 이 장에서는 민화, 신화, 우화, 시, 연극, 소설 등의 이해와 감상의 폭을 넓히는 것에 대한 내용을 다루고자한다. 또한 어린이들이 문학 작품을 자발적으로 읽는 독자가 되도록 발전시키는 방법을 제안한다. 어린이 문학은 어린이들에게 가장 다양하고 풍부한 간접 체험의 기회를 제공해 주기 때문에 그들의 어린이의 세계관 형성에 많은 영향을 끼친다. 어린이들은 이 세상에 태어나는 순간부터 자장가, 동요, 동시, 구전, 동화, 만화 영화 등의 다양한 문학적 경험을 하면서 자란난다. 그렇기 때문에 이미 어린이들에게 익숙한 문학적 체험을 사용하여 영어를 소개할 수 있다면 학습과 지식의 습득 효과가 높아지기 때문에 영어 학습에 긍정적인 영향을 미치게 될 것이다. 문학 작품의 유형을 Gunning(2005)은 전래동화, 시, 챕터북과 소설, 드라마, 그리고 비소설류로 나누고 있다. 이 장에서는 초등학생을 대상으로 여러 가지 문학 작품 유형 중에서 전래동화를 활용하여 온라인 문학 서클[1])을 활용한 전래동화 읽기 지도 방안을 제시하고자 한다.

어린이 문학을 활용한 초등영어 교육은 흥미로운 이야기를 소재로 사용하기 때문에 영어에 대한 어린이들의 학습 흥미와 관심을 높여 영어에 대한 두려움을 줄 일 수 있다. 또한 어린이 문학은 영어를 친숙하고 자신감 있게 사용하는데 많은 긍정적 영향을 미친다. 그리하여 자발적으로 영어 이야기책에 관심을 가지게 되고 스스로 찾아서 읽을 수 있는 자극이 될 수도 있는데 이때 어린이들은 자발적으로 읽음으로써, 학교 수업만으로는 부족한 수준별, 개인별 학습을 지속 할 수 있는 밑거름이 될 수 있다(방경아, 2005).

이 장에서는 다양한 문학 작품 유형을 살펴본 후, 어린이 문학 작품 지도 유형을 살펴보면서 문학 작품을 읽은 후의 독자들의 반응을 끌어내는 활동들을 자세히 알아 볼 것이다. 어린이들이 작품에 대한 반응을 동료들과 유의미한 의사소통을 함으로써 내용을 보다 심도 있게 이해하여, 작품에 대한 흥미가 증진된다는 점에서 착안하여 문학 서클에서 어떤 활동을 하는지 고찰하고 온라인 문학 서클 활동지도 모형을 제안하고자 한다.

---

1) 문학 서클(literature circle) : 문학 작품에 대하여 토론하고 탐구하는 협동학습 방법이며, 5~6명의 구성원들이 같은 책을 읽고 그 내용에 대하여 역할을 분담하여 토론을 하는 활동이다(Gunning, 2005). 본 연구에서는 literature circle을 문학 서클이라는 용어로 사용한다.

Ⅱ 어린이 문학과 전래동화

1. 어린이 문학의 의미

어린이 문학이란 어린이를 대상으로 그들의 교육과 정서를 위하여 창작한 문학으로서 동시, 동요, 동화, 어린이 극본, 소년 소녀 소설 등이 있다 (네이버 백과사전, URL: http://dic.search.naver.com/search.naver?where=dic&sm=tab_jum&query=%uC544%uB3D9%uBB38%uD559 2007. 6.24. 검색어: 아동문학).

어린이 문학은 일차적으로 '어린이를 대상으로 한 어린이를 위한 문학', '동심의 문학으로 어린이 시대의 세계를 그리워하는 모든 사람이 함께 읽을 수 있는 마음의 고향과도 같은 문학', 그리고 '동심의 표현으로 어린이의 심리적 인격적 계도에 영향을 주는 문학' 등의 여러 시각따라 그 정의를 내릴 수 있다(임원재, 2000) 어린이 문학은 성인이 어린이들을 대상으로 만든 문학작품이며, 일반적으로 어린이 문학은 사람들이 어린이에게 적합하다고 여기고, 어린이들에 의해 선택되고 읽혀지는 책들을 말한다. 따라서 어린이 문학은 어른이 어린이를 대상으로 창조한 문학의 총칭이라 할 수 있으며, 어린이의 흥미와 관심을 불러일으키고, 감동을 유발하며 높은 교육성을 지닌다.

어린이 문학 기반 영어수업에 활용되는 어린이 문학 작품은 어린이 문학의 특징들이 충분히 반영된 것이어야 한다. 문학 작품은 여러 가지 문학적 요소들을 포함하고 있는데, 문학적 요소는 문학의 특정한 장르 속에 공통된 성분이거나 또는 유사구조를 말한다. 각각의 장르는 장르 특유의 특성과 배경(setting), 등장인물(characters), 구성(plot), 주제(theme), 시점(point of view), 양식(style), 어조(tone) 등의 다양한 문학적 요소들을 포함한다. 배경은 이야기가 발생하는 시간, 장소, 상황을 일컫는다. 이때, 여기서 배경이란 이야기에 있어서 필수적이며 본질적인 경우가 될 수도 있으나, 때때로 이야기에 비해 비교적 덜 중요하거나, 심지어는 불필요한 사건의 배경(background)이 되기도 한다(Lukens, 1995). 등장인물은 존재 요소, 즉 행동을 수반하는 사람이나 생명이 있는 인물을 말한다. 주인공들의 이야기가 진행되는 동안 문제가 원만히 해결 되어가고, 등장인물들이 성장하고 상황에따라 변화하는 것을 종종 라운드(round)라고 부른다. 조연 인물들은 자신이 원하는 대로 제대로 이루지 못하고 독자가 그들을 잘 알지 못하기 때문에 이는, 플랫(flat)이라고 부른다. 구성은 이야기의 개요로서, 등장인물들이 문제를 .해결하거나 목표를 달성하는 과정에서 일어나는 일련의 사건이나 에피소드를 말한다. 구성의 기본 관점은 이야기의 시작, 중간, 결말이다. 주제는 이야기의 핵심을 말한다. 주제는 글로서 진술되어 외연적으로 드러날 수도 있지만, 때로는 이야기 내면에 함축적으로 담겨 있을 수도 있다. 시점은 이야기를 말하는 이야기 작가,

이야기하는 사람, 또는 개인을 의미한다. 크게 1인칭 시점과 3인칭 시점 등으로 구분할 수 있다. 양식은 작가가 사용하는 형식이며, 이야기가 어떻게 말해지는가를 의미한다. 양식은 독특한 방식으로 아이디어를 전달하는 단어의 선택과 용법을 포함하고 있다. Lukens(1995)는 수사적이고 비유적인 언어(의인화, 직유, 은유, 과장, 삼가는 표현, 암시, 상징, 말장난, 재담)와 소리의 기교(의성어, 의태어, 두운법, 운율)의 예를 제시하고 있다. 어조는 작가가 주제 그리고 독자에 대해서 가지는 태도나 입장을 말한다. 이것은 단어의 선택과 용법에 관련이 있다. 어조는 이야기 내에서 변화하거나 전체적으로 일관성을 견지할 수 있다.

2. 어린이 문학의 활용

영어 교육에 있어서 문학작품을 활용하는 것은 아이들로 하여금 문학 자체의 내용에 대한 흥미를 유발시킴으로써, 문학에 대한 이해와 영어에 대한 이해를 더 깊게 할 수 있다.

어린이들은 이야기에 대한 변함없는 관심과 욕구를 가지고 있기 때문에, 어린이들은 올바른 시기에 어린이들의 발달 수준에 적합한 이야기를 듣고 읽기를 좋아한다. 또한, 어린이들은 이야기 속에서 의미를 발견하려고 하기 때문에 자기 나름의 목적을 가지고 이야기를 듣는다. 만약 그들이 이야기의 의미를 발견한다면, 그들의 이해할 수 있는 능력을 통해 즐거운 보상을 받게 되며, 이를 통해 더욱더 이해하는 능력을 신장시키려고 노력하게 된다. 이러한 욕구는 외국어 학습에 있어서 어린이들에게 내적 관심과 동기를 불러일으킨다 (Wright, 2004). 어린이들은 양분적 구조(binary structuring)와 환상(fantasy) 등의 특징들을 포함하고 있는 어린이 문학을 좋아한다. 어린이 문학은 남성과 여성, 공과 사, 능동과 수동, 지배와 구속, 선과 악 등의 양분법의 구조를 가지며, 어린이들의 일상생활과 다른 옷 입은 토끼, 말하는 동물들, 날아다니는 집 등의 환상을 담고 있다. 이러한 특징들은 언어발달의 직접적인 결과이며, 전통적인 구두언어의 사회와 현대의 문해적 문화에서 일상적으로 일어나는 어린이들의 담화 속에서 발견된다.

외국어에서 어린이 문학의 가치는 외국어 교육상황에 따라 차이가 있다. 영어를 외국어로 배우는 상황에서 영어로 재구성된 어린이 문학은 주로 어린이들의 영어에 대한 흥미와 관심을 높이고 언어 사용 기능의 신장을 위해 도입되며, 읽기 능력의 개발이라는 궁극적인 목표를 달성하기 위한 한 가지 방법으로 활용된다.

어린이 문학을 활용한 수업을 하고자 할 때는 학생들이 등장인물 및 작가와 상호 작용하고, 이야기를 더 잘 이해하며, 감상하고 즐길 수 있는 능력을 개발하는데 초점을 두어야 한다. 문학적 요소와 관련하여 볼 때, 영어를 외국어로 학습하는 상황에서 이러한 문학적 요소들을 이용하여 초등학교 어린이들의 영어능력 수준에 맞게 문학작품을 재구성할 때, 이용 가능한 주된 문학적 요소들은 등장인물, 구성 등이 될 수 있다. 그러나 어린이 문학작품을 통해 어린이들이 재미와 교훈을 얻을 수 있도록 원문의 내용을 최대한 살려 학습자료를 개발할 수도 있다. 어린이 문학은 읽기 습득 및 훌륭한 언어 자료가 돼야하며 독자의 수준과 연령 등에도 적합해야 한다.

문학은 어린이들에게 동기를 부여하는 자료이며, 언어 습득을 장려하고, 어린이들의 언어적 지각을 확장시키며, 해석의 능력을 개발시키고, 전인적 교육을 하는데 필요하다(Lazar, 2001). Carter와 Long(1991)은 **언어수업에서 문학을 도입해야 할 필요성**에 근거하여 문학을 배우는 어린이들을 위한 일련의 특정한 학습목표들을 고려하여 언어모형과 문화모형, 개인성장모형 등을 제시하였다.

언어모형(language model)에 있어서 문학지도의 가치는 언어 발달 촉진에 있으며 문학적 매개체로서의 언어에 강조를 둔다. 문학은 언어로 만들어진 것이므로, 어린이들이 체계적으로 문학 작품을 접하게 되면 그들은 문학적 능력을 기를 수 있다. 문학은 특정한 어휘나 구조 또는 언어조작을 가르치는데 활용될 수 있으며, 어린이들이 미묘하고 다양한 창조적인 언어표현을 경험하게 해 준다.

문화모형(cultural model)에 있어서 문학지도의 가치는 한 문화 내에서의 가장 훌륭한 것으로 여겨져 온 축적된 지혜의 보전에 있다.

개인 성장모형(personal growth model)은 언어모형과 문화모형 사이의 연결을 모색하는데 도움을 준다. 이 모형에서는 학생들이 지속적으로 문학 텍스트 읽기를 할 수 있도록 도와주는 것이 중요하다. 문학지도의 성공여부는 어린이들이 문학에 대한 즐거움과 사랑을 적어도 그들의 삶을 통해 문학 작품을 지속적으로 접하는가에 있다.

3. 어린이 문학 선정 기준

자료를 선택하는데 있어서 궁극적으로는 선택자의 생각과 판단이 필연적으로 개입될 수 밖에 없으나 이러한 주관적인 판단을 받쳐줄 객관적인 기준이 필요하다. 우선 **이야기책의 선정 기준**을 논하기에 앞서 일반적인 언어자료의 선정 기준에 대하여 배두본(1999)이 제시한 기준을 살펴보자. 첫째, 읽기 자료는 학습자에게 지적 충동을 주어 지력의 발달을 도모할 수 있는 것이어야 한다. 둘째, 영어 교재의 자료는 학습자들이 흥미를 느낄 수 있어야 한다. 셋째, 읽기 자료는 학습자와 관련성이 넓은 것이라야 한다. 넷째, 읽기 자료는 분명하고 명확해야 한다. 다섯째, 읽기 자료는 실제적인 것이어야 한다. 여섯째, 읽기 자료는 학습자의 의사소통을 발전하는데 기여하여야 한다. 일곱째, 실용적이고 사용하기에 효율적인 읽기 자료이어야 한다. 이러한 어린이의 문학 선정의 기준을 참고하여 어린이들에게 적절한 작품을 선정하는 것이 중요하다.

어린이 문학작품들이 번역이나 해외에서의 수입을 통해 해마다 쏟아져 나오고 있다. 친근한 전래동화, 신화 등 전통문학에서 환상동화, 사실주의 동화, 창작동화의 현대문학, 종교

서적, 정보책자와 최근의 동시에 이르기까지 다양한 내용과 형식의 작품을 볼 수 있다. 이 중 영어수업을 위한 작품 선정은 결코 간단한 일이 아니다. 일반적으로 어린이의 발달단계나 외국어 학습수준이 선정 기준이 되나 어린이 개개인의 특성이 다르고 모국어로 쓰인 아동문학과는 달리 어린이의 인지능력과 영어독해능력에 따라 큰 차이를 보이기 때문이다.

Ellis와 Brewster(1991) Carter와 Long(1991), Wright(2004), Lazer(2001) 등 문학을 통한 언어교육에 관심을 기울여 온 연구자들은 어린이들을 위한 문학작품을 선정할 때 고려해야 할 요인들을 다양하게 제시하고 있는데, 한상택(2001)은 이상의 여러 학자들과 연구자들의 문학 선정 기준을 종합하여 언어의 난이도와 텍스트 길이, 읽기 수준, 영어 숙련도, 어린이들의 나이, 문학적 소양, 지적 성숙도, 문화적 배경 등을 영어교육을 위한 문학 선정의 기준안으로 제시하였다. 이에 김영미(2001)는 초등학생을 대상으로 한 동화책을 선정하는 기준으로 학습자의 흥미도와 언어능력을 중점으로 다음과 같이 설명하고 있다. 먼저 학습자의 흥미와 관련하여서는 어린이들이 이해할 수 있는 이야기, 어린이들의 주의집중 시간을 고려, 어린이의 흥미뿐만 아니라 교사 자신도 좋아하는 책, 시각적 즐거움과 내용이해에 도움을 주는 삽화가 포함되어야 한다고 했다. 또한 학습자의 언어수준을 고려하여 동화의 내용이 어린이들의 개인 생활과 관련된 약간 높은 수준의 이야기, 줄거리와 등장인물들의 관계가 단순하여 반복적인 언어패턴이 있는 것이 바람직하다고 하였다. McDonough와 Shaw(2003)는 어린이 문학의 선정기준 가운데 어린이 문학 작품 요소로서 주제의 적합성, 친숙성, 주제와 교육과정 간의 적합성, 문화적 적절성 등의 외적 기준과 작품의 연대와 주제, 문학적 복잡성, 사용언어의 난이도, 길이의 적절성, 이해 용이성, 개작 가능성 등의 내적 기준을 제시하였다.

여러 학자들이 제시한 **어린이문학의 선정기준**은 다음과 같이 요약할 수 있다.

첫째, 연령, 발달단계, 주의 집중 시간, 흥미, 언어수준, 성격, 문화 등 학습자 수준을 고려한다. 둘째, 운율(rhyme), 리듬(rhythm)이 맞춰져 있고 문장 속에서 자주 반복되는 어휘와 문장이 있는가를 살펴본다. 셋째, 학습자들의 흥미를 이끌 수 있는 상상력이 풍부한 이야기와 그림으로 구성되어 있는가를 살펴본다. 넷째, 교사 수준을 고려하여 교사 자신에게도 흥미 있는 책을 선택한다.

이 외에도 1922년에 제정된 The John Newbery Medal, 1938년에 제정된 가장 뛰어난 일러스트레이터에게 주는 The Caldecott Medal, 1956년에 제정된 The Hans Christian Andersen Medal, The Kate Greenaway Medal 등과 같이 국제적으로 권위있는 수상작을 활용하여 다양한 작품들을 경험하게 하는 것도 하나의 선정 기준이 될 수 있을 것이다.

4. 구성주의와 학습자 중심 영어교육

1) 구성주의 이론

구성주의는 지식을 고정되어 있고 확인 될 수 있는 절대성을 갖는 실체로 간주하는 객관주의에 대한 반동으로 나타난 새로운 교육 패러다임이다. 구성주의에서는 지식을 이미 존재하고 있는 것의 객관적인 실체라기보다는 오히려 어떤 상황 안에서 개인의 경험이나 행동과 밀접한 관련이 있는 상대적 객체로 인식한다. 객관주의와의 지식에 대한 인식의 차이는 서로 다른 교육목적을 갖게 하는데 객관주의는 절대적 진리추구를, 구성주의는 상황과 환경의 맥락에 맞는 적합성과 타당성의 획득을 교육의 최종 목적으로 한다.

구성주의는 객관주의와 현실을 바라보는 시각 또한 달리한다. 객관주의는 지식의 특성을 범우주적이고 절대적이며 초 역사적, 초 공간적으로 인식하여 현실을 규칙과 방법으로 규명될 수 있고 통제와 예견이 가능한 실체로 간주한다. 반면에 구성주의는 지식을 사회적, 상황적, 문화적, 역사적 맥락을 갖는 상대적 실체로 간주하여 현실을 불확실성, 복잡성, 독특성, 가치간의 충돌이 상존하는 것으로 인식한다. 구성주의의 이러한 현실에 대한 이해는 단순화 되고 정형화된 지식의 습득보다는 계속적으로 외부 상황에 적응할 수 있는 내적 기준의 형성을 필요로 한다.

구성주의의 시각은 자기 스스로의 이론적 토대로부터 고정화하기를 원하지 않기 때문에 '구성주의 이론'이라는 이름의 정립된 이론은 있을 수 없다. 그럼에도 불구하고 구성주의를 형성하는 근본적인 두 축으로 Piaget(1950)와 Vygotsky(1987)의 이론을 제시하는 데는 이견이 없다. 이들은 지식 구성에 있어서 개인의 심리적인 인식과정에 대한 개인적인 측면, 사회적인 측면 중 어느 한쪽을 강조하는냐에 대해 조금씩 관점을 달리한다. 특히 학습에 있어 Piaget는 개인적 인지과정을 강조하였고, Vygotsky(1987)는 사회적 상호작용의 영향을 강조하였다. 이 두 관점 가운데 전자에 초점을 맞추면서 이를 집중적으로 연구하는 경향을 인지적 구성주의(cognitive constructivism)라 하고, 후자에 초점을 맞추고 이를 집중적으로 연구하는 경향을 사회적 구성주의(social constructivism)라 한다. 그리고 Piaget(1950)의 인식론적 뿌리에다 생물학적, 신경 생리학적 관점을 바탕으로 인지적 유기체의 정보적인 폐쇠성, 즉 인간의 경험을 통한 인지방식에의 접근을 급진적 구성주의(racial constructivism)라고 하는데 넓게 사회적 구성주의로 이해되기도 한다.

구성주의를 대표하는 이 두가지 이론을 김정렬은 영어 교육적 측면에서 다음과 같이 설명하고 있다. '인지적 구성주의'의 Piaget(1950)는 인지 발달에 대한 연구를 통해 '지적 발달은 유전적 요인과 환경적 요인의 교류에 의해 생기는 결과'라는 '인지적 발달이론'을 도출하게 되었으며, 이는 학생들이 성장하면서 끊임없이 자신의 환경과 교육하는 과정에서 지식이 창조 및 재창조 된다는 것을 의미한다. Piaget(1950)에 의하여 인간에게는 즉시 이해되고 활용할 수 있는 정보가 주어지는 것이 아니라 그들 자신이 지식을 먼저 구성(construct)해야 한다는 것이다. 인간은 경험을 통하여 자신의 지식을 쌓아가고 경험이나, 신념, 가치, 사회 문화적 역사, 또는 기존의 인식들이 인지구조의 한 단위인 인지 도식(schema)를 창출하게 된다. 이러한 도식들은 동화(assimilation)와 조절(accommodation)이라는 적응과정을 통해 변화하고 확장되며 보다 정교해진다는 것이다.

이에 대해 러시아의 Vygotsky(1987)는 Piaget(1950)를 포함한 동시대 대부분의 학자들이 육체와 두뇌의 자연적 발달이 먼저 있고 그것이 나중에 정신적인 학습을 결정하는 것이라고 믿었던 것과는 달리, 대부분의 아동에게는 학습이 먼저 일어나고 그 학습이 아동의 두뇌의 발달을 이끈다고 생각하였다. 그는 인간은 동물과는 달리 자연과 직접 연결되는 것이 아니라 사회적 관계를 통해서 연결되어 있다고 믿었고, 그래서 학습과 같은 사회적 관계가 먼저 오고 두뇌의 발달은 사회적 관계의 심리적인 반영의 결과라고 믿었던 것이다. **근접발달이론(Zone of Proximal Development; ZPD)**은 Vygotsky(1987) 이론의 핵심으로 실제 발달수준과 도달 가능한 잠재적 발달수준이라는 개념인데 영어교육의 자연교수법에서 말하는 영어 입력문의 i+1 입력공식에서 +1은 현재 수준에서 발달 가능한 잠재적 발달영역을 말한다. 실제 발달수준은 학생의 독자적인 문제해결을 측정하는 것에 의지하여 얻어지며 잠재적 발달수준은 성인의 지도 혹은 능력 있는 동료와의 협력으로 인한 문제해결을 통해 밝혀진다. 따라서 근접발달영역에 한정되어 있고 더 나아가 근접발달영역의 완전한 발달은 사회적 교류에 달려있다는 것이다.

2) 구성주의 학습 원리

객관주의적 학습은 어린이들의 흥미나 관심과는 관계없이 외부에 존재하는 지식을 수동적으로 습득하여 축적하는 과정이다. 그러므로 수업의 형태도 정답을 위한 주입식 교육과 반복 암기 훈련이 강조되는 교사 중심 수업일 수 밖에 없다. 구성주의적 관점에서는 '지식'은 개인에 의해 구성되는 것으로서, 개인이 세상의 의미를 만드는 것이지 세상에서 발견되는 것은 아니라고 본다. 따라서 지식은 지식이나 의사소통을 통하여 수동적으로 얻어지는 것이 아니라 사고할 수 있는 주체에 의해 능동적으로 구성되는 것이다.

구성주의에서는 학습자 개인이 환경과의 상호작용을 통해서 구성하는 의미만을 학습의 결과물로 간주하기 때문에 제시된 정보를 그대로 재생하는 것이 학습이 아니며, 개인의 능동적인 조작과정을 통해 주어진 정보를 뛰어 넘어 새로운 의미를 산출해 낸 것만이 곧 지식의 습득이며 학습이 이루어지는 것이다. 이러한 **구성주의 학습의 원리**를 다음과 같이 정리하여 제시할 수 있다.

첫째, 지식은 객체가 아니라 인간의 경험, 지식 구성 과정에 따라 달라질 수 있다는 가정 아래 '주관성'을 중심으로 구성된다. 둘째, 학습은 세계에 대한 개인적인 해석으로 능동적이다. 셋째, 교수는 다른 사람과의 협동 작업을 통해 스스로 경험을 쌓도록 하는 것이다. 넷째, 사물의 의미를 파악하는 학습 과정에서는 학습자가 다양한 관점을 갖도록 노력해야 한다. 다섯째, 탐구자인 학습자에게 구체적인 경험을 제공하여 스스로 자신의 학습경험을 형성할 수 있는 환경을 조성한다.

학습원리 측면에서는 어린이의 발달 수준에 따라 4단계로 나누고 학습은 각 발달 단계에 맞게 해야 한다고 주장한 Piaget(1950)의 학습과는 달리, Vygotsky(1987)는 자연적인 '발달'이나 '우연적 학습'이 아닌 '의도적 학습'의 방향을 제시하였다. Vygotsky(1987)의 '발달가능영역(ZPD)'에 근거를 둔 '인지적 도제(cognitive apprenticeship)'이론이 이를 잘 설명한다. 인지적 도제이론은 크게 두 가지 학습과정이 협력을 이루는데 그 하나는 학습자가 전문가의 현실적 활동을 견습하고 동료들과 협력하고 자신의 학습 결과를 반성해 보는 과정이며, 또 하나는 이를 도와주기 위한 코칭, 실천, 정교화 과정이다. 이는 구성주의 학습이 교사의 시범을 통한 학생과의 상호작용 형태와, 학생들의 소집단 활동을 통한 상호작용 형태를 지지하고 있음을 보여주는데 이러한 구성주의 학습자 중심 어린이 문학교육에 다음과 같은 시사점을 제시한다.

첫째, 수업 과정에 있어서 어린이 문학 텍스트 이해과정에 대한 시범을 교사가 직접 실행하다가 점차 반복되면서 학생들이 어느 정도 수준에 도달하게 되면 소집단 속에서 '협동학습, 동료 코칭' 형태로 수행해 간다. 둘째, 한 가지 어린이 문학 텍스트를 대상으로 하는 수업이 아니라 복수교재를 사용하는 것이다. 모국어나 외국어를 위한 어린이 문학 수업에서 단일 교재만을 사용해 왔는데 문학작품의 활용이 문학작품의 이해 과정과 해석 능력의 향상을 목표로 한다는 것은 이해과정과 해석능력에 대한 전이를 추구한다는 것이므로, 해석 능력의 전이를 높이기 위해서는 복수교재 또는 다수 교재를 생각해 볼 수 있다는 것이다.

3) 학습자 중심 영어교육

(1) 교사 중심 교육과 학습자 중심 교육

학습자 중심 교육(learner-centered education)이란 학습 과정의 중심에 학습자가 위치하는 것으로 이는 학습자가 수동적인 수용자의 위치에서 지식 정보를 전달받는 교사 중심 교육 형태와 대립적인 개념이라 할 수 있다(박미자, 2005).

전통적인 교사 중심 교육은(teacher-centered education) 교사 주도에 의해 모든 교육과정이 학습자를 만나 수업하기 전에 미리 결정되고 일방적으로 지식을 전수하거나 전달하는 입장이다. 이와는 달리 학습자 중심 교육은 교육의 주체가 교사가 아니라 학습자로서, 주체자인 학생들의 정의적 특성이나 교수 활동에 직접 참여할 수 있도록 적용하는 것을 말한다. 즉 학습자들이 가지고 있는 능력이나 수준에 따라 학습목표와 수업 내용이 결정되고 그것이 교육과정에 나타나 있어야 하는 것이다.

권낙원(2000)은 <표 1>과 같이 교사 중심 교육과 학습자 중심 교육을 비교하여 설명하였다.

<표 1> 교사 중심 교육과 학습자 중심 교육

교사 중심 교육	어린 학습자 중심 교육
• 교사 참여가 전체량의 거의 전부를 차지한다. • 교사와 학습자가간의 상호작용이며 그 결과를 무시한다. • 교사는 학습자의 잘못을 교정한다. • 교사는 거의 활동을 결정한다. • 토의는 정해진 교수, 학습내용에 국한한다. • 전통적인 방법의 시험과 성적이 활용된다. • 평가는 교사의 고유활동이다. • 교사는 느낌을 해석하지 않는다.	• 학습주도권이 학습자에게 주어지는 교육이다. • 학습자 상호간의 상호작용이며 그 결과를 중시한다. • 학습자의 자유선택을 강조하는 교육이다. • 학습자를 신뢰하고 존중하는 교육이다. • 학습자 개인의 경험에 대한 토의를 존중한다. • 시험과 성적에 강조를 두지 않는다. • 학습자들도 평가의 책임을 분담한다. • 학습자들과 교사는 자신의 느낌이나 생각을 해석한다.

(2) 어린 학습자 중심 교육과정 및 교수법

어린 학습자 중심 교육의 원리는 교육과정 체계에서부터 교육 목표, 교육 내용의 선정 및 조직, 교수-학습 과정과 평가에 이르기까지 모든 과정에 적용 되는데, 학습자 중심 교육은 Nunan & Lamb(1996)이 언급한데로 학습자와 인식(awareness), 관련(involvement), 참여(intervention), 창조(creation), 초월(transcendence)에 기반을 둔 교육과정이라 할 수 있다. 이 교육과정에서는 첫째, 학습자들은 교육목표와 내용을 인식하고 있다는 것이며, 둘째, 학습자들은 목적과 목표를 선택하는데 참여할 수 있고, 셋째, 학습자들은 학습 프로그램의 목적과 내용을 수정하고 적용하는데 참여하며, 넷째, 학습자들은 그들 자신의 목적과 목표를 창조 할 수 있음은 물론, 다섯째, 학습자들은 교실이라는 공간 제약을 넘어서 교실에서 배우는 내용과 교실 밖 세계를 연관시키는 활동을 하도록 하는 교육과정이라 할 수 있다.

이러한 학습자 중심의 교육과정을 실현하기 위해 **학습자 중심 교육**에서는 어린이들의 적극적인 참여를 중시하는 다음과 같은 교수법들이 사용되고 있다.

①**발견학습**(Discovery Learning): 발견학습이란 어린이들에게 정보를 제공하고 어린이 스스로 선택하여 이해를 높이는데 도움을 주는 전략을 의미한다. 즉 어린이 스스로 과거의 경험이나 실험을 통하여 개념이나 원리를 능동적으로 찾아보게 하는 방법이다. 발견학습을 통해 어린이들의 호기심을 유발할 수 있으며 정확한 답을 찾을 때까지 계속해서 문제를 해결할 수 있도록 동기화시킬 수 있다.

②**협동학습법**(Cooperative Learning): 협동학습이란 단순히 다른 우수한 능력을 가진 어린이들과의 협력(collaboration)만을 의미하지 않고 어린이 스스로 학습목표를 세우고 자신의 목표에 달성하기 위해 학습을 해 나가면서 도움이 필요한 경우에 우수한 동료나 교사에게 요청을 하게 되고 이때 학습과 교사가 주어진 목표를 달성하고자 협동하는 것을 말한다. 즉 협동학습법은 소집단은 소집단끼리 공통적으로 학습목표를 세우고

집단의 구성원이 서로 도와가며 목표를 수행하는 방법이다. 어린이들이 문제를 해결할 때 혼자 보다는 여러 사람이 서로 협동하여 대화하고 토의하면 해결책을 쉽게 발견하여 문제를 더 잘 해결하거나 어려운 개념도 쉽게 이해할 수 있다.

③**문제 중심 학습(Problem-Based Learning)**: 문제 중심 학습은 문제를 초점으로 하여 내용, 기능, 자기 주도적 발달을 도모하려는 교수 전략이다(Eggen, Kauchhak, 2001). John Dewey가 처음으로 학습자의 호기심을 수업의 출발점으로 활영하려는 아이디어를 제시하였고, 최근에는 많은 학자들과 교육학자들이 문제 중심의 학습을 통하여 자기주도적 학습기능을 개발하는 동시에 문제 해결 기능을 습득할 수 있다고 주장한다.

④**토의법(Group Discussion)**: 토의법은 사고 능력을 함양하고 태도와 신념을 형성하며 대인 관계 기능을 발달시키기 위한 전략이다(Oser, 1986). 이러한 토의법의 목적은 구체적으로 타인의 말을 제대로 듣기, 다른 관점에 대해 인정하기, 민주적 절차, 타인의 이해, 태도, 가치에 대해 비판적으로 검토하는데 있다.

⑤**발표식 수업(Class Presentation)**: 발표식 수업은 어린이들이 소집단을 만들어 수업시간에 공부할 내용을 자료를 수집하고 준비하여 발표하면서 진행되는 수업이다. 즉 즉흥적이고 순간적인 질문, 대답 등을 발표하는 것이 아니라 어린이들이 사전에 발표할 내용을 미리 준비하여 발표할 계획이 되어 있는 수업이다. 최소한 강의식이나 설명식 수업에 비해 학생의 활동이 많은 수업이고 수업 중 계획된 어린이를 전제로 한 수업이다.

⑥**자기 주도적 학습 능력(SDLA: Self-Directed Learning Ability)**: 자기 주도적 학습에 대해 권낙원(1993)은 '학습자의 동료나 교사의 도움을 최소화 해 가면서 학습자 자신이 학습의 주도권을 갖고 학습 목표와 내용을 설정하고 학습자 자신에게 맞는 학습 방법을 찾아 이를 활용해 가면서 학습의 결과에 대해 학습자 스스로가 평가하는 학습형태'라고 정의하였다. 자기 주도적 학습은 학습자가 학습하는 방법을 배워 나갈 수 있으며 창의력 및 문제 해결력을 기르는데 효과적이다.

⑦**수준별 수업**: 수준별 수업이란 교과별로 어린이들의 수준을 고려하여 교사가 어린이 개개인에게 적합한 교육적 처치를 하는 수업을 의미한다. 즉 학습자의 적성과 능력에 따라 선택적, 차별적으로 교육을 제공하는 것을 말하며 이를 통해 어린이의 잠재적 능력이 최대한 발휘될 수 있도록 하는 것이다. 따라서 수준별 교육과정은 수업 중에 수행할 수 있는 과업과 활동을 상세화하며 학습자의 성취 수준에 따라 과업과 활동의 난이도 및 분량을 조정한다.

5. 문학 작품의 유형(Types of Literature)

Gunning(2005)은 문학 작품의 유형을 전래동화, 시, 챕터북과 소설, 드라마, 그리고 비소설로 나누고 있다. 그 자세한 내용은 다음과 같다.

1) 전래동화(Folklore)의 정의와 교육적 특징 : 구전

조상들의 문화에서부터 전승된 민간 설화, 전설, 신화와 같은 구전되어 오는 옛날이야기를 의미한다. 이것은 동심을 바탕으로 꾸며진 일정한 구조를 가진 이야기이다. 그러므로 어린이들의 일상적인 신변잡담이나 역사적인 사실 등 현재의 사실을 이야기하는 것은 전래동화가 아니다(김기창, 최운식, 1998). **전래동화** 중에는 사실을 가장하는 이야기가 많이 있지만, 이것은 어디까지나 사실이 아닌, 사실적인 이야기이다. 전래동화는 사실 여부보다는 문학적인 흥미와 교훈 때문에 존재하는 것이다. 전래동화는 민간 설화 가운데에서 어린이용으로 전용된 것이 원칙이지만 개중에는 처음부터 어린이 전용으로 창작된 순수한 전래동화도 있을 수 있다는 것을 감안해 볼 때, 민간 설화 가운데서 그 이야기가 어린이들에게는 도덕적으로나 교육적으로, 그리고 심리학적으로 보다 부적당하다면, 그것은 일반적인 민간 설화는 되지만, 전래동화는 될 수 없다(손동인, 1998). 그러므로 전래동화는 예로부터 구전되어 온 신화나 전설, 민담 들의 민간 설화 중에서 그 바탕에 기저하고 있으며 어린이에게 흥미 있고 도덕적, 교훈적인 가치관을 형성시킬 수 있는 이야기라고 할 수 있다.

전래동화는 그 자체에 많은 교육성을 지니고 있으므로 오래 전부터 교육 자료로 계속 활용되어 오고 있다. 전래동화를 교재로 만들기 위해서는 그것이 학습 활동의 매개체로서의 역할을 충분히 해 낼 수 있는 것이어야 한다. 김기창과 최운식(1998)이 제시하는 전래동화의 내용적・형식적 특징을 기반으로 하여 그 교육적 가치를 살펴보면 다음과 같다. 첫째, 전래동화는 독자의 상상력을 기를 수 있다. 둘째, 전래동화는 말로 표현되는 것이므로, 청자나 독자의 언어 능력을 기를 수 있다. 셋째, 전래동화 속에는 우리 조상들이 겪어 온 삶의 다양한 체험, 사상, 감정, 지혜, 용기, 가치관 등이 용해되어 있다. 그러므로 문학체험을 풍부히 함은 한국인다운 삶의 여러 가지 방식을 배우며, 한국적 정서와 가치관을 함양하고 심화시켜 나갈 수 있게 된다. 넷째, 전래동화는 청자나 독자들에게 흥미를 불러 일으켜 즐거움을 주면서, 동시에 교훈을 준다. 전래동화의 주인공은 대부분 일상적이 인물들로 어려움을 극복하고 행복을 쟁취하는 인물들이다. 이러한 인물과 구성은 어린이들에게 고난 극복의 의지를 가지고 적극적 삶을 살아가도록 가르쳐 주며 어린이들에게 즐거움과 호기심을 선사한다. 다섯째, 전래동화는 어린이들이 세계에 대한 그들의 이해력을 향상시키도록 돕는다. 여섯째, 전래동화는 구연을 통하여 전달되는 경우가 많은데, 구연은 화자와 청자의 대면이 필수적이다. 이러한 전달 과정을 통해서 청자와 화자의 인간관계는 깊어진다.

전래동화는 예부터 내려오는 민담과 설화를 어린이들에게 맞게 꾸며진 옛날이야기이다. 전래동화는 전통 문화에 대한 이해, 세계관의 확장, 유머와 위트 등 내용과 형식적인 면에서 그 교육적 가치를 이미 인정받고 있다. 그 중에서 전래동화를 활용하여 온라인 문학 서클을 활용한 지도 방안에 대한 연구는 부족하다. 그러므로 전래동화의 특징을 기반으로 온라인 문학 서클 활동에 대한 지도 방안을 살펴보도록 하여야 할 것이다.

2) 시

어린이들은 유머, 이야기체적인 요소와 리듬감이 있는 **시**를 좋아한다. 그래서 약간의 운율과 깊은 사상이 있는 시를 가르치는 언어를 가르치는 좋은 방법 중의 하나이다. 어휘나 어려운 개념들은 사전에 토론을 해서 어린이들의 내용 이해와 재미를 도와주고, 이미지를 상상해보거나, 놀라운 결말을 기다리라고 하거나, 어린이들에게 생소한 단어를 들어보라고 하거나 초점을 맞춰들을 것에 대해 알려주는 것이 내용을 이해하는데 도움이 된다.

3) 챕터북과 소설

챕터북과 소설을 이야기하기 전에 어린이들의 책의 이해를 돕고 흥미를 돋우기 위해서 필수적인 배경지식을 쌓기 위한 안내를 받아야 한다. 작품을 읽은 후에 토론을 하고, 혼동되는 부분은 다시 읽거나 흥미 있는 부분은 역할극을 하기도 한다. 작품의 내용과 형태에 대해서도 토론한다. 이야기에 무슨 사건이 벌어졌는지, 구성이 어떤지, 구성, 인물, 테마, 이야기의 요점, 작가의 스타일에 대해서 질문하고 토론하는 것이 이야기에 대한 어린이들의 이해를 돕는다. Gunning(2005)이 제시하는 챕터북과 소설을 읽은 후의 활동들을 살펴보도록 하자.

(1) 이야기 요소 이해하기 활동

다음과 같이 살펴 볼 이러한 여러 가지 **이야기 요소 이해하기 활동**들을 통하여 어린이들에게 작품의 내용에 대한 깊은 이해를 도울 수 있다.

① 인물 분석

인물은 한 문학작품 속에서 등장하는 사람이나 동물로서 주인공과 적대역(antagonist)으로 구분할 수 있다. 주인공은 일반적으로 갈등에 포함되어지는 주요 등장인물이고, 적대역은 갈등에서 반대 세력에 있는 등장인물이다.

이야기에서 인물을 분석하는데 가장 많이 사용되는 방법은 의견 검증 방법이다. 의견은 독자가 캐릭터에 대한 의견을 쓰는 것이고 내용은 인물의 행동이나 인물의 능력 등에 대한 내용을 쓰는 것이다(Santa, 1988). Chibi from Crow Boy에 대한 의견과 검증의 예를 살펴보도록 하자.

<표 2> 의견검증(Opinion-Proof) for *Chibi from Crow Boy*(Gunning, 2005)

Opinion	Proof
Chibi knew the way of nature.	He could hold insects in his hand. He knew where wild grapes and wild potatoes grew. He knew about flowers. He could imitate the voices of crows.

의견과 검증 활동을 통하여 독자의 의견을 써 보고 주인공의 행동과 사건에 대하여 써보면서 작품의 내용을 이해하는데 도움이 된다. 주인공의 성격이나 특징을 나타내는 의미 지도를 통해서 주인공의 특징을 파악할 수 있다. 의미 지도는 가운데에 주인공의 이름을 쓰고 그 둘레에 주인공의 주요 특징을 쓴다. *Summer of Swans*의 주인공 Sara의 의미 지도를 아래에서 살펴보자.

<표 3> *Summer of Swans*의 의미 지도(Gunning, 2005)

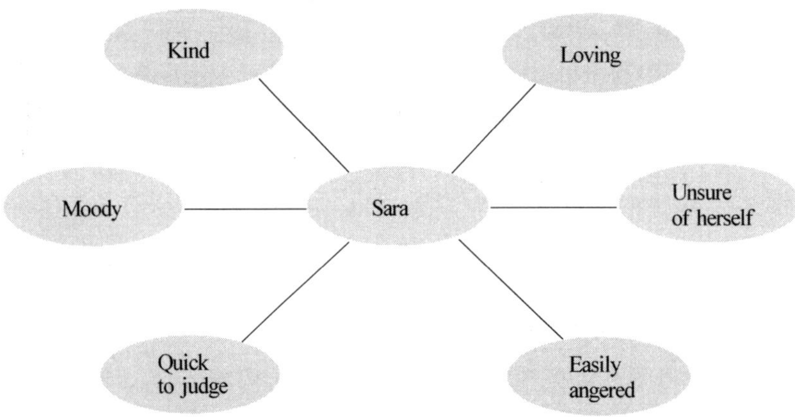

인물의 특징을 구조적으로 알아볼 수 있게 표시하며 알아보는 **의미자질분석도**(Semantic Feature Analysis: SFA)도 활용 해 볼 수 있다. 아래 표에서 살펴보도록 하자.

<표 4> 의미자질 분석도(Semantic Feature Analysis; SFA)

	Animal	Person	Young	Old	Foolish	Wise	Kind	Selfish	Lonely	Afraid
Fern	–	+	+	–	–	?	+	–	–	–
Wilbur	+	–	+	–	+	–	?	–	+	–
Charlotte	+	–	–	+	–	+	+	–	–	–
Talking sheep	+	–	–	+	–	+	?	–	–	–
Templeton	+	–	–	+	–	?	–	+	–	–
Mr. Arable	–	+	–	+	–	+	+	–	–	–

또한 어린이들은 다음의 **도식구성도**를 활용하여 주요 등장인물의 감정, 행동, 개인적 특성을 살펴볼 수 있다.

<표 5> 인물 발달 전개도(Character Development Story Map)

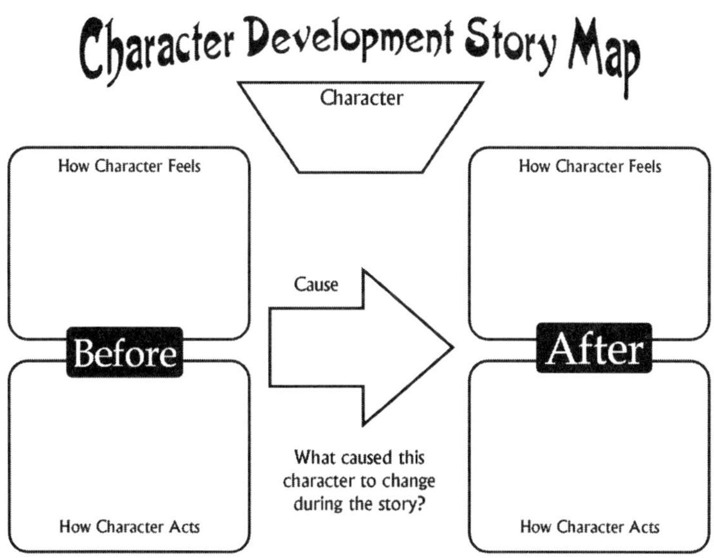

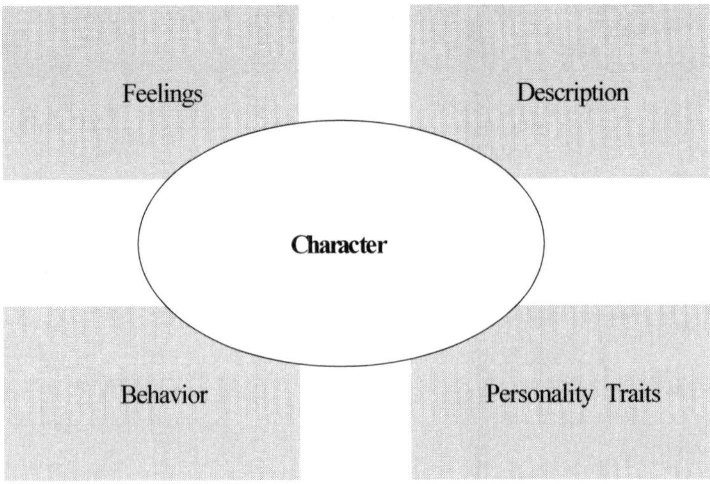

①구조 분석

구조(plot)은 구조, 짜임새, 줄거리 또는 틀이라고 부른다. 작가는 작품을 통해서 자신의 세계관이나 인생관, 예술성 등을 필연적인 인과관계에 중점을 두고 보여주는데 이것은 어린이 문학 작품에도 적용된다. 구성은 일반적으로 발단, 전개, 위기, 절정, 결말의 다섯 단계로 이루어진다.

구조 순서도(plot chart)는 이야기의 구조를 이해하고 어린이들 스스로 이야기를 구성하는 기회를 준다. 구조 순서도는 이야기의 문제를 보여주고, 주요인물의 사건을 차례대로 제시하면서 절정에 이르는 모습과, 문제의 해결책을 제시하고 결론을 내는 순서와 이야기를 순서도를 통해 시간 순서로 제시하면서 이야기를 이해 할 수 있는데 도움이 된다.

<표 6> 구조순서도(Plot chart for *Crow Boy*) (Gunning, 2005)

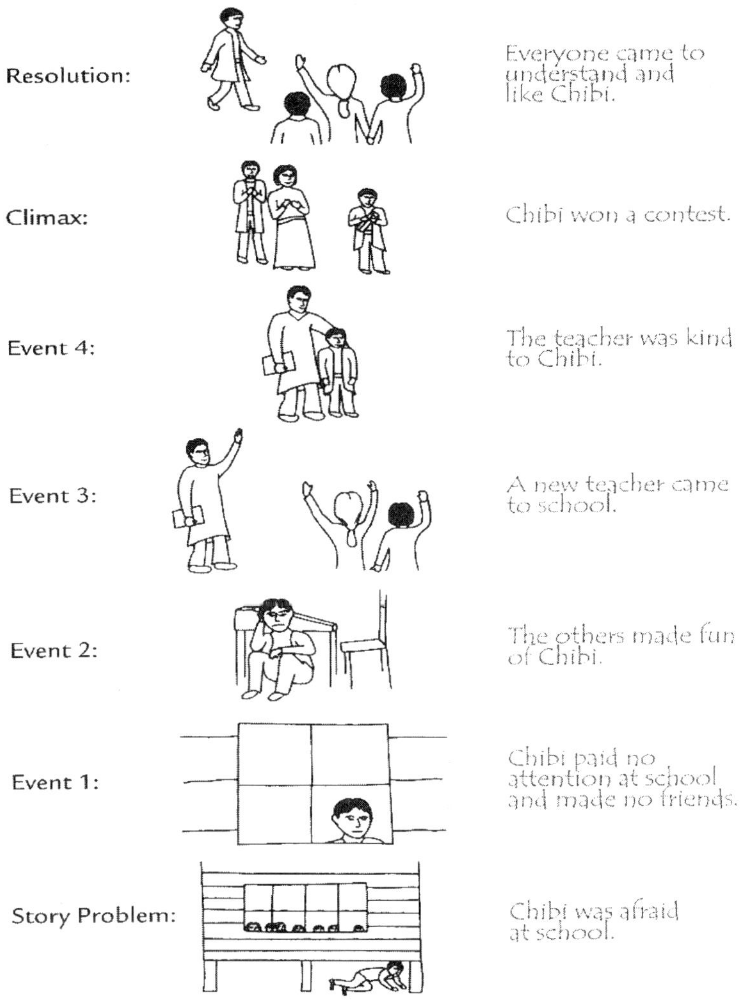

구조분석에 도움이 되는 구성도식도에 대해 알아보면 다음과 같다

<표 7> 동화구성흐름도(Story plot flow map)

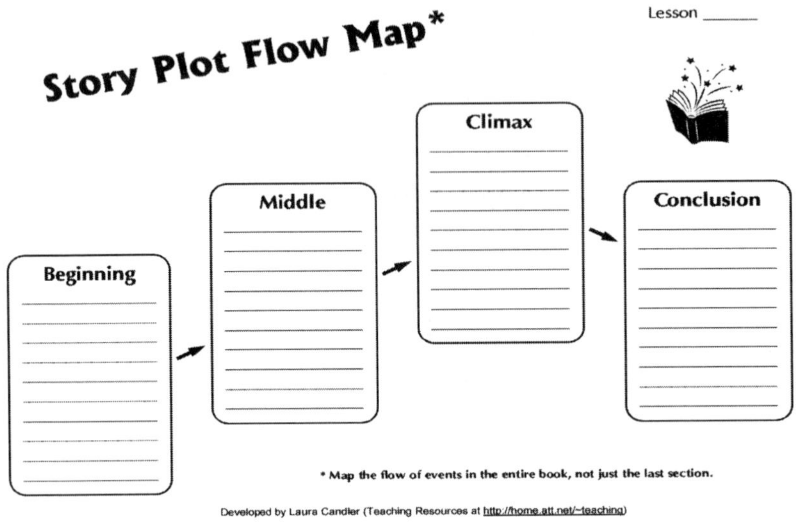

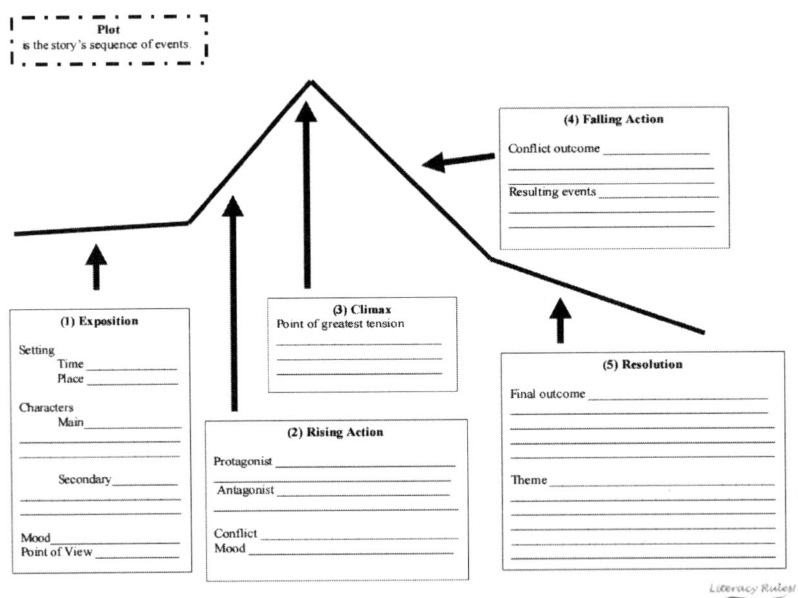

②배경 분석

배경(setting)은 인물, 구성과 함께 이야기의 주요 요소로 이야기의 인물이 활동하고 사건이 전개되는 모든 시간과 공간이다. 시간적 배경은 사건이 전개되는 때로 시대, 계절, 낮과

밤 등이며, 공간적 배경은 사건이 전개되는 곳이다. 배경은 등장인물이 생각하고 행동하는데 매우 중요한 역할을 하는데 사건에 적절한 분위기를 만들어 주고 인물의 행동을 더욱 사실적이고 생생하게 느낄 수 있도록 하며 주제가 뚜렷하게 드러나게 해준다. 여러 가지 도식구성도를 이용하여 어린이들이 주요 인물이나 사건을 제시하고 그 인물의 행적이나 사건이 발생한 시간적, 공간적 배경을 기록하는 방법으로 활용한다.

<표 8> 배경 분석 (Setting Analysis)

http://www.kimskorner4teachertalk.com

③주제 분석

주제(theme)는 동화나 우화를 이루는 여러 구조 요소들이 의미작용을 통하여 드러내고자 하는 중심 사상이나 핵심이 되는 의미라고 볼 수 있다. 주제를 이해하기 위해서는 사건들의 인과 관계와 다른 문학요소에 대한 이해가 선행되어야 한다.

<표 9> 인물주제도(Character theme chart)

Character Theme Chart

Major themes or ideas in the story: 1. 2. 3.		
Character name and description	**What he/she does that relates to the theme (actions)**	**Character's purpose or relationship to themes (ideas/meaning)**
Reflections/summary about all characters and theme:		

LEARNS, a partnership of the Northwest Regional Educational Laboratory (NWREL) and Bank Street College of Education (BSC)

4) 드라마

극본은 특별한 읽는 기술이 필요하다. 먼저 조용히 읽어 보아야 하고, 무대 설명을 읽어야 하고, 대화체를 연습해야 하고, 가능하다면 마을의 작은 공연장에서 공연을 할 수 있는 기회를 마련하면 좋다.

(1) 연극

이야기를 연기하기 위해서 연기자는 동작을 이해해야하고 인물에 대해서 깊게 생각해 봐야 한다. **극화하는 것**은 독자가 읽은 내용에 대해서 주의 깊고 창의적으로 생각하는 것이 요구된다. 역할극을 하면서 해설자가 글을 읽는 동안 독자들은 판토마임을 하거나 동물, 바람, 벌레 음향을 직접 내거나 몸으로 표현하기도 한다. 이것을 이야기극장이라고 한다. 또한 참가자들이 해설자처럼 글을 크게 읽는 부분이 있다. 이것은 독자의 극장(reader's theater)을 활용한 활동이라고 한다.

독자의 극장을 활용한 활동의 순서는 다음과 같다(Pike, Compain, & Mumper, 1994). 첫째, 스크립트를 고르고 작성하는 것이다. 독자의 극장으로 사용되었던 것으로 사용해도 좋고, 더 많은 시간과 노력이 필요하겠지만, 스크립트는 어린이들이 다이얼로그로 학급에서 작성하고, 어린이들 흥미, 적절한 수준에 맞게 작성하고, 3-8명의 참가자로 스크립트를 구성하며, 스크립트 작성은 어린이들의 협동 작업으로 하되 안내를 필요로 한다. 둘째, 교사나 어린이들에 의해서 공연 할 부분을 정한다. 셋째, 리허설을 하기 전에, 어린이들은 스크립트를 읽고 인물의 감정, 기분 그런 것에 대해서 토론을 한다. 어린이들이 개인적으로 리허설을 하고 또한 그룹으로도 리허설을 한다. 넷째, 어디서 공연 할 지도 계획하고 가능하면 공연을 한다.

5) **비소설**(Nonfiction)

(1)**전기**(Biographies)

어린이들에게 어떤 책을 좋아하냐고 물을 때 **전기**는 가장 낮은 순위를 차지하고 있다. 그러나 어린이들에게 적절한 동기를 주게 될 때, 어린이들은 역사적인, 전기에 관심을 나타낸다. 어린이들에게 전기에 흥미를 가지게 해 주는 요점은 바른 주제를 선택하는 것이다. 바른 주제는 흥미 있는 삶과 어린이들을 관련지을 수 있고, 마음에 둘 수 있는 그런 인물이어야 한다.

6. 어린이 문학 작품 지도 유형

문학 작품을 읽는 다는 것은 평범한 글을 읽는 것과는 다른 의미를 가진다. 만약 문학 작품을 정확히 이해한다면, 전체나 부분적인 느낌을 이해하고, 주인공이나 상황의 느낌을 이해 할 수 있다. 그리고 시는 정확히 이해한다면, 평온을 느낌을 받을 수 있다(Gunning, 2005). Rosenblatt(1978)는 이러한 것을 심미적 읽기라고 하였다. 또한 심미적 읽기는, 읽은 내용과 관련된 실제 독자의 삶과 연결하여서 경험적 감정을 이입을 하는 것이라고 하였다.

심미적 읽기와 대조되는 것이 **정보 이해 읽기**(effort reading)이다. 정보 이해 읽기는 독자가 글을 읽은 후 글에서 직접 개념, 사상, 그리고 정보의 의미를 이해하는 것이다(Rosenblatt, 1978). 그에 따르면, 우리가 정보를 얻기 위해서 글을 읽지만, 글을 읽은 후에 그 내용에 감정 이입이 되어 심미적 읽기가 될 수도 있다고 하였다. 그러면 우선 독자 반응이론의 발생과 의의, 적용원리에 대해서 알아보자.

1) 독자 반응 이끌기

(1)독자 반응이론의 발생

독자 반응이론은 독일의 수용미학을 영미 쪽에서 받아들이면서 이를 포함하게 된 명칭으로, 텍스트 자체를 중시하고 텍스트 내에서 의미 찾기를 강조하던 신비평적 관점에 반기를 들어 독자가 작품을 어떻게 받아들이고 해석하는가 하는 수용과 반응의 측면을 강조한 이론이다. 독자 반응이론에 대한 부정적인 의견으로 흔히 해석상의 '혼돈'과 지나친 '자의성', 과도한 '주관성'을 든다. 학습자 개개인이 상이한 해석을 제시할 때 타당성 여부를 검증하기 어렵고 제어할 방법이 없다는 것이다. 이에 대하여 Holland는 독자와 텍스트의 관계를 '상호거래이론'으로 설명한다. 그의 중심개념은 텍스트와 독자의 '상호거래'로서 독자는 텍스트자료들을 흡수해서 자신의 이미지를 통해 다시 의미를 만들어 낸다는 것이다. 그렇지만 의미는 독자가 임의대로 주관적으로 구축하는 것이 아니라, 텍스트가 이미 상정한 의미 해석가능 범위 내에서만 구축이 가능하기 때문에 반응의 획일화나 무한정의 다양화 같은 것은 염려할 필요가 없다는 것이다.

독자의 개인적인 요인을 작품해석의 열쇠로 생각하는 Holland의 태도는 독자반응 이론가들에 의해 비판을 받기도 하지만 그의 '상호거래이론'은 후에 Rosenblatt에 의해 수용되어 문학교육 현장에서 활용할 많은 시사점을 던져 주었다. 그러나 현실적인 문학 수업에의 적용에 있어서는 이러한 독자반응이론과 함께 신비평적 관점을 통합하여 학습자의 주관적 해석, 창의적 해석을 격려하기는 하더라도 어디까지나 텍스트를 기반으로 먼저 '자세히 읽기'를 통해 작품의 주제를 충분히 파악하면서 거기에 제시되지 않은 여백을 자신의 해석으로 결정하여 종합적 의미를 완성하는 쪽으로 문학수업이 행해져야 한다는 것이 일반적이다.

(2) 독자 반응이론의 의의

텍스트를 강조하던 기존의 문학 연구에서 가장 소외된 요소는 독자(학습자) 즉 어린이였다. 그러나 진정한 문학교육의 대상이 누구이며, 누구를 위한 교육인가를 생각할 때 어린이를 배제한 문학교육은 한계를 가질 수밖에 없다. 문학교육에서 가장 중요한 것은 독자가 어떻게 작품을 받아들이는가 하는 것이므로, 이러한 측면에서 독자반응이론이 문학교육에 적용되어 질 수 있는 당위성이 마련되었다고 할 수 있다.

(3) 독자 반응이론의 적용원리

독자 반응이론의 학습자 중심의 정신과 끊임없는 구체화 및 의미의 개방성을 인정하는 태도가 신비평에서 활용했던 해석의 방법 즉, 자세히 읽기 방법에 보완된다면 시대의 교육적 욕구를 만족시켜줌과 동시에 독자반응이론의 지나친 주관성과 추상성을 극복할 수 있을 것이다. 즉, 문학교육의 이념적 기저로는 독자를 강조하는 독자반응이론을 설정하되, 구체적인 문화교육의 프로그램을 고안할 때 특히 텍스트의 의미를 해석하는 방법을 가르칠 때는 신비평이 축적한 이론을 활용해야 하는 것이다.

(4) Gunning(2005)이 제시하는 독자들의 반응을 이끌어 내는 문학 활동들

<표 10> 독자 반응 이끌기 단계(Gunning, 2005)

단계	활동내역
Step1	작품 읽을 준비하기: 문학 작품 읽기 전 활동으로 글의 작가에 대한 설명이나 글에 등장 할 고어에 대한 설명을 한다.
Step2	작품 읽기: 문학 작품을 읽으면서 감정적으로 느끼고, 책의 그림 등에 대해 느낄 수 있게 감성적 읽기를 한다.
Step3	작품에 반응 하기: 문학 작품을 읽은 후의 활동으로, 작품을 읽은 후에 아이들의 생각이나 느낌에 대해 질문하고 간략히 답을 하는 활동이다. 아래와 같은 질문을 할 수 있다. · 작품을 읽을 때 어떤 생각, 느낌, 장면 등이 떠올랐는가? · 작품을 읽은 후에, 어떤 인상, 느낌이 강하게 드는가? · 작품에서 놀라거나 마음에 거슬리는 부분이 있는가? · 자신의 경험을 일을 떠올리게 하는 것이 있나? · 내용과 같은 경험을 해 본 적이 있나?
Step4	소집단 토의하기: 작품의 내용에 대해서 4~5명의 그룹 멤버들 끼리 질문을 주고받고 의견을 모은다.
Step5	전체 토의하기: 자신의 생각과 느낌을 유지하며 다른 그룹의 의견을 잘 듣는다. 의견을 나누면서 작품을 통해 느껴지는 이미지와 창의적인 느낌과 생각들을 나눈다.
Step6	다독하기: 작가의 다른 문학 작품들도 읽어 본다.

다양한 문학 작품 읽기 후의 활동들이 살펴보도록 하자.

①문집 사용하기

문학 작품을 읽은 후에 어린이들은 주로 그들의 생각이나 느낌을 문어체의 대화글로 쓴다. Parsons(1990)은 어린이들이 문학 작품을 읽은 후에 다음과 같은 질문을 해 보자고 제시하였다. ①읽은 부분에서 놀라운 것이 무엇인가? 그것이 다음 스토리에 어떤 영향을 주는가? ②읽은 때, 화나거나, 짜증나거나 실망스러운 부분이 있었는지? 왜 그런 느낌이 들었는지? ③감동적인 단어, 구, 표현, 이미지가 있는지? ④책의 어떤 인물이나 상황이 나의 실제 삶과 어우러지는 것이 있는지? 그렇다면 어떻게 비슷하고 어떻게 다른지?

또한 문학 작품을 읽은 후에, '만약 그것이…(What if...)'와 '만약 내가 주인공 이라면…(If

I were in the story...)'를 사용해서 어린이들의 생각을 표현 해 보는 방법도 있다. "만약 그것이…"를 사용해서 저널 혹은, 이야기의 주요 사건과 주인공의 행동이 다르게 진행될 것이고, "만약 내가 주인공 이라면…"을 사용해서 저널을 쓰게하여, 어린이들이 작품의 사건 한 부분에 대하여 이야기를 상상하여 꾸밀 수도 있다(Raphael & Boyd, 1997).

다음으로 문학 문집과 대화체 문집을 살펴보도록 하자. **문학 문집**은 어린이들이 이야기 속의 인물 입장에서 사건의 어떤 것을 보았을 때의 느낌, 그리고 감정 등을 이야기 하고 글로 써 보면서 표현하는 방법이다. 대화체 저널은 어린이들과 교사가 가까워 질 수 있고, 어린이들의 이해를 확장 할 수 있는 방법이다. 또한 이러한 저널 사용의 장점은 개인 삶의 더 개인적인 부분과 명확한 부분까지도 보게 된다는 것이다.

(5) 다양한 읽기 후 활동

어린이들에게는 흥미와 동기를 부여하는 다양한 시각적이고 대화체적인 방법들을 사용하여 읽기 후 활동을 할 수 있다. 아래에 제시된 활동들을 살펴보자.

<표 11> 다양한 읽기 후 활동

활동	내역
Open mind	개인이나 소그룹 활동으로 시각적인 활동으로써 등장인물을 세밀하게 분석하는 활동이라고 할 수 있다. 아이들이 마음속에 생각하고 있는 것을 그림으로 표현하고, 등장인물의 느낌과 생각을 나타내보고 , 등장인물이 스스로를 바로 보는 시각과, 다른 등장인물을 보는 시각 등 을 따져보는 활동이다. 또한 이미지화 시각화하여 등장인물을 분석한다. 예를 들어 밝은 태양이라는 단어는 행복을, 회색 구름은 슬픔을 나타낸다(Arciero, 1998).
Postcard	주인공이 이야기의 다른 등장인물이나 독자에게 보내는 진짜 엽서 같은 형식으로 써보는 활동이다.
Dialogue	스토리에서 대화를 발췌해서 두 명이서 대화극을 하는 활동이다.
Press conference	이야기의 사건 등에 대해서 회견을 하고 리포터가 되어보는 일종의 역할극이다.
Story rap	이야기의 내용을 요약해 보는 활동이다.

2) 그룹 토론 형식의 독자 반응 나누기

문학 작품 읽기 후 활동으로 반응을 나눌 수 있는 좋은 방법의 하나가 문학 작품 토론 그룹을 사용하는 것이다. 토론 그룹은 공식적이고 비공식적인 내용까지 나눌 수 있다. 토론 그룹 활동은 전체 클래스, 소그룹, 짝 활동으로 구성 할 수 있다. 어린이들은 이러한 다양한 방법으로 그들의 읽은 내용을 완전히 이해할 수 있다. 어린이들은 문학 작품을 집, 교실 또는 두 장소 어디에서도 읽을 수 있다.

예를 들어, 1학년 교사 Vicki Yousoofian의 문학 작품 토론 그룹 운영 방법을 살펴보자.

부모님과 토론을 할 수 있도록 설명서와 함께 주말에 가정에서 읽을 책을 집으로 보내고, 아이들이 좋아하는 페이지를 표시할 수 있게 스티커도 같이 보낸다. 가정에서 읽지 않은 어린이들이 있으면, 문학 작품을 그룹토론 하기 전에 월요일에 라도 어린이들이 책을 읽을 시간을 마련한 다음에 토론을 하였다.

어린이들은 다양한 방법으로 자신들이 읽은 문학 작품에 대하여 반응을 나타낸다(Noe, 2002). 어린이들은 역할 활동지 작성, 좋은 부분을 표시하거나, 좋아하는 부분을 기록해 두거나, 담화나 담화보다 더 생각이 반영되는 저널이나, 단답형이나 주관식 질문에 대답하는 등의 다양한 방법으로 읽은 문학 작품 내용에 대해 반응 한다.

문학 작품 토론 그룹은 다양한 방법으로 구성될 수 있다 예를 들어, 교사가 토론을 시작할 어린이를 지적 해 주기도 하고, 토론의 멤버로 참여하기도 하고, 관찰자가 되기도 한다. 토론 그룹에서 필수적으로 있어야 하는 것은 토론 후의 보고 발표이다. 토론 후의 보고 발표는 짧고 간결하게 토론이 잘 이루어 졌는지, 토론의 질은 어떠한지, 개선 할 점은 무엇인지를 포함해야 한다(Noe, 2002).

문학 작품 토론 그룹은 설명, 감정 비교 등 어린이들이 읽은 문학 작품에 대해서 동료 친구들과 자연스럽게 얘기를 하면서 서로의 생각을 나누는 활동이다. 이러한 활동을 '대토론(grand conversations)' 이라고 한다(Eeds & Wells, 1989). 어린이들은 토론을 위해서 문학 작품을 읽고 그것에 대해서 담화나 저널로 쓰며 토론을 준비한다. 문학 작품 토론의 최종 목적은 어린이들을 고급 수준의 토론과 반응을 하게 하는 것이다.

문학 작품 토론은 어린이들에게 읽은 작품 내용을 깊게 이해하는데 도움이 된다(Alvermann et al., 1996). 효과적인 문학 작품 토론의 요소를 살펴보도록 하자. 토론 그룹은 잘 조직하여 준비하여야 하고 모니터링이 필요하다. 토론의 주제의 초점을 잘 유지하여 진행하여야 하고(Almasi, O'Flahavan, Arya, 2001), 최근의 주제와 이전의 요점을 연결하는 것이 효과적이다. 또한 토론 진행에서 교사의 역할이 중요하다. 토론을 처음 시작 할 때는 교사가 방향을 제시하여 주도를 하고, 점차적으로 아이들이 토론을 진행하는 방법을 배울 수 있도록 한다. 그렇지 않으면 어린이들은 토론 진행의 주인의식을 배울 수 없기 때문이다. 교사는 절차상에 발생하는 문제들을 해결하면서 단계적 지도 방법을 통해서, 어린이들이 토론을 운영하는 방법을 인식 할 수 있도록 한다. 또한 Almasi, O'Flahavan, Arya(2001)는 '어린이들에게 자신의 토론을 모니터하는 기회를 주는데 실패하면, 교사는 어린이들이 교사로부터 독립해서 스스로 토론을 진행하는 어린이들의 능력을 발달시키는데 저해하는 것 일지도 모른다.' 라고 한다. 8학년 58명의 학급의 연구에 따르면, 문학 작품 토론에서 개방형 질문과 어린이들의 반응에 긍정적인 멘트를 주는 것이 효과적이라고 한다.

(1) **북 클럽**(Book Club)

그룹 토론의 한 유형으로 **북 클럽**을 들 수 있다. McMahon(1997)은 아래의 다섯 단계를 제시하고 있다.

<표 12> 북 클럽 진행 단계(McMahon, 1997)

순서	내용
1	(Books are selected.) 같은 책이나 공동의 주제로 3-4개의 책을 정해서 읽는다.
2	(Students are organized in groups of four or five.) 소그룹이 더 상호작용과 개인적 참여가 많기 때문에 4-5명으로 그룹을 구성한다.
3	(Procedures are explained.) 그룹 토론 방법과 문학 작품의 특징에 대해서 명확한 설명을 한다.
4	(Students are thought how to respond to their reading.) 아이들은 작품을 읽은 후에 어떻게 반응하는 방법을 배운다. 어린이들은 교사의 질문에 의해서만 반응하는 것이 아니라 읽은 내용에 대해서 그들의 반응을 간단히 쓸 수 있다. 구성이나 인물간의 상호관계를 지도로 그리거나 주요 인물을 그림으로 그려본다.
5	(Book Club discussions are held.) 교사가 일반적인 질문으로 토론을 시작 할 수 있다. 편안한 분위기를 조성하고 창의적 생각하도록 하여 진행한다.

(2) 문학 서클

이 장에서 지도 모형을 제시하게 되는 **문학 서클 지도 방안** 제시에 앞서 자세히 살펴보도록 하자. 문학 작품 그룹 토론의 다른 형태로서 더 많은 언어 구조를 제공하는 협동학습 활동이다(Bjorklund, Handler, Mitten, & Stockwell, 1998). 문학 서클은 같은 책을 읽은 5~6명의 어린이들로 구성하고, 책은 각 어린이들이 작성한 좋아하는 책의 목록 중에서 상위 3개의 책 중에서 최종 6개를 결정한다. 책의 선정은 같은 장르의 같은 테마나 주제 또는, 같은 작가의 책을 선정한다. 또한 어린이들의 흥미나 읽기 정도가 다르게 나타나기 때문에 중, 중하, 중상 정도에서 적절한 책을 선정한다. 책을 선정하는 방법은 교사가 어린이들에게 몇 권의 책을 소개 시켜주고, 어린이들은 흥미 있고 읽을 수 있는 책을 살펴본다. 어려운 레벨의 책을 선정하기 위해서 2~3페이지를 읽어 보기도 한다.

그룹 구성은 어린이들의 선택을 기초로 하되, 교사가 5~6명으로 그룹을 형성하고 각 그룹은 어린이들의 성격들을 고려해서 적절히 구성하고, 중하 수준의 어린이들도 적절히 혼합하고 그들이 읽을 수 있는 책도 고려한다. 그룹 구성원들은 각각의 역할이 있는데, 그 역할을 살펴보면 아래와 같다.

<표 13> 문학 서클에서의 역할(Gunning, 2005)

역할 명칭	역할 내용
토론진행자	토론 진행자는 질문을 하며 토론을 진행한다.
요약자	요약자는 각 부분을 요약 정리한다.
문자보고자	보고자는 인상적인 남는 부분이나 주요 사건, 기쁘고 슬픈 사건들을 발표한다. 그리고 큰 소리로 어떤 부분을 읽어주고, 그룹 구성원들에게 그것을 조용히 읽고 토론을 하도록 하고, 그것을 역할극을 하도록 하기도 한다.

삽화가	삽화가는 주요 부분을 그리는 역할을 한다.
단어관리자	단어 관리자는 어려운 단어를 골라내고 사전을 찾고 그 단어의 정의를 써서 알려주고 그 단어를 가지고 토론 하도록 한다.
연결자	연결자는 토론 그룹에서 읽은 책과 다른 책의 사건이나 문제, 상황 등을 연결하고 그것을 토론하도록 한다.

각 어린이들이 주어진 역할이 있지만, 어떤 어린이들은 역할이 이해가 되지 않거나 문학작품의 내용이 혼동되는 단어를 질문하기도 한다. 따라서 지속적인 교사의 조력자로서의 역할이 요구된다. 이러한 어린이들의 역할 혼동을 돕기 위한 역할지침이 사용되어 질 수 있다. 어린이들의 역할 이행을 돕기 위한 역할지침은 어린이들에게 내용을 분석하고 반응하는 토론을 어떻게 하는지 보여주기 위해 디자인된 단기간의 단계적 지도방법이다 (Daniels, 2002). 어린이들이 역할지침을 장기간 사용한다면, 그들의 토론은 자발적이기 보다 시트를 작성하는 것으로 제한될 거다. 그러나 이전에 역할지침서를 활용해 본 적이 없다면 활기 없는 토론의 열의를 높일 수 있을 것이다. Daniels(2002)가 제시한 토론 진행자의 역할지침서의 예를 살펴보자.

<표 14> 토론 진행자의 역할지침서(Daniels, 2002)

토론 진행자의 역할은 그룹에서 진행되는 토론에서 책의 내용에 대한 질문을 하는 것이다. 그룹 어린이들에게 질문을 하여 어린이들이 읽은 책의 내용을 주의 깊게 생각하도록 하는 것이다. 질문의 예를 들어보면;

-이야기의 ( ) 부분의 느낌이 어떠한가?
-놀랍거나 꺼려하는 부분이 있는가?
-만약 당신이 주인공이라면 어떻게 하였을까?
-이야기의 다음은 어떻게 진행될 것 같은가?

아래에 답을 쓰시오.

Lehr와 Thompson(2000)은 5학년 어린이들을 대상으로 한 연구에서, 어린이들이 부족한 역사적 지식 때문에 소설의 내용을 잘못 이해하는 것을 발견했다. 따라서 어린이들의 잘못된 사전 지식을 바로 잡아 줄 교사의 안내가 필요하다. 이에 같은 맥락으로 Langer(1990)는 독자가 본문을 이해하는 것을 돕기 위해 교사들에게 네 가지 유형의 질문들을 제안하였다. 이를 활용하여 어린이들의 개인적인 사전 경험을 돕고 본문에 반영하여 올바른 내용 이해를 도울 수 있다고 한다. Langer(1990)의 질문 유형을 살펴보면 다음과 같다.

<표 15> 내용 이해 돕기 위한 질문 유형(Langer, 1990)

순서	내용
1	초기 이해하기: 최초의 이해를 돕기 위하야 전형적인 질문을 한다. -내용 중에 놀랍거나 꺼려하는 부분이 있는가?, 내용에 대한 질문이 있는가? 기억에 남는 부분이 있는가? 어린이들에게 이런 질문 등으로 의견을 나눈다.
2	이해의 범위를 확장하기: 내용 이해를 발전시키기 위해서 이야기에 대해서 더 깊게 질문을 한다. -주인공의 행동이 타당하다고 생각하는가?, 주인공이 결백하다 할지라도 네가 각 할 때 무엇이 그를 자백하게 만들었다고 생각하는가?, 이 작품의 작가의 의도는 무엇이라고 생각하는가? 이러한 질문들이 어린이들을 구성, 테마, 동기, 인물에 대한 이해를 도울 수 있다. 인물에 대한 이해가 중요하며, 인물의 감정, 생각, 신념에 대한 이해가 이야기의 행동을 이해하는데 도움이 된다. 어린이들은 내적 상황보다 행동에만 초점을 두기 때문에 인물에 대한 추론들로 내용 이해에 어려움을 경험할지도 모른다. 아이들은 그들이 좋아하는 인물만 신뢰하기 때문에 인물의 감정이나 동기를 잘못 이해 할 수도 있다. 따라서 내용을 해석하고 이해하는 능력을 길러줘야 한다.
3	개인적 체험을 확대하기: 개인적 경험을 반영하여 어린이들의 최근이나 사전에 이해한 것이나 느낌을 다시 생각하는데 도움을 준다. -주인공을 보며 네가 아는 누구가가 떠오르는가? 이야기와 비슷한 상황을 경험 해 본 적이 있는가? 너라면 어떻게 해결 하였겠는가? 이 이야기는 당신을 당신의 인생에서 일어났던 무언가를 생각하게 하느냐? 이러한 질문으로 의견을 나눈다.
4	평가하기: 어린이들은 자기가 이해 한 것을 재정리하고, 그들이 읽었던 다른 작품들과 인물, 구성, 주제, 독창성 등을 비교하고 평가한다.

3) 소리내어 읽기

책 읽어주기는 모든 학령기의 어린이들에게 적절하다. 이것은 학교와 가정에서 모두 할 수 있는 활동이다. "어린이들에게 큰소리로 책을 읽어주는 것은 책을 읽는 즐거움을 알려주는 광고와 같다"고 Trelease(2001)는 말한다. 책 읽기를 위해서 교사들이 지킬 것을 살펴보면 다음과 같다. 책을 교사가 선정하거나 어린이들에게 제목을 알려주고 어떤 것을 '소리내어 읽기'하고 싶은 지 물어 본다. 만일 쉬는 시간 등의 종이 울리면 방해가 되지 않게 하고, 어린이들이 학급들을 바꾸면 10~15분이나 더 **'소리 내어 읽기'** 하고, 어린이들이 좋아하는 책에 대해서 이야기를 나누고, 책의 그림들에 대해서도 내용을 상상 해 보도록 해보고, 어린이들 수준 보다 아주 많이는 아니고 약간 높은 수준의 책을 고르고, 어려운 단어에 대해서 토론한다.

효과적인 책 읽어주기가 되기 위해서는 교과와 관련된 내용이거나 토론하는데 시간을 좀 투자하면 '소리 내어 읽기'가 더 효과적이다(Hoffman, Rosier, & Battle, 1993). 토론의 질문은 개인적 반응이나 창의적 생각을 하는 개방형 질문을 하는 것이 좋다. 어린이들에게 책 읽기를 혼자하게 만들려면 읽기의 즐거움이나 개인적 만족에 초점을 두고 질문을 하고, 생각하는 능력을 키우기 위해서는 비교, 대조, 결론짓기, 판단하게 하는 질문을 한다. 책 읽어주기의 적당한 시간은 10~20분이다.

4) **스스로 읽기**(Voluntary Reading)

하루 10분 씩 **스스로 책을 읽게 하는 것**이 읽기에 대한 성취도를 높이는 방법이다(Fielding, Wilson, &, Anderson, 1986). 어린이들의 동기를 높이기 위한 것은 어떠한 방법이 있는지 살펴보도록 하자.

(1) **흥미와 태도 결정**

읽기에 대한 **흥미나 태도**는 읽기를 처음 시작 할 때 정해한다. 어린이들의 흥미나 태도를 잘 알아보기 위한 가장 좋은 방법이 관찰이고 그리고 나서 그 내용에 대해서 토론을 하기도 하고, 도서관의 책들에 대한 카다로그 등을 보여주어 흥미를 유발한다.

(2) **교실 도서관**

어린이들이 스스로 책을 읽을 수 있도록 환경을 조성 해 주는 것이 가장 기본적인 조건이다. 학급에서 어린이들이 자연스럽게 스스로 책을 읽을 수 있도록 어떻게 구성 해 줘야 하는지 살펴보도록 하자.

① 다양한 수준의 책 준비

어린이들은 자기가 읽을 수 있는 수준의 책이 필요하고, 자기가 읽을 수 있다고 느끼고 자신감이 충분하면 더 읽기를 좋아하게 된다(Gambrell, Codling, & Palmer, 1996). 같은 학년의 어린이들이 같은 책을 정해도 높은 수준의 어린이들은 책을 다 읽고, 낮은 수준 어린이들은 그들의 수준과 비슷한 것을 고르며 아마 어린이들이 고른 책들을 다 읽게 될 것이다(Anderson, Higgins, Wurster, 1985).

② 교실 도서관 구성

가능한 매력적으로 꾸미고, 책의 제목이 보이게 진열하고, 흥미 있는 제목이 어린이에게 보이도록 전시한다. 많은 어린이들이 책을 고르는 것을 어려워한다(Wilson, 1992). 따라서 어린이들이 교실 도서관에서 배워야 할 중요한 요소 중의 하나는 책을 고르는 방법이다. 어린이들은 보통 책을 한 권 고르려고 다섯 권 정도를 살펴보다가 무얼 할까 선택을 못하곤

한다. 그래서 어린이들에게 진정한 선택을 제공 할 교실 도서관이 있는 것은 중요하다
또한 어린이들이 직접 선택한 어린이문학을 직접 들을 수 있도록 카세트와 녹음기와 CD-ROM 플레이어를 구비하고, 학생들이 어휘의 의미를 찾아 볼 수 있도록 영어사전과 컴퓨터도 함께 준비해 둔다.

③ **교실 도서관 운영**

좀 부족한 어린이들을 도서관 운영 지도에 참여시키면, 그 어린이들에게 그 영역이 친근해지는 효과가 있다(Wilson, 1992). 규칙을 만들고 체크 아웃과정에 참여를 시키고, 규칙 어기고 그러면 책을 빌리지 못하거나 하는 식의 규칙도 필요하다. 벌금을 매기는 식은 하지 않고 어린이들과 규칙을 지켜야하는 이유에 대해서 토론을 하는 방법도 있다(Wilson, 1992).

(3) 스스로 읽기 위해 필요한 시간

학급 전체가 읽을 책을 정해서 읽는 그런 기간을 의미하기도 하는데, 어린이들은 소그룹으로 책에 대해 토론하거나, 친구들과 같이 읽거나 역할극을 하거나 오디오로 듣거나 조용히 읽거나 하는 방법을 따르는데 SSR(Self-Selected Reading, Sustained Silent Reading)을 하는 규칙에 대해서 살펴보면 다음과 같다. 첫째, 각 각의 어린이들이 읽기에 참여한다. 둘째, 교사는 토론 이끌고, 셋째, 시작 전에 책을 선정하여서 다 읽고, 넷째, 시간적인 제한이 있다. 다섯째, 북 리포트를 하지 않는다. 이런 SSR(Self-Selected Reading, Sustained Silent Reading)의 효과를 교사들과의 인터뷰를 통해서 알아보았다. 교사가 더 활동적인 것을 준비하고 제공하면 더 효과적이라고 인터뷰를 했고, SSR(Self-Selected Reading, Sustained Silent Reading)를 통하여 기술만 가르치지 말고 읽기를 즐길 수 있도록 포커스를 맞춰서 활동을 하고, 마지막에 토론시 어린이들이 즐거웠던 부분을 말하게 하고, 재미있는 다른 책이 어떤 것이 있는지 어린이들에게 질문한다.

(5) 혼자 읽기의 동기 부여를 위한 활동

어린이가 좋아하는 작가의 책을 준비해 주고, 어린이들이 읽기에 적당한 수준의 책을 골라서 내가 읽었는데 재미 있었다라는 방법으로 간접적으로 접근해서 읽고 싶게 만드는 방법도 있다. 책을 끊어서 읽거나 부분적으로 읽어줘서 읽고 싶은 사람은 찾아서 읽어보게끔 한다. 비디오 테잎을 이용하여 예고편을 보여준다. 작가의 웹 페이지를 방문하여 흥미를 돋운다. 여러 가지 웹 자료를 활용하여 흥미를 주는 방법도 있다.

7. 전래동화를 활용한 초등영어교육

전래동화는 민족의 역사와 정신을 담아 전승시키는 그릇과 같은 역할을 하므로 아동 문학의 역사 속에서 큰 위치를 차지한다. 앞서 전래동화의 교육적 가치를 이미 살펴보았으며 3학년 국어교과서에도 전래동화가 제시되어지고 있는 것은 전래동화를 활용한 학습이 훌륭한 교육적 가치를 가지고 있음을 의미하는 것이다.

1) 초등학생들의 독서 흥미도

적절한 읽기 자료를 선택하기 위하여 어린이들의 독서 흥미도를 알아보는 일은 꼭 필요하다. 모국어의 독서 흥미도는 영어 이야기에도 관련지어 고려할 필요가 있기 때문이다. 독서 흥미도에 관한 연구는 사카모도의 독서 흥미의 발달 단계를 들 수 있다. 이재철(2003)이 제시한 사카모도의 독서 흥미의 발달 과정을 살펴보도록 하자.

<표 16> 사카모도의 독서 흥미 발달 단계

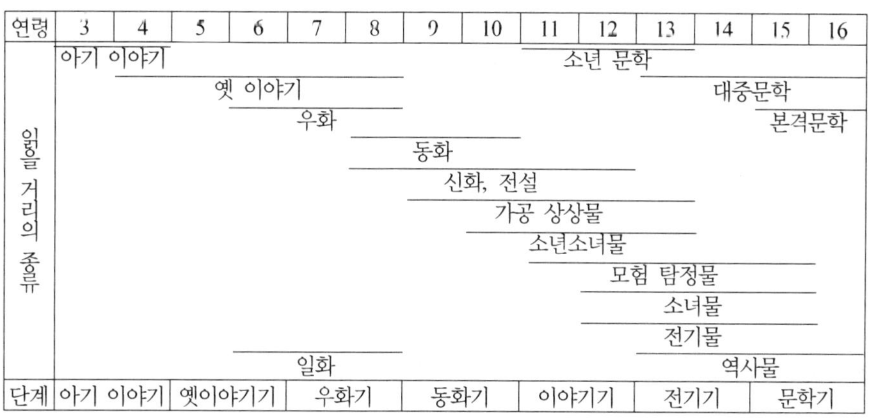

위의 표에서 보듯이 8~10세는 동화기로 구분 지어진다. 이 시기에 적절한 읽을거리는 동화, 신화, 전설 등이 있다. 10~12세는 이야기기라고 단계 지어진다. 이야기기에 적절한 읽을거리는 신화, 전설, 가공 상상물, 소년・소녀물 등이 있다. Piget(1950)가 제시하는 **인지 발달의 단계**에 따르면 6~12세 사이의 초등학교 시기의 어린이들은 구체적 조작기(concrete operation)에 속한다. 이 단계에서 아이들은 사고를 논리적으로 할 수 있는 능력을 가진다. 따라서 아이들의 인지 발달 단계와 시기에 따르는 독서 흥미도를 고려하여 흥미 있는 영웅적이고 실제 있을 법한 주인공이 등장하는 전래동화를 활용하는 문학 읽기는 가치가 있다.

이러한 아이들의 특징과 흥미를 고려하여 이야기를 선정하는 것은 그 만큼 중요하다.

이야기 자료의 선정 기준을 정동순(2001)은 학습자의 흥미, 능력과 수준, 언어의 내용 측면, 책의 구성 측면과 교사의 관심도와 교수 활용도 등의 교사의 측면을 제시한다. 이러한 이야기 자료의 선정 기준은 전 학년에 적용할 수 있는 보편적인 것이다. 그러나 각 학년별 발달 단계 및 특성이 다른 만큼 선정 기준의 종류에서도 필요한 항목을 잘 고려하여 선정해야 한다.

2) 어린이 문학 기반 영어수업의 평가방법

어린이 문학 기반 영어 학습 자료 및 활용에 대한 평가는 교과 전문가들이 실시하였다. 어린이 문학 기반 영어 학습자료의 평가기준은 교육과정에의 적합성, 구성, 교수 적합성, 언어적 적합성, 교수-학습 활동 유형, 실용성 등 이었다. 어린이 문학 기반 영어 수업의 평가는 학생들의 정의적인 태도에 대한 자기 평가, 학생들의 언어 기능 발달과 의사소통 능력의 발달에 대한 교사의 관찰 평가로 나누어 이루어졌다.

<표 17> 어린이 문학 기반 영어 수업의 평가 (배두본, 1999)

	평가방법	평가대상	평가항목
어린이 문학기반 영어수업의 평가	어린이의 자기 평가	정의적 태도	흥미도
			자신감
			참여 의욕
	교사의 관찰평가	언어기능	듣고 이해하기
			듣고 말하기
			듣고 읽기
			낱말 쓰기
		의사소통 능력	대화지속 능력
			대화 참여도

8. 자기 주도적 동화 활용 영어학습과 e-learning의 장점

e-learning이라는 용어는 현재 국내에서 온라인 교육, 사이버 교육, 가상교육, 웹기반교육 등과 혼용되어 사용되고 있다. 학습을 기반으로 하는 의미에서는 전자 · 기술(electronic)을 바탕으로 하는 e-learning이란 용어가 보편적으로 사용되고 있다. 최근 교육인적자원부와 한국교육학술정보원에서도 e-learning을 공식 용어로 사용하고 있다. 구체화된 학습 형태로서 e-learning이 영어 학습에서 가지고 있는 장점을 지닌다(김정렬 외 12인, 2006). 첫째, 강력한 멀티미디어 도구의 지원을 들 수 있다. 자원들이 실시간 혹은 비 실시간으로 풍부히 제공되기 때문이다. 둘째로 다양한 상호작용의 제공을 언급할 수 있다. e-mail을 통한 문자 언어 기반의 의사소통 활동뿐 아니라 각종 콘텐츠로부터도 여러 가지 형태의 상호작용이 이루어질 수 있다. 셋째로 맥락적 언어사용 상황의 모사를 들 수 있다. 이는 학습내용을

전달하는 데 효과적이며 언어를 보다 자연스럽게 익히게 된다는 장점을 지닌다. 네 번째로 폭 넓은 자기 주도적 탐구력 및 협동능력의 신장을 들 수 있다. 자신의 학습 목표를 설정하고 시간을 조정하여 정보를 수집 및 이용하는 작업이 스스로 주도되어야 하기 때문이며 온라인 커뮤니티 형성 등의 방법을 사용하여 커뮤니케이션 능력을 신장시킬 수도 있음을 언급하고 있다.

자기 주도적 학습을 구축하는데 매우 효율적인 환경을 제공하는 웹의 특징은 다음과 같다(김홍래, 송기상, 1998). 첫째, 웹은 동시적 온라인 통신을 사용하여 학습자의 자발적인 사고와 행동을 다루기에 적합하고 실시간으로 외부와 접촉하거나 관심 분야의 참여를 가능하게 해주며 다양한 상호작용 가능하게 한다. 둘째, 웹은 학습 참여의 시간적 · 공간적 제약이 없음으로써 학습자의 요구에 맞는 시간과 환경에서의 학습이 가능하다. 셋째, 웹은 다양한 자료 제시가 가능하여 학습자는 제시된 자료 중에서 자신의 수준에 맞는 것을 선택하여 학습을 진행 할 수 있다. 넷째, 웹은 실제와 유사한 가상적인 학습 환경을 제공함으로써 학습자에게 현실에 가까운 경험을 제공할 수 있다. 다섯째, 웹은 반성적 사고 과정을 제공하고 자신의 생각에 대하여 다양한 사람들로부터 의견을 들을 수 있다. 또한 학습 자료에 대한 접근 기록, 다른 사람들과의 상호작용에 대한 기록이 가능하기 때문에 지식을 습득해 가는 추론 과정이 그대로 유지된다.

Ⅲ 전래동화 교수학습 모형과 교수

1. 온라인 문학 서클을 활용한 전래동화 이해 교수-학습 모형 설계

앞에서 살펴본 이론들을 바탕으로 본 장에서는 **온라인 문학 서클**을 설계하고 교수-학습 모형을 제시하고자 한다. 본 연구에서는 정동빈(2002)이 제시한 교수-학습 모형의 기법에 따라 접근법(approach), 방법(method), 절차(procedure), 기법(techniques)의 형태를 근거로 하여 온라인 문학 서클을 활용한 전래동화 이해 교수-학습 모형을 설계하였다.

<표 18> 문학 서클 활용 전래동화 이해 교수-학습 모형

<table>
<tr><th>이론
(Approach)</th><th colspan="5">구성주의</th></tr>
<tr><td>방법
(Methods)</td><td colspan="5">온라인 문학 서클을 활용한 전래동화 이해 수업</td></tr>
<tr><td rowspan="7">절차
및
기법
(Procedures & Techniques)</td><td>단계</td><td>절차</td><td colspan="3">교수-학습 활동</td></tr>
<tr><td>STEP 1</td><td>도입</td><td colspan="3">■ 인사(Greeting)
■ 전시 학습 확인(Review)
■ 동기유발(Motivation)
■ 학습 목표 제시(Objective)</td></tr>
<tr><td rowspan="4">STEP 2</td><td rowspan="4">전개</td><td></td><td>off-line(class)</td><td>on-line(home)</td></tr>
<tr><td>①</td><td>작품 선정
서클정하기
역할 분담</td><td>맡겨진 역할에 따른 역할 수행</td></tr>
<tr><td>②</td><td>작품읽기</td><td>문학서클 활동
(읽은 내용에 대해서 지속적인 활동)</td></tr>
<tr><td>③</td><td>발표회
다음 작품 선정</td><td>문학서클 활동</td></tr>
<tr><td>STEP 3</td><td>정리</td><td colspan="3">■ 학습 내용 확인 (Check-up)
■ 다음 차시 예고 (Prepare for next lesson)</td></tr>
</table>

온라인 문학 서클을 진행하기 위해서 도입에서는 온라인 문학 서클에 대한 자세한 설명으로 어린이들의 동기를 유발하여 자발적으로 참여하도록 흥미를 준다. 절차 및 기법은 크게 학급에서 진행되는 활동(off-line)과 온라인 문학 서클(on-line)에서 진행되는 활동으로 나누어 볼 수 있다. 온라인에서 첫째는 앞에서 살펴본 이론들에 입각하여 문학 작품을 어린이들과 토론을 통하여 선정하고 서클을 나누고 각 서클의 구성원들이 각 자의 역할을 분담한다. 역할은 <표 18>와 같다.

2. 교수-학습을 위한 온라인 문학 서클 구축과 활동 내용

교육의 의도에 맞는 교수-학습 홈페이지를 제작하여 학습에 활용하는 것이 이상적이지만 홈페이지의 제작과 운영은 관련 전문 지식이 교사들에게 부담스러운 일이다. 따라서 이 장에서는 인터넷 포털 싸이트 다음(daum.net)에서 제공하는 사이버 커뮤니티를 사용하여 예시화면을 제시한다. 국내에 알려진 거의 모든 인터넷 포털 싸이트에서는 회원 가입으로 무료 사이버 커뮤니티를 제공한다. 하지만 본 연구에서는 다음 카페(www.cafe.daum.net)를 수업에 적용하여 예시를 살펴보도록 하였다.

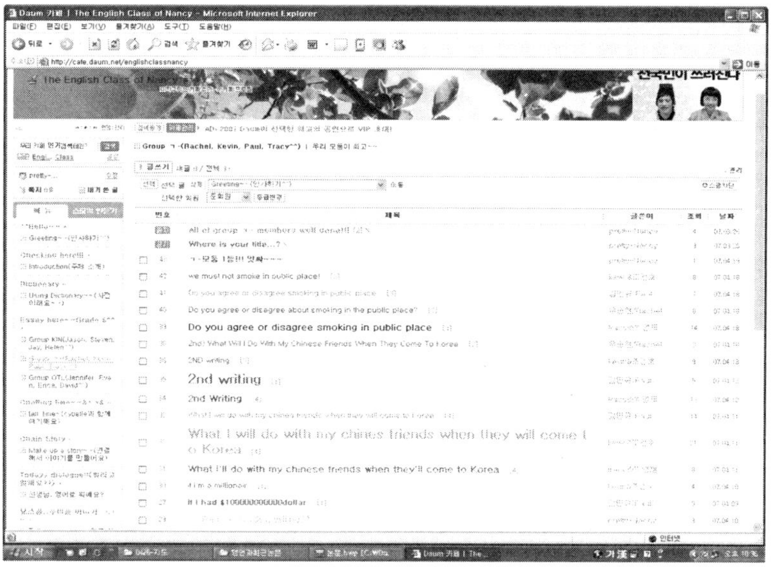

<그림 2> 다음 카페 소개

구체적인 카테고리는 <표 19> 문학 서클에서의 역할과 같다. 토론 진행자, 요약자, 보고자, 삽화가, 단어 관리자, 연결자로 구성되어있고 그 밖에 사진을 올릴 수 있는 메뉴와 질문과 답(Q&A)도 있다. 사용언어는 영어와 한국어를 사용하도록 하였다. 영어 쓰기에 대한 부담감을 줄이고 학습자들이 언제든지 원하는 시간에 자유롭게 온라인 문학 서클에 참여하여 상호 작용 할 수 있도록 영어와 한국어를 사용 할 수 있도록 한다.

자세한 활동 내용은 **온라인 문학 서클**의 각 메뉴에 그 역할을 맡은 아이들이 문학 작품의 해당 내용을 작성하는 것이다. 30명 기준의 한 학급을 예로 들어 한 조에 6명씩 5조가 편성이 된다. 각 조의 보고자는 보고자 메뉴에 해당 내용을 작품 읽기를 하는 중간 중간에 언제든 해당 내용을 작성을 할 수 있다. 그러면 보조자 메뉴에는 5명의 보고자의 작품 해당 내용이 기재 될 것이고 온라인 문학 서클에 회원 가입된 학급의 모든 아이들은 자기 조뿐만이 아니라 다른 조의 진행 사항과 다른 친구들의 의견도 언제든지 상호작용 하며 문학 작품 내용 이해를 위한 의견을 교환 할 수 있다. 문학 작품 한 권을 읽는데 총 5주간의 시간을 두고 활동을 맡은 바 역할을 지속적으로 진행하며 마지막 시간은 활동 내용을 발표한다.

이러한 **온라인 문학 서클 활동**을 통하여 기대할 수 있는 효과는 다양하다. 언제든 아이들이 원하는 시간에 온라인 문학 서클에 자신의 의견을 표현 할 수 있으며, 다른 조의 활동 내용을 자유롭게 교환하면서 문학 작품에 대한 이해의 폭을 넓힐 수 있고, 웹이라는 매체의 특징으로 인하여 아이들에게 작품을 읽어야만 하는 부담감을 줄이고 흥미롭게 접근할 수 있다. 그러므로 온라인 문학 서클을 활용하여 전래 동화를 지도하는 교수 활동은 효과적일 것이라고 할 수 있다.

3. 교수 학습 지도안

1) Off-line(class)

<표 19> 교수 학습 지도안

대상	**초등 5학년**		**시간**	**50분**
1차시				
단계	**절차**	**교수-학습 활동**	**시간**	**유의점**
Step 1	도입	**인사(Greeting)** **동기유발(Motivation)** - 대형서점에서 어린이들이 자유롭게 책을 읽으며 즐거워하는 사진을 보여주기 - 서점에 전시되어 있는 여러 가지 다양한 어린이 문학책 보여주기 - 자신이 읽은 책이 있는지에 대해 물어보고 재미있게 영어 책 읽는 방법 함께 생각해보기 학습 목표 제시(Objective) - 다양한 어린이 문학작품 중에서 똑같은 작품을 선정한 아이들을 대상으로 문학 서클을 만들 것이라고 학습목표를 제시하기	15'	-어린이 문학작품 4권을 교실에 배치하여 학생들이 문학작품을 선정할 수 있도록 하며 신중하게 선택하여 중간에 변경하지 않도록 유의한다.
Step 2	전개	**작품선정** - 제시 작품: 흥부와 놀부, 금도끼 은도끼, 혹부리영감과 도깨비, 오누이와 호랑이 - 자유롭고 읽고 싶은 책 고르기 - 제한된 시간 내 선정하기 서클 정하기 - 똑같은 작품을 선정한 학생들끼리 서클 형성 역할 분담 - 서클 내 토론을 거쳐 토론 진행자, 요약자, 문자 보고자, 삽화가, 단어 관리자, 연결자로 역할 분담하기	30'	-제시하는 작품은 26~30페이지 정도의 작품으로 제시한다. -문장은 페이지마다 3문장 정도인 것을 제시한다. -서클은 6명으로 조직하도록 하고 역할 분담은 학생들이 결정하도록 한다.
Step 3	정리	**학습 내용 확인(Check-up)** - 선정한 작품을 각 서클 별로 발표하게 한다. 다음 차시 예고(Prepare for next lesson) - 선정된 작품을 서클 별로 읽고 인물, 배경, 구조, 주제에	5'	

		대한 토론을 할 것이라고 제시한다. - 단어 관리자에게는 어려운 단어를 골라내어 사전을 찾고 그 단어의 정의를 on-line에 올리도록 역할 수행을 제시한다.		

대상	**초등 5학년**		**시간**	**50분**
2차시				
단계	**절차**	**교수 - 학습 활동**	**시간**	**유의점**
Step 1	도입	**인사(Greeting)** **전시 학습 확인(Review)** - 각 서클 별로 선정한 문학작품을 이야기한다. 동기유발(Motivation) - 각 서클 별로 문학작품을 선정한 이유를 이야기한다. 학습 목표 제시(Objective) - 작품을 읽고 문학요소 중심으로 Graphic Organizers를 이용하여 내용 이해하기	10'	
Step 2	전개	**작품 읽기** - 단어 관리자가 on-line에 올렸던 단어들을 각 서클 별로 review 하기 - 선택한 어린이문학 작품 소리 내어 읽기 - 선택한 문학작품 스스로 읽기 문학 요소를 분석할 수 있는 다양한 Graphic Organizers 소개 및 제시하기 - 인물, 배경, 구조, 주제를 각 서클 별로 토론하게 하고 Graphic Organizers에 기록하도록 한다.	35'	-책을 읽기어려워하면 각 서클에서 잘 읽는 학생이나, 교사가 참여하여 리더가도이어 모두 함께 읽을 수 있도록 유도한다.
Step 3	정리	**학습 내용 확인(Check-up)** - 선정한 작품에 대한 문학 요소 별 내용 확인을 각 서클 별로 진행한다. 다음 차시 예고(Prepare for next lesson) - 각 서클 내 각자의 역할에 따른 수행을 on-line에 올리도록 한다. - 토의 활동을 마무리하고 각 서클 별로 발표할 것이라고 제시한다.	5'	

대상	**초등 5학년**		**시간**	**50분**
3차시				
단계	**절차**	**교수 - 학습 활동**	**시간**	**유의점**
Step 1	도입	**인사(Greeting)** **전시 학습 확인(Review)** - 선정한 작품을 가지고 2차시에 했던 절차를 review 한다. 동기유발(Motivation) - 협동이 잘 되고 발표를 잘한 서클은 시상을 한다고 제시한다. 학습 목표 제시(Objective) - 토의를 통한 문학작품을 이해하고 문학경험 공유하기	10'	
Step 2	전개	**역할 별 토론 주제 진행**	30'	

		- on-line에 각자의 역할별로 올렸던 내용들을 역할 담당자가 주축이 되어 토론을 진행한다. - 작품을 읽고 난 느낌에 대해 이야기 한다. 문학경험 공유하기 - Graphic organizers를 바탕으로 작품에 대해 발표한다. - 작품발표를 듣고 난 느낌에 대해 함께 이야기 한다.		
Step 3	정리	**자기평가** - 수업 참여에 대해 스스로 평가한다. - 자기반성을 통해 학습에 대한 전략 세우기	10'	

Ⅳ 맺음말

Gunning(2005)은 문학 작품의 유형을 전래동화, 시, 챕터북과 소설, 드라마, 그리고 비소설류로 나누고 있다. 이 장에서는 초등학생을 대상으로 여러 가지 문학 작품 유형 중에서 전래동화를 활용하여 온라인 문학 서클 활동을 하는 방법을 제시하고 있다.

어린이 문학을 활용한 초등영어 교육은 흥미로운 이야기를 소재로 사용하므로 영어에 대한 어린이들의 학습 흥미와 관심을 높여 영어에 대한 두려움을 줄 일 수 있다. 아동 문학은 영어를 친숙하고 자신감 있게 사용하는데 많은 긍정적 영향을 미친다. 그리하여 자발적으로 영어 이야기책에 관심을 가지게 되고 찾아서 읽을 수 있는 자극제가 될 수도 있다. 자발적으로 읽음으로써, 학교 수업만으로는 부족한 수준별, 개인별 학습을 지속 할 수 있는 밑거름이 될 수 있다. 또한 웹을 활용하여 어린이들에게 문학 작품을 읽어야만 하는 것에서 온라인 문학 서클에서 친구들과 의견을 교환 할 수 있는 흥미로운 활동이 될 수 있다.

문학 작품을 활용한 교수－학습 활동의 궁극적인 목표는 어린이들을 자발적으로 읽기를 할 수 있는 기초를 마련해 주는 것이다. 이러한 흥미로운 활동들을 통하여 학습 환경을 제공하고 교사의 끊임없는 준비와 개발로 어린이들의 문학 활동을 활성화 하는 방안에 대한 연구는 앞으로도 지속되어야 한다.

참고문헌

김기창· 최운식. (1998). 전래동화 교육의 이론과 실제. 서울: 집문당.

김규화. (2006). 아동문학 기반 초등학교 영어 수업 모형 개발. 한국교원대학교.

김영미. (2001). 읽기지도. 정동빈(편). 어린이 영어지도. 서울: 홍익플러스.
김정렬·한희정·임창근·김홍래·설양환·문태혁·박수정·김성태·양형욱·박옥희·김덕수·마은경·장상현. (2006). 사이버가정학습 학습주제별 콘텐츠 유형 적용방안 연구: 영어과. 한국교육학술정보원.
김홍래·송기상. (1998). 구성주의적 접근을 통한 웹 기반의 가상학교의설계 및 구현. 컴퓨터 교육학회, 1(1), 113-126.
권낙원. (2000). 학습자 중심 교육의 성격과 이론. 한국교원대학교 교수논총, 16(1), pp. 1-11
문화관광부. (2005). 2004년 국민 독서실태 조사. URL: http://www.mct.go.kr/open_content/common/search_view.jsp
박미자. (2005). 학습자 중심 수업의 효과를 제고하기 위한 방법론 연구. 석사학위 논문. 숙명여자대학교.
박유미. (2007). 아동문학 기반 Graphic Organizers를 활용한 초등학교 영어 교수-학습 모형의 개발 및 적용. 박사 학위 논문. 한국교원대학교.
방경아. (2005). 아동문학을 활용한 효과적인 초등 영어교육. 석사학위논문. 서울산업대학교.
배두본. (1999). 영어 교재론 개관. 서울: 한국문화사.
손동인. (1998). 한국 전래동화 연구. 서울: 정음문화사.
이재철. (2003). 아동 문학 개론 4판. 서울: 서문당.
장주인. (2006). Graphic Organizers를 활용한 영어단편소설 학습이 고등학교 영어 독해능력에 미치는 영향. 석사학위논문. 한국교원대학교.
임원재. (2000). 아동문학교육론: 창작이론과 실제. 서울: 신원문화사.
정동빈. (1985). 한국 어린이의 영어/한국어 통사 이해 연구 . 영어교육. 29(1), 409-430 .
정동빈. (1987). 외국어학습과 습득모형 . 영어교육. 33(1), 25-45.
정동빈. (1988). 한국대학생의 영어와 한국어 발화 변속에 따른 청각이해 효과 . 영어교육. 35(1), 149-178.
정동빈. (1990). 이중 언어 한국어린이와 미국어린이의 화용론적 입장에서 본 영어습득. 응용언어학. 3(1), 109-137.
정동빈. (1992). 어린이의 화용 발달지도 방안에 관한 연구. 응용언어학. 5(1), 165-184
정동빈. (1996). 한국의 응용언어학 연구의 회고와 전망. 응용언어학. 9(1), 5-16.
정동빈. (1998). 한국응용언어학회의 20년-회고와 전망. 응용언어학. 14(1) 377- 416
정동빈. (1991). 청각이해도 실험 연구에 관한 문헌적 고찰. 응용언어학. 4(1), 139-154.
정동빈. (1996-2007). 웅진 *Think-Big* 영어/ *Kids' story*. 서울: 웅진닷컴.
정동빈. (1997-2006). 교육부 검인정 초등영어 3-6학년 교과서, 지도서 서울: 웅진닷컴.
정동빈. (1998). 초등학교 영어 문자지도 방향. 초등영어교육, 4(2), 5-47.
정동빈. (1999). 조기영어교육론. 서울: 한국문화사.

정동빈. (2002a). 유아영어의사소통교육론. 서울: 한국문화사.
정동빈. (2002b). 유아영어의 통합적 교수요목 모형 개발. 영어어문교육학. 8(2),219-243.
정동빈. (2002c). 유아영어교수학습접근, 방법, 기법 및 절차에 대한 개발 연구, 영어언어과학 . Vol.8(2002.1) 37-67
정동빈. (2003a). 인터넷 활용한 유아영어문자지도방법. 현대영어영문학. 47(2)145-166.
정동빈. (2003b). 100가지게임 활용 초등영어지도, 창원: 드림랜드.
정동빈. (2003c). 수준별 조기 영어 교육 모형 설정과 그 활용방안. 외국학 연구, 7, 75-100.
정동빈. (2004a). 유아영어놀이지도. 서울: 한국문화사.
정동빈. (2004b). 웹기반 초등영어 교과서개발 모형. 한국현대영어영문학회. 48(1).171-195.
정동빈. (2005). 어린이 영어 발달 지도. 서울: 중앙대학교 출판부.
정동빈. (2007). 똑 소리 나는 우리아이 영어, 3살부터 시작하자. 서울: 해피하우스.
정동빈. (2008a). 영미문화와 영어지도. 서울: 동인출판사.
정동빈. (2008b). 엄마가 들려주는 영미문화 이야기와 함께 신나는 영어공부를. 서울: 동인출판사.
정동빈, 김주은. (2004). 어린이 영어교육을 위한 컴퓨터 게임모형, 영어어문교육, 10(2), 133-158.
정동빈, 채유순. (2003). 누구나 영어 영재의 부모가 될 수 있다. 서울: 아가월드.
정동빈, 채유순. (2005). 동화를 활용한 어린이 영어지도. 서울: 드림랜드.
정동빈, 석진이. (2007). 유도적 읽기가 학습자의 자기 주도적 읽기 능력에 미치는 효과. *Foreign Language Education*. 14(2), 287-303.
정동빈, 진현정. (2007). 어휘덩어리 지도가 수준별 5-6세 유아들의 유창성 발달에 미치는 효과. 영어교육. 62(4), 539-562.
정동빈, 윤정주. (2007). 모바일 기기를 활용한 u-러닝 영어학습모형 연구. 멀티미디어 언어교육. 10(2), 131-155.
정동순. (2001). 초등영어 이야기 자료 선정 기준 설정에 관한 연구. 석사학위논문. 서울교육대학교
한상택. (2201). 영어 교육에서의 문학 텍스트 활용방안. 박사 학위 논문, 한국교원대학교
Almasi, J. F., O'Flahavan, J. F. & Arya, P. (2001). A comparative analysis of student and teacher development in more and less proficient discussion of literature. *Reading Research Quarterly, 36, 96-120.*
Alvermann, D. E., Young, J. P., Weaver, D., Hinchman, K. A., Moore, D. W., Phelps, S. E., Thrash, E.C. & Zaleewski, P. (1996). Middle and high school students' perceptions of how they experience text-based discussion: A multicase study. *Reading Research Quarterly*, 31, 244-267.
Anderson, G., Higgins, D. & Wurster, S. R. (1985). Differences in the free-reading books selected by high, average, and low achievers. *The Reading Teacher*, 36, 326-330.

Bagge-Rynerson, B. (1994). Learning good lessons: Young readers respond to books. In T. Newkirk(Ed.), Workshop 5: *Ther writing process revisited*(pp.90-100). NH: Heinemann.

Bjorklund, B., Handler, N., Mitten, J. & Stockwell, G. (1998, October). Literature circles: A tool for developing students as critical readers. writers and thinkers. Paper presented at the forth-seventh annual conference of the Connecticut Reading Association, Waterbury.

Carter, R. & Long, M. (1991). *Teaching Literature*. NY: Longman.

Daniels, H. (2002). *Literature Circles: Voice and Choice on Book Clubs and Reading Groups*. ME: Stenhouse.

Eeds, M. & Wells, D. (1989). Grand conversations: An exploration of meaning construction in literature study groups. *Reach in the Teaching of English*, 23, 4-29.

Eggen, P. & Kauchak, D. (2001). Strategies for teachers: Teaching and thinking skills. MA: Allyn and Bacon.

Ellis, G. & Brewster, J. (1991). *The Storytelling Handbook for Primary Teachers*. London: Penguin Books

Fielding, L. G., Wilson, P. T. & Anderson, R. C. (1986). A new focus on free reading: The role of trade books in reading instruction. In T. E. Raphael (Ed.), *The Contexts of School-based Literacy*(pp.149-160). NY: Random House.

Gambrell, L. B., Codling, R. M. & Palmer, B. M. (1996). Elementary student's motivation to read. Reading Research Report No. 52. GA: National Reading Research Center.

Gunning, T. (2005). *Creating Literacy Instruction for All Students*. NY: Pearson.

Hoffman, J., Roser, N. & Battle, J. (1993). Reading aloud in classrooms: From the modal to model. *The Reading Teacher*, 46, 496-503.

Langer, J. A., Applebee, A. N., Mullis, I. V. S. & Foertsch, M. A. (1990). Learning to read in our nation's school: Instruction and achievement in 1988 at grade 4, 8, and 12. NJ: Educational Testing Service.

Lazer, G. (2001). *Literature and Language Teaching*, Cambridge: Cambridge University Press.

Lehr, S. & Thompson, D. L. (2000). The dynamic nature of response: Children reading and responding to Maniac Magee and "The Friendship." The Reading Teacher, 53, 480-493.

Lukens, R. (1995). *A Critical Handbook of Children's Literature*. IL: Scott, Foresman

McDonough, J. & Shaw, C. (2003). *Materials and Methods in ELT*. Oxford: Blackwell.

McMahon, S. (1997). Book clubs: Contexts for students to lead their own discussions. In S. I. McMahon & T. E. Raphael (Eds.), *The book club connection: Literacy learning and classroom talk* (89-106). NY: Teachers College Press.

Noe, K. L. S. (2002, May) Literature circles: Fostering thinking and response. Paper presented at the annual convention of the International Reading Association, San Francisco.

Nunan, D. & Lamb, C. (1996). *The Self-directed Teacher*. Cambridge: Cambridge University Press.

Oser, F. (1986). Moral education and values education: The discourse perspectives. In M. Wittrock(Ed.), *Handbook of Research on Teaching* (917-941). NY: Macmillan.

Nystrand, M. & Gamoran, A. (1991). Instructional discourse, student engagement, and literature achievement. *Research in the Teaching of English*, 25, 261-292.

Parsons, L. (1990). *Response Journals*. NH: Heinemann.

Piaget, J. (1950). *The Psychology of Intelligence*. London: Routodge & Kegan.

Pike, K., Compain, R. & Mumper, J. (1994). *New Connections: An Integrated Approach to Literacy*. NY: HarperCollins.

Probst, R. (1988). Dialogue with a text. *English Journal*, 77(1), 32-38.

Raphael, T. E. & Boyd, F. B. (1997). When readers writer: The book club writing component. In S. I. McMachon & T. E. Raphael (Eds.), The book club connection: *Literacy Learning and Classroom Talk* (pp.69-88). NY: Teachers College Press.

Rosenblatt, L. (1978). *The Reader, the Text, the Poem*. IL: Southern Illinois University Press.

Santa, C. M. (1988). Reading opportunities in literature. Unpublished manuscript.

Trelease, J. (2001). *The New Read-aloud Handbook* (5th ed.). NY: Penguin.

Vygotsky, L. S. (1987). The development of scientific concepts in childhood. In R. F. Rieber & A. S. Carton (Eds.), *The Collected Works of L. S. Vygotsky* (N. Mnick, Trans.)(Vol 1, pp. 167-241). NY: Plenum.

Wilson, P. (1992). Among nonreaders: Voluntary reading, reading achievement, and the development of reading habits. In C. Temple & P. Collins (Eds.), *Stories and Readers; New Perspectives on Literature in the Elementary Classroom* (pp.157-169). MA: Christopher -Gordon.

Wright, A. (2004). *Storytelling with Children*. Oxford: Oxford University Press.

참고 웹사이트

http://www.kimskorner4teachertalk.com/readingliterature/menu.html

http://www.standards.dfes.gov.uk/local/clld/las.html

http://homepage.usask.ca/~dul381/common/helpfulesllinks.html

http://www.readwritethink.org/

제 4장

초등영어 문자지도 프로그램 운영

English Literacy Teaching

for Primary School Students

I 머리말

제7차 교육과정에서는 음성언어 위주의 의사소통중심 영어 교육을 표방하고 있으나, 여러 학자들 사이에서는(이화자, 1998; 김명희와 김정은, 2003) 현행 문자언어 도입 시기가 재고되어 좀 더 균형 있고 현실적인 방안을 모색해야한다는 주장이 대두되고 있다. 한 조사에 따르면, 지역 차는 있지만 조사 대상의 과반수이상이 초등 3학년 이전에 이미 영어에 노출되었다고 한다(김명희와 김정은, 2003). 취학 전 어린이들이 정규 교육과정에 입문하기 훨씬 전부터 이미 문자언어에 상당부분 노출 혹은 학습된 채로 초등학교에 진학하는 것이 일반화되었다. 교육부에서는 내년부터 초등 영어몰입 교육을 시범 실시하면서 단계적으로 초등1학년으로 조기영어 교육대상을 밝힌바 있다. 이러한 교육현실을 감안하면 초등 공교육이 교육 수요자의 요구에 맞춰 적극적으로 프로그램을 마련하고 이를 통해 취학 전 조기영어 교육과 중학교 영어교육의 연결고리 역할을 충실히 할 필요성과 중요성은 더욱 강조된다.

최근 초등학교 현장에서 문자지도 **프로그램**을 고안하여 운영한 사례들이(정향란, 2007) 발표되고 있기는 하지만, 전반적으로 일선의 교사들은 학습자들의 수준차가 큰 읽기와 쓰기 영역 지도에 어려움을 겪고 있으며, 구체적인 대안 마련에 고심하고 있다. 학교 급 차원에서의 대안 마련을 위해서는 효과적인 문자지도를 위한 자체 프로그램을 수준별로, 수요에 따라 개발하고 이를 수정・보완해 나가면서 효과적인 운영을 하여 프로그램의 완성도와 성공도를 높여야 할 것이다. 그러나, 프로그램 개발과 운영에 앞서 시대의 흐름과 교육 수요자의 요구에 맞는 문자지도시 지도 방향 설정과 운영 및 지도 방법에 대한 개발이 필수적인 선결 과제이다(정동빈, 2004b). 특히, 문자지도 교육과 관련된 지도서나 지침서들은 미국이나 호주를 중심으로 한 영어권 국가들의 원서들이 주류를 이루고 있는 실정이다. 그러나 언어 환경의 차이는 물론이고 교육과정, 교육 문화 등이 상이하므로, 우리의 토양에 적합한 형태로 이론과 실제를 재조명하고 적용한 교사용 지침서가 강력하게 요구되는 시점이다.

이 장에서는 현직 교사들에게 문자지도 프로그램 개발 및 운영과 관련하여 교사의 역할을 2가지로 구분하여 제시하였다. 먼저 최고의 교사는 어린이들의 개인차에 대한 고려를 잘 해주면서 그들의 학습 과정에 대한 끊임없는 탐색을 해야 하는 교수자이자 프로그램 개발자로서의 역할을 해야 한다. 이와 함께 교사는 숙련된 교육 경영인의 역할도 수행해내야만 프로그램을 성공적으로 이끌 수 있다. 그렇다면, 학습지도와 문자지도 프로그램의 운영을 성공적으로 수행해 내는 교사들의 공통점을 한 번 생각해보자. 그들은 어떤 교수 및 경영 전략을 사용하는가? 최근 성공적으로 운영되고 있는 문자지도 프로그램들의 공통적인 요소는 무엇인가? 이 장에서는 이러한 질문들에 대해 숙고하면서 문자지도 프로그램 개발과 운영의 원리에 대한 이론적 고찰과 함께 구체적인 예시를 제안하고자 한다.

II 문자지도 프로그램 개발과 운영의 이론과 적용

1. 문자지도 프로그램의 기획 및 개발 절차

문자지도 프로그램을 구성한다는 것은 지금까지 살펴본 내용들을 논리적으로 조직함을 의미하며, 때에 따라서는 조직된 내용을 재조합하는 것을 의미한다. 여러 학자들이(Hoffman, 1992, Hiebert et al., 1998; Gunning, 2005) 체계적이고 효과적인 리터러시 프로그램이 갖추어야 할 항목특징으로 언급한 내용을 프로그램 개발과 운영의 맥락에서 종합하여 개괄해 보면 <표 1>과 같다. 교사는 프로그램의 개발과 운영에 있어 다음의 14가지 요소를 자신의 교수환경에 적합하도록 재구성하여 활용할 수 있다.

<표 1> 효과적인 문자지도 프로그램의 개발 및 운영 시 고려사항특징

프로그램 개발 시 고려사항	프로그램 운영 시 고려사항
어린이들에 대한 기본정보 수집	시간의 효율적 활용
리터러시 교육철학	개인차를 고려한 집단구성 및 조직
구체적인 교육목표	지속적인 모니터링
적절한 교재 및 학습자료	부모와의 파트너십 형성
교수기법 및 교수전략	전문가와의 협력체계 구축하기
어린이들의 동기유발을 위한 전략	테크놀로지의 활용
어린이들의 소속감 형성	프로그램 평가

<표 1>에서 보듯이, 문자지도 프로그램의 체계적인 조직을 위해서는 어린이들의 특징과 요구를 파악하는 것에서 시작하여 교육목표 설정, 다양한 교재의 활용, 교수 및 학습 전략 수립, 어린이들의 학습 향상도 모니터링, 동기부여 및 소속감 형성 등에 대한 고려로 이어지는 일련의 절차를 따르게 된다. 이러한 7단계에 대해 순차적으로 살펴보면 다음과 같다.

1) 어린이들에 대한 기본정보 수집하기

다른 교육 프로그램 개발 과정과 유사하게, 문자지도 프로그램 개발에서도 우선적으로 어린이들의 요구 및 특성에 대한 고려가 선행되어야 한다. 프로그램의 개요를 짜기 위해서는 성별, 학년, 참가여부, 희망 프로그램 유형, 기간, 학급당 인원 및 배정 등에 대한 개괄적인 내용을 묻는 질문을 구성하여 정보를 수집해야 한다. 이와 함께 프로그램에 참여하는 어린이들이 흥미 있어 하거나 필요로 하는 것이 무엇인지, 부모들의 요구는 무엇인지에 대해 구체적으로 이해하여야 한다. 이를 위해서는 어린이들의 선행 학습 경험 여부 및 정도를 파악하는 사전 설문이 필요하며 이를 바탕으로 어린이들의 수준을 정할 수 있고, 좋아하는 읽기·쓰기 자료 등에 대해서도 주제별, 유형별, 장르별로 파악할 수 있다. 이와 함께 구체적으로 프로그램에 참여하는 어린이들이 흥미 있어 하거나 필요로 하는 것이 무엇인지, 부모들의 요구는 무엇인지에 대한 사전 이해를 위해 기초조사자료 수집을 위한 설문을 실행 할 수 있다. 이를 통해 어린이들의 선행 학습 경험 여부 및 정도를 파악하여 어린이들의 수준을 정하거나 좋아하는 읽기 · 쓰기 자료 등에 대해서도 주제별, 유형별, 장르별로 파악할 수 있다. 이때 어린이들 개인의 수준 파악은 물론 지역의 특수성도 함께 고려하여 반영해야 성공적인 프로그램 개발을 할 수 있다. 또한, 전체적인 프로그램의 질과 특수성을 높이기 위해서는 벤치마킹을 통해 기존 프로그램의 현황을 분석해서 타 프로그램과 차별화 · 특수화하는 경영전략이 필요하다.

2) 문자 지도를 위한 교육철학 세우기

앞서 제시한 어린이들에 대한 기초자료 수집과 함께 교사는 교수자로서 문자지도를 위한 **교육철학**을 정립해야 한다. 이때 교사는 다음의 두 가지 맥락, 즉 '나는 무엇을 가르칠 것인가'와 '나는 어떻게 가르칠 것인가?'에 대한 자신의 신념을 정립할 필요가 있다. 이러한 두 가지 물음에 대한 고찰을 통해 교사는 교수 접근법, 교재 선정, 테크놀로지의 활용에 대한 고려도 하지만, 이와 함께 문자지도 전문가로서의 자신감을 가져야 한다. 우리의 초등영어 교사들은 자신의 영어 능력 중 말하기를 가장 부담스럽게 생각하고 쓰기를 가장 자신있게 생각하고 있다고 한다. 이것은 교사들이 구어를 위한 언어 입력 제공의 역할을 담당하는 데는 어려움이 있을 지라도, 오히려 비슷한 수준의 문어매체를 제공하고 학습의 촉진자 역할을 하는 데는 무리가 없다는 것을 시사한다. 실제로 다양한 문자매체에의 노출은 읽기 · 쓰기에 선행되어야 할 필수적인 과정으로 문자 연구들이 결론짓고 있기 때문에, 이러한 측면에서 우리의 언어 환경에서 교사가 실천할 수 있는 방법들을 중심으로 교수철학을 세우는 일은 필수적이다.

3) 교육목표 설정하기

앞에서 제시한 어린이들의 요구 조사 단계에서 밝혀진 내용을 프로그램의 필요성과 연계시켜 **구체적인 교수 · 학습목표**를 정하고, 그에 따라 다양한 학습 활동과 평가도구를 선정하는 절차를 따른다. 학습자들의 읽기 자료에 대한 다양한 요구를 반영하여 학교 급 내에서 수준별·단계별로 이야기책을 목록화하여 자발적 다독 프로그램을 운영한 최근의 현장 사례와(정향란, 2007) 재량활동을 위한 학예회 프로그램을 총체적·경험적 언어발달 측면에서 구안하여 적용한 사례(강영은, 2006) 등을 참고하여 교육목표에 부합하는 다양한 유형의 프로그램을 기획할 수 있다.

문자지도 프로그램을 기획하는데 있어서 교사는 문자지도에 대한 폭 넓은 견해를 가지고 광범위한 학습목표를 세울 필요가 있다(정동빈, 2004a). 이러한 학습목표에는 학교나 사회에서 요구하는 읽기, 쓰기 능력뿐만 아니라 즐거움을 얻기 위한 읽기도 포함되어야 한다. 또한 주어진 학습목표를 달성하기 위한 세부적인 목표들도 함께 제시되어야 한다.

4) 교재 및 자료 선정하기

읽기·쓰기 지도를 위한 교재 선정 시 일반적으로 고려해야 하는 사항을 종합해 보면 다음과 같다(박혜영과 최연희, 2004; 정향란, 2007; Gunning, 2005). 첫째, 픽션과 논픽션을 모두 포함시킨다. 둘째, 다양한 수준과 주제를 고려한다. 초등학교에서의 읽기지도는 문장을 번역하는 방식이 아닌 내용을 이해하면서 재미있게 읽을 수 있도록 어린이들의 수준에 적절한 다양한 영어 읽기자료를 제공해 주는 것이 매우 중요하다. 셋째, 참고서적과 함께 실제적인 자료의 역할을 할 수 있는 그림, 사진, 포스터, 슬라이드, 만화, 잡지(광고), 그래프, 도표, 차트, 지도, 신문, 거리의 간판, 사용법 등도 포함시킨다. 넷째, DVD나 컴퓨터 등의 기술적 요소를 포함시킨다. 마지막으로, 시중에 나와 있는 교재들을 활용한다. 특히 보충자료로서 VCR, 비디오카세트 라이브러리, 테잎 리코더, 오디오카세트, 컴퓨터, 소프트웨어, DVD 플레이어, DVD 라이브러리 등을 효과적으로 활용할 수 있다. 최근에는 인터넷상에 다양한 종류의 교육 싸이트들이 있으므로 이를 잘 선별하여 활용하는 것도 좋은 방법이다.

이러한 개괄적인 내용에 대한 고려와 함께 특별히 다독을 목적으로 프로그램을 운영할 경우에, Nuttall(1996)은 읽기자료를 선정하는 기준으로 SAVE(Short, Appealing, Varied, Easy)이론을 주장했다. 첫째, 간결(short)해야 한다. 책의 길이가 너무 길어서 읽기 전부터 싫증을 느끼게 해서는 안 된다. 둘째, 매력적(appealing)이어야 한다. 어린이들의 시선을 끌 수 있는 책이어야 한다. 인쇄가 잘 되었거나 색깔 있는 삽화가 들어 있어서 쉽게 호감을 가질 수 있는 책 이어야 한다. 셋째, 다양(varied)해야 한다. 책의 내용과 어린이들의 지적 성숙도에 따라 그들의 욕구를 충족시킬 수 있는 책을 다양하게 골라야 한다. 넷째, 쉬워야(easy)한다. 읽기 향상은 쉬운 책을 많이 읽음으로써 가능하다.

또한 Krashen & Terrell(1983)은 ESL 어린이들에게 적합한 읽기교재는 복잡성과 흥미라는 2가지 기준에 의해 선정되어야 한다고 설명한다. 다시 말해서 어린이들이 이해할 수 있어야 하고 흥미로운 것이어야 한다는 것이다.

이러한 지침을 기반으로 **학습교재와 자료 선정을 위한 분석표**(material analysis form)를 작성하여야 한다. 얼마나 읽기 쉬운지, 내용, 내용의 조직, 외형, 그림, 보조자료 제공 여부 및 수준, 읽기 · 쓰기 자료의 유형, 학년별 수준별로 배경 지식의 요구 정도 등을 감안하여 세부 항목을 구성하고, 이에 대한 전반적인 평가를 하여 학습 교재와 자료를 선정해야 한다 (Leu & Kinzer, 2003). 이 외에도 Ellis & Brewster(1991)는 문형연습, 발음연습이 가능한지, 언어와 문화에 대한 내용이 실제적인지, 호기심을 자극하는 지 등의 기준을 마련하여 이야기책을 선정해야 한다고 하였다. Leu & Kinzer(2003), Ellis & Brewster(1991)가 제시한 이야기책 선정 기준을 통합 · 조정하고 양적 · 질적 방법을 혼용하여 문자지도 학습자료 선정을 위한 분석표를 제시하면 <표 2>와 같다.

<표 2> 학습자료 선정을 위한 양적 · 질적 분석표

제목:											
저자:											
출판사:											
1. 읽기 쉬운 정도											
· 어떤 교수법/방법/절차를 도입 하였는가?											
· 읽기 수준: 레벨											
□ 적합 (5점) 1등급 이상 차이 (3점) 1등급 차이 (2점)											
2. 항목별로 필요에 따라 체크리스트로 활용											
부적합↔적합						부적합↔적합					
항목	1	2	3	4	5	항목	1	2	3	4	5
① 글의 스타일						④ 전체적인 외형					
· 주제문의 사용						· 전집의 크기					
· 문장의 복잡한 정도						· 크기와 인쇄의 질					
· 적절한 요약제시						· 매력도					
② 내용						· 견고성					
· 교육 목표						Comments:					
· 최신성 & 정확성						⑤ 삽화					
· 수준						· 문자언어 학습과 토론					

						을 위한 활용도					
· 흥미도						· 텍스트와의 긴밀성					
· 쟁점이 되는 주제의 포함						· Comments:					
· 실제성						⑥ 보충자료/학습도구					
· Comments:						· 부록					
③ 내용조직						· 어휘목록					
· 내재적 주제의 활용						· 후행 활동					
· 논리적인 상/하위 범주화						· 참고문헌					
· 각 장의 논리적인 체계						· 교사 지침서의 유용성					
· Comments:						· Comments:					
3. 내용의 구현 (V표시)											
기술적 구현 □						연역적 구현 □					
귀납적 구현 □						텍스트의 유형: 이야기체 □ 설명문 □					
4. 배경지식의 요구정도											
( )											
5. 채점 및 평가											
1. B에서 응답한 항목의 수를 더하여 5를 곱하고, A의 5점을 더한다. 2. B에서 응답한 각 항목별 점수를 모두 더하고 A에 답한 점수를 더한다. 3. 2의 총점을 1의 총점으로 나누고 100을 곱한다. (%)											

한편, 박정애(2002)의 연구에 따르면, 책의 기호도와 관련하여 우리나라 초등학교 4, 5, 6학년 어린이들은 학년에 상관없이 만화와 옛날이야기를 가장 선호하였으며, 그 외에도 추리 · 탐정 · 모험 이야기, 간단한 문장이 있는 그림책, 명랑 · 유머 동화, 괴기 · 무서운 이야기, 영웅 · 위인 이야기, 역사 이야기를 선호한다고 한다. 이러한 연구내용을 뒷받침 하듯 만화를 활용한 쓰기 활동은 쓰기에 대한 흥미도, 자신감, 학습태도, 영어 쓰기 필요성 측면에서 유의미한 향상을 보여주었다고 박혜영과 최연희(2004)의 후속 연구에서도 밝히고 있다. 따라서 교재 선정 시 분석표 활용과 함께 이러한 연구 결과를 참고하여 교재 선정에 반영할 수 있겠다.

구체적으로, **영어 동화**를 지도할 경우 우리나라 초등학습자의 수준을 고려하여 *The Old Lady Who Swallowed a Fly, I Am Spider Man, The Gingerbread Man, King Bidgood's in the Bathtub, The Paper Bag Princess, The Principal from the Black Lagoon, Zomo the Rabbit, Prince Cinder*를 사용하여 지도할 수 있으며(이영진, 홍우승, 이승렬, 2006), 현재 시중에 초등학습자를 대상으로 단계별 읽기를 할 수 있도록 나와 있는 책들로는 *Read It Yourself, Dolphin Readers, Step into Reading, Oxford Bookworms Library, Penguin Readers Easy Starts, Penguin Young Readers, Magic Tree House* 등이 있다(정향란, 2007). 그러나 이러한 교재들 중 상당수는 수입교재이므로 그대로 활용하기보다는 각 학급별로 프로그램의 목표나 어린이들의 수준에 맞춰 이미 나와 있는 교재를 재구성하거나 선별적으로 활용해야 할 것이다.

5) 교수기법 선정과 학습전략 세우기

프로그램의 핵심은 교수의 질이다. 교사는 다양한 교수기법에 대해 아는 것뿐만 아니라 언제, 어떻게 적절하게 다양한 기법을 바꿔가면서 적용할 지에 대한 초인지적 지식을 가져야 한다. Gunning(2005)의 의견을 토대로, 문자지도 지도와 관련하여 필수적인 교수기법과 학습전략을 종합적으로 살펴보면 <표 3>과 같다. <표 3>에 제시된 적용 가능한 수준은 국내의 선행연구에서 적용한 사례들을 기초로 이 장에서 제안하는 전반적인 지침이지만 교사의 교수환경에 따라 다양하게 혼용하거나 선택적으로 활용할 수 있으며, 문자지도 프로그램 개발을 위한 요구 조사 단계에도 다음의 교수기법을 항목화하여 설문의 문항으로 세분화한 후 변형하여 활용할 수 있다.

<표 3> 문자지도를 위한 필수적인 학습전략 및 교수기법

학습전략	교수기법	적용 가능한 수준	국내(사례)연구 예시
· Activating prior knowledge · Areviewing · Predicting · Setting purpose · SQ3R	Choral/shared reading	전학년/부진아	강영은(2006): 전학년 오정수, 김은주(2000): 6학년
	Language experience	전학년	최재영(2000): 4학년 오정수, 김은주(2000): 6학년
· Selecting important or Relevant details · Main idea · Summarizing · Questioning · Using graphic organizer · SQ3R	Phonics Mixed-phonics	전학년/부진아	정동빈(1998, 2002b): 유치 및 초등 김봉순(2005)
	Direct instructions for skills and strategies	전학년	박영예(1999)
	Think-aloud Read-aloud	전학년	조경숙, 서순영(2001): 5학년 조경숙, 최성미(2003): 3학년

· Inferring · Evaluating · Applying · Imaging · SQ3R	DRA, DR-TA	보충/기본, 심화	김한경(2000)
	Guided reading	전학년	석진이(2006): 5학년
	Literature discussion groups	고학년	
· Monitoring for meaning · SQ3R · Using fix-up strategies	Process writing	전학년	김현진(2000), 김승태(1999) 이신근(1996): 3학년
· Attending/concentrating · Staying on task · Self-talk	Storytelling	전학년	채유순, 정동빈(2005) 민덕기(2002): 3, 4학년
· Using understanding · Using mnemonic devices · Rehearsing · SQ3R · Using pronounceable word parts · Using analogies · Sounding out words · Using context · Using morphemic analysis · Using syllabic analysis · Using the dictionary	Text walk / Book walk	전학년	
	Reciprocal teaching	전학년	
	KWL plus	전학년	
	Questioning the Author	고학년	
	Responsive elaboration	전학년	

6) 학습자의 동기유발을 위한 전략세우기

어린이들이 **문자지도 프로그램**에 적극적으로 몰입하여 참여하게 하기 위해서는 동기유발이 필수적이다. 여러 연구에서 학자들은 학습에 가장 중요한 영향을 주는 정의적인 요인의 하나로 학습 동기를 들고 있다(임상봉, 2001; 장경숙, 2004; Dőrnyei, 1998; Brown, 2000; Pressley et al., 2001). Harmer(2001)도 지적하였듯이, 언어학습 동기에 영향을 줄 수 있는 요인들로는 교실의 물리적 환경, 교수방법, 교사, 성공의 경험이 있다. 문자지도 교육에서도 동기 유발을 위한 학습 환경 조성과 동기지속 전략에 대한 고려가 있어야 한다. 특히 집중력 시간이 짧은 어린이들은 시간이 지나면서 학습동기를 상실하기가 쉬우므로 지속적인 동기 유발을 위한 방안을 마련해야 하며, 다음과 같은 사항을 고려해야 한다(임상봉, 2001; 장경숙, 2004; Boothroyd, 2001; Tompkins, 2006).

첫째, 학습목표와 일상적인 과정 및 절차를 잘 설정한다. 학습목표는 장기적인 목표보다는 단기적이고 가시적인 목표를 설정하는 것이 좋다. 학습 과정과 관련하여서는 Krashen(1982)

도 지적하였듯이, 예상 가능한 학습의 과정과 절차를 설정하는 것이 학습에 대한 두려움과 불안 요소를 줄여준다. 또한, 어린이들이 학습의 절차를 알면 학습 자체에 에너지를 쏟아부을 수 있게 해준다. 학습의 주제는 무엇이고, 어디에 어떤 자료들이 배치되어 있는지, 그날의 활동 내용이 무엇이고 할당된 시간은 얼마인지, 완성한 과제를 어떻게 제출하는지 등을 시각화해서 메모의 형식으로 매일 같은 곳에 게시하는 것도 한 방법이다. 이러한 교사의 행위 자체도 어린이들을 문자에 노출시키는 기회가 될 수 있다. 둘째, 능력보다는 노력의 중요성을 강조하고, 칭찬과 강화를 사용한다. 교사는 어린이들이 자신의 학습에 대한 기록을 하도록 유도하여 스스로의 진도와 성취에 대한 인식을 높이도록 하고, 자신의 능력 향상을 위해서는 무엇이 필요한지도 자각할 수 있도록 도와준다. 셋째, 경쟁이 아닌 협력적이고 협조적인 분위기를 조성한다. 특히, 교사와 어린이들 간에 협력 관계를 유지하기 위해서 어린이들을 격려하고 주어진 여건에서 관계 형성이나 유지에 도움이 될 수 있는 다양한 방법을 모색해야 한다. 예를 들어, 정해진 수업시간 외에 시간을 할애하여 어린이들과 야외 활동 등을 함께 할 수 있다. 넷째, 자율성을 신장시킨다. 어린이들에게 선택할 수 있는 기회를 주면, 읽고 쓰는 활동에 더 많은 동기 부여를 할 수 있고, 어린이들은 자신의 학습 경험에 더 많은 가치를 부여하게 된다. 다섯째, 직접 체험해 볼 수 있는 활동으로 구성한다. 우리의 영어 교육환경은 영어 사용 경험이 절대적으로 부족한 EFL환경이므로 체험학습을 통해 통합적 학습동기(integrative motivation)로 키워나갈 수 있도록 지도해야 한다.

Guthrie & Knowles(2001)는 문자지도 중에서도 특히 읽기에 대한 **동기**를 증진시키기 위한 원리로 다음의 7가지를 들고 있다. 그 7가지는 ①개념적 주제(conceptual themes), ②현실 세계와의 상호작용(real-world interactions), ③자기주도성 후원(support for self-direction), ④재미있는 텍스트 사용(using interesting texts), ⑤인지적 전략 교수(cognitive strategy instruction), ⑥사회적인 협력(social collaboration), 그리고 ⑦학습자의 자기표현 장려(supporting students' self-expression)를 들고 있다.

동기부여를 위한 원리에 대한 이해와 함께 적용해 볼 수 있는 구체적인 교수기법으로는 노래, 광고, 신문, 실수담, 문화캡슐, 역할놀이 등이 있다(임상봉, 2001). 예를 들어 문화캡슐을 활용할 경우에는 어순, 주소, 이름, 호칭, 신발, 인사, 손짓, 팁, 온도표시, 의식의 차이 등에 대한 내용을 그림이나 예시와 함께 제시하여 문화에 대한 학습이 함께 이루어지게 함으로써 학습 동기를 부여할 수 있다.

7) 어린이들의 소속감 형성을 위한 고려사항

어린이들에게 동기를 부여하는 것과 함께 학습 공동체를 형성해서 어린이들이 서로 배워나가는 것은 중요하다(Peterson, 1992). 수준이 다른 어린이들이 학습 집단을 형성하더라도 역할 분담, 기회제공, 참여, 반응하기 등을 통해 다양한 방식으로 그룹 학습에 참여하고 기여하게 할 수 있으며, 이를 통해 소속감을 갖게 할 수 있다. Tompkins(2006)는 학습 공동체의 특징으로 10가지를 언급했는데, 교사의 역할을 중심으로 살펴보면 다음과 같다. 첫째, 교사는 어린이들의 책임에 대한 지침을 정하고 그에 대해 기대를 한다. 둘째, 교사는 어린이들에게 단순히 연습의 기회를 제공하는 것 이상으로 의미 있는 활동을 통해 읽고 쓰기를 할 기회를 제공한다. 셋째, 교사는 어린이들이 소속감을 갖도록 계획하고 기회를 제공하여 동기부여를 한다. 넷째, 교사는 읽기와 쓰기 활동이 무엇인지 보여준다. 다섯째, 교사는 어린이들이 도전하고, 자신의 생각을 탐구할 수 있도록 격려한다. 여섯째, 교사는 미니레슨을 통해 지도한다. 교사는 정보를 제공하고 어린이들이 처해있는 상황에 읽기 · 쓰기 학습을 연계시킨다. 일곱째, 교사는 어린이들이 읽기 · 쓰기 한 활동을 공유하도록 기회를 제공한다. 여덟째, 교사는 어린이들이 스스로 읽고 쓸 활동을 정하고 프로젝트를 수행할 수 있도록 격려한다. 아홉째, 교사는 읽기와 쓰기 활동의 굵직굵직한 종료시간을 제시해 준다. 열 번째, 교사는 설정했던 교육목표에 대한 평가를 한다.

강영은(2006)은 재량활동을 위한 프로그램 제시에서, **경험적 영어 학습 접근법**(LEA)에 의해 읽기 자료를 제작하는 과정에서 수준이 낮은 어린이들을 참여시켜 어린이가 경험한 것을 말하도록 유도하고 말한 것을 문장으로 써서 읽도록 유도했다. 또한, 1학년부터 6학년까지의 어린이들을 모두 포함시켜 구성한 이 프로그램에서 학습 활동의 난이도나 어린이들의 특성 및 선호도에 따라 역할을 분담하여 프로그램 진행에 다방면으로 기여할 수 있게 하여 협동학습으로 이끌었다. 위의 연구에서처럼 경험적 영어 학습 접근법을 적용한 읽기지도는 어린이들의 일상적인 경험을 토대로 언어경험이야기를 만들어보는 방법으로 유치원과 초등 저학년들에게 효과적이다(유정순, 2005). 경험적 영어 학습 접근법의 효과는 많은 선행 연구의 결과들이 입증하고 있다. Hildreth(1964)는 어린이들이 글을 읽을 때 어린이 자신이 말한 단어는 그렇지 않은 단어보다 더 읽기 쉽다고 말하면서 어린이들의 언어가 풍부할수록 성공적인 읽기와 관련된다는 조사 연구 결과를 제시하였다.

지금까지 살펴본 7가지 요소를 바탕으로 문자지도를 위한 **프로그램 개발 단계**를 4단계로 모형화 하여 제시하면 <그림 1>과 같다.

Step 1	기초자료 조사(설문) + 교사의 문자지도 교육철학 및 통찰력
	↓
Step 2	프로그램의 범위 및 교육목표 설정
	↓
Step 3	교재, 자료, 활동 선정
	↓
Step 4	교수기법 · 학습전략 선정 및 조직 · 동기유발 전략 · 소속감 형성 / 개별화 교수전략

<그림 1> 문자 지도를 위한 프로그램 4단계

2. 문자지도 프로그램의 운영

앞 장에서 제시한 절차와 순서에 따라 일차적으로 **문자지도 프로그램의 기획 및 개발**이 되고 나면, 교사는 프로그램 전반에 관한 물리적 환경 및 교재의 관리, 교사 및 전문가 등의 인적자원 배치 및 협조체제 구축, 학부모의 참여 체제 구축, 효과적인 시간 활용 등의 관리를 위해 프로그램의 경영자로서 역할이 요구된다. 또한, 교사는 이 모든 과정에서 끊임없는 모니터링과 벤치마킹을 통해 즉각적인 직 · 간접적 피드백을 제공하거나 반영하는 열린 경영 마인드를 발휘해야 한다. 이 장에서는 효율적인 시간 활용, 어린이들의 개인차를 고려한 교육 서비스 제공, 프로그램 모니터링 방법, 부모의 참여유도 방법 등을 중심으로 문자지도시 프로그램 운영의 이론과 실제를 살펴보겠다.

1) 효율적인 시간활용 및 학습활동 배치

어린이들이 학습 활동을 하는데 오랜 시간을 보내면서 다양한 내용을 학습하면 더 많은 학습이 된다는 것이 여러 연구에서 밝혀졌다(Rosenshine & Stevens, 1984; Berliner, 1985; Brophy & Good, 1986). 이는 Krashen(1985)의 언어 습득이론 가설 중에 이해 가능한 언어입력을 많이 제공하면 할수록 언어습득이 더 많이 이루어진다는 입력가설을 뒷받침하는 것이다. Chomsky(1972)는 언어는 규칙지배의 결정체이고, 그 규칙은 어린 시절에 잘 형성되므로 어린이들이 일찍부터 책을 쉽게 접할 수 있게 되면 수준 높은 언어구문을 향상시키는 계기가 된다고 주장하며 조기 문자지도의 필요성을 강조한 바 있다. 즉, 학습시간과 학습정도 사이에는 비례관계가 성립하는데, 이때 학습내용의 다양화와 질이 프로그램 성공의 변수로 작용하게 된다. 따라서 학습 활동을 선정하고 구조화할 때에는 해당 활동의 적절성 및 필요성 여부를 반드시 꼼꼼히 따져봐야 하며, 때에 따라서는 활동시간에 대해서도 유연성을 가지고 배정할 필요가 있다.

각 학급에서 정규교과운영과 함께 문자교육 프로그램을 추가로 운영할 경우에는 더더욱 시간의 효율적인 활용이 핵심적인 요소가 된다. 김정렬과 황지영(2006)의 연구에서는 초등학교 영어 클럽 활동반의 효과적인 운영을 위해 아침 자율학습 시간과 연계하여 운영한 사례를 보여주고 있다. 아침자율학습시간에 주3회 30분씩 책을 읽을 수 있는 기회를 제공하고, 1주에 1회 있는 클럽활동 시간에는 읽기 후 활동으로 책 만들기, 단어 퀴즈 등 다양한 활동을 조직하고 전개하여 효과적인 시간활용이 될 수 있게 운영하였다.

2) 방학 중 보충 프로그램 활용하기

경제적으로 여유가 없거나 학습에 부진을 보이는 어린이들은 평균 수준 이상의 어린이들에 비해 상대적으로 방학기간 동안의 학습 손실이 더 클 수 있다. 이러한 상황을 극복할 수 있는 한 방안이 여름방학을 이용한 방과 후 학교 프로그램이나 읽기・쓰기 특별과정 프로그램에 참여하게 하여 읽기 및 쓰기 능력을 향상하도록 하는 것이다. 특히, 학습 부진이 진단된 이후의 보정교육은 가능한 일찍 제공하는 것이 중요하다. McCormick(1999)도 지적하였듯이 어린이들의 읽기 능력 발달은 개인차가 있으므로 시간이 지나면 해결되는 부분이 있는 것도 사실이다. 그러나 어린이들의 읽기 부진이 정상적인 범주에서 많이 벗어난다면 단순히 시간을 기다리는 것은 비효과적일 것이다. 따라서 부진이 발견되는 경우 빠른 시간 내에 보정교육을 실시하는 것이 바람직하다.

Miller(1988)는 보정 수업의 경우 수업시간이 너무 길어서 지루해지면 안 되므로, 대부분의 학습 부진아에게는 30~45분 정도 지속되는 것이 적절하다고 하였다. 이는 어린이들의 짧은 집중 시간 및 현 교육과정 체제의 시간 안배를 고려하더라도 적정한 수준이다. 학습 부진아를 지도할 때는 가능한 소학급 단위로 편성함으로써 교사와 어린이 간에 밀착 교육이 가능하도록 하고 교사와 학부모 간에도 긴밀하게 협력할 수 있도록 한다(Achilles, Finn, & Bain, 1997-1998) 또한 수업을 재미있게 한다는 것이 여러 가지 활동을 해야 하는 것이라기보다는 어린이들의 참여도를 높일 수 있는 활동을 적절하게 제공하는 것이 중요하므로 이에 대한 고려가 있어야 하겠다.

어린이들의 읽기 부진이 여러 영역에서 진단된 경우 가장 기초적인 기능에 대한 영역부터 보정되어야 하며, 유사한 수준의 문제점이 발견된 경우에는 가장 심각한 문제를 보인 영역부터 보정 되어야 한다(장경숙, 2004). Rupley와 Blair(1983)가 주장하듯이, 개별화된 보정 프로그램을 통해 어린이들의 장점과 단점에 적합한 프로그램을 구성하고 이를 적용하는데 사용 가능한 자료 등을 찾는 과정이 중요하다. 단순히 어린이들의 수가 수업의 개별화를 결정짓는 절대적인 요인은 아니므로, 우리의 교실환경에서 프로그램이 어린이들에게 필요한 요소를 얼마나 제공할 수 있는지의 여부에 중점을 두어야 한다.

3) 어린이들의 개인차 · 수준차를 고려한 집단 구성의 원리

문자지도 교육을 위한 그룹을 조직할 때에는 어린이 개개인의 요구를 반영할 수 있도록 해야 하는데, 조직적인 계획을 통해 학습 부진아에 대한 추가 지도도 간과해서는 안 되며, 전체적으로는 다양하고 유연하면서도 균형 있는 학습 집단 구성을 하고, 주기적인 평가를 통해 적당한 인원의 범위 내에서 학년별 · 학급별 재배정을 하도록 프로그램을 설계해야 한다. 교사는 어린이들의 수준을 고려하여 학습 집단을 편성하고, 각 집단에 적합한 교육 내용과 방법을 활용하는 수준별 수업을 적용하는 것이 필요하다. 어린이들의 수준을 논함에 있어서 '수준'이라는 말의 의미는 어린이 개개인이 가지고 있는 차이, 즉 개인차로 정의 내릴 수 있는데, Brown(2000)은 개인차를 언어 숙달도와 같은 능력의 차이로 봄과 동시에 개인의 특성차이로도 파악하였다. 교사가 집단 구성의 원리에 대한 이론적 이해를 바탕으로 학급 구성을 잘 한다면 배경지식, 흥미, 성취수준, 학습기술 등에서 기인한 어린이 간의 개인차를 좁혀갈 수 있을 것이다. 본 장에서는 다양한 학습 집단의 특징과 형성 방법 및 활용에 대해 살펴보겠다.

(1) **전체학급 지도 및 수준별 지도하기**(Whole-Class Grouping & Tiered Instruction)

Radencich(1995)도 지적하였듯이, 전체 학급을 동시에 가르치는 방법은 교사의 입장에서는 효율적이면서 어린이들에게 소속감을 줄 수 있다는 장점은 있지만, 교사중심적인 수업이 되기 쉽고 **수준차를 고려한 개별지도**가 어렵다. 전체학급으로 운영하기에 적합한 활동을 중심으로 그 내용을 정리하면, 첫째, 학급 전체가 소리 내어 읽거나 함께 읽기를 할 필요가 있을 때, 둘째, 새로운 개념이나 어휘, 읽기 전략에 대한 설명을 하거나 토론을 할 때, 셋째, 읽기 · 쓰기 활동의 도입과 정리단계에서, 넷째, 어휘에 대한 사전 · 사후 퀴즈를 볼 때, 다섯째, 보고서 발표나 프리젠테이션 활동을 할 때, 여섯째, SSR(Sustained Silent Reading)활동 시에 활용할 수 있다.

한편, 이러한 전체 지도와 함께 **개별화 · 수준별 지도**도 활용해야 한다. 핵심 혹은 기본이 되는 교육과정을 운영하면서 수시 평가를 통해 부진한 어린이들을 제2, 제3의 그룹에 배치하여 필요한 학습 전략을 추가로 지도할 수도 있고, 프로그램의 목표와 성격에 따라 수준별로 세분화하여 지도할 수도 있는데, 이러한 전략을 계층화 된 교수라고 한다. 이야기책을 활용하여 지도할 경우에는 한 학급 내에서도 충분히 전체 학급활동과 수준별 활동을 통합하여 지도할 수 있다. 동화나 이야기책을 활용할 경우에 같은 학습 목표를 정해놓고 기본적인 주제나 내용은 같지만 어휘의 난이도나 구문의 복잡도에 따라 수준이 다른 책을 선정하여 어린이들이 자신의 수준에 맞춰서 선택적으로 읽게 하고 각자의 이해를 바탕으로 전체 토론을 하는 방법을 활용하는 것도 한 방안이다(Gunning, 2005). 각자의 수준에 맞춰 읽기가 진행되는 동안 교사는 사전 계획 하에 특정 수준의 집단을 집중적으로 지도할 수 있다. 이렇게 하면 한 학급 내에서라도 제한적이기는 하지만 수준차를 고려해 주면서 주제나 장르를 중심으로 학급 전체가 통합될 수 있는 장점이 있다.

이처럼 이러한 **개별화 수업전략**은 한 학급 내에서 전체학습자를 대상으로 지도하는 가운데 부분적으로 그룹별 개별화 수업을 진행할 수도 있으나, 처음부터 학급과 상관없이 한 학년 전체를 대상으로 읽기/쓰기 숙련도에 따라 수준별로 분류하여 수준별 수업을 실시할 수도 있다. 일례로, 김영철(2004)은 초등 6학년을 대상으로 알파벳과 단어 수준, 구와 문장 수준, 문맥 수준의 3단계로 나누어 각 단계 내에서 다양한 활동을 선별적으로 적용하여 읽기와 쓰기의 통합 지도를 하였다. 그 결과 어린이들은 수준에 상관없이 모두 읽기와 쓰기에서 성취도의 향상을 보였으며, 실험반의 중간 집단에서는 관심 및 흥미도가, 하위집단에서는 참여도가, 중간집단과 하위 집단 모두에서는 자신감과 이해도가 향상되었다고 보고하고 있다. 다만, 하위 집단의 흥미도와 동기화가 향상되지 않은 점을 고려하여 현장에서 교사는 하위 집단에 더욱 지속적인 관심을 가져야 할 것이며, 프로그램 기획과 운영 시 이러한 점을 늘 고려해야 한다는 시사점을 주고 있다.

(2) 소그룹별 지도

소그룹별 지도는 그룹 내에서 개별학습자의 요구를 충족시킬 수 있도록 설계된 조직의 유형이다. 개별지도와 마찬가지로 소그룹별 지도를 위해서도 배경지식, 흥미, 성취수준 및 기술의 개인적인 차이에 따라 집단을 구성할 수 있다. 배경지식이 다를 경우 공통된 과제를 중심으로 그룹을 형성하여 각자 다른 방식으로 과제수행에 기여하도록 한다. 흥미, 성취수준, 기술에 차이가 있는 경우에도 각각의 흥미, 성취수준, 기술을 중심으로 집단을 구성한다. 이러한 소그룹 지도의 유형으로는 유도적 읽기, 문학토론 그룹, 흥미나 관심사별로 함께 활동하기, 협동학습, 전략학습 그룹 등이 있다.

① 유도적 읽기를 활용한 소그룹별 지도하기

유도적 읽기는 4-5명의 읽기 숙련도가 비슷한 수준으로 구성된 소그룹 내에서 개별지도가 가능한 접근법이다(Fountas & Pinnell, 1996, 2001). 그룹 형성을 위해 교사는 현장기록을 사용해서 어린이들의 수준을 진단할 수 있는데 이때 어린이들의 자가 교정이나 자가 모니터링 전략의 활용여부, 어린이들의 경험과 텍스트의 상관관계 여부 등도 함께 점검하고 이를 축적하여 개별 문서화 하여 관리하는 것이 좋다. 이와 함께, 유도적 읽기를 할 때 어린이들의 관심이나 흥미에 따라 실제적인 텍스트를 사용하는 것이 가장 효과적이다(Herrell & Jordan, 2004). 또한, 어린이들이 배경지식이 부족한 경우 시각적인 자료 제시나 교사의 제스처 사용을 통해 의미를 전달하는 전략을 활용할 수 있으며, 어린이들이 모르는 단어를 지나치거나 의미를 틀리게 추측하는 경우 바로 알려주기 보다는 문맥 속에서 의미가 통하는지를 스스로 판단해보고 재차 읽게 하거나 추측해 볼 수 있게 격려한다. 학습 집단 구성의 원리에 초점을 두어 유도적 읽기의 교수기법 및 절차를 제시하면 <표 4>와 같다.

<표 4> 유도적 읽기를 위한 학습 집단 구성과 지도절차

	지도기법	교사의 역할
1	수준별로 4-5명씩 배치 및 책 선정: · 교사의 running records나 관찰일지를 근거로 학습 집단 배치	안내자 모니터 촉진자 역할
2	읽기 전 활동: · 예상하기, 스키마 활성화	
3	읽기 · 반복해서 읽기: · 해독하기 · 유창하게 읽기	
4	확장해서 연습하기: · 2-3명씩 짝지어 연습하기 · 교사와 점검하기	

어린이들이 좋아하는 애니메이션 영화를 재구성한 이야기책을 활용하여 <표 4>의 지도 절차를 따를 경우, 어린이들이 배경지식을 갖고 있고 어휘나 전체적인 구문이 어렵지 않다면 내용 이해를 하면서 유창하게 읽게 하거나 자기교정 전략을 활용하도록 지도하기에 적절하다. 예를 들어, *The Lion King*의 경우 삽화에 감정이나 기분을 표현하는 장면들이 잘 나타나 있는데 이를 통해 읽기 전 단계에서 주인공별로 표정이나 모습과 관련된 어휘에 대한 상호작용을 통해 스키마를 활성화할 수 있다. 그룹별로 읽기 활동을 진행한 후 마지막 단계에서 짝과 함께 읽기로 점검을 하게 한 후에 교사와 한 번 더 정리하는 것도 좋을 것이다.

② 학습전략 교수를 위한 집단구성 활용하기

특정한 언어기능이나 학습전략을 교수할 목적으로 필요나 요구에 따라 그룹을 형성하여 지도할 수 있다. Chamot & O'Malley(1994)도 지적하였듯이, 이러한 **학습전략/기능에 대한 교수**를 통해 어린이들은 스스로 자신의 학습에 대해 모니터링하는 방법을 터득할 수 있게 되는데, 교사는 초인지적 전략, 인지 전략 및 사회/정의적 전략을 범주화하여 교수하고 이를 어린이가 자신의 학습상황에 실제적으로 적용해 볼 수 있도록 지도해야 한다. 특히, 앞서 살펴보았던 유도적 읽기의 마지막 단계에서 필요에 따라 학습전략 집단을 구성하여 지도할 수 있다.

학습 전략 교수를 목적으로 형성된 그룹은 비교적 수준이 높은 어린이들의 욕구를 채워주기 위해 형성되며. 그 목적을 달성하면 자연스럽게 해산되는 특징을 보인다(Radencich,

1995).

학습 전략 교수의 근본적인 목표는 어린이들의 자립도를 발달시키는 데 있는데 지도전략은 다음과 같다(Herrell & Jordan, 2004). 첫째, 학습전략과 교육과정을 매치시킨다. 가르칠 교과과정 내용에 적합한 전략을 선택한다. 전략은 한 번에 몇 가지씩만 지도하도록 계획하여야 하며, 새로운 전략을 소개하기 전에 충분히 연습할 수 있는 기회를 제공해야 한다. 둘째, 어린이들이 과제에 접근하는 방법에 대한 숙고를 통해 스스로 자신의 방법에 대한 인식을 할 수 있게 한다. 셋째, 전략 사용을 모델링 한다. 교사는 전략의 명칭과 그 활용법을 설명하고 예시를 제시한다. 넷째, 연습의 기회를 제공한다. 다섯째, 전략 활용에 대해 토론을 하도록 지도한다. 어린이들에게 어떤 전략을 사용했으며 무엇이 어려웠는지 구술하게 한다. 이때 <표 5>와 같은 자기 평가 도구를 활용하도록 평가지를 제공해 준다. 여섯째, 시각 자료를 활용한다. 학습자 자신이 학습전략에 대한 활용에 있어서의 발달 단계를 눈으로 확인하도록 도표를 게시한다. 이는 다양한 상황과 과제에 전략이 사용될 수 있다는 것을 인지하도록 하는데 도움이 된다. 일곱째, 전략의 명칭과 어린이들의 이름을 목록으로 만들어 체크리스트를 구성하고 활용여부나 경로를 관찰한다.

<표 5> 학습전략 자가 평가 도구

학습전략 활용 평가표

이름 :

학습전략 :

여러분이 수업시간에 배운 학습전략을 사용할 때마다 여러분이 생각했을 때 얼마나 잘 활용했는지를 나타내기 위해 아래의 연속선상에서 어느 정도에 해당하는지 x표시를 하세요.

←――――――――――――――――――――――――――→

Poorly	OK	Well
배웠던 절차를 따르지 않았다	절차를 따르긴 했지만 완전히 집중하지는 않았다	순서를 따라했더니 성공적이었다

학습과제:

학습주제:

	효과성
오늘/이번 주에 사용한 전략들:	1 2 3 4 5
	1 2 3 4 5
	1 2 3 4 5
	1 2 3 4 5

처음부터 특정 전략을 지도할 목적으로 집단을 구성할 수도 있지만, 교사의 관찰을 시작으로 교수전략을 세울 수도 있다. 교사의 관찰이나 평가를 기반으로 학습전략 교수를 접근할 때의 구체적인 지도 절차를 제시하면 <표 6>과 같은데, 선형적 모형이라기보다는 순환

적 모형으로 적용할 수 있으며, 실제 적용이후에도 부진을 보이는 어린이들은 이후에 새로 그룹을 형성해서 지도하는 배려가 필요하다. 예를 들어, 비교/대조를 구분해서 차트를 완성하는 활동을 하는데, 일부 어린이들이 제대로 쓰지 못하고 두 항목 각각의 특징을 열거하는 것에 그치는 경우, 교사는 최근 함께 읽었던 텍스트를 가지고 시범을 보일 수 있다. 예를 들어, *Time for Kids*를 통해 alligator와 crocodile의 차이점에 대해 읽은 적이 있다면, 우선 배운 내용을 다시 함께 소리 내어 읽는다. 각 동물의 특징을 어린이들에게 물어 목록화하고 거기서 다시 공통점과 차이점을 이끌어 내는 과정을 시범 보이면서 비교와 대조가 무엇인지에 대한 개념도 함께 설명한다. 이어서 비슷한 상황을 제시하여 연습을 유도하는데, 고양이와 강아지에 대한 연습을 해 볼 수 있다. 후속 활동으로 어린이들과 좀 더 실제적인 연관이 있는 '엄마와(내동생과) 나의 공통점 차이점 찾아보기' 등으로 확장하여 과제를 부여할 수 있다.

<표 6> 학습전략 교수를 위한 집단구성 및 지도절차

단계	지도 기법	교사역할
1	관찰: 관찰일지 작성과 어린이들의 활동지 샘플 수집을 통해 어린이들의 수준, 수행능력 등을 파악하여 지도가 필요한 기능이나 전략을 문서로 목록화하여 체계적으로 기록한다. → 부모에게 모니터링 결과를 알려주는 자료로 활용	안내자의 역할
2	공통적 지도 사항 발견하기: 주기적으로 1단계를 되풀이하여 반복적으로 발견되는 사항을 찾아내어 비슷한 지도가 필요한 어린이들을 모아 그룹을 형성한다.	
3	지도하기: 필요한 기능/전략을 설명하고, 시범을 보이고, 교사와 함께 적용을 해보고, 스스로 실제 상황에 적용해보게 하고 활용 여부를 이후의 활동지 작성에 기록하여 추적한다.	

③ 같은 관심사를 가진 학습자들끼리 함께 읽고 쓰기

특정한 주제나 장르에 관심 있는 어린이들끼리 소그룹으로 협동학습을 하는 유형의 집단구성 방법이다(Gunning, 2005; Leu & Kinzer, 2003). 학습 단원의 주제와 관련하여 어린이들이 흥미 있어 하는 요소들을 가려내어 자발적으로 그룹을 형성하게 하면 된다. 그러나 어린이들이 공통의 관심사를 끌어내는데 어려움을 겪는 경우 교사는 통합교과적인 주제를 중심으로 다음과 같은 선행 활동을 집단형성을 위한 준비 활동으로 활용할 수 있다. 첫째, 30초를 주고 각자가 좋아하는 동물/과일/채소 3가지를 적게 하여 구성원들이 공통적으로 많이 좋아하는 것을 선택하여 읽거나 쓸 주제로 활용한다. 둘째, 그룹의 이름이나 로고를 정하게 하여 소속감을 갖게 하고 의사결정과정에서 관심사를 발견하도록 유도한다. 집단형성과 지도기법에 대한 절차를 제시하면 <표 7>과 같다.

<표 7> 같은 관심사를 가진 어린이들의 집단구성 및 지도절차

<table>
<tr><th>단계</th><th>지도기법</th><th>교사의 역할</th></tr>
<tr><td>1</td><td>자발적 그룹 형성:
· 교사가 선정한 주제를 중심으로
· 어린이들의 관심사를 중심으로
· 학습준비 활동 활용</td><td rowspan="3">안내자
모니터
촉진자
역할</td></tr>
<tr><td>2</td><td>활동 계획 및 수행하기:
· 구체적 질문, 역할 규명, 정보의 출처를 정하고 수행
· 모든 의사 결정은 그룹 내에서 하게 함</td></tr>
<tr><td>3</td><td>결과발표 및 공유하기:
· 결과를 종합함</td></tr>
</table>

<표 7>에 따른 예시를 들어보면, 유명한 사람들이라는 주제아래 발명가, 미술가, 음악가를 각 그룹의 주제로 정한 경우, 각 그룹의 어린이들은 위인전에서 자신이 좋아하거나 알고 싶은 인물을 정하고 읽기를 통해 찾거나 알고 싶은 내용을 함께 적는다. 어린이들은 각자 읽거나 함께 읽으면서 필요에 따라서는 다른 참고자료나 컴퓨터 센터를 활용하여 KWL기법에 따른 <표 8>의 양식을 완성해 나간다.

<표 8> 같은 관심사를 가진 어린이들의 학습 활동 지원을 위한 보고서 양식

<table>
<tr><td colspan="4">Group name and logo(조 이름과 로고) : Date(날짜) :
Our interest(우리의 관심사) :</td></tr>
<tr><th>Contribution
(담당 조원)</th><th>Who we want to know?
(우리가 알아보고
싶은 인물)</th><th>What we want
to know?
(우리가 알고
싶은 것들)</th><th>What we have learned
(우리가 알게
된 것)</th></tr>
<tr><td></td><td></td><td></td><td></td></tr>
<tr><td></td><td></td><td></td><td></td></tr>
<tr><td></td><td></td><td></td><td></td></tr>
<tr><td colspan="4">Comments(하고 싶은 말) :</td></tr>
<tr><td colspan="4">Group Member's Signature(우리조원들의 싸인) :</td></tr>
</table>

④ **짝과 함께 읽고 쓰기**(Buddy Read & Write)

짝과 함께 읽고 쓰기(Meyers, 1993)의 한 유형인 이 집단 구성은 협동학습의 형태로 학습자끼리의 상호작용과 격려의 기회를 제공하는 장점이 있다(Dias-Rico & Weed, 2002). 약간 어려운 텍스트를 함께 읽게 하거나, 한 어린이가 읽고 다른 어린이는 들은 내용을 받아써보거나 도식구성도를 활용해서 쓰는 활동을 하게 할 수 있다(Herrell & Jordan, 2004). 짝 활동 에서는 모델 역할을 확실히 수행할 수 있는 어린이와 상대적으로 부진한 학습자를 짝 지워 발판이 될 수 있도록 해야 하므로, 같은 학년, 같은 학급에서 짝을 지어줄 수도 있겠지만, 고학년과 저학년을 짝지어 주는 것이 더 효과적이다. 영어 클럽반/재량활동/방과 후 학교 활동 운영 시 여러 학년이 섞여 있는 경우에 활용해 볼 수 있다. 구체적인 교수 기법 및 절차는 <표 9>와 같다.

<표 9> 짝활동을 위한 집단구성 및 지도절차

단계	지도기법	교사의 역할
1	짝 정해주기: · 효과적으로 학습목표를 수행 할 수 있도록 배정 · 학년 간/학급 간/학급 내 편성 가능	안내자 모니터 촉진자 역할
2	시범 보이기: · 구체적인 절차/기법을 시범보이고 이를 명시화	
3	연습 및 확장: · 짝끼리 읽고 쓰기 · 연습 후 다른 짝 그룹/전체그룹에게 읽어주기	

<표 9>에 따라, 학습 목표가 유창하게 소리 내어 읽고 육하원칙에 따라 내용을 정리하는 기술을 익히는 것이라고 가정해 보자. 고학년과 저학년을 짝지어 일화나 사실을 바탕으로 한 이야기가 녹음된 CD-ROM을 함께 듣고 이어 소리 내어 읽기 연습을 하게한다. 처음에는 고학년이 먼저 읽고 저학년이 듣게 하고, 두 번째는 저학년이 읽게 하고 고학년이 모니터링을 하게 한다. 마지막으로 다시 듣고 함께 따라하게 한다. 여러 번 읽기 연습을 하고 나서 이야기가 익숙해지면 육하원칙을 파악할 수 있게 구성된 도식구성도를 가지고 핵심어를 함께 적어보게 한다. 개별 짝 그룹마다 어휘나 구문이 약간씩 변형된 다른 텍스트를 주어 연습하게 하고 이후에 그룹 간에 합창낭독을 하게 하여 자신감을 길러줄 수 있다. 지금까지 살펴본 **집단 구성의 원리**를 요약하여 제시하면 <표 10>과 같다.

<표 10> 학습 집단 구성의 유형 및 지도기법

집단유형	전체학급	소집단	짝활동/개별지도
지도기법	· 소리 내어 함께읽기 · 개념, 어휘, 전략을 직접 설명할 때 · 도입과 정리 단계 · 어휘 확인 퀴즈 · 발표/프리젠테이션 · SSR	· 유도적 읽기 · 이해전략/언어기능 교수 · 주제나 관심사별로 지도	· 짝과 함께 읽기 · 부진아 지도

4) 어린이들의 학습 과정 모니터링 하기

Hoffman(1992)도 지적하였듯이, 효과적인 지도를 위한 필수적인 요인 중에 하나가 바로 어린이들의 현재 위치를 파악하는 것이다. **모니터링**이 반드시 정형적일 필요는 없지만 리터러시 지도를 위해서는 다음과 같은 방법들을 활용해서 끊임없이 관찰하고 보충 및 수정하는 노력이 필요하다. 첫째, 어린이들이 소리 내어 읽는 것에 귀 기울여 듣는다. 둘째, 어린이들이 읽는 과정에서 범하는 오류나 실수에 대한 현장기록을 만든다. 셋째, 어린이들과 수시로 대화하여 학습의 진행과정이나 어려움 등을 파악한다. 넷째, 교사와의 대화는 물론 어린이들끼리의 대화 내용에도 귀 기울인다. 또한, 모니터링은 계획, 학습지도, 평가 및 그 결과 반영 등 전반에 걸쳐 이루어져야 하는데, Anstey & Bull(1996)과 Tompkins(2006)의 모니터링 모델을 수정 · 보완하여 제시하면 <그림 2>와 같다.

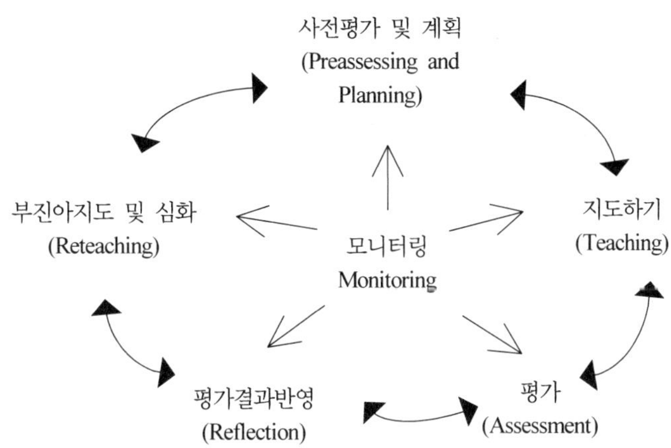

<그림 2> 문자 지도와 프로그램 모니터링 모형

<그림 2>에서 보듯이, **모니터링**은 순환적인 모형 안에서 교수활동과 프로그램 전반에 걸쳐서 이루어지게 된다. 일차적으로 사전평가를 통해 프로그램을 계획하고 그에 대한 지도가 이루어진다. 지도한 내용에 대한 평가를 통해 그 결과를 반영하여 보충 · 심화지도를 하고 새로운 교수활동을 계획하게 한다. 유비쿼터스 시대에는 이러한 모형이 학습관리시스템(LMS, Learning Management System)에 근거하여 보다 체계적이고 과학적인 관리가 가능할 것이다. 또한 여러 교육기관을 통해 학습한 이력이 통합적으로 관리될 수 있도록 함으로써, 어린이들의 학습 활동과 관련한 모니터링 자료를 누적하여 어린이들의 특성에 따른 차별화된 교육을 가능하게 할 것이다. 즉, 유비쿼터스 시대에는 개별 어린이들의 요구와 특성에 따른 적응적 학습의 구현이 가능할 것이다.

5) 가정–학교 파트너십 형성하기

프로그램 운영 전략을 잘 세우는 교사는 학부모와 파트너 관계를 맺는 것을 프로그램 성공의 또 다른 중요한 요인으로 인식하고 구체적인 행동 전략을 잘 세운다. 비록 가정과 학교의 역할이 상이한 부분도 있겠으나 기본적으로 학교와 가정이 협력체계를 구축하여 어린이의 문자 발달을 성공적으로 이끈다면 이후의 결손을 방지하는 길이 된다. 학부모와 교사의 파트너십 형성과 관련하여, 이 장에서는 먼저 문자지도 교육에 있어서 부모의 중요성에 대해서 살펴보고, 부모에게 정보 제공하기, 자발적인 참여 유도하기, 어린이의 문자지도시 능력 향상 알리기의 4가지 방향에서 논의하겠다.

(1) 부모의 교육적 참여 및 중요성

정동빈 & 채유순(2003)은 아이의 **최고 선생님은 엄마**라고 하였으며, 엄마의 관심과 배려가 아이의 언어 발달에 가장 중요하다고 하였다. Tinajero & Nagel(1995)도 부모는 아이의 문자지도 발달에 있어 가장 큰 영향력을 준다고 하면서 부모의 참여가 있을 때 아이는 잘 읽고 쓰게 된다고 하였다. 국제읽기협회(2002)에서도 자녀의 성공적인 문자능력 발달을 위한 가족의 참여는 가족의 수입이나 교육수준보다도 중요한 요인이라고 하였다. 또한, Hart & Risley(1995)는 아이의 언어 발달에 확연한 차이를 가져오는 요인으로 많은 노출과 질 높은 상호작용 및 피드백을 꼽았다. 아이들이 가장 많은 시간을 보내는 곳이 가정이며, 엄마와 함께 보내는 시간이 많은 반면 학습 환경이 EFL이라는 점을 감안하면 아이의 빈도 높은 노출을 제공하고 아이와 의사소통할 수 있는 엄마의 역할과 중요성은 더 커진다. 따라서, 부모는 학교와 긴밀한 관계를 구축하면서 문자능력 학습 환경 조성을 위해 노력해야 한다. 물론 이러한 물리적 환경 조성과 함께 심리적인 지원과 격려도 아끼지 않아야 한다.

이렇듯 아이의 **문해력 발달**에 핵심적인 역할을 하는 부모는 첫째, 교실에서 보조교사로, 둘째, 참고자료 역할을 하는 사람으로, 셋째, 가정에서의 선생님으로서 역할을 할 수 있다(Tinajero & Nagel, 1995). 이러한 다양한 역할을 해 내기 위해서는 정동빈과 채유순(2003)이 주장하였듯이 엄마의 영어 공부가 선행되어 프로그램의 내용을 파악할 수 있는 자질을 갖추어야 한다. 다음에서는 엄마가 학교와 어떻게 파트너십을 형성하고 의사소통 할 수 있는지 살펴보겠다.

(2) 부모에게 문자지도 정보 제공하기

가정과 학교가 파트너십을 형성하는 것은 여러 차원과 수준에서 가능한데, 프로그램의 경영자 입장에서는 각 가정의 요구 수준 및 지원 가능한 범위가 어디까지인지 파악하고 그에 상응하는 가이드를 해 주는 것이 중요하다. Salinger(1996)는 지원, 비정기적/소극적 참여,

정기적/적극적 참여의 3가지 차원에서 학교와 가정이 협조체제를 구축할 수 있다고 하였다.

특히, 지원 단계에서는 부모의 입장에서 보면 교육과정의 교육 목표에 맞게 지원해 줄 수 있는 의지와 여건이 갖추어 졌다는 것을 의미하고, 경영자의 입장에서는 그러한 수준에서 부모의 요구 사항에 부응해야 한다는 것을 의미한다. 부모는 문자지도에 대한 구체적인 지도방법에 대한 정보가 없어서 관련 정보를 원할 수 있으므로, 정기적으로 소식지, 연사초청 컨퍼런스, 워크샵, 전화상담 등을 통해 프로그램의 새로운 소식을 전한다. 이론과 실제적인 측면에서 어린이의 문자지도 발달 과정과 특징, 가정에서 어린이와 함께할 수 있는 활동 방안, 학교에서 수행한 활동내용을 가지고 왔을 때 무엇을 어떻게 관찰하고 살펴볼 것인지, 읽기와 쓰기를 어떻게 연계하여 지도할 것인지 등의 방안에 대해 주제별로 정기적인 계획을 가지고 체계적으로 안내해 줄 수 있다(Gunning, 2005; Tompkins, 2006). 이때, 부모의 역할, 절차, 참고자료 등에 대해 구체적으로 제시해 준다. 또한, 비슷한 연령의 자녀를 둔 부모끼리 커뮤니티를 형성해 의사소통할 수 있도록 통로를 마련해 주는 배려도 필요한데, 이는 웹 사이트 등을 활용하여 공개적이고 효과적으로 소통할 수 있다.

(3) 부모의 자발적인 참여

파트너십을 형성하는 또 다른 방안으로는 부모의 자발적인 참여를 유도하는 것이다. 주기적이고 적극적인 참여는 아니더라도 간헐적으로라도 자녀의 교실을 방문하여 참여할 수 있으며, 이러한 참여를 위한 통로마련은 프로그램의 계획단계에서부터 이루어져야 한다. 자녀와 일일 특별 프로젝트를 함께 수행하게 한다거나, 적어도 자녀가 어떻게 읽고 쓰고 있는지 관찰하고 들을 수 있으며, 학교 도서관을 함께 방문하는 등의 관심을 표현할 수 있는 기회를 만들 수 있다. 이러한 소극적인 참여에서 나아가 학급 활동의 일상적인 부분으로써 적극적으로 참여하게 하는 가장 강도 높은 수준의 참여도 있다. 요즈음 부모의 교육적 수준이 높아짐에 따라 자녀 교육에 대한 관심 수위도 점차 높아지고 있으므로 방학 등을 이용한 단기간의 집중 프로그램을 구안할 경우에는 부모와 자녀 및 학교가 함께 연계하는 방향으로 밀착된 프로그램을 설계할 수 있을 것이다. 이와 함께 희망하는 부모에 대해서는 별도의 훈련 프로그램을 제공하여 교실에서 어떻게 효과적으로 참관 및 참여할 수 있는지에 대한 지침이나 기법 등에 대한 강좌도 제공할 수도 있을 것이다. 이러한 특별 프로그램은 오프라인 상에서도 가능하겠지만 온라인에서 동영상을 활용하여 제공할 수도 있어 물리적인 제약 없이 정보에의 접근을 용이하게 할 수 있다.

(4) 어린이들의의 문자능력 향상 알리기

교육과정에 대한 안내, 가정에서의 지도 등에 대한 정보 제공과 함께 교사는 어린이의 향상에 대해 부모에게 알려주어야 한다. 구체적인 시간의 틀 속에서 심층적이고 전문가적인 진단을 하고 그에 대한 해결방안을 제시할 수 있어야 하는데 다음과 같은 사항들이 포함되어야 한다(Salinger, 1996). 첫째, 학습자의 강점과 취약한 부분을 문자 발달, 감정적 발달, 행동 발달의 측면에서 통합적으로 제시하고 가정에서 보완할 수 있는 방안을 제시한다. 이때, 실제적인 활동 샘플을 보이면서 전문적인 용어를 사용하되 쉽고 명확하게 풀이하여 학부모가 자녀의 학습 및 인지 발달에 대한 이해를 도울 수 있도록 한다. 둘째, 정해진 시간 안에서 어린이가 보인 성취를 눈으로 확인할 수 있도록 프로그램 시작 시점과 중간 혹은 종료시점의 과제물들을 비교·분석한 리포트를 활용할 수 있으며(Flood and Lapp, 1989), 어린이의 일반적인 문자 발달의 전체 단계 속에서의 개별 어린이의 상대적인 발달 정도를 제시할 수도 있다. 셋째, 학부모 간담회나 상담을 하기 전에 그 동안 어린이가 수행해 온 활동 내용을 담은 전자 포트폴리오를 온라인상에서 이메일이나 휴대전화, PDA등의 휴대기기를 통해 확인할 수 있게 하여 어린이의 활동 내역은 물론 교사가 제공한 피드백 등을 부모가 사전에 확인할 수 있도록 배려한다.

지금까지 살펴보았듯이 부모의 적극적인 참여를 이끌어 내기 위해서는 Gunning(2005)이 지적한대로 교사는 체계적인 노력을 해야 한다. 따라서, 지금까지 살펴본 여러 이론적 기저들을 바탕으로 부모의 참여를 기반으로 한 **가정-학교 파트너십 형성을 위한 모델**을 <그림 3>과 같이 제안한다.

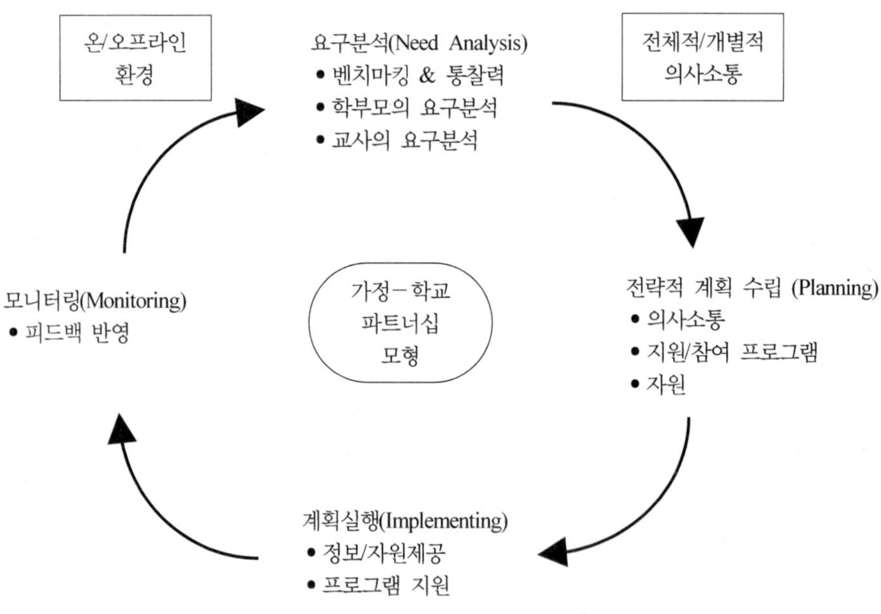

<그림 3> 가정-학교 파트너십 모형

<그림 3>에서 보듯이, 요구분석 단계에서 교육 경영자는 최근 프로그램의 동향에 대한 벤치마킹을 토대로 전문가적인 통찰력을 길러 이를 바탕으로 학부모와 교사의 요구를 수렴

한다. 전략적 계획 단계에서는 경영자 – 학부모, 학부모 – 학부모, 교사 – 학부모 등의 다양한 채널을 통한 의사소통 전략을 수립하고, 이와 함께 교육적 자원 제공을 위한 방안과 출처를 마련하며, 각종 교육 지원과 참여 프로그램에 대해 계획한다. 실행 단계에서는 계획한 내용을 적용한다. 모니터링 단계에서는 각 채널의 피드백을 수렴하여 다음번 기획에 반영 · 응용한다. 전 과정과 절차는 온/오프라인의 여러 매체를 활용하여 이루어지며, 특히 사이버 커뮤니티를 잘 활용할 수 있도록 한다. 또한, 전체적인 의사소통 통로를 제공하는 것과 더불어 이메일, 개인 휴대기기로의 전송 등을 통해 좀 더 개별적이고 개인적인 의사소통이 가능하게 한다.

6) 유비쿼터스 시대의 문자지도와 테크놀로지 활용

여러 학자들(Bearne, 2003; Kress, 2003; Marsh, 2003, 2005)은 **디지털 미디어 시대에 문자지도의 본질**은 상당히 논쟁의 여지가 있으며, 특히 Marsh(2005)는 리터러시라는 용어가 기호학적인 담화의 범주에서 읽고 쓸 줄 아는 언어 능력을 의미하는 개념이 되었다고 하면서 컴퓨터 문자지도를 그 예로 들었다. 이렇듯 오늘날 문자지도의 의미가 ICT를 활용한 문자지도를 뜻하는데(International Reading Association, 2001), 미래의 유비쿼터스 시대에는 이러한 컴퓨터 자체의 활용 능력에 더하여 다양한 단말기와 매체와의 상호작용을 통해 리터러시를 갖춰나가는 능력이 강하게 요구될 것이다.

Gunning(2005)도 전통적인 기능들, 즉 글을 읽고 이해하는 능력, 조리 있게 쓸 수 있는 능력, 명료하게 사고할 수 있는 능력에 더하여 인터넷을 활용하는 방법을 알고, 멀티미디어 기능을 활용하여 보고서를 작성하는 방법을 알고, 다양한 정보와 상호 작용하는 방법을 아는 컴퓨터 활용 능력이 현재와 미래에 리터러시를 이루는 요소라고 하였다. 따라서, 책이나 인쇄물을 통해 길렀던 문자 능력을 전자정보 매체를 통해서도 발휘할 수 있도록 훑어 읽기, 필요한 정보 찾아 읽기, 부분읽기, 전체읽기, 정독, 다독 등의 기술에 대한 지도가 컴퓨터 관련 기술의 활용과 어우러져 함께 지도되어야 한다.

어린이의 특성과 수준 등에 따라 다양한 기술을 활용할 수 있는데, Gunning(2005)과 Leu & Kinzer(2003)도 제안했듯이, 일차적으로는 인터넷 웹 사이트, 전자우편, e-books, 소프트웨어, 시청각 자료, 기타 응용 프로그램등을 적절하게 활용한다. 또한, 문자메시지(SMS), Podcasting, 각종 무선 휴대용 단말기(휴대전화, PDA, 태블릿PC)등도 구성주의적 문자 지도 방향에 부합하는 범위 내에서 적극 활용한다.

특히 e-book의 활용과 관련하여, 올해 4월 교육부에서 방과 후 학교용 디지털 영어교재를 개발하여 시범운영하고 있다. <그림 4>에서 보듯이 현재는 레슨형, 평가형, 스토리텔링 단원의 3가지 메뉴로 설계되어 있으며, 3단계의 수준별로 개발되어 있다. 문자지도 부분과 관련하여서 읽기는 3차시와 5차시의 보충활동에서, 쓰기는 4차시와 5차시의 심화활동에서 다루도록 설계되었다. 서책형에서의 학습순서인 듣기 – 말하기 – 읽기 – 쓰기의 동일한 순서로 제시되고 있는데, 이에 대한 재고도 있어야 할 것으로 보인다. 또한, 개발된 전자교과서를 시작으로 메뉴를 좀 더 세분화하고 다양화 할 수 있을 것이다. 예를 들어, 정보를 주는 글인 통합교과 내용학습, 재미를 위한 픽션 등의 내용을 추가할 수 있다.

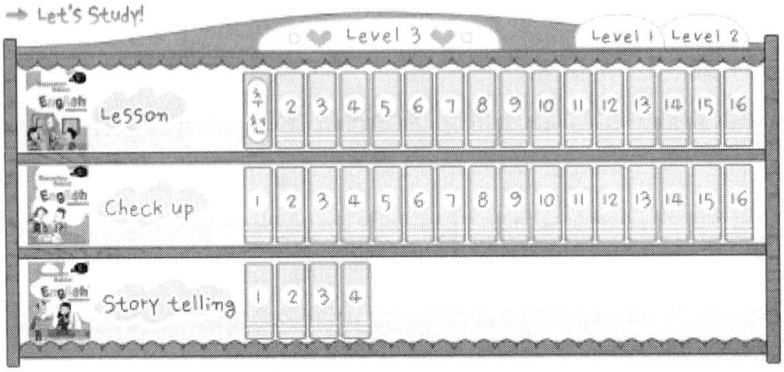

<그림 4> 디지털 영어교재의 메뉴 구성

<그림 5>에서 보듯이, **읽기메뉴**에서 **음성기술** 지원을 받아 읽기가 자동으로 재생되어 어린이들의 읽기 연습 및 읽기 능력 향상에 많은 도움이 될 것으로 보인다. 이에 더하여 전자교과서에 내장된 음성 파일을 podcasting을 활용하여 mp3파일로 전송 받아서 언제 어디서나 학습 가능 하도록 해도 좋을 것이다. 한편, <그림 6>은 읽기 후 활동의 한 장면이다. 읽기 후 활동의 유형을 보면 연결하기, 내용의 이해를 묻는 단답형 문항 위주로 제시되고 있어서 좀 더 다양한 활동 및 읽기전략에 대한 지도 등이 필요함을 알 수 있다.

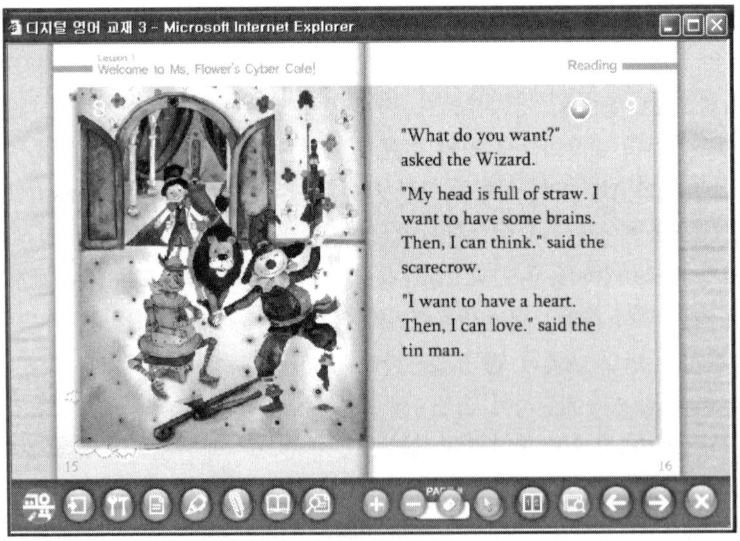

<그림 5> 디지털 영어 교재의 읽기 화면22

<그림 6> 디지털 영어 교재의 읽기 후 활동

<그림 7>에서 보듯이, **쓰기메뉴**에는 현재 자연언어처리(NLP, Natural Language Process) 기술을 활용한 글쓰기 연습기능이 있어서, 어린이들이 영어 글쓰기를 하고, 자신이 쓴 영어 글에 대한 오류를 점검 받아서 영작문을 연습할 수 있게 되어 있다. 기술의 발달과 함께 좀 더 다양한 부가 기능이 추가되면 과정 중심 글쓰기나 글쓰기 워크샵 등을 메뉴로 구성하고 어린이들과의 상호 작용성을 높이는 방향으로 활용할 수 있을 것이다.

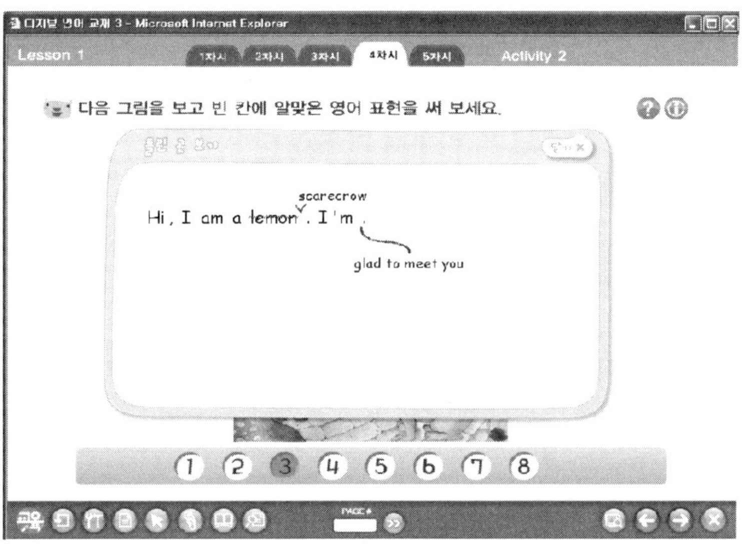

<그림 7> 디지털 영어 교재의 쓰기 화면

7) 프로그램 평가와 전문가적 자질 향상

Gunning(2005)이 지적하였듯이, 교사는 **장·단기적인 교육 목표**를 수립할 수 있어야 하는데, 그렇게 하기 위해서는 프로그램 전반에 대한 지속적인 모니터링뿐만 아니라 평가를 통해 빠진 부분이 있으면 보충하고 수정해 나가면서 교사의 전문성을 키워나가야 한다. 문자지도 프로그램의 전반적인 내용과 체계를 점검하는데 활용할 수 있는 Gunning(2005)의 모형을 기반으로 하여 재구성한 체크리스트를 제안하면 <표 11>과 같다. 4점 척도를 활용하여 교사용 자가 평가 자료로 활용할 수 있을 것이다.

<표 11> 효과적인 문자지도 프로그램 평가항목

전반적인 점검	이해
· 규칙적으로 소리 내어 읽기를 하는가?	· 배경지식을 활성화하는가?
· 읽기/쓰기 전략 및 기술에 대해 가르치는가?	· 전략적 읽기 방법을 가르치는가?
· 시범보이기 → 독립적으로 읽기로 단계적인 절차로 가르치는가?	· 어린이들의 경험과 실제세계와 연관시켜 이해를 돕는가?
· 학습 과정을 명시화하기 위해 think-aloud기법을 활용하는가?	· 다양한 텍스트의 구조에 대한 이해를 돕는가?
· 총체적인 언어학습이 되도록 4기능을 통합하고 있는가?	· 다양한 질문을 활용하는가?
쓰기	**단어 인식 및 어휘**
· 사실과 의견을 구분하여 쓰는 훈련을 하였는가?	· 다양한 문맥에 자주 노출시켰는가?
· 과정 중심의 경험적 글쓰기 활동을 제공하였는가?	· 사전 사용 방법을 가르쳤는가?
· 다양한 글을 실제 목적을 가지고 쓰게 하였는가?	· 단계별 단어 읽기를 지도하였는가?
· 다양한 테크놀로지를 활용하였는가?	· 파닉스, 빈도 높은 단어, 음절분석에 대한 체계적이고 단계적인 교수가 이루어졌는가?
타 교과 영역	**교재**
· 정보를 주는 글을 중심으로 타 교과의 내용을 다양하게 다루었는가?	· 다양한 인쇄자료(children's books, fiction, non-fiction, 실제적인 자료, 어린이가 쓴 글)를 제공하고 활용하였는가?
· 교육과정과의 연계성 및 어린이의 수준을고려하여 내용을 선정하였는가?	· 다양한 테크놀로지(VCR, DVDs, 인터넷,게임, 소프트웨어)를 활용하였는가?
· 다양한 교수기법을 활용하였는가?	· 수준과 요구를 반영하여 선정하였는가?
· 초인지적 학습 전략을 가르쳤는가?	· 체크리스트를 활용하여 일관된 기준을 가지고 교재를 선정하였는가?
· 읽기와 쓰기를 통합하여 가르쳤는가?	
평가	**학급 구성 및 운영**
· 프로그램의 목적에 맞게 평가도구를 선정하였는가?	· 개인차를 고려하여 학급구성을 하였는가?
· 형식·비형식자료들을 모두 활용하였는가?	· 다양한 구성 및 배치 원칙을 활용 하였는가?
· 어린이의 자가 평가를 활용하였는가?	· 부진아에 대한 배려를 하였는가?
· 어린이 개인의 (e)portfolio를 제작하고 그에 대한 모니터링을 하였는가?	· 부모와 파트너십 형성을 위한 체제를 마련하였는가?
· 평가 자료를 부모와 공유하였는가?	· 시간의 효율적인 활용이 되었는가?

3. 문자지도 프로그램 개발과 운영의 실제

앞에서 통해 **문자지도 프로그램의 기획과 개발**을 주제로 프로그램의 구성요소와 조직 측면을 7가지 절차로 그 원리에 대해 살펴보았다. 이와 함께 2장에서는 프로그램 운영과 관련하여 7가지 차원에서 이론적 고찰과 함께 기법을 위주로 정리해 보았다. 이제 3장에서는 최근 영어캠프 프로그램의 운영 실태 및 동향에 대한 파악을 통해 문자지도 프로그램의 방향 설정을 위한 지침을 정하고 그에 따른 프로그램 개발과 운영의 예시를 교육목표, 세부방침, 프로그램 개발 개요의 예시 순으로 제시하겠다.

1) 최근 영어학습 프로그램 동향과 문자지도

한국교육과정평가원(2004)은 우리의 언어교수환경, 학습자의 지적 · 정서적 발달에의 적합성, 문자언어에 조기 노출 등에 대한 현실적 문제들에 대한 검토를 통해 교육과정에의 문자언어 도입을 앞당길 것을 제안하고 있다. 이와 함께 문자지도를 위한 다양한 교수 · 학습 방법을 제안하는 연구(김영철, 2004; 김현진, 2000; 이영진 외, 2006; 정동빈, 2002a)들도 여러 학자들에 의해 수행되고 있다.

한편, 2006년 여름 방학동안 운영되었던 **영어캠프/방과 후 학교 프로그램**에 대한 서울시 교육청의 자료에 따르면, 단위학교주관의 프로그램이 가장 많았으며 프로그램 기간도 3일에서 4주로 다양하였으나, 2주 내외를 가장 선호하는 것으로 나타났다. 대부분 비 합숙 프로그램이었으며 학교 건물을 활용하였다. 참가 대상은 전 학년으로 하거나 저/고학년으로 구분하여 실시하였으며, 학급당 인원은 10명 내외를 선호하는 것으로 조사되었다. 강사는 원어민과 한국인교사를 함께 활용한 경우가 많았다. 참가비는 2만 5천원에서 40만 원선까지 다양했다. 이러한 프로그램의 전반적인 현황파악은 교육인적자원부의 2003년 연구 보고서에서 밝힌 학부모 · 어린이의 요구조사 내용과도 일치하는 내용이다.

그러나, 이러한 프로그램들은 주제별 책 만들기 활동을 지원한 봉은초등학교를 제외한 대부분의 학교에서는 외국인과의 생활체험과 흥미유발을 위한 다양한 활동을 통한 생활영어 향상이 프로그램의 주요 목적이었을 뿐 문자지도에 대한 특별지도가 이루어진 경우는 거의 전무하였다. 실제로 학습자들이 체험 프로그램을 통해서 말하기 능력의 향상을 기대하는 것은 사실이지만, 동시에 쓰기 능력의 향상에 대한 기대 또한 높은 것으로 밝혀졌다(교육인적자원부, 2003). 따라서, 이상에서 살펴본 위/아래로부터의 요구를 수렴하여 공교육 현장에서 활용해 볼 수 있는 여름 방학 방과 후 학교 프로그램의 일환으로 문자지도를 위한 프로그램을 앞서 살펴본 이론적 배경의 내용에 근거하여 아래와 같이 제안한다.

2) 방과 후 학교 문자지도 프로그램 개발과 운영의 예시

효율적인 시간 활용이 되게 하면서 기존의 일반 회화 프로그램과 차별하기 위해 여름방학에 수행할 수 있는 **방과 후 학교 프로그램의 하나로 문자지도 프로그램**을 예시하고자 한다. 이 장에서 제안하는 프로그램은 총체적·경험적 언어학습 접근법을 토대로 하며, 다양한 읽기자료와 교수기법을 균형적으로 접목한 읽기/쓰기 프로그램으로, 언어의 4기능이 통합되면서도 문화적 요소를 반영하여 문자언어 학습에 대한 흥미와 동기를 유발할 수 있도록 구성한다. 앞서 1, 2장에서 고찰하였던 이론적 내용을 반영하여 교육목표와 세부적인 개발 및 운영방침을 제시하고 리터러시 프로그램의 전반적인 개요를 제시하겠다.

(1) 문자지도 교육목표

이 장에서 제안하는 **문자지도 프로그램의 목표**는 다음과 같다. 첫째, 초등 고학년을 대상으로 다양한 주제와 장르의 문자언어학습에 대한 노출을 제공하여 흥미와 동기를 유발한다. 둘째, 문자언어 학습 활동을 어린이들의 경험 및 실제세계와 연계하여 경험적이고 유의미한 학습이 되게 한다. 셋째, 8가지 이해전략(예측하기, 경험과 연결하기, 시각화하기, 질문하기, 메인아이디어 알기, 요약하기, 모니터링하기, 평가하기)에 대한 학습이 이루어지도록 설계한다. 넷째, 전통적인 교실에서의 문자지도 활동과 컴퓨터를 활용한 리터러시를 접목하여 리터러시 능력의 향상을 목표로 한다.

(2) 개발과 운영의 세부방침

프로그램 개발과 운영을 위한 세부방침을 제시하면 <표 12>와 같다.

<표 12> 문자지도 프로그램의 개발 및 운영 방침

프로그램명	Exploring the Literacy World
기간	2주(월-금, 하루 2시간씩) 총 20시간
실시 학년 및 대상	초등 고학년(4-6학년) 중 레벨테스트 후 기본반 10-12명을 선발
학급구성 및 집단구성	전체학급을 기본으로 하고 다양한 소집단 및 개별 활동을 활용
교재 및 자료	내용교과영역, 문학, 실제적인 자료, ICT를 혼합하여 활용
장소	학교 어학실/컴퓨터실 및 일반교실
교사	외국인, 한국인
부모와의 의사소통	학교의 홈페이지를 활용하여 어린이 개인의 폴더에 전자포트폴리오를 구축하여 피드백 공유
부모의 참여	리터러시 발표회 참여, 프로그램 평가 및 상담, 웹 사이트를 통한 의사소통
평가	교사의 관찰평가 및 포트폴리오 평가

<표 12>에서 보듯이, **프로그램의 전체기간**은 2주로 하되, 수업시간은 월요일에서 금요일까지 매일 2시간씩으로 하여 총 20시간으로 정한다. 프로그램의 개발을 위해서는 요구조사가 선행되어야 하나 실행의 어려움으로 인해 생략하였다. 이 장에서는 초등 고학년을 대상으로 레벨테스트를 하여 기본반에 해당하는 10-12명을 선발해서 시범운영하고 이후에 보충, 심화반을 편성하여 운영하도록 한다. 레벨테스트를 거친 10여명으로 구성된 집단이므로 전체학급이 함께 수업을 하되 필요에 따라 소집단과 개별 활동을 선택적으로 적용한다. 본 프로그램의 목적에 따라 학습 자료는 내용교과영역과 문학, 실제성을 띈 자료와 ICT를 다양하게 활용한다. 특히, 사교육을 중심으로 내용교과영역에 대한 지도가 이루어지고 있고, 이론상으로도 픽션과 논픽션을 조화하여 지도할 필요가 있기에 두 영역을 혼합하여 지도한다. 장소는 일반교실에서 1교시 수업을 하고, 2교시에 컴퓨터를 활용할 때에는 컴퓨터실/어학실로 이동하여 수업한다. 교사는 외국인과 한국인의 팀티칭으로 한다.

수업진행과 함께 학부모의 참여에 대한 부분도 고려해야 하는데, 학교의 홈페이지를 활용하여 전자포트폴리오 형태의 개인 폴더를 만들고 프로그램 기간동안 어린이가 수행한 활동내역을 조직적으로 수집하고 열람하도록 한다. 또한 게시판이나 사이버 커뮤니티를 개설하여 학부모와 교사는 물론, 학부모간, 어린이간의 의사소통이 가능하게 해준다. 한편, 부모는 문사능력 발표회 프로그램에 참여하여 자녀를 관찰하고 관찰내용을 바탕으로 교사와의 상담은 물론 프로그램 전반에 관한 평가를 하게 된다.

(3) **프로그램 개요**

앞서 제시한 **프로그램 목표와 개발 방침**에 따라 전체적인 개요를 제시하면 <표 13>과 같다.

<표 13> 문자지도 프로그램 개발 개요

	월	화	수	목	금
1주	만화	위인전 & 세계신기록	동시	설명적 글쓰기	학급신문 만들기
	• 배경지식과 연계한 읽기 · 쓰기	• 5W 1H • 사실과 의견 구분하기	• 합창낭독 • 시쓰기 • 시인과 의사소통하기	• 정보를 주는 글읽기 • 비교와 대조 • 지시사항 읽고 만들기	• 멀티 프로젝트 • 초대장쓰기
2주	거리의 광고	단막극	이야기책 읽기	리터러시 발표회	경험적 읽기자료 제작
	• 단어인식 및 조사하기 • 어휘다지기	• 이해하고 유창성 기르기	• 이야기 지도 • 이야기 창작하기	• 단막극 발표 • 학급신문 전시 • 프로그램 평가 및 상담	• 경험 공유하기 • 어린이의 언어로 쉽게 쓰고 읽기

<표 13>에서 보듯이, 기본적으로는 **다양한 장르와 주제 및 활동**을 접하면서 2주간의 프로

그램에 참여하게 된다. 그러나 1주차 금요일과 2주차 목요일은 특별프로그램으로 운영하여 부모의 참여를 유도한다. 또한, 2주차 금요일에는 2주간의 경험을 총 정리하는 활동으로 마무리한다. 이론적 배경에서 제시했던 교재, 학습전략, 교수기법, 집단구성원칙의 내용을 바탕으로 자세한 주차별 일정을 학습주제 및 활동과 함께 제시하면 <표 14>, <표 15>와 같다.

<표 14> 문지지도 프로그램 개발 1주차 계획안

1주	
월	Comic strips 배경지식 활용과 읽기/쓰기에의 연결
	· 교재: Garfield, Calvin and Hobbes (http://www.gocomics.com) · 학습전략: 배경지식을 읽기학습에 연결시키기 · 교수전략: reciprocal teaching(WH의문문을 사용하여 내용 이해 및 어휘 습득), 경험적 언어, 텍스트 구조 · 집단구성: 전체 활동, interest groups
	Dramatic play & creating strips 역할극하기 / 만화그리기
	· 학습전략: 소리 내어 함께 읽기, 이야기 흐름도(story map)작성하기 · 교수전략: 역할극지도, 자유글쓰기(컴퓨터 센터 활용) · 집단구성: interest groups
화	Biographies 육하원칙(5W 1H)
	· 교재: Abraham Lincoln 등(위인전), 오디오 · 학습전략: 배경지식 활성화, 메인 아이디어와 중요한 세부사항 찾기 · 교수전략: KWL plus, 토론하기 · 집단구성: interest groups, 전체 활동
	Guinness world records 사실과 의견 구분하기
	· 세계신기록 웹 사이트(혹은 책): http://www.guinnessworldrecords.com · 학습전략: 5W 1H 응용 · 교수전략: 잘못된 생각 토론하기, 저널쓰기 · 후속활동: 세계신기록을 육하원칙에 따라 기술해 놓은 사이트 혹은 책의 한 부분을 주제별로 골라서 읽고 사실에 대해 이해하고, 읽은 내용에 대한 자신의 의견 쓰기 및 공유하기 · 집단구성: 짝활동, 전체 활동 · 후속활동: Fill in the blanks를 활용한 게임
수	Poetry 동시감상 및 합창낭독
	· 작품: Clever nature · 학습전략: 배경지식 활성화, 예측하기, 이미지화하기, 의미알기 · 교수전략: 브레인스토밍, text walk, 모델링, 직접교수, 합창낭독 · 집단구성: 전체 활동, 짝 활동 · 미니레슨: 시의 구조적 특징에 대한 대화식 설명
	Poetry writing

	컴퓨터 센터에서 직접 동시를 짓고 프린트하기
	· Poetryideaengine: (http://teacher.scholastic.com/writewit/poetry/poetry_engine.htm#) 웹 상에서의 튜토리얼 프로그램을 따라 시를 적고 프린트해서 전자포트폴리오에 포함시키기 · 동시 짓기에 대한 궁금증에 대한 메시지 작성을 통해 시인(작가)과 의사소통하기 (http://www.gigglepoetry.com/askpoet.aspx) · 집단구성: 개별 활동, 전체 활동
목	Expository text 비교와 대조하기
	· 교재: 어린이 잡지 Time for Kids (자이언트 팬더에 대한 에세이) · 학습전략: 배경지식활성화, 이해하기, 문맥활용하기, 벤다이어그램 · 교수전략: I-charts, Questioning the author · 후속활동: 어휘학습(http://www.quia.com), 자신이 좋아하는 동물과 자이언트 팬더 비교/대조하는 글쓰기 · 집단구성: 짝 활동, 전체 활동
	Zoo crafts 활동 순서가 적힌 글을 읽고 따라 만들기
	· 샌디에고 동물원 웹사이트: http://www.sandiegozoo.org/kids/crafts.html · 학습전략: 유추하기, 문맥 활용하기 · 교수전략: 소리 내어 읽기, 어휘지도, 모니터링, 모델링 · 집단구성: 소그룹, 전체 활동
금	Creating class newspaper 학급신문 만들기
	· 주제선정: ① birthday celebrations ② family vacation ③ family rules ④ choose your own topic · 작성원리 및 방법에 대한 프리젠테이션 및 예시 · 소그룹별로 활동 및 지도
	Writing invitation cards 부모에게 초청장 쓰기
	· http://snoopy.com에서 부모님에게 초청장 써서 이메일로 보내고 답장받기 → 사전에 부모에게 협조공문 발송 및 공지 · 교수전략: 초청장의 텍스트구조 이해와 적용

<표 15> 문자지도 프로그램 개발 2주차 계획안

월	**Searching for signboard** **어휘인식 및 의미이해**
	· 학교주변을 돌면서 거리의 간판을 관찰하고 조사하는 활동 · 학습전략: 배경지식 활성화, 의미추측, 단어인식 · 교수전략: study guide · 집단구성: 짝 활동, 전체 활동
	Developing vocabulary 어휘력 향상 활동
	· 분류하기, 퍼즐 등의 활동을 통해 어휘 확장하기 · 학습전략: 사전 활용하기, 단어 소리 내어 읽기 · 교수전략: 단어다지기, 영영사전 및 그림사전 활용 소개

	· 집단구성: 소그룹, 전체그룹
화	Reader's theater 단막극 해보기
	· 제목: A Day at the Weather Center · 학습전략: 요약하기, 암기전략, 참여하기, 유창성 향상 기술 · 교수전략: building comprehension, interactive read-aloud, · 집단구성: 전체학급 및 소그룹지도
수	Storybook reading 이야기책 읽기
	· 이야기의 구성과 내용을 이해하면서 유창하게 읽기, 디지털 스토리텔링 · 학습전략: 예상하기, 이야기 흐름도 · 교수전략: DRA/guided reading, 직접교수(스토리 구조 및 요소 설명) · 집단구성: 소그룹 지도
	Put it in your own words 우리의 말로 바꿔 쓰기
	· 스토리의 구성요소를 활용하여 자신의 이야기로 바꿔 쓰기 · 학습전략: 응용하기, graphic organizer · 교수전략: 유도적 쓰기, 브레인스토밍 · 집단구성: 소그룹, 전체 활동
목	Invitation to the Literacy World 학부모와 함께하는 문자능력 발표회
	· 단막극 발표 · 학급신문 전시회 · 발표회 평가 및 피드백 공유
	· 프로그램 평가(평가지 준비) · 개별 상담(전자 포트폴리오, 교사의 관찰일지 열람)
금	Wrap up the program 프로그램 정리하기
	· 문자능력 발표회 경험을 바탕으로 읽기자료 제작하기 · 학습전략: 배경지식 활성화, 세부적인 사실 선택하기, 요약하기 · 교수전략: reciprocal teaching, using in your own words · 집단구성: 전체그룹, 소그룹
	· 아웃백 스테이크 하우스에서 점심 먹기 (메뉴 및 표지판에 대해 이야기하기)

3) 어린이를 위한 문자지도 프로그램 개발과 운영의 예시

나이가 어릴수록 외국어 습득의 잠재력이 커지고 특히 취학 전 어린이들에게는 언어 습득 능력이 있어서 이를 잘 활용하면 외국어 학습을 효율적으로 할 수 있다. 특히, 모국어가 아닌 제 2언어나 외국어로 영어를 배우는 어린이들에게 처음부터 음성언어와 문자언어를 함께 지도함으로써 말하기, 듣기, 읽기, 쓰기와 같은 네 가지 언어 기능을 고루 발전시킬 수 있다. 따라서 어린이들을 위한 문자지도 프로그램은 듣고 말하기뿐만 아니라 문자언어 학습이 자연스럽게 연계되어 읽고, 쓰기에 꾸준한 흥미와 동기를 유발할 수 있도록 구성한다. 앞서 소개된 문자지도 개발과 마찬가지로 이론적 내용을 반영하여 교육목표와 개발 및 운영의 세부 방침을 제시하고 문자지도 프로그램의 전반적인 개요를 제시하고자 한다.

(1) 문자지도 교육목표

취학 전 어린이를 위한 **문자지도 프로그램**은 다양한 체험적인 활동을 동반한 문자언어 학습에 노출을 통해 흥미와 동기를 유발하는 것을 목표로 한다. 글자와 소리간의 간단한 규칙을 이해하는 능력을 키워주며, 문자언어 학습 활동을 어린이들의 경험이나 실제 생활과 연계하여 유의미한 학습이 되게 한다. 마지막으로 예측하기, 경험과 연결하기, 질문하기, 요약하기, 중심 생각 알기 등과 같은 다양한 이해전략에 대한 학습이 이루어지도록 한다.

(2) 개발과 운영의 세부방침

프로그램 개발과 운영을 위한 세부방침을 제시하면 <표 16>와 같다.

<표 16> 취학 전 어린이를 위한 문자지도 프로그램의 개발 및 운영 방침

프로그램명	Exploring the Literacy World for Kids
기간	5수(매주 화, 목) 매일 2차시 수업(각 차시 40분) 총 13시간 20분
실시 학년 및 대상	취학 전 유치원 어린이들(6, 7세), 16명
학급구성 및 집단구성	전체학급을 기본으로 하고 다양한 소집단 및 개별 활동을 활용
교재 및 자료	동화, 실제적인 자료, ICT를 혼합하여 활용
장소	유치원 컴퓨터실 및 일반교실
교사	외국인, 한국인
부모와의 의사소통	학교의 홈페이지를 활용하여 어린이 개인의 폴더에 전자포트폴리오를 구축하여 피드백 공유
부모의 참여	리터러시 발표회 참여, 프로그램 평가 및 상담, 웹 사이트를 통한 의사소통
평가	교사의 관찰평가 및 포트폴리오 평가

집중력이 짧은 어린이의 특성을 고려하여 한 차시 당 40분 단위로 구성하였으며 총 5주 동안 매주 화요일과 목요일에 매일 2차시 수업을 한다. 매일 첫 번째 수업과 두 번째 수업은 같은 주제를 다루며, 먼저 외국인 교사가 수업을 하고 두 번째 수업은 한국인 교사가 수업을 함으로써 한국인 교사가 어린이들의 학습 이해 정도를 용이하게 파악할 수 있게 한다. 그 대상은 일반적으로 6, 7세 어린이들이며, 레벨테스트를 통해 알파벳을 읽을 수 있고 단어의 첫 글자를 인지하는 수준의 어린이들이다.

(3) 프로그램 개요

앞서 제시한 프로그램 목표와 개발 방침에 따라 전체적인 개요를 제시하면 <표 17>과 같다.

<표 17> 어린이 문자지도 프로그램 개발 개요

Day 1	Day 2	Day 3	Day 4	Day 5
알파벳 북 만들기	Nursery Rhyme	이야기책 읽기	경험적 이야기 만들기(planting seeds)	팜플렛 만들기
• 알파벳 읽고 쓰기 • 알파벳 각각의 발음 익히기 • 어휘 익히기	• 합창 낭독 • Rhyme을 이루는 단어로 노래 창작하기	• 중심 주제와 세부 사항 찾기 • 예측하기	• 경험 공유하기 • 어린이의 언어로 쉽게 쓰고 읽기	• 발표회를 위한 학급 팜플렛 만들기 • 초대장쓰기
Day 6	**Day 7**	**Day 8**	**Day 9**	**Day 10**
이야기책 읽기	단막극	라벨 붙이기	문자능력 발표회	경험적 읽기자료 제작
• 사전 찾기 • 어휘 익히기	• 이해하고 유창성 기르기	• 이야기 읽기 • Farmer's clothes에 라벨 붙이기 • 분류하기 (Farm animals, zoo animals • 이야기 바꾸기	• 라임 합창 낭독 • 단막극 발표 • 팜플렛 전시 • 프로그램 평가 및 상담	• 경험 공유하기 • 어린이의 언어로 쉽게 쓰고 읽기

<표17>에서 보듯이, **다양한 주제와 활동**을 접하면서 총 5주간, 20차시의 프로그램에 참여하게 된다. 앞에서 소개된 초등 고학년을 위한 프로그램에서와 같이 다섯째 날과 아홉 번째 날에는 문자지도 프로그램 발표회를 위한 특별프로그램으로 운영하여 학부모들이 참여할 수 있도록 한다. 학습전략, 고수기법, 집단구성원칙의 이론적 배경을 바탕으로 자세한 차시별 계획을 제시하면 <표 18>과 같다.

<표 18> 어린이 문자지도 프로그램 개발 계획안

Day1	**My Alphabet Book** **알파벳 북 만들기**
	· 교재: Dr.Seuss's ABC · 학습활동: 알파벳 관련 이야기책 읽기, 알파벳 matching game 알파벳 북 만들기 · 학습전략: 배경지식 활성화하기, 예측하기, 응용하기, 소리 내어 읽기 · 교수전략: Phonics, read-aloud, choral/shared reading, text walk, 어휘지도 · 집단구성: 전체 활동, 소그룹, 개별활동 · 후속활동: 웹 싸이트에서 alphabet 관련된 게임 찾아서 하기 (http://www.britishcouncil.org/kids-topics-alphabet.htm)
Day2	Nursery Rhyme (Developing Phonemic Awareness) 라임 읽기·노래하기·쓰기
	· 웹 싸이트 (혹은 다양한 rhymes이 들어있는 책): http://www.gardenofsong.com/ · 학습활동: Humpty Dumpty, Teddy Bear, Teddy Bear 이해하고 율동하며 노래하고, 직접 써보기

	· 학습전략: 문장 소리 내어 읽기, 이해하기 · 교수전략: Read-aloud, Choral reading, Phonics, Phonemic Awareness, 토론하기, Shared(Interactive) writing · 집단구성: 전체 활동, 소그룹
	Generating Rhymes 라임 창작하기
	· 웹 싸이트 (혹은 다양한 rhymes이 들어있는 책): http://www.gardenofsong.com/ · 학습활동: Rhyming words 찾는 게임하기 Rhyming words를 활용하여 노래 창작하기 (Mary had a little lamb의 tune에 맞추어서) · 교수전략: Phonics, Phonemic Awareness · 집단구성: 짝활동, 전체 활동 · 후속활동: 웹 싸이트에서 Rhyming words와 관련된 게임 찾아서 하기 rhyming game http://www.bbc.co.uk/schools/laac/words/dg3.shtml word building http://www.readwritethink.org/materials/wordbuild/
Day3	Storybook reading 중심 주제와 세부 사항 찾기, 요약하기
	· 작품: The carrot seed (Ruth Krauss 글, Crockett Johnson그림) · 학습활동: 이야기를 이해하고 중심 주제와 세부 사항 찾기, 예측하기, 주요 사건들 시간 순서로 배열하기 · 학습전략: 배경지식 활성화, graphic organizer 사용, 예측하기, sequencing · 교수전략: Picture walk, 토론하기, 브레인스토밍, 모델링 · 집단구성: 전체 활동, 개별 활동
Day4	Planting seeds 씨앗 심기
	· 학습활동: 전 시간에 읽은 이야기 The carrot seed을 바탕으로 씨앗을 심고 식물을 가꾸는 방법에 대해서 이야기해고 어휘 익히기. 직접 화단에 나가서 씨앗심기 각자의 이름을 적은 푯말 세우기 · 학습전략: 배경지식활성화, 주요 사건 시간순서에 따라 배열하기 · 교수전략: 소리 내어 읽기, 어휘지도, 모니터링, 모델링 · 집단구성: 짝 활동, 전체 활동
	Language experience story 경험적 이야기 만들기
	· 학습활동: 1차시에 씨앗을 심어본 경험을 이야기하기. 그림으로 그리고 글로 써보기 · 학습전략: 문장 소리 내어 읽기, Phocnis, 토론하기 · 교수전략: 브레인스토밍, Shared reading, Shared(Interactive) writing · 집단구성: 전체 활동
Day5	Creating class pamphlet 학급 팜플렛 만들기
	· 학습활동: 학급을 소개하는 팜플렛 만들기 · 주제선정: ① school activities ② classroom rules ③ Physical Education, Music...

	④ choose your own topic · 작성원리 및 방법에 대한 프리젠테이션 및 예시(Modelling) · 소그룹별로 활동 및 지도
	Writing invitation cards 부모에게 초청장 쓰기
	· 학습활동: http://snoopy.com에서 부모님에게 초청장 써서 이메일로 보내고 답장받기 → 사전에 부모에게 협조공문 발송 및 공지 · 교수전략: 초청장의 텍스트구조 이해와 적용, 어휘지도, Guided writing
Day6	Storybook reading 이야기책 읽기
	· 교재: The Great Big Enormous Turnip (Alexei Tolstoy 글, Helen Oxenbury 그림) · 학습활동: 이야기의 구성과 내용을 이해하며 읽기 · 학습전략: 배경지식 활성화, 의미추측, 단어인식, 그림사전 찾기, 이해하기 · 교수전략: Picture walk, 어휘지도, 그림사전 활용 소개 · 집단구성: 전체그룹, 소그룹
	Sequencing 주요 사건들 시간 순서에 따라 배열하기
	· 학습활동: The Great Big Enormous Turnip을 읽은 후 주요 사건들을 시간 순서에 따라 배열하고 글로 쓰기 · 학습전략: 문장 소리 내어 읽기, sequencing · 교수전략: Shared/guided reading, 토론하기 · 집단구성: 전체그룹, 소그룹
Day7	Reader's theater 단막극 해보기
	· 제목: The Great Big Enormous Turnip (Alexei Tolstoy 글, Helen Oxenbury 그림) · 학습활동: 단막극 해보기 · 학습전략: 암기전략, 참여하기, 유창성 향상 기술, rehearsing · 교수전략: building comprehension, interactive read-aloud · 집단구성: 전체그룹, 소그룹
Day8	Label the farmer's clothes 농부의 옷에 라벨 붙이기
	· 교재: Old MacDonald had a farm (Pam Adams 글, 그림) · 학습활동: 이야기 읽고, 학습한 내용을 활용하여 labelling하기 · 학습전략: 이해하기, 배경지식 활성화, 예측하기, labelling(concept about print) · 교수전략: Shared/guided reading, Shared(Interactive) writing, · 집단구성: 전체그룹, 소그룹
	Change the story 이야기 바꿔 쓰기
	· 학습활동: Farm animals 과 zoo animals 분류하기 이야기 바꿔 쓰기 Old Macdonald had a farm => Old Macdonald had a zoo · 학습전략: 분류하기, 문장 소리 내어 읽기, 유창성 향상 기술, 응용하기, · 교수전략: Shared(Interactive) writing, 브레인스토밍, Shared/guided reading

	· 집단구성: 전체그룹, 소그룹
Day9	Invitation to the Literacy World 학부모와 함께하는 문자능력 발표회
	· 노래 부르기, 챈트 부르기 · 단막극 발표 · 학급 팜플렛 전시 · 발표회 평가 및 피드백 공유
	· 프로그램 평가(평가지 준비) · 개별 상담(전자 포트폴리오, 교사의 관찰일지 열람)
Day 10	Wrap up the program 프로그램 정리하기
	· 학습활동: 문자능력 발표회 경험을 바탕으로 읽기자료 제작하기 · 학습전략: 배경지식 활성화, 세부적인 사실 선택하기, 요약하기 · 교수전략: reciprocal teaching, using in your own words · 집단구성: 전체그룹, 소그룹
	· 패밀리 레스토랑에서 점심 먹기 (메뉴 및 표지판에 대해 이야기하기)

(4) **문자지도 수업 지도안**

앞서 제시한 프로그램 계획안을 바탕으로 실제 문자지도 수업 지도안 예시를 다섯 부 작성해 보았으며, 이는 부록에 첨부된 <표 19><표 20><표 21><표 22><표 23> <표 24>와 같다.

Ⅲ 맺음말

이 장에서는 초등어린이들과 취학 전 어린이들의 **문자지도 능력 개발과 향상**을 위한 프로그램의 요구와 필요성을 토대로 현장에서의 실제적 개발과 운영을 위한 이론적 · 실천적 지침을 마련하는데 그 목적이 있다. 지금까지 교사들이 참고하였던 영문 지침서들은 외국의 교육과정과 실정 등을 토대로 한 것이어서 우리의 언어 환경과 교육환경에 접목하는데 어려움이 있었기에 우리의 실정에 맞는 프로그램 개발과 운영을 위한 지침이 이론과 실제를 고려하여 제시될 필요와 요구가 있었다. 그래서 이 장에서는 프로그램의 기획과 운영의 각 단계에서 고찰해야 할 이론적 측면을 지도 원리 및 기법의 측면에서 살펴보았고, 이론을 기저로 실제 프로그램을 예시적으로 제안하였다.

오늘날도 그러하지만 미래에는 다양한 휴대용기기 및 사물과의 의사소통을 통한 **문자정보의 접근 및 활용 능력**이 다른 의사소통 매체나 수단보다도 핵심적인 매체로 부상되는 시대가 도래 한다. 따라서 교사들도 시대의 요구에 부응하는 문자지도 지침서를 토대로 현장의 경험을 살려 다양하고 참신한 생각들을 꿰어 프로그램을 기획하고 운영하는 적극적인 역할이 기대된다. 특히, 앞으로는 지금까지 발전해왔던 음성기술과 자연언어처리기법등과 함께 생체인식기술 등이 빠른 속도로 향상될 것이므로 이러한 기능들을 충분히 구현하고 활용한 온라인상의 문자지도 프로그램을 적극 개발하여 활용하는 노력도 동반되어야 하며, 참신한 프로그램 개발과 적용에 대한 연구도 다각도에서 진행되어야 할 것이다.

참고문헌

강영은. (2006). 재량활동 학습을 위한 총체적·경험적 영어 프로그램의 실제. 열린교육연구, 14(1), 1-23.

교육인적자원부. (2003). 영어체험 프로그램 개발 연구(2003년도 교육과정 후속지원 연구과제 답신 보고). 서울: 교육인적자원부.

김명희, 김정은. (2003). 초등학교에서의 영어 문자 도입에 관한 연구. *Foreign Language Education, 10*(4), 21-46.

김봉순. (2005). Mixed-Phonics를 통한 효과적인 Phonics 지도방안 연구. 영어교육 연구, 31, 105-123.

김승태. (1999). 과정중심 시 쓰기 지도 전략 연구: 고학년을 중심으로. 어문학교육, 21, 97-127.

김영철. (2004). 다양한 활동의 단계별·수준별 통합적 읽기·쓰기 지도가 학습자들의 문자언어 향상에 미치는 영향, *Foreign Language Education, 11*(2), 297-324.

김정렬, 황지영. (2006). 다독프로그램을 적용한 초등학교 영어 클럽활동반 운영 방안. 영어교육 연구, 18(2), 243-270.

김한경. (2000). 자기주도학습을 위한 영어독해 학습프로그램, 영미어문학, 59, 185-202.

김현진. (2000). 과정중심의 초등영어 쓰기지도책략. 초등영어교육, 6(2), 123-146.

김현진.(2005). 의사소통중심의 초등영어 문자언어 지도 방안 연구. *Modern English Education,* 6(1), 61-80

민덕기. (2002). 디지털 스토리텔링을 통한 초등영어수업 방안 – 서사경험의 극대화 를 중심으로, 초등영어교육, 8(2), 175-208.

박영예. (1999). 초등영어수업에서의 학습전략 지도방향과 방법. 초등영어교육, 5(1), 81-104.

박정애. (2002). 초등영어 읽기 자료에 대한 기호조사. 석사학위 논문. 부산교육대학교.

박혜영, 최연희. (2004). 만화를 활용한 쓰기 학습이 중학습자들의 영어 쓰기 능력 및 학습 태도에 미치는 영향. *Foreign Languages Education, 11*(4), 285-317.

석진이. (2006). 유도적 읽기 지도가 영어 읽기 능력에 미치는 효과: 초등5학년 영어 읽기 전략지도를 중심으로. 박사학위논문. 중앙대학교.
오정수, 김은주. (2000). 언어경험 중심 읽기 지도법(LEA)을 활용한 통합적 영어 읽기 지도 방안: 초등학교 고학년 중심으로. 이화교육논총, 11, 37-58.
이신근. (1996). 열린교실을 통한 과정중심 쓰기 전략 지도 방안. 열린교육연구 열린 교실연구, 4(2), 83-101.
이영진, 홍우승, 이승렬. (2006). 영어 읽기 · 쓰기 과업을 활용한 학습모형 탐색. 한국홀리스틱 교육학회지, 10(1), 57-75.
이완기, 김복현, 박한준, 심규남, 김경선, 조정지, 조평준, 박미성, 박유신, 이윤희, 김영소, 김윤아, 이건해, 최애진, 이재근. (1999). 초등영어교육 현장연구: 서울 지역을 중심으로, 초등영어교육, 5(2), 225-270.
이화자. (1998). 초등학교 영어과 교육과정에서 문자언어의 도입 시기에 관한 연구. 응용언어학, 14(2) 305-337.
임상봉. (2001). 초등 영어 학습자들의 학습동기 유발과 지속을 위한 효과적인 교수 전략 연구. 초등영어교육, 7(2), 121-163.
유정순. (2005). 언어경험접근법(LEA)를 적용한 영어 읽기지도가 다른 언어기능에 미치는 영향, 석사학위논문. 한국교원대학교.
장경숙. (2004). 초등영어 읽기 부진 진단과 보정교육: 11세 아동의 사례 연구. 초등 영어교육, 10(1), 127-155.
정동빈. (1998). 초등학교 영어 문자지도 방향. 초등영어교육, 4(2), 5-47.
정동빈. (2002a). 유아영어의사소통교육론. 서울: 한국문화사.
정동빈. (2002b). 유아영어의 통합적 교수요목 모형 개발. 영어어문교육. 8(2),219-243.
정동빈. (2002c). 유아영어교수학습접근, 방법, 기법 및 절차에 대한 개발 연구, 영어언어과학. Vol.8(2002.1) 37-67
정동빈. (2003a). 인터넷 활용한 유아영어문자지도방법. 현대영어영문학, 47(2)145-166.
정동빈. (2003b). 100가지 게임 활용 초등영어지도, 창원: 드림랜드.
정동빈. (2004a). 유아영어놀이지도. 서울: 한국문화사.
정동빈. (2004b). 웹기반 초등영어 교과서개발 모형. 현대영어영문학. 48(1).171-195.
정동빈, 채유순. (2003). 누구나 영어 영재의 부모가 될 수 있다. 서울: 아가월드.
정향란. (2007). 단계별 다독 프로그램 활용을 통한 초등영어 능력신장에 관한 연구: 4학년을 중심으로. 석사학위논문. 연세대학교.
조경숙, 서순영. (2001). 소리내어 읽어주기 활동이 초등 영어 읽기 흥미 및 어휘 습득에 미치는 영향. 초등영어교육, 7(2), 223-243.
조경숙, 최성미. (2003). 소리내어 읽어주기 활동이 초등학교 3학년 학습자들의 읽기 흥미도 및 읽기·쓰기 능력에 미치는 영향, 영어교육연구, 15(2), 179-198.

채유순, 정동빈. (2005). 동화를 활용한 어린이 영어지도. 서울: 드림랜드.

최재영. (2000). 초등영어 쓰기: 쓰기를 통하여 배우는 영어 쓰기. 초등영어교육,6(1), 63-89.

한국교육과정평가원. (2004). 영어과 교육과정 실태 분석 및 개선 방향 연구(2004년 교육과정 기초연구 위탁과제 답신보고). 서울: 한국교육과정평가원.

Achilles, C. M.,Finn, J. D. & Bain. H.P.(1997-1998). Using class size to reduce the equity gap. *Educational Leadership*. 54(8). 40-43.

Anstey, M. & Bull. G. (1996). *The Literacy Labyrinth*. Australia: Prentice Hall.

Bearne, E. (2003). Playing with possibilities: Children's multi-dimensional texts, in E. Bearne, H. Dombey and T. Grainger (eds), *Classroom Interactions in Literacy.* Buckingham: Open University Press.

Berliner, D. C. (1985). Effective classroom teaching: The necessary bue not sufficient condition for developing exemplary schools. In G. R. Austin & H. Gartier (Eds.), *Research on Exemplary Schools* (pp. 211-234). NY: Academic Press.

Boothroyd, K. (2001, December). *Bein Literate in Urban Third-grade Classrooms.* Paper presented at the annual meeting of the National Reading Conference, San Antonio, TX.

Brophy, J. E. & Good, T. L. (1986). Teacher behavior and student achievement. In M. E. Wittrock (Ed.), *Handbook of Research on Teaching* (pp. 328-375). NY: Macmillan.

Brown, H, D. (2000). *Principles of Language Learning and Teaching* (4th ed.). NY: Longman.

Chamot, M. & O'Malley, L. (1994). *The CALLA Handbook. Reading*, MA: Addison-Wesley.

Chomsky, C. (1972). Stages in language development and reading exposure. *Harvard Educational Review, 42*, 1-33.

Diaz-Rico, L., & Weed, K. (2002). *The Crosscultural Language and Academic Development Handbook.* (2nd ed.). MA: Allyn & Bacon.

Dőrnyei, Z. (1998). Motivation in second and foreign language learning. *Language Teaching, 31*, 117-135.

Ellis, G. & Brewster, J. (1991). *The Storytelling Handbook for Primary Teachers. London:* Penguin Books.

Fountas, I. C. & Pinnell, G. S. (2001). *Using Guided Reading to Strengthen Students' Reading Skills at the Developing Level Grades 1-3.* NH: Heinemann.

Fountas, I. C. & Pinnell, G. S. (1996). *Guided reading: Good First Teaching for All Children.* NH: Heinemann.

Flood, J. & Lapp, D. (1989). Reporting reading progress: A comparison portfolio for parents. *The Reading Teacher, 46*, 638-517.

Gunning, T. G. (2005). *Creating Literacy Instruction for all Students* (5th ed.). MA: Allyn &

Bacon.

Guthrie, J. & Knowles, K. T. (2001). Promoting reading motivation. In L. Verhoeven & C. Snow (Ed.), *Literacy and Motivation: Reading Engagement in Individuals and Groups* (pp. 159-173). N.J: L. Erlbaum.

Harmer, J. (2001). *The Practice of English Language Teaching*. England: Pearson Education Limited.

Hart, B. & Risley, T. (1995). *Meaningful Differences in the Everyday Experience of Young American Children*. Baltimore: Brookes.

Herrell, A. & Jordan, M. (2004). *Fifty Strategies for Teaching English Language Learners* (2nd ed.). NJ: Pearson Merrill Prentice Hall.

Hiebert, E. H., Pearson, P. D., Taylor, B. M., Richardson, V. M. & Paris, S. G. (1998). *Every Child a Reader*. Ann Arbor: University of Michigan School of Education, Center for the Improvement of Early Reading Achievement.

Hildreth, G. H. (1964). Linguistic factors in early reading instruction. *The Reading Teacher*, 18, 172-178.

Halliwell, S. (2002). *Teaching English in the Primary Classroom*, NJ: Pearson Merrill Prentice Hall.

Hoffman, J. V. (1992). Teacher and school effects in learning to read. In R. Barr, M. L. Kamil, P. Mosenthal, P. D. Pearson (Eds.), *Handbook of Reading Research* (Vol. II, pp. 911-950). NY: Longman.

International Reading Association (2002). *Family-school Partnerships: Essential Elements of Reading Instruction in the United States*. DE: Author. Available online at http://www.reading.org/positions/family-school.html

International Reading Association (2001). *Integrating Literacy and Technology in the Curriculum*. DE: Author. Available online at http://www. reading. org/positions/technology. html

Krashen, S. D. (1982). *Second Language Acquisition and Second Language Learning*. NY: Oxford University Press.

Krashen, S. D. (1985). *The Input Hypothesis: Issues and Implications*. NY: Longman.

Krashen, S D. & Terrell, T.D. (1983). *The Natural Approach*. Hayward, CA: Alemany Press.

Kress, G. (2003). *Literacy in the New Media Age*. London: Routledge.

Leu D. J. & Kinzer, C. H. (2003). *Effective Literacy Instruction: Implementing Best Practice* (5th ed.), NJ: Merrill Prentice Hall.

Marsh, J. (2005). *Popular Culture, New Media and Digital Literacy in Early Childhood*. NY:

RoutledgeFalmer.

Marsh, J. (2003). One-way traffic? Connections between literacy practices at home and in the nursery. *British Educational Research Journal, 29*(3), 369-382.

McCormick, S. (1999). *Instructing Students who Have Literacy Problems* (3rd ed.). NJ: Pearson Education.

Meyers, M. (1993). *Teaching to Diversity: Teaching and Learning in the Multi-ethnic Classroom*. Toronto, Canada: Irwin Publishing.

Miller, W. M. (1988). *Reading Teacher's Complete Diagnosis and Correction manual*. NY: The Center for Applied Research in Education.

Nuttall, C. (1996). *Teaching Reading Skills in a Foreign Language*. Oxford: Heinemann.

Paris, S. A. & Wixson, K. K. (1987). The development of literacy: Access, acquisition, and instruction. In D. Bloom (ed.), *Literacy and Schooling*. NJ: Ablex.

Peterson, R. (1992). *Life in a Crowded Place*: Making a learning community. NH: Heinemann.

Pressley, M., Allington, R. L., Wharton-McDonald, R., Block, C. C. & Morrow, L. M. (2001). The nature of first-grade instruction that promotes literacy acievement. In M. Pressley, R. L. Allington, R. Wharton-McDonald, C. C. Block & L. M. Morrow(Eds.), *Learning to Read: Lessons from Exemplary First-grade Classrooms* (pp.48-69). NY: Guilford.

Radencich, M. C. (1995). *Administration and Supervision of the Reading/writing Program*. Boston: Allyn & Bacon.

Rha, Kyeong-Hee. (2001). Examination of reading strategies of English language learners during literature study. *Primary English Education, 7*(2), 303-323.

Rha, Kyeong-Hee. (2002). Implementing "Literature Discussion Study" with English language learners in the Korean EFL classroom. *Foreign Languages Education, 9*(2), 227-246.

Rosenshine, B. & Stevens, R. (1984). Classroom instruction in reading. In P. D. Pearson, R. Barr, M. L. Kamil, & P. Mosenthal (Eds.), *Handbook of Reading Research* (Vol. II, pp 745-798). NY: Longman.

Rupley, W. H., & Blair, T. R. (1983). *Reading Diagnosis and Remediation: Classroom and Clinic* (2nd ed.). MA: Houghton Miffin Co.

Salinger, T. S. (1996). *Literacy for Young Children*. (2nd ed.). NJ: Prentice Hall, Inc.

Samuels, S. J. (1988). Characteristics of exemplary reading programs. In S. J. Samuels & P. D. Pearson (Eds.), *Changing School Reading Programs: Principles and Case Studies* (pp. 3-9). DE: International Reading Association.

Tinajero, J. V. & Nagel, C. (1995). "I never knew I was needed until you called": Promoting parent involvement in schools. *The Reading Teacher, 48*, 614-617.

Tompkins, G. E. (2006). *Literacy for the 21st Century: A Balanced Approach.* (4th ed.). NJ: Pearson Merrill Prentice Hall.

Vygotsky, L. S. (1987). The development of scientific concepts in childhood. In R. F. Rieber & A. S. Carton (Eds.), *The Collected Works of L. S. Vygotsky* (N. Mnick, Trans.)(Vol 1, pp. 167-241). NY: Plenum.

부록

1. 유용한 텍스트를 활용한 학습활동 소개

Exploring the Literacy World for Kids 프로그램의 전체 차시별 교수학습 내용과 구성 및 각 차시별 교수 학습 활동을 위한 수업 지도안을 아래와 같이 구상하였다.

<표 19> Exploring the Literacy World for Kids 프로그램 전체 차시별 교수학습 내용과 구성

차시		교수학습 내용과 활동 단계	교수 학습 활동
Day 1	1	Picture Walk Listen to the story - *Dr.Seuss's ABC by Dr.Seuss* Alphabet matching Activity	동화책의 내용 살펴보기, 예측하기 이야기 들으며 알파벳을 익히고 단어의 첫소리 깨우치기 그림을 보고 단어의 첫소리를 인식하고 해당 알파벳과 연결하기
	2	Making My Alphabet Book Alphabet matching Activity	알파벳 책 만들기 인터넷 싸이트에서 알파벳 게임하기 -소리를 듣고 해당 알파벳 찾기
Day 2	3	Listen to the Nursery rhymes and sing - *Humpty Dumpty,* *Teddy Bear, Teddy Bear* Discuss - problem and solution Write sentences. - Interactive writing	너서리 라임을 듣고 율동하며 노래하기 내용 이해하고 토론하기 배운 너서리 라임을 협동하여 써보기
	4	Finding rhyming words activity Rhyming words로 노래 만들기 Rhyming game	게임을 통해 rhyming words를 찾고, 그 단어들을 이용하여 노래 만들기 인터넷 싸이트에서 Rhyming game하기
Day 3	5	Talk about planing seeds Picture Walk Listen to the story - *The carrot seed* by Ruth Krauss	동화책을 읽기 전에 brainstorming을 통해 경험과 사전지식 끌어내기 동화책의 내용 살펴보기, 예측하기 이야기 듣고 이해하기
	6	Shared Reading Sequencing Activity Discussion - main idea, supporting details	이야기를 읽고 주요 사건들을 시간 순서에 따라 배열하기. 중심 주제와 세부 내용에 대해 토론하기
Day 4	7	Miming Activity - *The carrot seed* 에서 배운	Miming 게임을 통해 5, 6 차시에 배운

		어휘 설명하기 Activity - Planting seeds in the garden	planting seeds 관련 어휘 복습하기 직접 화단에 나가서 씨앗 심기
	8	Language experience story - Interactive writing Read aloud the story	7차시 씨앗 심기 활동에 대해 이야기하고 글로 써보기 완성된 이야기를 유창하게 읽기
차시		교수학습 내용과 활동 단계	교수 학습 활동
Day 5	9	Making a class pamphlet - Topics : school activities, classroom rules, physical educations, music	학습을 소개하는 팜플렛 만들기 토론을 통해 주제를 선정하기 그림 그리고 labelling하거나 간단한 문장으로 표현하기
	10	Text structure of invitation cards and vocabulary Writing invitation cards - Interactive writing	초청장의 text 구조와 어휘 익히기 http://snoopy.com에서 부모님에게 초청장 써서 이메일로 보내고 답장 받기
Day 6	11	Picture walk Listen to the story - *The Great Big Enourmous Turnip* by Alexei Tolstoy Picture Dictionary	동화책의 내용 살펴보기 이야기 듣고 이해하기 그림 사전 활용하여 어휘 익히기
	12	Sequencing Activity Read aloud the story Read aloud the Play script	동화책 전체의 내용을 순서대로 맞추기 연극을 위해 배역 정하고 대본 읽기
Day 7	13 14	Act out the Play - *The Great Big Enourmous Turni*p by Alexei Tolstoy	대본을 외워서 연극을 해본다.
Day 8	15	Listen to the story *Old MacDonald had a farm* by Pam Adams Label the farmer's clothes	이야기 듣고 이해하기 Farmer's clothes에 라벨 붙이기
	16	Sorting Actiivty - Farm animals and zoo animals Change the story and write Read aloud the story	농장에 사는 동물과 동물원에 사는 동물 분류하기 이야기 바꾸고 key words 써보기 큰 소리로 유창하게 읽기
Day 9	17 18	Literacy 발표회	부모님을 초대해서 발표회 하기 노래, 챈트, 연극 ,팜플렛 전시
Day 10	19 20	Wrap up the Program Lunch	리터러시 발표회 경험을 바탕으로 간단한 읽기자료 세작하기 점심 먹기

<표 20> 1, 2차시 교수 학습 활동을 위한 수업 지도안

주 제	Alphabet (*Dr. Seuss's ABC* by Dr.Seuss's)	차시	1,2/20
학 습 목 표	- 알파벳 대문자와 소문자를 구분할 수 있고 순서대로 말할 수 있다. - 단어의 첫소리를 구분하고 해당 알파벳을 찾을 수 있다.		
주요 표현	What begins with A? Apple begins with A. A is for Apple. What letter does Bear start with? / Letter B	언어 기능	듣기, 말하기, 읽기, 쓰기

Procedures (학습절차)	Steps (단계)	Contents & Teaching-Learning Activities (학습내용과 교수학습활동)	Time (시간)	Remarks & Aids (유의점과 자료)
도입 Introduc- tion	Warm -up	- 동기유발(Motivation of learning) - 인사(Greeting), 출석 확인(Attendance) T : How are you this morning? S : I'm fine, thanks. How about you? T : I'm fine, too. - Morning Message (Date, weather, school activity, etc..) T : What day is it today? S : It's Monday? T : What's the weather like today? S : It's sunny. T : Right, it's sunny and hot Today we are going to take a class picture for Literacy exhibition.	5'	▪ Morning Message를 전할 때 날짜, 날씨, 학교 행사 등의 정보를 포함하고 이를 칠판에 적어줌으로써 자연스럽게 문자 언어를 접할 수 있도록 한다.
전개 Develop- ment	기본 학습 활동	<Listen and Sing.> T : Let's sing the Alphabet song together. -가사를 확대해서 칠판에 붙이고 글자를 손으로 짚어준다. <Listen to the Story> -*Dr. Seuss's ABC*를 읽어주며 어린이들이 적극적으로 참여할 수 있도록 다양한 질문을 한다. T : What begins with A? / Apple, Airplane, Alligator Do you know any words begin with E? / Ear, Egg, Elephant What begins with K? / Kitten, Kangaroo, Kite What letter comes after K? / L	25'	▫ CD-ROM
	활동 Activity I	<Alphabet Book 만들기> ① A로 시작하는 단어의 flash cards를 활용하여 어린이들이 A로 시작하는 단어를 말 할 수 있도록 한다. ② 어린이들이 단어를 말할 때 해당 flash card를 칠판에 붙이며 "A is for apple." "A is for Ant"등과 같이 말한다. ③ 칠판에 A is for apple.을 적고 손으로 가르키며 다시 읽는다. ④ 직접 자신의 worksheet에 A로 시작하는 단어의 그림을 그리고, 단어를 쓴다. (칠판의 flash cards에 단어를 참고함) ⑤ 나머지 알파벳에 대해서도 위의 1, 2, 3, 4의 방법으로	25'	▫ 알파벳 A~Z로 시작되는 사물과 단어가 함께 있는 flash cards, 색연필, My first Alphabet Worksheet(부록 참조)

		진행한다. ⑥ 책이 완성되면 큰 소리로 읽는다. T : Do you want to make an alphabet book? S : Yes~ T : Let's start with letter A. What words start with letter A? S : Apple, Ant, Airplane, .. 교사는 미리 다양한 flash cards를 준비하여 어린이들이 단어를 말할 때 칠판에 붙인다. T : A is for apple. apple flash card 아래에 A is for apple 문장을 쓰고 단어를 손으로 가르키며 읽는다. T : Let's say it together "A is for apple." S : A is for apple. T : A is for ant. S : A is for ant. T : Please draw an apple on your worksheet and write the word.		
	활동 Activity II	<Alphabet matching game 1> - 단어와 그림 연결하기. Alphabet matching worksheet 활용 T : Can you read this word? S : Apple. T : Right, Now I want you to draw a line from the word to the right picture.	10'	▫ Alphabet matching worksheet(부록 참조),
	활동 Activity III	<Alphabet matching game 2> - 아래의 웹 싸이트에서 Alphabet 관련된 게임 하기 http://www.britishcouncil.org/kids-topics-alphabet.htm T : Listen to the sound carefully and click on the right letter	12'	▫ 컴퓨터
정리 Closing	정리	-정리 T : Everyone, you did a good job today. I want you to take the Alphabet book home and read it with your parents. I'll put the story book Dr. Seuss's ABC at the reading center so you may read it at any time. Before finishing the lesson, let's sing the Alphabet song together.	3'	▫ CD-ROM

<표 21> 3차시 교수 학습 활동을 위한 수업 지도안

주 제	Nursery Rhyme	차시	3/20
학 습 목 표	- Nursery Rhyme을 듣고 이해하며 따라 부를 수 있다. - 배운 Rhyme을 interactive writing을 통해 쓸 수 있다.		
주요 표현	All sentences from "Teddy Bear, Teddy Bear", "Humpty Dumpty" (Ex. turn around, touch the ground, show your shoe, etc..)	언어 기능	듣기, 말하기, 읽기, 쓰기

Procedures (학습절차)	Steps (단계)	Contents & Teaching-Learning Activities (학습내용과 교수학습활동)	Time (시간)	Remarks & Aids (유의점과 자료)
도입 Introduc- tion	Warm -up	- 인사(Greeting), 출석(Attendance) T : How are you this morning? S : I'm fine, thanks. How about you? T : I'm fine, too. - Morning Message (Date, weather, school activity, etc..) T : What day is it today? What's the date? How is the weather?	3'	
전개 Develop- ment	기본 학습활동	<Listen and Sing.> - 너서리 라임(동요) 차트를 통해 새로 배울 2곡을 소개한다. - *Teddy Bear, Teddy Bear, Humpty Dumpty*을 듣고 내용이 무엇인지 이야기 한고 율동과 함께 노래한다. T : Today we are going to learn two nursery rhymes. Let's have a look at this picture What is the title of the song? S : Teddy Bear, Teddy Bear .T : Right, It's teddy bear, teddy bear. What do you know about a teddy bear? S : It's a toy, Pretty, cute, ... T : O.K. let's listen to the song first and see what the song is about. (Children listen to the song) T : Did you like the song? What did the teddy bear do? Every line of this song has something to do. The first line says, "touch the ground". Let's stand up and act it out together. First, touch the ground - 위와 같은 방법으로 *Teddy Bear, Teddy Bear, Humpty Dumpty* 내용을 확인하고, 직접 몸으로 표현해 본다.	20'	▫ CD-ROM, nursery rhyme chart, paper

<table>
<tr><td></td><td></td><td><Discuss the message - Problem and Solution>
- Humpty Dumpty가 담에서 떨어졌을 때 부서지지 않을 수 있는 방법들에 대해 토론하기. Graphic organizer 활용하기.</td><td></td><td></td></tr>
<tr><td>학습
절차</td><td>학 습
단 계</td><td>학습내용과 교 수·학 습 활 동</td><td>시간</td><td>▫ 자 료
▪ 유의점</td></tr>
<tr><td rowspan="2">전개
Develop-
ment
전개
Develop-
ment</td><td>기본
학습활동</td><td>T : Poor Humpty Dumpty had a great fall.
Let's think of ways to protect Humpty from breaking, S : Many cushions,
S : a swimming pool,
S : a haystack, etc...
T : You are brilliant
If there are cushions on the ground, he wouldn't be broken.
- 위와 같은 방법으로 어린이들이 다양한 아이디어를 낼 수 있 도록 격려한다.</td><td></td><td></td></tr>
<tr><td>활동
Activity
I</td><td><Interactive writing - <i>Humpty Dumpty</i> >
- Humpty Dumpty가 크게 그려진 그림위에 전체가 협동하여 문장을 써본다.
- 완성된 문장을 유창하게 읽는다.

T : Look at this Humpty Dumpty. (그림 보여주며)
He looks so funny, doesn't he?
Now we are going to write some sentences together.
T : "Humpty Dumpty sat on a wall".
첫 문장만 노래해본다.
How many words are in the sentence?
S : Six.
T : What is the first word?
S : Humpty.
T : How many sounds does <i>Humpty</i> have?
(stretch out the word "Humpty")
S : Six.
T : How does <i>Humpty</i> begin?
Who has a name that begins like Humpty?
S1 : I do.
T : How does your name begin?
S1 : With a H
T : Would you write H here?
- 위와 같은 방법으로 어린이들이 두 문장 정도를 쓴다. 문장 완성 후 큰 소리로 함께 읽는다.

- Humpty Dumpty Interactive Writing 예시는 부록 참조</td><td>15'</td><td>▫ Enlarged picture of Humpty Dumpty, 색연필

▪ Interactive writing을 할 때 단어를 천천히 펼쳐서 발음하여 어린이들이 phoneme counting을 할 수 있도록 도와준다.</td></tr>
<tr><td>정리

Closing</td><td>정리</td><td>T : Did you like the songs we learned today?
S : Yes ~~
T : Let's sing the songs together.</td><td>2'</td><td>▫ CD-ROM</td></tr>
</table>

<표 22> 4차시 교수 학습 활동을 위한 수업 지도안

<table>
<tr><td>주 제</td><td colspan="2">Nursery Rhyme</td><td>차시</td><td>4/20</td></tr>
<tr><td>학 습
목 표</td><td colspan="4">- 게임을 통해 Rhyming words를 찾을 수 있다.
Ex) -at, -et, -am, -ook, -ug, -ox, -it, -ap.</td></tr>
<tr><td>주요 표현</td><td colspan="2">Which word rhymes with bat?
Cat rhymes with bat.</td><td>언어
기능</td><td>듣기, 말하기, 읽기, 쓰기</td></tr>
<tr><td>Procedures
(학습절차)</td><td>Steps
(단계)</td><td>Contents & Teaching-Learning Activities
(학습내용과 교수학습활동)</td><td>Time
(시간)</td><td>Remarks & Aids
(유의점과 자료)</td></tr>
<tr><td rowspan="2">도입
Introduc-
tion</td><td>Review</td><td><Highlight Rhyming Words of <i>Humpty Dumpty</i>>
T : Let's look at the nursery rhyme chart and read it together.
T : Well done,
Can you find the words whose endings are the same?
S : Humpty, Dumpty.
T : Very good, They end with '-umpy'.
There are more words ending with the same letters.
S : wall, fall, all
T : Brilliant.
They end with "all"</td><td>3'</td><td>▪ 어린이들이 Rhyming words를 찾으면, 빨간색으로 highlight 한다.</td></tr>
<tr><td>학습문
제 제시</td><td>T : If words' endings are the same, we call them "rhyming words".
Wall, fall, all are rhyming words and Humpty Dumpty are rhyming words.
Today we are going to learn more rhyming words.</td><td>2'</td><td></td></tr>
<tr><td>전개
Develop-
ment</td><td>기본
학습활
동</td><td><Introduce rhyming words>
- Cat과 Bat의 flash cards를 보여주며
T : What are they?
S : a cat, a bat
T : Are they rhyming words?
S : Yes
T : How about these? (showing Rat and Pig flash cards)
Does Rat rhyme with Ham?
S : No~
T : Can you give me a word rhyming with Ham?
S : Sam, ram,
T : Very Good ~
Sam rhymes with Ham
and Ram rhymes with Ham.</td><td>7'</td><td>▫ 한쪽 면에는 그림 반대쪽 면에는 단어가 적혀있는 flash cards</td></tr>
<tr><td>전개
Develop-
ment</td><td>활동
Activity
I</td><td><Rhyming word 찾기>
- 아래의 Rhyming word가 각각 적힌 card 16장을 미리 준비한다.
Rhyming pairs:
cat, bat   met, net   ram, ham   book, hook
rug, bug   fox, box   sit, wit   cap, map</td><td>15'</td><td></td></tr>
</table>

		T : Let's read these cards quickly. - 빠른 속도로 어린이들과 함께 단어를 읽어본다. T : Now I'll give one card to each of you. and I want you to find a person who has a rhyming word with yours. Use this sentence when you ask. Ex.) Do you have a word rhyming with cat? - 모든 어린이들이 자신의 짝을 찾는다. T : Does everyone has a rhyming partner? O.K. then please sit down with your partner. You are going to work with your partner now. <Rhyming words로 노래 만들기> - Activity Ⅰ에서 찾은 짝과 함께 자신들이 가지고 있는 단어를 활용하여 노래 만들기 - Mary Had a Little Lamb"의 tune - 직접 빈칸을 채운다. - 완성 후 짝과 함께 노래 부른다. Ex) Who has a word that rhymes with cat, rhymes with cat, rhymes with cat, Who has a word that rhymes with cat, Oh Yes! The word is bat. Helen has bat which rhymes with cat, rhymes with cat, rhymes with cat, Helen has bat which rhymes with cat. Cat and bat, they rhyme!		
	활동 Activity Ⅱ	<Rhyming words 게임> http://www.bbc.co.uk/schools/laac/words/dg3.shtml T : Click on the word that rhymes with _______. http://www.readwritethink.org/materials/wordbuild/ - Word Build & Bank T : Combine letters to make the words.	10'	▫ 컴퓨터
정리 Closing	정리	T : You did a good job today. Take your rhyming song home and sing it with your parents. Let's sing the songs we learned today	3'	▫ CD-ROM

<표 23> 5차시 교수 학습 활동을 위한 수업 지도안

주 제	**Farm** *Old MacDonald had a farm* **by Pam Adams**	차시	5/20
학 습 목 표	- *Old MacDonald had a farm* 동화를 듣고 이해할 수 있다 - 여러 동물의 소리를 영어 표현으로 익힌다. - Farmer's clothes에 라벨을 붙일 수 있다.		
주요 표현	What noise does a cow make? A cow makes "Moo Moo". This is the farmer. He has a straw hat.	언어 기능	듣기, 말하기, 읽기, 쓰기

Procedures (학습절차)	**Steps (단계)**	**Contents & Teaching-Learning Activities (학습내용과 교수학습활동)**	**Time (시간)**	**Remarks & Aids (유의점과 자료)**
도입 Introduc- tion	Warm -up	- 인사(Greeting), 출석(Attendance) T : How are you this morning? S : I'm fine, thanks. How about you? T : I'm fine, too. - Morning Message (Date, weather, school activity, etc..) T : What day is it today? What's the date? How is the weather?	2'	▫ CD-ROM
	학습문 제 제시	- 실제 농장 사진을 보여주며 T : Look at this picture. What do you see? S : Cows, horses, trees, grass... T : Where do you think they are? S : On the farm. T : Right, have you ever been to a farm? Let's share what you know about farms.	2'	
전개 Develop- ment	기본 학습활 동	<Listen to the Story > - Students share what they know about farms and farmers. - During reading, ask students questions to check their understanding - Have students predict what might happen next. Before Reading T : What do you know about farms? What animals do you see on the farm? Who works on the farm? How do farmers look? During Reading T : Let's have a look at this picture.. What does the farmer wear? What kind of tools does the farmer have? What do you think he's going to do on the farm?	15'	▫ 한쪽 면에는 그림 반대쪽 면에는 단어가 적혀있는 flash cards

		There are many cows here, cows are big animals. They eat lots of grass and give us meat and milk. What noise does a cow make?		
	기본 학습활동	After Reading T : What animals did the old MacDonald have? Do you think working on the farm is fun? If you were a farmer, what would you like to do?		
	활동 Activity Ⅰ	<Listen to the Song and Sing > *Old MacDonald had a farm* T : Listen to the song first and I want you to clap your hands when you hear the names of animals. (Listen to the song) T : Well done. This time we are going to sing together.	5'	
	활동 Activity Ⅱ	<Labelling the farmer's clothes> ① 각자 큰 도화지에 farmer를 그린다. ② Farmer가 어떤 옷을 입고, 어떤 도구를 가지고 있는지 이야기한다. 이때 교사는 칠판에 커다란 farmer 그림을 붙이고, 어린이들이 말한 단어나 문장을 적어서 laberlling하는 것을 보여준다. ③ 어린이들이 형용사를 활용하여 간단한 문장으로 표현할 수 있도록 도와준다. ④ 각자 자신의 그림에 labelling한다. ⑤ 완성 후 큰 소리로 읽어본다. - 미리 준비한 농부 그림을 칠판에 붙이며 T : What does the farmer wear? S : Gloves. T : What color are they? S : Green. T : Right, he wears green gloves. - 칠판에 문장을 적어준다. T : What else does he wear? - 위와 같은 방법으로 모자, 신발, 바지, 농기구 등에 대해서도 이야기하고 어린이들이 직접 labelling할 수 있도록 한다.	15'	
정리 Closing	정리	T : You were very good today. I am proud of you. Please take your labelled drawing of a farmer home and show and read it to your parents.	1'	▫ CD-ROM

<표 24> 6차시 교수 학습 활동을 위한 수업 지도안

주 제	**Farm** *Old MacDonald had a farm* **by Pam Adams**	차시	**6/20**
학 습 목 표	- Farm animals과 zoo animals의 개념을 이해하고 구분할 수 있다. - 다양한 동물의 소리를 영어 표현으로 익히고 말할 수 있다. - Old MacDonald had a farm에서 반복되는 문장을 읽을 수 있다.		
주요 표현	A cow is a farm animal. It lives on a farm. A tiger is a zoo animal. It lives in a zoo.	언어 기능	듣기, 말하기, 읽기, 쓰기

Procedures **(학습절차)**	**Steps** **(단계)**	**Contents & Teaching-Learning Activities** **(학습내용과 교수학습활동)**	**Time** **(시간)**	**Remarks & Aids** **(유의점과 자료)**
도입 Introduc- tion	Review	<Read the Story > - Big book을 활용하여 전 시간(5차시)에 배운 *Old MacDonald had a farm*을 큰 소리로 읽는다. T : Now we are going to read the story together. Are you ready? Let's read the first sentence.	5'	▪ 책을 읽을 때 손가락으로 단어를 가르키며 읽음으로써 어린이들이 글자를 보고 읽을 수 있도록 도와준다.
	학습문제 제시	- 다양한 동물이 있는 그림을 보여주며 T : There are many different kinds of animals. Some animals can be kept on a farm and some animals may be kept in a zoo. Let's talk about what animals live on a farm and what animals are kept in a zoo.	2'	▫ 다양한 동물이 있는 그림 또는 사진
전개 Develop- ment	기본 학습활동	<분류하기-Farm animals, zoo animals> ① Introduce farm animals and zoo animals to students. ② Divide a board into two sections. ③ Label one section Farm and create a barnyard background. ④ On the other section, create a zoo background and label it Zoo. ⑤ Have students display animal flash cards on the appropriate side of the board T : Have you been to a farm? S : Yes ~ T : What animals did you see there? S : Cows, dogs, horses. hens, etc... T : Why do you think they live on a farm? S : They are nice, not scary, ... T : They are more tamed, not wild. and they usually help people. horses help farmers do work, cows give milk,	15'	▫ farm animal flash cards, zoo animal flash cards

		hens lay eggs, etc - zoo animals에 대해서도 같은 방법으로 소개한다. T : Now I'll devide you into two groups. One student of each team comes to the front and put these animal flash cards on the appropriate side of the board		
전개 Develop-ment	활동 Activity I	<Change the Story> - Old MacDonald had a farm => Old MacDonald had a zoo - Old MacDonald가 farm이 아닌 zoo에 산다고 가정하고 이야기를 바꾸어본다. T : Old MacDonald no longer lives on a farm. Now he lives in a zoo. What animals does he have in his zoo? S : snakes, bears, lions... etc... - 교사는 어린이들이 대답한 동물들을 flash card로 다시 한번 보여주며 각각의 동물소리를 어린이들에게 물어본다. T : What noise does a bear make? S : GRRRR! - 다른 동물들의 소리도 같은 방법으로 확인하고 소개된 zoo animal flash cards를 순서대로 칠판에 붙여서 어린이들이 노래할 때 바로 확인 할 수 있도록 한다. - 어린이들과 함께 Old MacDonald had a farm 노래를 하다가 farm 부분이 나오면 칠판에 zoo 단어를 가르켜서 어린이들이 farm 대신에 zoo를 말할 수 있도록 한다. - 칠판에 붙은 flash cards 순서대로 어린이들이 zoo animals을 노래에 응용한다. <이야기 써보기 *Old MacDonald had a zoo*> -Worksheet을 활용하여 어린이들이 직접 동물들의 이름을 써볼 수 있도록 한다. 이때 교사는 단어를 펼쳐서 읽어 줌으로써 어린이들이 각 글자의 소리를 듣고 쓸 수 있도록 도와준다. - *Old MacDonald had a zoo* worksheet은 부록 참고	15'	
정리 Closing	정리	T : Today we learned about many animals. Please talk about more farm animals and zoo animals with your parents at home. Let's sing the song together. - *Old MacDonald had a zoo*	3'	▫ CD-ROM

2. 유용한 텍스트 웹 사이트

1) Guinness World Records(세계 신기록 웹 싸이트)
http://www.guinnessworldrecords.com

2) Poetry Idea Engine - write haikus, free verse, limericks, and more
http://teacher.scholastic.com/writewit/poetry/poetry_engine.htm

3) Giggle Poetry - ask the poetry (시인과 작가에게 질문할 수 있는 싸이트)
http://www.gigglepoetry.com/askpoet.aspx

4) Educational technology web site
http://www.quia.com

5)샌디에고 동물원 웹 싸이트
http://www.sandiegozoo.org/kids/crafts.html

6) http://snoopy.com

7) http://www.britishcouncil.org/kids-topics-alphabet.htm

8) Songs and Nursery Rhymes for Kids
http://www.gardenofsong.com/

9) Rhyming games,
http://www.bbc.co.uk/schools/laac/words/dg3.shtml

10) Word Build & Bank
http://www.readwritethink.org/materials/wordbuild/

3 . 워크 시트

<Alphabet matching game worksheet>

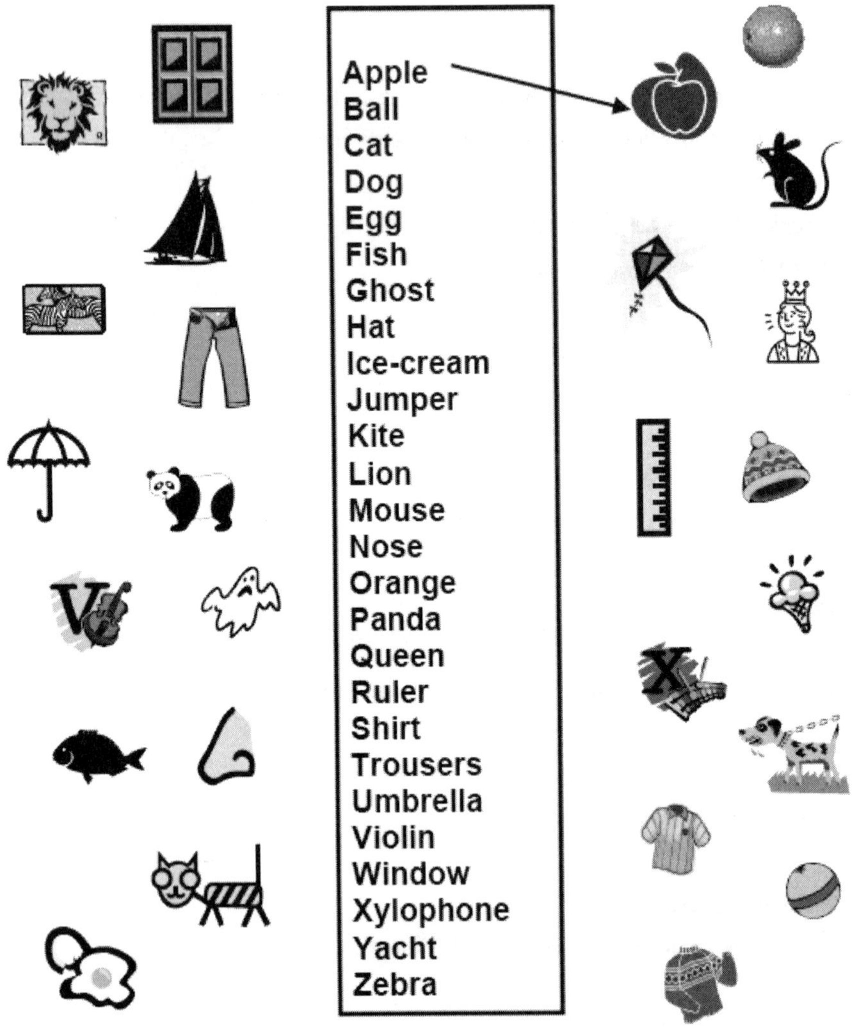

<*Old MacDonald had a zoo* worksheet>

Old MacDonald had a zoo

Old Macdonald had a zoo a-e-i-o-u
and in this zoo he had some bears a-e-i-o-u
with a GRRR GRRR here and a GRRR GRRR there
here a GRRR, there a GRRR, everywhere a GRRR GRRR
Old Macdonald had a zoo a-e-i-o-u!

Old Macdonald had a zoo a-e-i-o-u
and in this zoo he had some ______ a-e-i-o-u
with a GIBBER GIBBER here and a GIBBER GIBBER there
here a GIBBER, there a GIBBER, everywhere a GIBBER GIBBER
Old Macdonald had a zoo a-e-i-o-u!

Old Macdonald had a zoo a-e-i-o-u
and in this zoo he had some ______ a-e-i-o-u
with a SSSS SSSS here and a SSSS SSSS there
here a SSSS, there a SSSS, everywhere a SSSS SSSS
Old Macdonald had a zoo a-e-i-o-u!

Old Macdonald had a zoo a-e-i-o-u
and in this zoo he had some ______ a-e-i-o-u
with a FLAP FLAP here and a FLAP FLAP there
here a FLAP, there a FLAP, everywhere a FLAP FLAP
Old Macdonald had a zoo a-e-i-o-u!

Old Macdonald had a zoo a-e-i-o-u
and in this zoo he had some ______ a-e-i-o-u
with a ROAR ROAR here and a ROAR ROAR there
here a ROAR, there a ROAR, everywhere a ROAR ROAR
Old Macdonald had a zoo a-e-i-o-u!

Old Macdonald had a zoo a-e-i-o-u
and in this zoo he had some ______ a-e-i-o-u
with a TRUMP TRUMP here and a TRUMP TRUMP there
here a TRUMP, there a TRUMP, everywhere a TRUMP TRUMP
Old Macdonald had a zoo a-e-i-o-u!

4. **어린이들의 쓰기 결과물**

3차시 Interactive writing 예시

5차시 Labelled drawing of a farmer 예시

제 5장

초등영어 읽기지도의 접근법

I 머리말

최근 우리나라는 듣기와 말하기를 통한 의사소통 능력을 강조함으로서 읽기지도에 대해 다소 등한시 하고 있음을 알 수 있다. 그러나 우리나라는 전통적으로 듣기, 말하기, 쓰기에 비해 읽기 지도에 큰 비중을 두었다. 읽기 지도가 영어 교육에서 큰 비중을 차지했음에도 불구하고 우리나라는 어린이들의 읽기 지도를 배양시키지 못했다. 이는 문법적 설명과 어휘 설명을 부가하는 **번역식 읽기 접근법**을 사용했기 때문이라는 비판을 받고 있다(김부자, 2005). 다시 말해 지나치게 책략만을 강조하는 것은 옳지 않다는 것을 의미한다(Stanovish, 1980; Eskey, 1988). 단어나 문법지식 등과 같은 책략만을 파악하여 읽기를 하는 것은 어린이가 정확한 의미 파악을 하는데 어려울 뿐만 아니라 읽기 능력을 향상 시키는데도 문제점이 될 수가 있다. 따라서 어린이들에게 적절한 읽기 접근법을 제시 해 줌으로서 읽기 능력을 향상시키는데 도움을 줄 필요가 있다.

어떤 학습법이 과연 어린이들 특히 EFL 환경의 어린이들에게 효과적일까? Gunning(2007)은 읽기지도의 주요 학습법으로 두 가지를 제시한다. 그 첫 번째는 읽기를 통해서 또는 쓰기를 통해서 학습하는 방법이고 두 번째는 읽기와 쓰기 두 가지를 결합해서 학습하는 방법이다. 먼저 Gunning(2008)이 제시한 쓰기를 활용한 읽기 지도 접근법은 **언어 경험적 접근법**으로 알려져 있다. 이 방법은 경험을 바탕으로 어린이들에게 쓰기를 먼저 시킨 후에 읽기를 배우도록 하는 방법이다. 초기에 쓰기를 배운 어린이들은 나중에 배운 어린이들보다 더 잘 읽을 수 있기 때문에(Chomsky, 1971; Cunningham, 1983; Moxley, 1982), 어린이들에게 읽기를 지도하기 위해서 쓰기 기회를 주는 것도 읽기를 가르치는 하나의 방법이라 할 수 있다. 읽기 교재와 어린이 도서를 활용하여 읽기를 지도하는 것도 읽기 지도의 또 다른 하나의 방법이다. 읽기 교재는 읽기 관련 전문가들과 전문 출판사에 의해 쓰여 진 교재이므로 어린이들은 교사와 함께 적절한 수준의 책을 선택 할 수 있다(Ediger, 1983). 아울러 문학 교재는 EFL 환경의 어린이들에게 독창적인 사고를 길러 줄 수 있고, 풍부한 어휘 습득을 가능하게 해 주며, 목표언어를 활용하여 모험적인 읽기를 시도해 볼 수 있다는 점에서 읽기 지도를 위한 좋은 자료이다(McKay, 1982; Preston, 1982; Povey, 1972; Spack, 1985; McConochie, 1985). 이 자료들은 적절한 **읽기 접근법**들과 함께 접목하여 어린이들을 효과적으로 지도할 수 있다. 예를 들어서, 수준에 맞는 책을 선택할 수 있는 어린이 도서는 개별화 읽기 접근법을 활용하여, 그리고 문학 교재는 문학중심 접근법을 활용하여 읽기를 지도 할 수 있고 이 외에도 다양한 읽기 지도법들을 활용할 수 있다. 물론, 이 접근법들은 다양한 방법으로 결합되어 활용 될 수도 있다. 즉, 읽기교재나 문학선집을 주로 사용하는 교사들이 때로는 언어 경험적 이야기나 어린이 도서를 그들의 프로그램을 보충 자료로 활용하여 읽기 지도를 할 수 있다. 그렇다면, 교사들에게 과연 어떠한 접근법이 더 익숙하며 아이들에게는 어떤 접근법이 더 효과적일까? 이 접근법들의 특징은 무엇이며, 장점과 단점은 무엇일까?

읽기에 대한 정의를 내리기는 매우 어렵고 복잡하다. 읽기를 자동차 운전을 배우는 것처럼 읽기는 일련의 기술을 필요로 하는 해독과정으로 어린이들이 읽기에 필요한 기술들을 익혔을 때 읽을 수 있다고 했다. 즉 문자를 읽기 위해서는 어린이들이 파닉스를 익혀야 하며 어떻게 소리 내서 읽을 수 있는지를 배웠을 때 읽기가 가능하다는 것이다(Flesch, 1995). Goodman(1976)은 읽기를 심리적 언어로 추측하는 게임으로서 사고와 언어 사이의 상호작용을 통해서 올바른 의미를 알아내려고 하는 것을 효과적인 읽기로 보았다. 다시 말해서 읽기라는 것은 어린이의 사고를 통해 읽기에 필요한 언어적 정보를 모으고 그에 따라 예측하고, 예측한 내용이 맞는지 확인하거나 수정하는 과정을 통해서 일어난 다는 것이다(Song, 1987). Rumelhart(1986)는 읽기를 언어를 이해하는 과정으로 보고, 기술적으로 잘 읽는 어린이는 언어적 정보, 의미적 정보, 실용적 정보, 작가가 의도 등 다양한 정보의 상호작용이 읽기 과정을 통해 나타난다고 언급했다. 이와 같이 읽기라는 것은 어린이가 어떻게 읽느냐 그리고 어떻게 읽기를 향상시키느냐에 따라 다양한 각도로 정의 내릴 수 있다. 읽기를 어떻게 정의 내리던지 간에 읽기의 목적은 어린이들이 능숙하게 읽기를 수행할 수 있도록 도움을 주는데 있다. 읽기에 능숙한 어린이가 되기 위해서는 계속적으로 연습하고, 발전하고, 개선해 나가는 것이 중요하다(Anderson et al., 1985).

아울러 21세기 정보화 시대에 발맞추어 교육 환경에도 정보기술이 영향력을 미치게 되었고 역동적으로 정보기술들이 반영되고 있다. 사회적 분위기도 교사 중심에서 어린이 중심으로 변화하고 있다. 이런 사회적 특징의 영향으로 교육 환경에 접목되고 있는 것이 웹이라는 매체이다(이명관, 2006). 웹은 언제 어디서든지 어린이들이 원하는 곳에서 다양한 정보를 얻을 수 있다는 장점과 아울러 어린이들의 흥미도에 큰 영향력을 미치고 있다. 웹은 어린이들이 스스로 필요한 부분을 찾고 읽을 기회를 제공함으로써 자연스럽게 동기 부여도 될 수 있다(Bailey & Cotlar, 1994). 웹을 활용한 읽기 지도도 어린이들의 읽기 교재로 유익하게 활용될 수 있을 것이다. 따라서 이 장에서는 어린이들에게 도움을 줄 수 있는 읽기 지도와 관련된 읽기 접근법과 함께 어린이의 읽기에 동기 부여가 되고 흥미도에도 영향력을 줄 수 있는 웹을 활용한 학습에 도움이 될 수 있는 유용한 웹사이트를 소개하고자 한다.

Ⅱ 읽기 지도의 접근법

지난 20여 년 동안 미국의 읽기 교육에는 인상적인 변화가 있었다. 1980년대 중반까지 대부분의 어린이들은 읽기 지도를 위한 교재를 통해서 읽기를 지도받았다. 그러나 읽기지도를 위해 어린이 도서를 활용하자는 움직임이 나타나기 시작했다. 이것을 계기로 읽기교재로부터 어린이 문학교재로 그리고 구조화된 교수법에서 자연주의적인 접근법으로 문자지도를 하려는 전환점이 되었다. 그리고 십여 년이 지난 지금에 와서는, 여러 영역에서 경시되어 왔던 읽기 기술들을 보완하기 위한 균형적 접근법, 즉 읽기를 위한 기술 교육과 좋은 문학작품이 통합된 읽기 지도법을 활용하자는 움직임이 일어나고 있다. 아울러 읽기 교재도 다시 활용하고 있다. 그들은 이전보다 더욱 읽기에 있어 기술적인 면을 지향하고 있으며 또한 양질의 학습을 위한 문학 선집과 어린이 문학 전집의 사용을 지지하고 있다.

총체론적 접근법을 활용하던지, 또는 균형적 접근법을 활용하던지 간에 상관없이, 읽기 지도를 위한 효과적인 접근법은 먼저 문자 지도를 위한 기본원리가 통합되어야 한다 (Gunning, 2007). Gunning(2007)은 **문자 지도의 7가지 기본 원리**를 다음과 같이 제시했다. 첫째, 어린이들은 읽기와 쓰기를 통해 독자와 저자가 된다. 둘째, 읽기 프로그램은 풍부하고 다양한 흥미와 적절한 자료를 포함하고 있어야 하며 읽기와 쓰기를 매우 강조해야만 한다. 셋째, 어휘를 인식하고 이해 할 수 있는 능력을 키워주기 위해서는 어린이들은 그와 관련된 전략들을 배워야만 한다. 넷째, 읽기 프로그램은 언어 중심이어야 한다. 수업 과정은 읽기와 쓰기 기술뿐만 아니라 말하기와 듣기 발달을 위해서 계획되어야 한다. 다섯째, 읽기는 쓰기 발달에 도움을 주고 쓰기는 읽기 발달에 도움을 주기 때문에, 문자지도 프로그램은 읽기와 쓰기 모두 발달시킬 수 있도록 고안되어야 한다. 여섯째, 수업준비는 개개인의 차이점을 고려하여 계획되어야 한다. 어린이들은 흥미, 능력, 학습능률, 경험적 배경 그리고 문화의 측면에서 차이가 있기 때문에, 접근법은 모든 어린이들에게 필요한지 고려해야만 한다. 마지막으로 어린이들의 실력이 얼마나 향상했는지는 확인해야만 하며, 수업과정은 어린이의 잠재력을 충분히 향상시키는데 도움을 줄 수 있도록 구성되어야 한다.

이 장에서 논의 할 **읽기 지도의 접근법**은 **읽기교재 접근법, 문학중심 접근법, 개별화 읽기－읽기 워크숍(Individualized Reading-Reading Workshop), 언어경험 접근법(Language -Experience Approach), 총체적 언어 접근법(Whole Language Approach)** 그리고 **유도적 읽기 접근법(Guided Reading Approach)**이다. 각각의 이론은 그 특성과 함께 장단점을 가지고 있다. 따라서 장점은 활용하고 단점은 보완하는 방법으로 융통성 있게 각각의 접근법을 통합하여 활용하는 것이 적합니다. Winograd & Greenlee(1986)은 포괄적이고 균형 잡힌 읽기 지도법을 활용하여 융통성 있게 사용할 때 효과가 가장 크다고 했다. 이는 적절하게 균형 잡힌 읽기 지도법이 어린이들의 읽기 지도에 큰 영향력을 준다는 것을 시사하고 있다. 아울러 우리나라와 같은 EFL(English as a Foreign Language)환경에 있는 어린이들에게도 적절한 방법인지도 고려하며 활용할 필요가 있다.

1. 읽기교재 접근법(Basal Anthology Approach)

1) 읽기교재 접근법의 개념

읽기교재 접근법은 읽기를 지도하는데 있어 가장 널리 사용되는 것으로서 미국 초등학교에서는 읽기 지도에 이 방법을 주로 활용하고 있다(Chall, 1983; Demos, 1987). George(1986)가 1300명의 교사를 대상으로 조사한 결과에 따르면, 약 95%에서 98%의 교사들이 읽기를 가르치기 위해 읽기 교재 접근법을 활용하는 것으로 나타났고 80%는 매 수업마다 이 방법을 활용하는 것으로 조사되었다. 교사들이 이 방법을 선호하는 이유는 읽기 지도를 위해 제공되는 교재들은 교사가 쉽게 그리고 효과적으로 활용할 수 있기 때문이다. 또한 읽기 교재들은 점차적으로 상위 단계의 읽기에 도달할 수 있도록 도움을 줄 수 있는 부교재와 함께 교사 지침서와 성취도 평가를 위한 지침서까지도 제공되고 있어 교사가 어린이들을 상위 수준으로 이끌 수 있도록 지도하는데 도움이 되기 때문이다.

읽기교재 접근법은 시간이 지남에 따라 점차 변형되기 시작했다. 20세기에는 각각의 단어 읽기에만 치중하는 것이 아니라 각 단어의 첫 자음과 문맥을 함께 사용하는 읽기 지도를 강조했다. 교재는 주제를 근거로 선택되거나 혹은 어휘의 질을 고려하여 선택되었기 때문에 어린이들의 자신들이 배운 발음을 점차 발전시켜나갈 수 없었다. 그러나 오늘날에 와서 읽기 교재들은 단어별로 어떻게 발음되는지 어떻게 혼합해서 발음되는지를 체계적으로 알려주고 있고 발음에 필요한 요소들을 통합해서 적용할 수 있는 기술들로 이루어져 있다. 아울러 오늘날의 읽기 교재들은 점차적으로 읽기에만 중점을 두는 것이 아니라 문자 습득과 철자법과 쓰기 지도까지 함께 이루어 질 수 있도록 되어 있다. 이 방법은 기본적으로 단어를 인식하고, 쓰여 진 문자로부터 이해를 획득하며, 학습을 위한 수단으로서 읽기를 사용하는데 필요한 기초들을 어린이들에게 체계적으로 조직시켜줘야 한다는 것을 의미하고 있다. 따라서 이 방법은 기술들 간의 관계와 학습의 발달적 특성에 대한 충분한 이해를 필요로 한다.

여러 가지 읽기교재의 교육적인 설계가 모두 동일한 것은 아니지만, 읽기교재의 수업모형은 전형적으로 새로운 어휘를 도입하고, 읽기의 목적을 설정하며, 경험적인 배경을 제공하는 예비활동, 이야기의 의미를 알기 위해 소리 내지 않고 읽는 묵독, 특별한 기술의 사용을 점검하기 위해서 구두로 소리 내어 읽기, 특별한 기술을 도입하고 연습하기, 보충적인 자료나 경험을 제공해 주는 확장된 심화활동 등으로 이루어져 있다(정동화, 1990). 단원계획은 이러한 수업모형을 기본으로 한 상세한 활동들로 구성된다. 낱말카드를 이용하여 새로운 단어와 문장을 읽거나 발음을 교정해 주고, 내용에 관련된 필름이나 슬라이드를 보여주는 단어학습을 비롯하여 묵독과 음독, 기술 익히기, 강화활동에 이르기까지 다양한 활동들로 계획된다. 아울러 적절한 속도와 반복도 필요하다. 빈도 높은 단어들에 대해서는 과학적으로 통제된 어휘가 읽기 기능의 계열과 함께 적절한 속도로 제시되어야 한다. 수업방법에 있어서 선택적이긴 해도 읽기교재는 서로의 조정을 위해서 계열화된 자료와 접근방법을 제공하며, 여기에서 제시된 자료들은 다른 자료들보다 다양하며 시각적인 즐거움까지 제공한다. 읽기교재는 또한 다양한 읽기 수준을 포함하고 있다. 전체 수준은 A수준에서 O수준까지로 이루어져 있는데, 각 수준은 다시 예비읽기(A수준), 예비 읽기교재(B수준 - D수준), 읽기교재(E수준), 그리고 1 - 6까지의 읽기교재(F수준 - O수준)로 구분된다.

오늘날 **읽기교재**는 모든 수준의 어린이에게 제공되는 것을 중요시 한다. 1990년대 읽기교재는 우수 문학과 전체 교실 활동을 강조하였다. 읽기 능력이 저조한 어린이에게는 이렇게 더욱 어려워진 발췌물들이 장애가 되었다(Hoffman, et al., 1990). 오늘날의 읽기교재는 세부적으로 수준을 나누어 기초과정, 기본과정, 그리고 상급과정으로 제공되고 좀 더 언어중심으로 설계되었다. 아울러 문학전집과 함께 문학전집과 관련된 워크북, 교사들의 지침서를 포함하고 있으며 빅 북, 어린이 교재와 부교재, 구도로 읽기를 도울 수 있는 교재, 활용할 수 있는 게임 자료, 오디오 테입, 컴퓨터 소프트웨어, 비디오 테입, 다양한 테스트자료, 평가지침서 등도 포함되어 있다. 교사지침서의 경우는 기술의 개발과 어휘력 향상을 위한 특별한 지시가 제시되어 있으며, 그것은 주로 태도와 능력 면에 관련된다. 또한 효과적인 지도를 위해 학급조직, 성취도 평가와 어려움의 진단을 위한 지침들도 게재되어 있다. 이와 같이 읽기교재를 활용한 읽기 지도법은 오늘날에 점점 더 큰 비중을 차지하고 있다. 따라서 읽기 교재를 활용한 지도법을 어떻게 활용하는 것이 어린이의 읽기 능력을 키우는데 효과적인지에 대해 다시 한 번쯤 생각해 보고 현장에 적용할 필요가 있다.

2) 읽기교재의 장단점

위에서 이미 언급한 바와 같이 **읽기 교재의 장점**은 교사에게 유용하고 쉽게 지도 할 수 있는 자료들과 그에 알맞은 지도안을 제공한다는 것이다. 따라서 교사가 단원을 준비하는데 시간을 절약할 수 있고, 경험이 부족한 교사들은 제공되는 지도안에 도움을 받아 지도할 수 있으며 아울러 읽기 교재와 함께 시리즈로 포함된 보조 자료들도 활용할 수 있다. 어린이들은 기초 단계부터 점차적으로 어려운 난이도의 책을 읽음으로써 단계적으로 읽기 실력을 쌓을 수 있다. 아울러 읽기 교재들은 어린이들을 위해 단어인식에서부터 음독, 묵독, 기술 익히기, 강화활동까지 읽기를 향상시킬 수 있는 다양한 자료들을 제공하고 있다.

그러나 이런 장점에도 불구하고 읽기교재를 활용한 지도법에도 단점이 있다. 먼저 읽기

교재들이 모든 어린이들을 만족시킬 수는 없다. 읽기 교재는 보통 읽기 책, 워크북, 지도안, 이렇게 세 가지 요소가 한 세트로 구성되어 있다. 이렇다 보니 모든 어린이들은 같은 지도안에 맞춰서 학습하게 된다. 그러나 어린이들은 개인별로 흥미 있는 분야가 틀리고 읽기 능력과 읽기 발달 속도에서도 차이가 있으므로 모든 어린이를 만족시킬 수는 없다. 즉, 한 어린이에게 흥미로운 분야가 다른 어린이에게는 지루한 분야 일수도 있다. 두 번째로, 읽기 교재는 문학전집의 특정부분을 발췌한 것이다. "The Diary of Leigh Botts,"의 경우는 Beverly Cleary's 1983 Newbury Award winner, Dear Mr. Henshaw의 일부분을 발췌한 것이다. 이렇게 특정부분을 발췌한 것은 읽기지도에 가치를 떨어뜨리므로 일부 발췌를 학습하는 것보다 전체적인 내용을 읽는 것이 더 중요하다. 세 번째로, 읽기의 속도와 시간에 관련된 문제점이 있다. 어린이들은 틀에 박힌 형태로 읽기를 학습하게 된다. 이는 읽기 교재와 함께 제공되는 지도안 때문이다. 아울러 읽기 자료들과 함께 너무나 많은 활동들과 교재와 연관된 자료들이 있어 어린이들이 이 모두들 따라가는 것은 무리가 있어 보인다. 다음으로 읽기교재의 가장 큰 문제점은 특정 어린이들 대상으로 한 것이 아니라 전체 어린이들을 상대로 고안된 것이므로 보편적인 어린이들에게는 적절할 수 있으나 일부 어린이들에게는 너무 쉽거나 또는 너무 어려울 수 있다. 따라서 교사는 적절하게 난이도를 조절할 줄 아는 융통성이 있어야 한다. 너무 어려워하는 어린이들에게는 오디오를 활용해서 좀 더 쉽게 읽기를 따라 올 수 있도록 도움을 주거나 다른 어린이들보다 읽을 수 있는 기회를 더 많은 기회를 제공해야 한다. 이와 관련된 또 다른 문제점은 어린이들이 자신에게 맞는 읽기 교재를 선택할 수 있는 권한이 없는데 있다. 이로 인해 어린이들의 읽기 발달과 사고력에게까지 부정적인 영향력을 미치게 된다. Goodman, et al. (1988)은 읽기 교재는 읽기 능력, 언어, 어린이 그리고 교사까지도 통제함으로 읽기 능력 발달에 부정적인 영향력을 준다고 비평했다.

여러 곳에서 들리는 비평의 목소리에도 불구하고 읽기 교재가 본질적으로 잘못 되었다는 근거는 없다. 수십 명의 교사들이 수백 명의 어린이들을 읽기 교재로 성공적으로 지도해 오고 있다. 그러나 위에서 이미 언급한 바와 같이 읽기 지도가 안고 있는 문제점들을 간과할 수 없으므로 읽기 교재를 활용해서 지도할 시에는 적절한 적용 방안을 고려해야 할 것이다. 전문가들은 읽기 교재를 지도안으로 사용하지 말고 읽기 지도를 위해 활용 할 수 있는 적절한 정보로 보고 선택적으로 활용하라고 충고한다. 또한 읽기 교재들이 제공하고 있는 부교재들과 활동들도 어린이들에게 적절한지 효과적인지를 염두에 두고 선택하라고 말한다.

3) 읽기교재의 재구성과 유용한 웹사이트

Gunning(2008)은 **읽기교재**를 더욱 효과적으로 재구성하기 위해 다음의 내용을 포함하여야 한고 주장하고 있다.

- 실제적 읽기, 쓰기가 가능한지 살펴보아야 한다.
- 워크북은 분별력 있게 사용되어야 한다.
- 다양한 부교재와 다양한 자료들을 활용함으로써 다독할 있도록 해야 한다.
- 다양한 읽기 기술과 전략에 초점을 둔다.
- 읽기 부진 어린이를 위한 적절한 수준의 읽기 활동들을 제공해야 한다.
- 프로그램을 차츰 조정해 간다.

읽기 교재에 의해 제공되고 있는 많은 활동들은 실제적인 활동들이다. Edelsky(1994)에 따르면, 언어는 실제적인 목적에 맞게 적용됨으로써 배울 수 있다고 주장한다. 왜냐하면 읽기와 쓰기는 언어의 한 형태이므로 어린이들은 실제적인 부분을 통해 많은 것을 배울 수 있다. 예를 들어서, 어린이들은 새로운 컴퓨터를 어떻게 작동하는지 설명서를 읽거나, 즐거움을 위해 책을 읽거나, 쇼핑리스트를 적거나, 또는 친구에게 편지를 쓰는 등 일상생활을 통해서 읽기 실력을 향상시킬 수 있다. 이야기책에 나오는 등장인물들 중 한명을 선택해서 편지를 써보게 하고, 특정 구문을 연습시키기 위해서 또는 새로운 단어를 익히도록 하기 위해서 다시 읽어 보도록 시키는 것도 좋은 방법이 될 수 있다(Edelsky, 1994). 읽기 교재들이 실제적인 목적을 위한 읽기와 쓰기를 제공하고 있지 않다, 따라서 어린이들에게 웹 사이트를 활용해 편지를 주고받게 하거나 블로그를 활용해서 이야기나 시를 적어 올리고 내용을 친구들과 함께 공유하게 하는 것도 하나의 방법이 될 것이다. 이를 통해 어린이들은 현실에 적합하게 활용 할 수 있는 읽기와 쓰기를 할 수 있게 될 것이다.

워크북의 경우를 살펴보자. 워크북은 어린이들이 배운 것을 관리하고 학습을 위한 지침서 역할을 한다. 그러나 Pincus(2005)는 워크북은 어린이들에게 흥미를 줄 수 없고, 풍부한 가능성도 제공하지 않고, 분명한 목적이 없다고 비평했다. 아울러 그는 워크북은 교사들이 채점하는데 시간을 소비하게 만들고 어린이들이 배우지 않은 것을 가르치는 데 시간을 소비할 수 있다고 했다. 이런 단점들을 보완하기 위해서 교사는 워크북 선택 시 스스로에게 몇 가지 질문을 해볼 필요가 있다. 과연 이 활동들이 가치가 있는지, 첨부된 연습문제들이 어린이들에게 필요한 부분인지, 어떠한 방법으로 활동들을 수행하는 것이 효과적인지, 혹은 스스로 해결하게 해야 하는지 아니면 교사의 지도가 필요한지 등을 확인해야 하며 아울러 교사는 어린이들의 단계에 적합한 활동들인지도 분명히 확인해 봐야 한다. 특히, 읽기 교재의 경우 부가적인 읽기 자료를 제공하고, 다양한 단어들을 접할 수 있고 도식구성도를 활용하여 연습할 수 있도록 구성되어 있는 것들이 가치가 있다. 유용한 워크북을 활용한다

하더라도 만약 어린이들에게 불필요한 부분이 있다면 교사는 과감하게 그 부분을 제외하고 지도 할 수 있는 융통성이 있어야 한다. 또한 워크북이외의 활용할 수 있는 어린이 도서나 다른 읽기 자료들과 같은 대안 책도 마련할 필요가 있다. 쓰기, 그리기, 토론, 그리고 발표 활동들도 워크북의 대안 책으로 활용될 수 있다.

워크북 외에도 **다양한 부교재**와 **다양한 자료**들을 활용하는 것이 어린이의 읽기 실력 향상에 도움을 줄 수 있다. 읽기 교재 지도법을 어떤 식으로 활용하든 어린이들에게 필요한 것은 읽기를 통해 다양한 경험을 하고 배경지식을 쌓는 것이다. 따라서 어린이들은 소설, 잡지, 신문, 설명서, 소책자, 광고물, 스케줄표 등 실제적으로 직접적으로 접할 수 있는 자료들을 활용하여 다양한 장르의 책을 읽을 필요가 있다. 아울러 다독을 위해서 읽기 자료와 함께 제공되고 있는 부교재들과 읽기 지도안들을 적절하게 사용할 수 있어야한다. 오늘날의 읽기 자료들은 다양한 자료들과 함께 교사를 위한 다양한 기술과 전략들도 함께 제공하고 있다. 교사들은 읽기 내용과 관련된 주요 기술과 전략 몇 가지를 사용해서 가르쳐야 한다. 너무 포괄적으로 가르치려고 하다보면 주요한 기술을 놓치게 되므로 적절하게 몇 가지 기술에만 초점을 두어 지도하는 것이 필요하다.

이 외에도 읽기 교재들은 읽기에 어려움이 있는 어린이들에게도 읽기 능력을 향상 시킬 수 있는 기회를 제공 할 수 있는 것이어야 한다. 따라서 읽기 교재와 부교재들 그리고 읽기 교재의 난계들은 읽기에 어려움이 있는 어린이들을 고려해야만 한다. 또한 각 단계의 읽기 교재들은 적절하게 점차적으로 그 수준을 높여야 한다. 미니 북(minibook)의 경우 단계를 점차적으로 높여갈 수 있도록 구성되어 있다. 초기 단계의 어린이들이 쉽고 흥미롭게 접근할 수 있도록 고안되어 문장들이 간략하게 반복되는 구문들로 이루어져 있고 그림들이 함께 제공되어 어린이들이 책을 통해 무엇을 읽을 것인지 예측할 수 있다. 초기 단계에서 어린이들이 미니 북을 통해 흥미를 얻은 후 읽기를 한 단계 더 발전시키기 위해서 읽기 전략을 알려 줘야한다. 어린이들이 읽기 전략을 알고 나면 점점 더 도전적인 단계로 들어갈 수 있다. 미니 북을 이용하던지 다른 대안적인 교재들을 사용하던지 간에 어린이들이 적절한 수준의 교재를 선택하는 데는 교사의 역할이 중요하다. 따라서 언제 어떻게 읽기 교재를 사용해야하며, 부교재나 보충 자료들을 사용해야 할지 말아야 할지를 결정은 바로 교사에 의해서 이루어져야한다.

보통 읽기 교재는 1단계부터 6단계까지 구성되어 있다. 7단계나 그 이상의 단계에 있는 어린이들에게는 읽기 교재 대신에 문자 능력을 키울 수 있는 교재나 문학 전집을 사용하는 것이 효과적이다. 오늘날의 문학 전집은 매우 포괄적이며 현대 작품과 고전 작품을 섞어 놓은 것이 특징이다. 또한 문학전집은 교사가 어린이들에게 원하는 책을 선택하게 할 수도 있고 어린이들의 감상력과 이해력까지 넓힐 수 있다. 잘 쓰여 진 문학 작품은 읽기에 어려움을 느끼는 어린이들에게도 도움이 될 수 있다.

다음은 Gunning(2005)이 제시하는 **주요 읽기교재 시리즈**의 유용한 정보에 관한 사이트이다.

<표 1> 읽기교재의 주요 사이트

메인페이지	사이트명 / 주소
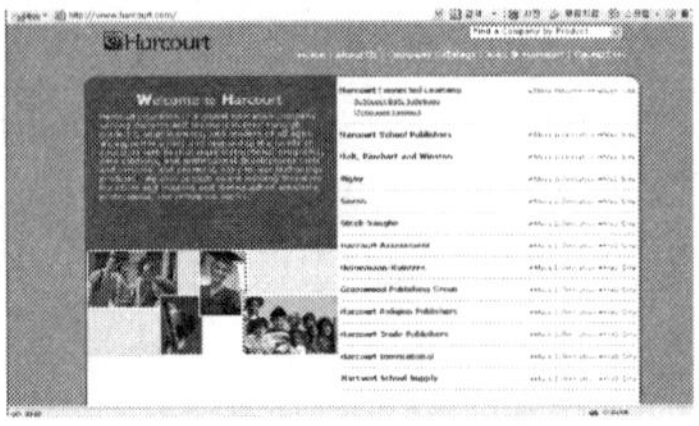	Harcourt School Publishers http://www.harcourtschool.com/
	McGraw Hill http://www.mmhschool.com/teach/reading/index/html
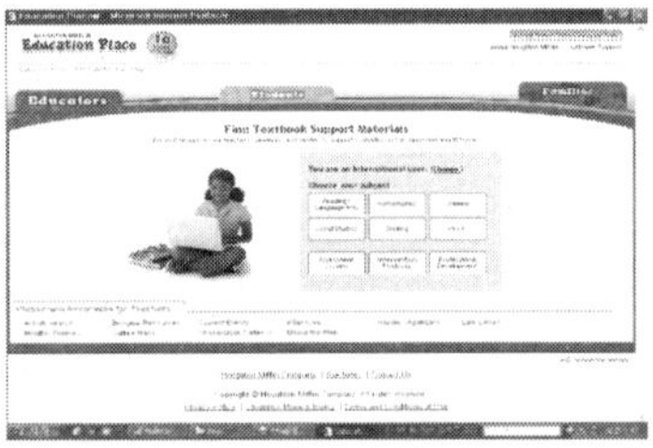	Houghton Mifflin http://www.eduplace.com/
	Open Court http://www.sra-4kids.com
	Scott Foresman http://www.sfreading.com

4) 읽기 교재와 함께 활용 할 수 있는 워크북의 실례

Name ______________________ Date ____________

Christmas Shopping

Christmas is typically the largest annual economic stimulus for many nations. Sales increase dramatically in almost all retail areas and shops introduce new products as people purchase gifts, decorations, and supplies. In the U.S., the Christmas shopping season generally begins on Black Friday, the day after Thanksgiving, though many stores start selling Christmas items in October/November.

More businesses and stores close on Christmas Day than any other day of the year. In the United Kingdom, the Christmas Day (Trading) Act 2004 prevents all large shops from trading on Christmas Day.

1. If you developed a new product for consumers what season of the year would be best to release the product for sale? (Circle One)

Spring　　Summer　　Fall/Winter

2. What traditionally happens on "Black Friday"? (Circle One)

People paint their face.　　Many people shop for gifts.

Large gifts are exchanged.　　Stores are closed.

3. During which month is the traditionally "Black Friday"? (Circle One)

September　　October　　November　　December

4. During which holiday do more stores closes than any other? (Circle One)

Black Friday　　Thanksgiving　　Halloween　　Christmas

<그림 1> 워크북(Workbook for reading comprehension)

위에서 제시하고 있는 그림은 http://www.teach-nology.com/에서 제공하고 있는 워크북 중에 하나이다. 앞서 언급한 워크북에 대한 몇 가지 단점이 있으나, 어린이들이 읽은 내용을 바로 확인 할 수 있는 문제들이 제공되고 있어 어린이들이 읽기를 하고 난 후 내용까지 이해했는지 교사가 직접 확인 할 수 있어 효과적이다. 따라서 교사는 단점을 보완하면서 적절하게 활용할 수 있는 융통성이 있어야 한다.

2. 문학중심 접근법(Literature-Based Approach)

문학은 어린이들에게 문화 간 인식의 변화를 인지시켜주는 강력한 매개체로서 사용될 수 있으며 동시에 감정이입, 다양성에대한 인지 등을 통하여 정서적 지능을 풍부하게 더

해줄 수 있다(Goleman, 1988). 어린이들은 문학작품을 읽음으로서 점차적으로 언어능력을 향상시켜 나갈 수 있고 좀 더 추상적인 사고로 발전시켜 나아 갈 수 있다(Brumfit & Carter, 1991). 또한 읽기 방법에 따라서 집중적 읽기와 즐거움을 위한 읽기 모든 면에서 효과적인 언어 습득이 가능하며 읽기 능숙도 향상에도 도움을 준다(Constantino, 1994; Krashen, 1989; Mckay, 1982).위와 같은 이유로 인해 점점 더 많은 교사들이 문학 작품을 활용해서 문자지도를 시도하고 있고 오늘날의 많은 읽기 교재들은 문학작품을 포함시키고 있다. 이렇게 효과적인 문학 작품을 어떻게 지도하는 것이 어린이들에게 더 도움이 될까?

Harper(1988)는 문학 교재로 읽기를 시도하려면 새로운 방법으로 접근하고 가르쳐야 한다고 주장했다. 문학 작품은 읽기교재(basal reader)의 대안으로써 총체적 언어 관점에서 지지되고 있다. **총체적 언어 학습법**은 언어가 자연스럽게 습득되는 것을 중시하며, 수학, 과학, 사회, 체육, 음악, 미술, 컴퓨터 등의 교과 영역을 다양하게 섞어 접목시킬 수 있을 뿐만 아니라 문화와 언어를 통합하는데 그 초점을 두고 있다. 언어라는 것은 문화와 함께 습득되는 것임으로 문화와 언어를 통합해서 배우는 것은 효과가 있을 것으로 여겨진다. 따라서 문학 중심 접근법을 기반으로 문학으로 가치가 있는 책을 사용하여 총체적 언어 관점에서 통합적으로 학습을 계획하는 것이 바람직하다고 하겠다. Akyel과 Yalcin(1990)은 많은 EFL 교사들이 언어학적, 문화적 목표를 달성하고 어린이들의 문학적 능력을 발전시키기 위해서 어린이들을 문학 작품에 노출시켜야 한다고 주장했다. 그러나 문학 작품이 언어학적 향상에 도움이 되지 않는다는 반대 의견들도 있다. Martin과 Lauri(1993)은 문학 작품 읽기가 외국어 학습 성취도에 큰 영향력을 주지 못함을 느꼈다고 보고했다.

문학 작품에 대한 일부 반대 의견들이 있기는 하지만 문학 작품은 어린이들에게 다양한 언어적 경험을 제공할 뿐만 아니라 창의력과 상상력을 키워 줄 수도 있고 정서와 지적 발달에도 큰 도움을 줄 수 있다(이종복, 2006). 아울러 문학 작품은 교사와 어린이들이 함께 또는 어린이 스스로 읽고 싶은 문학 작품을 선택하여 읽을 수 있어 어린이들의 흥미도와 동기유발에 큰 도움이 될 수 있다. 물론 문학 작품들이 어린이의 흥미도와 동기유발에도 영향을 주어야겠지만 어린이들에게 필요로 한 내용으로 구성되어 있어야 한다. 예를 들어, 작품 내용과 적합한 그림들로 이야기를 돋보이게 하고 이와 함께 독특한 언어 경험을 제공할 수 있는 작품으로 선택한다면 학습에 대한 동기 유발도 되고, 흥미도 및 어린이의 문자 습득 향상에도 도움이 될 것이다.

1) 문학중심 접근법의 개념

문학중심 접근법의 아래와 같은 특징을 통해 그 개념을 파악할 수 있다.

첫째, 실제 이야기책을 통해서 언어 학습을 한다. 즉 어린이는 교사가 읽어 주는 이야기를 통해 듣기를 학습하며 들은 이야기를 다른 어린이에게 이야기를 하면서 말하기를 학습한다. 또한 전체 이야기책을 읽으면서 단어를 해독하는 연습 보다는 문장, 단어, 낱자로 학습하는 전략을 사용한다. 쓰기 학습 역시 의미를 구성하고 이야기를 지어 보는 작가 전략을 격려한다.

둘째, 어린이가 좋아하는 이야기의 즐거움을 언어 학습의 중심에 두고 어린이로 하여금 능력에 따라 이야기책을 즐기고 도전하도록 격려한다. 즉 어린이들이 책과 상호작용하면서 즐거움 속에서 책의 의미를 이해하도록 하는 언어 학습 방법을 강조한다.

셋째, 학습의 결과 보다는 과정에 초점을 두고 학습한다. 이는 어린이의 발달에 적합할 뿐 더러 의미 있는 맥락에서 개별 어린이의 발달 수준에 따라 능동적인 참여를 격려하며, 특히 긍정적인 개념을 가지고 학습하도록 한다.

넷째, 모든 어린이가 참여하는 협력적이고 지지적인 학습 상황에서 어린이의 능동적인 참여를 격려하고 교사와의 상호 작용을 격려한다(Combs, 1987).

다섯째, 어린이를 신뢰하고 존중한다. 존중은 그들의 선택과 독립심을 허용하고 어린이를 있는 그대로 수용하고 그들의 시도를 격려한다.

여섯째, 예측 책략을 사용한다(Combs, 1987). 책의 제목이나 표지 그림으로 내용을 예측해 보고 어린이의 경험을 토대로 추론하고 예측해 보는 기회를 갖는다. 예측 책략은 총체적 언어의 새로운 학습 기술이며 메타 인지 체제 발달의 중요한 단계이다. 어린이들은 예측 전략을 통해 지은이의 의도를 이해하고, 감상을 하게 하는 예측/확인하는 정신적인 활동을 격려한다.

일곱째, 어린이는 이야기책 읽기 과정에서 음성 언어와 문자 언어가 연관된다는 것을 이해하고 인쇄물이 읽혀지는 방향 및 인쇄물의 관례를 자연스럽게 학습한다.

이상의 학습 원리는 실생활과 학습을 통합적인 것으로 보고 다양한 학습내용과 활동방법을 통합함으로써 언어와 문학을 접목시킬 수 있는 방법인 총체적 언어 학습법의 관점에 근거한 교수 방법이다.

2) 문학중심 접근법의 교재와 전략

문학중심 접근법을 효과적으로 가르치기 위해서는 적절한 교재와 더불어 적절한 전략 또한 필요하다. 문학중심 접근법에 활용될 만한 책으로 Gunning(2007)은 문학 중심의 교재, 교재 세트, 그리고 주제별 교재를 제시했다.

먼저, 문학중심 접근법에 활용 될 문학 중심 교재는 주의 깊고 집중적인 읽기가 가능한 교재가 선택되어야 한다. 이렇게 선택되어진 교재는 전체 어린이들이 함께 읽을 수도 있고 각 그룹별로 읽을 수도 있다. 이렇게 문학 작품을 읽어가면서 다른 어린이들과 읽은 내용을 공유할 수도 있고 토론의 주제로 선정해서 대화도 나눌 수 있고, 몇 권의 문학 작품을 비교하고 대조하면서 다양한 경험을 쌓을 수 있다. 읽기에 어려움을 느끼는 어린이들은 문학 작품을 읽음으로써 긍정적으로 자기 평가의 기회를 가질 수도 있다. 왜냐하면 좋은 문학 작품을 통해서 평가받는 것을 거부하는 어린이는 없기 때문이다(Cox & Zarillo, 1993).

그러나 **문학 중심 교재**에는 분명한 문제점이 있다. 어린이들은 개인별로 관심분야도 다르고 능력도 다르다. 따라서 한 어린이에게 흥미 있는 것이 다른 어린이에게는 지루할 지도 모른다. 또한 한 어린이가 쉽게 읽어 내려가는 작품이 다른 어린이에게는 어렵게 느껴질 수 도 있다. 개별적으로 읽기 연습을 할 경우에는 문제가 되지 않지만 학급전체나 그룹이 함께 문학 작품을 선정해서 읽을 경우에는 문제가 될 수 있다. 이런 경우 교사는 보편적으로 어린이들에게 흥미 있는 작품을 선정하도록 신경을 써야만 한다.

문학 중심 작품은 읽는 속도에도 주의를 기울일 필요가 있다. 너무 천천히 읽으면 어린이들이 지루함을 느낄 수 있다. 그렇다고 너무 빨리 읽어 내려가서도 안 된다. 왜냐하면 느리게 읽는 어린이들이 따라오기 어렵기 때문이다. 앞서 읽어 나갈 수 있는 어린이들에게는 먼저 읽을 수 있도록 허락해 주는 것도 좋다. 만약 먼저 읽기가 끝난 어린이가 있다면 관련된 다른 책을 읽도록 선정해 준다던지 자신이 읽고 싶은 책을 선정해서 읽도록 하는 것도 좋다. 또한 다양한 활동들을 할 수 있는 기회를 줘야 한다. 활동들은 어린이들이 읽기와 쓰기 기술 및 배경 지식을 쌓는데 도움이 되며 아울러 어린이들이 문학 작품을 좀 더 깊이 이해하는데도 도움을 줄 수 있다. 게다가 문학 중심 작품을 선정할 시에 어린이들에게 작품을 선정 할 수 있는 기회를 주어 교사의 의견과 어린이들의 의견을 함께 수렴하여 교재를 선정 할 수 있도록 신경 써야 한다. 또한 개인별 읽기 능력에 차이를 고려하여 읽기에 어려움을 느끼는 어린이에게는 보충교재를 제공함으로써 그 차이를 줄일 수 있도록 도움을 주고, 읽기가 부족한 어린이에게 책을 읽도록 시키거나 문학 교재와 함께 제공되는 오디오 테이프가 있다면 테이프를 함께 활용하도록 권장해야 한다. 오디오 테이프를 이용하는 것이 읽기의 어려움을 극복하는데 도움이 될 수 있기 때문이다. 읽기가 부족한 어린이에게는 가능하면 자신의 단계에 맞는 책을 읽도록 권하는 것도 좋은 방법이 될 수 있다.

다음으로, 교재 세트를 들 수 있다. 교재 세트는 관련된 책들을 함께 묶어 놓은 것이다. 연관성 있는 책들을 함께 읽게 함으로써 어린이들의 읽기 실력을 강화시킬 수 있다(Harste, Short, & Burke, 1988). 아울러 세트로 구성되어 있는 교재는 어린이들이 문학에 대한 사고틀과 배경 지식을 넓힐 수도 있다. 두 세 개 이상 관련되어 있는 교재들을 가지고 어린이들은 비교 대조 해 볼 수도 있으며, 어린이들이 대화거리가 많아지므로 활발하게 토론도 할 수가 있다. 만약 어린이들이 같은 주제의 내용을 읽고 토론을 한다면 더 심층적으로 그 내용에 대해 이해 할 수도 있다.

Gunning(2008)이 제시하고 있는 또 다른 교재는 주제별로 통합되어진 교재이다. 특정 작가나, 추리 소설이나 그림책과 같은 특정 장르나 테마를 통합하여 하나의 교재로 구성할 수가 있다. 하나의 테마로 구성 할 수 있는 주제들은 다양하다. 스포츠, 취미, 동물, 식물, 테디 베어, 우정, 영웅 등을 활용 할 수가 있다. 하나의 주제는 언어적 기술만을 포함하고 있는 교재일 수도 있고 사회, 과학, 수학, 예술분야를 전체적으로 종합할 수 있는 교재가 될 수도 있다.

주제별 교재는 어린이들에게 읽기뿐만 아니라, 쓰기, 말하기, 듣기 까지 어린이들이 하게 연관시켜 학습시킬 수 있다는 장점이 있다. 그러나 다양한 분야와 접목시켜 학습시킬 때는 어린이들이 각각의 분야를 학습해야 하며 몇 몇 주제별 교재는 내용의 깊이 면에서 부족하고 주제별로 언어 습득을 위한 다양한 분야들을 통합시켰다기보다 단지 몇 개의 관련된 요소들 별로 묶어 놓은 것에 그치지 않는다(Routman, 1991). 다시 말해서 통합시켰다기보다 단순히 관련된 것들을 모아 놓은 것이 지나지 않는다는 것이다. 완전하게 통합된 교재를 위해서는 단원별로 전반적인 개념들을 발달시킬 수 있도록 구성되어 있어야 하며 이와 관련된 활동들은 이 개념들을 보충해 주고 이해 할 수 있도록 구성되어 있어야 한다. 예를 들어서, 유명한 인물들을 주제로 한 단원을 통해 어린이들이 각 각의 인물들에 대해 읽고 쓰기를 한다고 가정해 보자. 그 단원은 어린이들이 읽기와 그와 관련된 활동들을 통해서 진정한 주제와 중심 생각을 전개해 나갈 수 있을 때까지는 진정으로 통합된 것이 아니다. 유명 인물이라는 것은 주제라기보다 하나의 제목에 불가하다. 왜냐하면 한 단원을 통합 할 수 있는 내용을 담고 있지 않기 때문이다. "성공한 사람은 성공의 길에 놓여 있는 방해물들을 극복해야만 한다." 또는 "성공한 사람은 많은 공통점을 가지고 있다." 와 같이 한 단원을 통합 할 수 있는 아이디어로 표현 할 수 있어야 한다. 어린이들에게 한 단원을 통합할 수 있는 사고를 키울 수 있는 방법은 "성공의 비결은 무엇일까?" 또는 "성공한 사람은 무엇과 같을까?"와 같은 다양하고 창의적인 질문들로 대답을 이끌어 내는 것이다.

위에서 제시된 교재들은 어린이의 필요와 흥미에 맞게 선택되어야 한다. 앞에서도 언급한 바와 같이 모든 어린이들에게 똑같은 책이 흥미로울 수는 없다. 따라서 문학 교재를 선택할 시에는 세 가지 방법을 염두하고 선택하도록 하자. 세 가지 방법은 전체 학습이 함께 읽을 경우, 소 그룹이 함께 읽을 경우, 마지막으로 개별적으로 읽을 경우이다. 전체 학급이 함께 읽을 경우에는 개인별 능력이나 흥미도는 무시되지만 하나의 모임을 구성하여 공통적인 배경지식을 공유하고 발달시킬 수 있다. 소 그룹의 경우에는 전체 그룹 보다는 규모가 작은 모임이 결성되지만 개인별 차이를 받아들일 수 있다. 마지막으로 개인별 읽기는 개인의 흥미도와 능력에 따라 읽기 교재를 선택하여 읽게 할 수 있으나 전체 그룹 읽기나 소 그룹 읽기보다 효과성은 떨어진다.

위에 제시된 바와 같이 **문학 중심 접근법**을 위한 적절한 교재를 선정하여 활용 하는 것도 중요하지만 이와 더불어 적절한 전략들도 활용할 필요가 있다. 이경우(1996) 문학중심 접근법을 중심으로 한 언어 학습 방법으로 작가적 전략, 협동적 학습전략, 게임전략, 이해를 위한 전략, 이야기 구조 인식을 위한 전략, 연출전략, 시각 예술 전략을 제시하였다.

(1) 작가적 전략

작가 전략이란 언어 확장 활동을 위한 기초로서 '글짓기'를 활용하는 것이다. 어린이는 생각을 조직하고 표현하는 방법과 단어를 생각하고 선택한 생각을 연결하여 글을 짓는다. 이 과정에서 비판적으로 사고하는 기술이 길러진다. 총체적 언어교육에서는 어린이에게 작가가 되어볼 수 있는 기회를 많이 제공한다. 이를 위한 대표적인 방법은 문집활동이다. 문집은 어린이가 자유롭게 글을 써 보는 방법이다. 특히 학급에서 함께 읽은 책은 문집 쓰기에 등장할 수 있는 주제이다. 어린이 자신이 그림책의 등장인물, 주인공이 되어 일기를 쓸 수 있을 뿐만 아니라 느낌을 쓸 수 있다. 또한 그들은 그림책의 작가에게 궁금한 것이나 이야기의 내용을 묻는 글을 쓸 수 있다. 이외에도 이야기의 중간 부분, 끝 부분을 꾸며 볼 수 있으며, 이야기를 전체적으로 변형시켜 이야기를 꾸밀 수 있다. 즉 어린이 자신이 작가가 되어 이야기를 만드는 것이다. 또한 어린이의 관심을 끌었던 주제에 대하여 단어를 써보고 단어 책, 단어 사전을 만들어 보는 활동이 포함된다. 글쓰기 과정과 쓰기 활동이 마무리 된 후 어린이들에게 스스로 쓴 내용들을 읽어 보도록 한다. 스스로가 쓴 글은 다른 교재들 보다 읽기 능력을 키우는데 큰 동기 부여가 될 수 있다. 아울러 다른 어린이들의 발표 내용을 듣고 자신의 의견을 적어 보도록 하고 적은 내용을 읽어 보도록 시키는 것도 읽기 능력 효과적일 것이다.

(2) **협동적 학습전략**

책읽기는 읽은 내용으로부터 의미를 끌어내는 교류과정을 가진다. 교류과정이 자연스럽게 일어나는 환경이 언어 학습을 위한 최상의 환경이다. 능력이 다양한 어린이들이 문학 그룹을 형성하여 함께 이야기를 읽고 이야기에 대해 토론하는 것은 어린이들로 하여금 높은 수준의 이해 단계에 도달하게 하는 기회를 제공한다. 따라서 문학그룹을 통한 토론에서는 상호교류적인 읽기를 조장한다. 이 과정을 통해 어린이들은 서로 상호작용하며 학습한다.

(3) **게임전략**

게임 전략은 여러 방법이 있다. 예를 들면 그림책에 나오는 단어들을 모은 목록에서 낱자를 모아 단어를 만드는 방법이 있다. 이 활동을 통해 어린이들은 단어를 진짜 자기 것으로 만든다. 또한 그들은 책을 읽는 과정에서 재미있는 단어들을 찾아보는 활동도 할 수 있다. 이 활동 역시 어린이들이 즐기는 활동이다. 반복되는 구절이나 단어가 있을 때는 반복해서 읽은 후에 반복된 부분을 가리고 예측하여 읽는 방법도 있다. 예측은 메타 인지의 중요한 측면이다. 이는 예측가능하고 반복적인 단어들이 포함되어 있는 빅북과 함께 읽기에서 많이 활용된다.

(4) **이해를 위한 전략**

어린이가 책을 이해하고 의미를 창조하도록 돕는 방법이다. 즉 **이해전략**은 단어의 의미를 파악하도록 강조한다. 이를 위해서는 소리내어 책을 읽어 주는 것이 효과적이다. 책을 큰소리로 읽는 것은 문학의 즐거움을 느끼게 하며 이야기에 집중해서 듣는 학습에도 도움이 된다. 또한 동화구연하기도 바람직한 방법이라 할 수 있다. 이외에도 이야기를 재화하여 그림책을 만들어 보거나 그림을 보고 내용을 예측해 보는 활동도 중요한 방법이다.

(5) 이야기 구조 인식을 위한 전략

이야기의 일반적인 구조를 인식하고 이해하도록 돕는 전략이다. 이 전략을 위해 사용되는 그림 이야기책은 사건의 연속이 있는 이야기, 비교와 대조가 있는 이야기, 질문과 대답이 있는 이야기, 운율과 반복이 있는 이야기, 문제 해결이 있는 이야기, 원인과 결과가 있는 이야기 등이 적합하다. 특히 연속적으로 일어나는 사건이 순서대로 구성된 이야기가 좋다. 이야기의 순서를 어린이들과 이야기해 보고 그림을 그리거나 동극, 인형극을 해 볼 수 있다.

(6) 듣기 전략

어린이들은 글자를 잘 읽지 못하는 경우가 많다. **듣기전략**은 어린이 읽기지도의 전제조건이다. 따라서 혼자 책을 읽기 보다는 성인이 읽어 주는 책을 들으면서 책 내용을 생각하고 의미를 부여한다. 때로는 책 내용이 녹음된 테이프를 들으면서 책을 읽기도 한다. 한편 그림책을 보면서 이야기를 듣는 것은 이야기에 대한 이해를 돕는다.

(7) 연출전략

주로 사용하는 **연출 전략**은 동극, 연극이다. 이러한 연출전략은 교사가 들려주는 이야기책에 근거하여 이루어진다. 따라서 이야기의 주제와 배경이 설정되어 있으며, 등장인물의 대화 역시 설정되어 있다. 그러나 어린이들은 놀이에 익숙해지면서 상상적으로 이야기를 확장시켜 나간다. 이를 일반적으로 주제 환상극 놀이라고 한다.

(8) 시각 예술 전략

그림책의 예술적인 요소를 분석해 보는 일은 **시각예술전략**이다. 또한 그림책의 내용이나 삽화와 관련된 활동을 구성하거나 실제 경험해 본다. 예를 들면, '토끼와 거북이'를 읽고 경주하는 모습을 디오라마로 구성해 보거나 실제 달리기 경주를 해 볼 수 있다. 또한 재미있는 그림을 찾아보고 그림에 관한 이야기를 구성해 보도록 한다. 이야기책에 나오는 표지를 유아들이 실제로 만들어 보는 경험을 할 수 있다.

3) 유용한 웹사이트

Gunning(2005)은 인터넷 상의 **어린이문학 – 전자 저널 및 도서 – 의 유용한 정보와 평론**을 담은 리스트와 일부 무료 티칭 가이드를 포함한 어린이 출판사 리스트를 포함한 사이트의 페이지를 다음과 같이 소개한다.

<표 2> 어린이문학의 주요 사이트

<table>
<tr><th>메인페이지</th><th>사이트명 / 주소</th></tr>
<tr><td>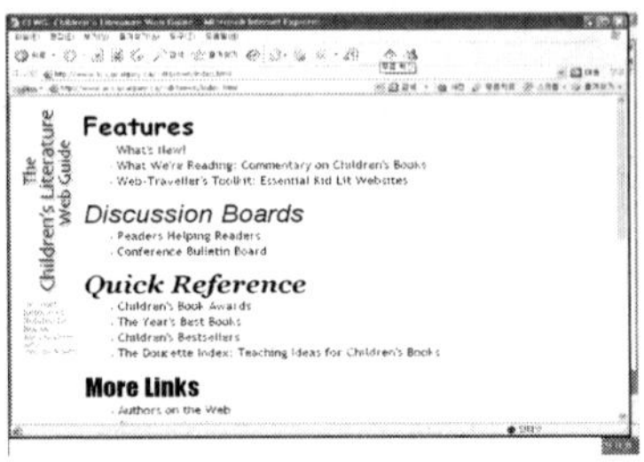
</td><td>http://www.acs.ucalgary.ca/~dkbrown/journals.html</td></tr>
<tr><td>
</td><td>http://www.acs.ucalgary.ca/~dkbrown/publish.html</td></tr>
</table>

3. 개별화 읽기-읽기 워크숍

1950년대에 들어서면서 읽기 교수에 대한 좌절이 최고에 이르게 되자, 새로운 읽기 교수에 대한 변화적 풍토가 바람직한 것으로 받아들여지기 시작했다. 이때부터 읽기 지도법에 있어서 개인적인 지도법이 새롭게 강조되었고, 이러한 관심 속에서 대두된 것이 '**개별화 읽기 접근법**'이다. 개별화 읽기 접근법은 어린이들을 읽게 할 수 있도록 하기 위해서 고안된 방법이다. 각각의 어린이들은 자신 스스로가 읽을 자료를 선택하여 교사와 함께 읽은 내용에 대하여 토론하기 위해 주기적인 모임을 갖는다. 개별화 읽기에서 가장 많이 활용되고 있는 방법은 읽기 워크숍이다. 읽기 워크숍은 어린이들이 선택한 책으로 개별화 읽기를 하고 소그룹이나 전체 학급이 함께 모여서 책에 대해 토론하는 형태로 리딩 워크 숍은 주요 세 단계-준비단계, 개별적으로 선택해서 읽고 생각해 보는 단계, 어린이들이 모여서 의견을 공유하는 단계-로 나누어 볼 수 있다(Atwell, 1987; Cooper, 1997; Reutzel and Cooter, 1991).

학습지나 익힘 책을 계속 연습시키는 것은 더 이상 어린이의 읽기 능력 발달에 아무런 도움을 주지 못한다. 기초 독본에만 너무 의존하는 것도 다른 교수 기술과 자료들을 적절히 사용하는 것보다 훨씬 덜 효과적이다. 교실 안에서 어린이들이 의미 없이 집단으로 분리되는 것은 어린이의 개인적인 요구나 그들의 개인차를 전혀 고려하지 않은 기계적인 성격을 갖는다. 이러한 관점에서 볼 때 개별화된 읽기는 어린이가 제각기 다른 수준과 다른 방법으로 배우며, 따라서 어린이가 그 자신의 속도와 능력 범위 안에서의 발전이 가능하다면 학습은 더욱 효과적이고 효율적이 될 수 있다는 신념을 전제로 하고 있다. 학습에서의 동기가 성취에 중요하게 영향을 준다는 사실 또한 개별화된 읽기 프로그램에 대한 관심을 오랫동안 지속시켜 온 요인이 되었다.

1) 개별화 읽기의 개념

개별화 읽기 접근법은 어린이의 흥미와 어린이들 스스로의 선택을 기본으로 하고 있다. 따라서 읽기에서의 자기진도와 자기선택의 개념은 이 접근법의 기본 철학이라고 할 수 있다(Olsen & Dillner, 1976). 비록 이 개념이 교육에서 새로운 것은 아니더라도 이 접근법에 있어서 교사들에게 새로운 강조점을 제공해 주는 것이 사실이다. 성공적인 자기선택은 어린이가 앞으로 탐구하고 싶어 하는 것에 흥미를 갖는지, 이용할 수 있는 자료들이 어린이의 흥미에 적합한지, 그들이 독립적으로 읽을 수 있는 것인지에 의해 영향 받는다. 이러한 요인들이 충족될 때 어린이는 자신들의 요구, 흥미, 그리고 현재의 읽기 수준에 적합한 자료들을 선택할 수 있게 된다.

교사는 어린이의 흥미와 읽기 능력을 반드시 알아야 한다. 이와 함께 어린이의 읽기 능력의 성장을 도울 수 있는 수준에 맞춰 자료를 결정하는 것에 대한 중요성을 인식할 필요가 있다. 어린이는 교사의 판단을 존중하고, 교사가 추천한 자료에 호감을 갖는다. 따라서 어린이의 선택은 교사의 안내로서 적절히 조정되어야 한다.

2) 개별화 읽기 수업의 요인

개별화 읽기 접근법의 수업과정은 각 어린이가 자신의 능력과 흥미에 따라 읽기 자료를 선택하고, 개인의 다양한 목표에 따라 독립적인 활동을 수행하는 과정으로 집약될 수 있다. 이 접근법의 충분한 이해를 위해서는 수업과정을 통해 나타나는 여러 요인들을 고려해 볼 필요가 있다.

(1) 교사의 준비도

어느 학습이든지 **교사의 준비도**는 상당히 중요한 어린이 읽기의 요건이다. 대부분의 교수법에서는 어린이들의 준비도가 많이 강조되지만, 교사의 준비도가 우선적으로 고려되어야 한다. 교사는 가르치기 전에 자신의 준비도를 항상 고려해야 하며, 충분한 지식과 교수에 대한 자신감을 가지고 있어야 한다. 또한 자신의 준비도를 알아보기 위해서 어린이와 협력하여 다양한 그룹에서 행해질 여러 활동들을 조직할 수 있는가, 학급운영 능력과 지식이 다른 사람들에게 확신시킬 정도가 되는가, 어린이들에게 읽기를 자극할 비판적인 질문을 가지고 있는가, 어린이들의 실수를 수시로 진단하고, 정확한 단계를 조사하여 재교육할 계획이 있는가와 같은 질문을 고려해 보아야 한다.

개별화된 접근의 주요 장점은 융통성이며, 어떤 교실에서도 협의가 이루어 질 수 있다는 것이다(McNeil, 1980). 개별화된 과정을 조직, 계획하는데 유능한 교사도 있고, 개별화되거나 소집단으로 활동하는 것에 어려움을 느끼는 교사도 있지만, 교사 자신의 속도에 따라 개인적인 프로그램을 계획하는 것은 언제나 가능하다. 교사들은 개인적인 협의목적, 소집단이나 단체집단에서의 과정을 계획하는 일 뿐만 아니라 자료를 선택하는 이유를 분명히 해야 한다. 소집단에게 방향지도를 제공하는 문제는 종종 어린이들 중에서 지도자를 선별하여 그에게 문제를 위임함으로써 해결될 수 있다.

교사들이 개별적 협의를 시작하는 방법은 매우 다양하다. 어떤 교사들은 소집단으로 시작하고, 조용히 읽으면서 개별적으로 질문을 한다. 다른 교사들은 읽기교재(독본) 방식에서 제시된 읽기로 시작하여 어린이로 하여금 단원의 내용과 관련된 책을 스스로 선택하게 한다. 또 다른 교사들은 기초 자료에 의존하면서 자기진도를 유지해감으로써 자발적인 읽기와 개별화된 협의의 가능성을 저하시키는 결과를 낳기도 한다. 협의는 보통 개인이나 집단에게 읽기 과제를 부여하고, 스스로 선택한 읽기를 포함하는 과제를 내주는 것으로 시작된다.

(2) 어린이의 준비도

우수한 어린이, 평균적인 어린이, 그리고 뒤쳐지는 어린이와 함께 개별화된 읽기를 시작하려는 교사들은 우선 각 집단에 속하는 **어린이들의 준비도**를 고려해야 한다. 이를 위해 교사는 개별화된 읽기 준비도를 위한 목록들을 이용하거나 교사를 위한 지침들을 참고할 수도 있다.

교사에 의해 관찰된 행동은 어린이의 읽기 수준과 학년에 따라 다르다. 저학년 말과 중학년에서의 개별화된 읽기 준비도는 서로 다른 활동과 기능을 구하기 때문에 초기 읽기 단계에서 교사는 준비가 된 어린이들이 누구인지를 판단해야 한다. 이러한 교사의 판단은 주로 독립적으로 활동하는 습관과 기초 읽기 기능에 의거한다. 교사는 그가 내린 판단을 적용, 해석할 수 있어야 하며, 그것들의 의미까지도 알아야 한다.

협의의 성공은 적절한 후속의 협의를 포함하며, 따라서 적절한 후속활동을 제시하는 것과 교사의 효율성은 협의에 있어서 매우 중요하다. 후속활동을 계획하는데 있어서 중요한 것은 교사가 얼마나 자신의 창의성을 발휘하느냐이다.

교사지침서는 교사들이 어떻게 다양한 기능을 가르치는가에 대한 훌륭한 자료이다. 그러나 교사는 지침서를 선택하기 전에 지금까지 관찰된 어린이들의 요구를 위해서 과제와 직접적으로 관련되는 생각을 재고해야 한다.

개별화된 수업에서 어린이의 능력과 흥미를 강조하는 만큼 이것에 따라 어린이를 집단으로 나누는 것은 중요하다. 각 집단은 서로 융통성 있게 구성되며, 어린이의 흥미에 따라서, 특별한 학습 주제나 목표에 따라서, 혹은 어린이들의 능력에 따라서 전체집단, 기술집단, 흥미집단. 조사집단, 협동학습 집단, 능력집단 등으로 나누어진다(McNeil, 1980).

(3) 러닝센터

개별화 방법은 러닝센터(Learning Center)의 활용으로 대표될 수 있다. 각 자리는 교실 내에서 작은 부분을 차지하고, 독립적으로 혹은 집단의 상호작용을 위해 기본적인 설비나 가구, 작업 기구 등을 구비하고 있으며, 특별한 기능의 학습을 증진시키는 것을 목적으로 한다. 여기에서의 작업은 지필 작업 이상의 조직적인 활동들이 바람직하고, 게임, 퍼즐, 분류하기, 구성놀이 등이 준비되어야 하며, 다양하고도 많은 자료들이 구비되어 있어야 한다.

근본적으로 러닝센터는 읽고, 쓰고, 그 밖의 무엇인가를 하는 학습의 확장을 위한 기능을 갖추어야 하며, 여기에서의 활동들은 어린이들의 진보를 위한 것이 되어야 한다. 또 각 러닝센터들은 단지 질문에 대답하거나 읽는 것 이외에 어린이들에게 무엇인가를 할 기회를 주어야 한다. 센터의 목적은 교사나 보조자로서 혹은 새로운 기능을 가르치는 것이 아닌, 어린이들을 개별화시키고, 교사가 가르친 기능과 개념들을 확장시킴과 동시에 풍부하게 하는 것이다. 따라서 러닝센터의 활용을 위한 사전 계획은 필수적이다. 어린이들은 자신들의 목적을 세우고, 새로운 활동을 고안하며, 자신들이 행한 것을 평가하는 방법을 찾아야 한다. 이와 더불어 러닝센터를 사용하는 규칙을 만들어야 한다. 각 자리에서의 활동들은 자주 바뀌어야 하고, 다양한 학습 방법을 사용해야 하며, 어린이에게 구체적이고 정확한 지시를 해 줄 수 있어야 한다.

어린이는 러닝센터를 통해 학습을 생산적으로 이끌 수 있으며, 다양한 활동들은 경험함으로써 학습의 진보를 가속화할 수 있게 된다. 교사는 어린이가 독립적으로 수행할 수 있는 활동들을 소개해줄 뿐만 아니라 각 어린이의 진보를 기록해 둘 필요가 있다.

(4) 교사와 어린이의 협의 계획

교사와 어린이의 협의는 개별화 읽기 접근법의 주요한 특성 중의 하나이고, 가장 큰 장점 중의 하나이기도 하다. 협의의 효과는 교사가 노련한 기술로 어린이들의 바람직한 목표를 성취시켰을 때에만 나타난다. 협의의 근본적인 목적은 감식력 있는 청중을 만드는 것이며, 어린이를 그들의 읽기 과정에 연관시킬 때에만 비로소 가치를 가질 수 있게 된다. 교사는 어린이들과 함께 책에 대한 느낌을 공유함으로써 어린이들의 경험을 동기 유발시킨다. 만약 협의가 최대한으로 어린이의 능력을 성장시켰다 하더라도 교사는 반드시 청자 그 이상이어야 한다. 평가적인 청중으로서는 물론이고, 교사는 현명한 질문을 통한 목표 획득, 어린이들의 자기이해와 가치를 높은 수준으로 끌어올리는 것에 대해서 책임을 져야 한다.

교사와 어린이의 협의는 치료적 효과가 가능하기 때문에 앞으로도 더 고려할 가치가 있다. 협의는 교사와 어린이간의 공감대 형성을 돕는 촉매역할을 하며, 어린이들의 읽기에 대한 교사의 긍정적인 반응은 그 자체의 실제적 활동보다 더 강한 동기유발을 일으킨다. 노련하고 인정받는 교사는 외적 보상을 제공하고, 이를 바탕으로 읽는 자체를 자신의 보상으로 수용할 수 있도록 천천히 어린이를 발전시켜 나간다. 협의는 교사가 어린이의 심리학적 필요에 대한 중요한 사실들을 학습할 수 있는 수단을 제공하고, 이것은 어린이들의 요구를 충족시키기 위한 채택 방법을 제공한다. 교사가 협의를 위해 준비하는 것은 필수적이지만, 표준화된 형식은 피해야 한다. 무엇보다도 협의는 교사와 어린이가 이를 공유할 때 효과적일 수 있다. 어떤 어린이는 다른 어린이보다 더 많은 관심을 필요로 하고, 또 어떤 어린이는 읽기를 두려워하여 협의를 지속적으로 피하는데, 이런 어린이들에게 그들의 성취에 대한 아낌없는 칭찬과 지속적인 격려가 필요하다.

교사는 매주 마다 소집단 활동을 통해서 협의를 할 수 있다. 보통은 어린이 개개인과 주당 2~4회의 협의를 하는 것이 가장 이상적이라는 합의가 이루어져 있지만, 이렇게 하면 대부분의 시간을 협의로 보내야 하므로 주당 2회 미만으로 짧게 하는 것이 좋다. 교사는 협의를 통해 어린이들을 진단해야 한다는 부담감을 갖기보다는 어린이가 이해한 것을 평가하고, 그들의 관심을 자극하면서 협의에 더욱 전념할 수 있도록 그들을 도와주어야 한다.

(5) 기록 보관

개별화 읽기 접근법에서 기록은 처음부터 주목을 받아오긴 했지만, 실제적인 읽기 진단과는 관계없이 보통 어린이의 성취를 비교하는 것으로만 제공되어 왔다. 기록은 크게 교사에 의한 것과 어린이에 의한 것으로 나누어진다. 교사는 학교생활에 대한 누적적인 기록으로 전 학년 교사와의 비공식적인 토의와 나이, 정신연령, 지능, 읽기, 흥미, 진도상의 일반적인 어려움에 관한 것들을 기록할 수 있으며, 구두 읽기에 대한 기록으로 협의와 학급에서 관찰된 것들을 종합하여 기록할 수도 있다. 처음의 협의와 계속적인 구두 읽기 동안의 협의에서 관찰된 것으로는 읽기에 대한 문제점의 분석, 어린이의 진보에 대한 지침을 줄 수 있는 기록－어린이의 반응과 제시된 책, 후속활동에 대한 계획 등이 포함된다.

어린이 자신의 기록 유지는 기록의 필요성에 대한 토의를 하고, 사용될 형식을 어린이가 개발함으로써 시작된다. 기록은 카드화일이나 자신의 보관철에 보관할 수 있으며, 보통 제목, 저자, 읽은 날짜, 어린이 자신의 평을 포함한다. 중학년 교사들은 어린이가 읽은 책 유형에 관해 기록을 하며, 어린이들에게 책을 다 읽고 난 후에 제목과 중심이 되는 단어나 구절, 혹은 읽기를 자극했던 흥미 있는 단어들을 적도록 하고 있다. 이런 목록들은 충분히 어휘의 기초가 될 수 있다. 상급 어린이들은 책의 내용을 간단히 요약하고, 그 책에 관심이 있는 어린이들의 선택에 영향을 준다. 저학년 어린이들은 아직 쓰기 능력이 완전히 발달하지 않았기 때문에 특별히 재미있는 사건을 그림으로 나타내게 할 수 있으며, 책의 특성을 나타내는 그림을 잡지책에서 오려내게 할 수도 있다. 이 수준의 어린이들은 책을 통해서 그들의 단어인지를 자극하는 새로운 단어들을 적을 수 있어야 한다. 다음의 그림은 Gunning(2005)이 제시하는 **어린이의 읽기 활동을 돕는 기록 카드**의 예이다.

이름 : ____________________ 날짜 : __________

책제목 : ____________________ 출판사 : __________

작가 : ____________________ 출판된 날짜 : __________

책의 주제 (Topic of the book) : ____________________

배운 주요 내용 (Main things I learned) : ____________________

가장 흥미 있게 배운 내용 (Most interesting thing I learned) : __________

친구에게 추천 (Recommendation to others) : ____________________

<그림 2> 정보도서 응답 카드(response sheet for informational books)

이름 : ____________________

책제목 : ____________________

작가 : ____________________

출판사 : ____________________

출판된 날짜 : ____________________

페이지 수 : ____________________

주제 : ____________________

시작한 날짜 : ____________________

완성한 날짜 : ____________________

친구에게 추천 : ____________________

<그림 3> 독서 일지 (A reading log)

이름 : ______________________ 날짜 : ______________________
책제목 : ______________________ 출판사 : ______________________
작가 : ______________________ 출판된 날짜 : ______________________
구성 문제(problem) : ____

주요 사건(Main happenings) : ____

클라이맥스(Climax : 절정) : ____

결과(Outcome) : ____

다음의 질문 중 세 가지를 골라 답하세요.

1. 책의 내용 중 어떤 것이 가장 좋았나요?(What did you like best about the book?)

2. 책의 내용 중 바꾸고 싶은 것이 있었나요? 무엇인가요? 그리고 왜 그것의 내용을 바꾸고 싶은지 말해보세요. (Is there anything in the book that you would like to change? If so, what? Also tell why you would like to make changes.

3. 책의 내용 중 어렵거나 지루했던 부분이 있나요? (Is there anyting in the book that puzzled you or bothered you?)

4. 책의 등장인물 중 친구가 되고 싶은 사람이 있나요? 왜 그런가요? 없다면 왜 그런가요? (Would you like to be friends with any of the characters in the book? Why or why not?)

5. 여러분 또래의 친구들이 이 책 읽기를 좋아할 것인지 묻는다면 어떻게 대답할 건가요? (If other students your age asked whether you thought they might like to read this book, what would you tell them?)

<그림 4> 소설 응답 카드(response sheet for fiction)

(6) **평가를 위한 협의의 사용**

어린이와 교사의 개인적인 협의는 읽기 교수의 개별화를 위한 초석이 된다. 교사의 역할은 어린이의 교수에 대한 필요를 진단하거나 전체적인 읽기 발달을 계속적으로 평가하는 것이다. 협의는 단어인지, 이해, 음독, 묵독을 통해서 어린이들의 읽기 기능과 관심을 관찰할 수 있는 좋은 기회를 제공하며, 실제로도 읽기 교수에 있어서 교사와 어린이의 상호작용을 위한 주요 수단이 된다. 즉 협의는 교사의 진단, 계획, 교수의 기본이 되며, 어린이들에게 개인적으로 교수, 안내, 지원을 받을 수 있는 기회를 제공해 준다. 협의는 또한 교사와 어린이들 사이의 계획된 접촉으로서 어린이들에게 따뜻하고 개인적인 상호작용의 기회를 제공하며, 이는 어린이의 학교생활 적응과 학문적 진보에 중요한 요인이 된다.

협의는 목적에 따라 다른 형태를 취할 수 있는데, 그 하나는 진단적인 것으로 어린이의 기능발달에 대한 관찰과 후속 교수를 위한 계획을 세우면서 다양한 읽기 기능에 있어 이루어져야 할 어린이의 처음 상태를 파악하는 것이고, 다른 하나는 개인적인 협의로서 이것은 어린이의 독립적이고 잠재적인 읽기 수준과 여러 읽기 능력에 있어서 그들의 현재 상태를 평가하기 위한 특수한 목적을 갖는다. 협의의 또 다른 유형은 어린이의 읽기에 관한 흥미의 증진을 평가하는 내용을 포함한다.

협의의 목적은 명확해야 하고, 서로 관련된 정확한 기록을 유지해야 하며, 그 형태 또한 유동적이어야 한다. 보통의 교실에서 협의를 위한 기회는 아주 가끔씩, 그것도 아주 짧게, 혹은 완전히 사회적인 접촉이 되도록 하는 방임적인 방식으로 주어지는 경우가 대부분이다. 그러나 개인적인 협의는 개별화 읽기 접근법에서 상당히 중요하다.

3) 개별화 읽기의 특징 및 보완

이상에서 살펴본 것처럼 **개별화 읽기 접근법**은 각 어린이들로 하여금 스스로 특별한 흥미와 독특한 경험을 갖게 함으로써 자신의 수준에 맞게 진도를 나가게 할 수 있는 어린이의 요구가 존중되는 방법이다. 개인적인 협의는 어린이들에게 인간적인 접촉에 의해서 촉진되는 인간의 속성과 가치 발달의 기회를 제공할 뿐만 아니라 읽기에 대한 호의적인 태도를 발달시키고, 읽기를 즐거운 활동으로서 의미 부여하는 계기를 마련해 줄 수 있다.

그러나 현실을 고려할 때 이 방법은 교사의 뛰어난 능력과 관찰기술을 필요로 하고, 이론상으로 제시된 다양한 읽기 자료, 교사-어린이의 준비도와 같은 요인들을 충분히 만족시킬 수 없기 때문에 지도상의 어려움을 초래할 수 있다. 이와 같은 어려움에도 불구하고 개별화 읽기 접근법에 대한 관심이 줄어들지 않고 현재까지 계속 유지되어 오고 있는 이유를 생각해 본다면, 개별화 읽기 접근법을 교실상황에 적용해야 하는 이유 또한 명확해 지리라고 본다. 한창 즐겁게 보내야 할 학교생활을 자신의 흥미와 요구에 상관없이 기계적인 암기와 교사의 지시 속에서 보내고 있는 어린이들을 생각한다면 개별화 읽기 접근법은 이러한 현실을 변화시킬 수 있는 유용한 방법이 될 수 있을 것이다.

4) 유용한 웹사이트

필드가이드 사이트는 읽기 워크숍 환경에서 어린이 도서의 소개와 토론을 제공한다. 다음은 Gunning(2005)이 추천하는 사이트의 예이다.

<표 3> 필드가이드

메인페이지	사이트명 / 주소
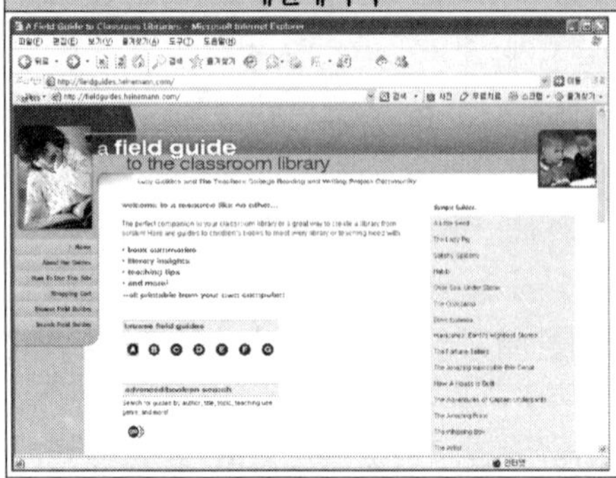	http://fieldguides.heinemann.com

4. 언어경험접근법

1) 언어경험접근법의 개념

언어경험접근법은 어린이의 경험을 자산들만의 언어로 표현하거나, 교사나 다른 조력자들에 의해 기록된 자료를 자신들의 읽기 자료로 사용하는 교수법을 말한다. 읽기 자료로 경험을 활용하는 이유는 경험과 언어는 둘 다 친숙하기 때문에 읽기를 배우는 아이들에게 어려움을 주지 않기 때문이다. 또한 다른 방법으로 읽기를 배운 어린이 보다 경험을 토대로 읽기를 배운 어린이들이 언어적으로 얻는 바가 더 크다(Giles, 1966). Hahn(1968)은 경험을 토대로 언어를 배운 어린이들은 철자나 단어 인지도 그리고 단락 이해도에서 읽기 교재를 사용해서 학습한 어린이들 보다 그 실력이 더 우위에 있음을 발견했다. 즉 경험을 통한 언어 습득이 어린이들에게 효과적인 영향력을 미친다는 것을 알 수 있다. 아울러 어린이의 언어와 경험에 근거하고 있는 읽기와 쓰기는, 어린이의 생각과 듣기 · 말하기 · 읽기 · 쓰기의 모든 언어 영역을 통합 할 수 있다. 토론을 통해서 교사는 어린이 자신의 경험을 읽기에 반영하도록 도움을 줄 수도 있다. 언어 경험 접근법은 주로 읽기 지도의 초기단계에서 유용한 방법으로 저학년 또는 읽고 쓰기에 어려움을 겪는 어린이에게 적용된다.

Burns, Roe & Ross(1984)는 **언어 경험 접근법**을 다음과 같이 간결하게 정의하였다.

> "생각한 것은 말로 할 수 있고 말한 것은 쓸 수 있다.
> (또는 내가 말한 것을 다른 사람이 대신 써 줄 수도 있다.)
> 쓴 것은 읽을 수 있다.
> 내가 쓴 것을 읽을 수 있으며,다른 사람이 나를 위해 대신 써 준 것도 읽을 수 있다"

2) 언어 경험 접근법에서의 교사 역할

언어 경험 접근법에서는 개별 어린이나 그룹의 어린이들의 모든 경험 등에서 그들이 생각한 것을 말로 표현하게 하는 것을 기본으로 한다. 언어경험 접근법을 실행하기 위해서 교사는 어린이의 활동을 면밀히 관찰하여 어린이 각자의 경험적 배경, 흥미, 언어 발달 정도를 아는 것이 매우 중요하다. 토의를 통해 교사는 어린이의 경험을 조직화하고, 그들의 경험을 반영한다. 시간 순서가 왜곡될 경우에 교사는 "처음에 무슨 일이 일어났지?" "그 다음은 어떻게 되었니?"라고 질문할 수 있고, 세부적 표현이 부족한 경우에 교사는 "너는 공룡발자국이 어떻게 그곳에서 발견되었다고 생각하니?"와 같은 개방형 질문을 통해 어린이가 좀 더 자신의 생각을 이야기할 수 있게 돕는다. 이때, 교사는 어린이가 상세하게 말하도록 격려하고 지지한다. 교사는 어린이를 지지, 지원, 격려하고 단계적 지도를 제공하여야 한다. 그러나 그 정도가 지나쳐서는 안 된다. 교사는 어린이에게서 언어를 유도해내야 하고, 어린이들에게 단어를 직접 알려줘서는 안 된다.

3) 이야기 받아 적기

교사는 어린이에게 다양한 경험을 제공해야 하며, 어린이는 흥미로운 경험을 바탕으로 자신이 경험한 것을 이야기로 쓰게 되며, 이 때 받아 써주기의 방법이 사용된다. **받아 써주기**는 어린이의 흥미와 상황에 따라 대집단 받아 써주기, 소집단 받아 써주기, 개별 받아 써주기 등의 세 가지 형태를 적절히 활용할 수 있다. 개별적으로 이야기를 받아 써주는 것은 시간적인 제약이 따르므로 대집단 받아 써주기가 자주 쓰이며, 또 이것이 어린이에게는 더욱 흥미를 준다. 언어경험 접근법에서 경험 이야기 받아쓰기는 어린이들의 자발적인 언어사용 경험에서 비롯되며 이를 위한 교수에서 유아는 자신이 말할 수 있는 기회를 가능한 많이 가져야 한다. 이렇게 하여 만들어진 이야기는 어린이 자신의 내적 요인에 의존하여 자신의 생각을 엮어내는 것이므로 유아들의 학습동기를 더욱 높여주게 된다.

어린이의 이야기를 기록할 때 교사는 어린이의 이야기가 문법적으로 완전한 것이든 아니든, 그들이 불러 준 그대로를 칠판이나 종이에 받아 써야 한다. 이 단계에서는 문장의 구조상 잘못된 표현에 대한 수정을 요구하지 않아야 한다. 어린이 말한 것을 큰 종이나 칠판에 교사가 써 주면, 어린이는 쉽게 읽을 수 있다. 또 종이와 칠판에 기록된 모든 자료는 어린이 자신으로부터 나온 글들이므로 흥미가 있고, 그들에게 깊은 의미가 있다. Cunningham 과 Allington(1999)은 이에 대해 다음과 같이 진술했다.

만약 언어 경험이 어린이의 이해와 읽고 쓰기를 돕기 위해 개별 어린이에게 적용되고 있다면, 교사는 어린이가 말한 것을 그대로 받아 적어야 한다. 언어 경험 사용에 있어 당신이 무언가를 하는 것 – 그 의미를 뚜렷이 하려던 작업 – 이 어린이를 혼란스럽게 할 것이다.

그러나 그룹의 이야기를 기록할 경우 상황은 조금 달라진다. 그 그룹이 일반적으로 사용하는 언어 구조를 반영하여 기록한다. 표준어가 아닌 구조로 기록 할 경우 몇몇 어린이들은 혼란을 느낄 것이다. 비표준어가 포함된 그룹의 이야기의 제시는 그들의 부모와 학교 관리자로부터 항의를 받게 될 것이다.

다음 그림은 Gunning(2008)이 묘사한 **언어 경험 그룹 활동의 단계**를 도표화 한 것이다.

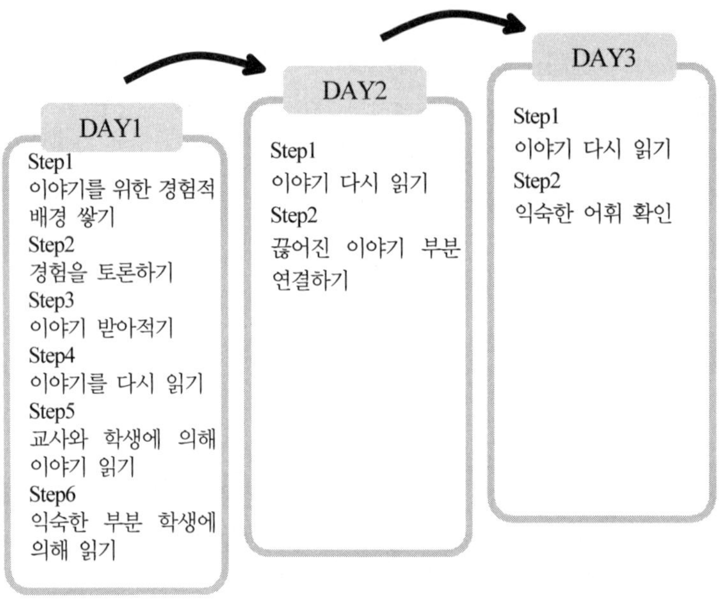

<그림5> 그룹 언어 경험 활동표

4) **그룹의 이야기를 개별화하기**

Gunning(2008)은 **그룹의 이야기**를 개별화 하는 방법은 오직 하나, 이야기에 각 참여자의 이름을 기입하는 것이라고 했다. 아래 <그림 6>에서 보는 것처럼, 한 어린이가 문장을 제시하면 교사는 그 문장과 함께 어린이의 이름을 적고 어린이들은 그 문장들을 읽게 된다. 어린이들은 자신의 이야기가 글로 쓰였을 때 이야기에 대한 소유욕이 생기게 되고 그 문장을 기억하는데 더 도움이 된다.

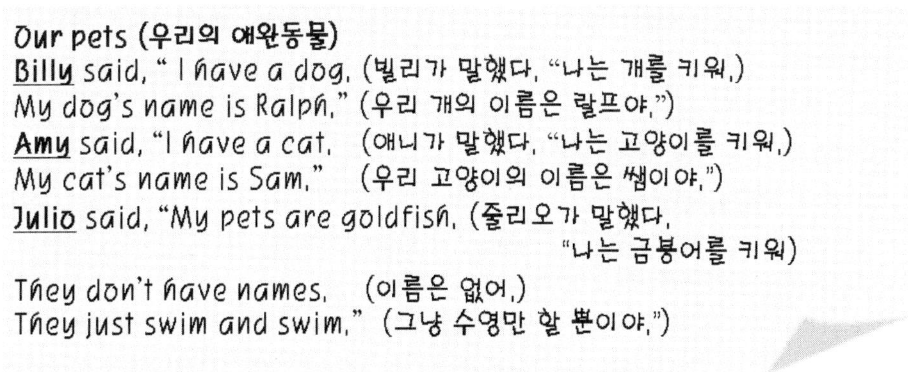
Our pets (우리의 애완동물)
Billy said, " I have a dog. (빌리가 말했다. "나는 개를 키워.)
My dog's name is Ralph." (우리 개의 이름은 랄프야.")
Amy said, "I have a cat. (애니가 말했다. "나는 고양이를 키워.)
My cat's name is Sam." (우리 고양이의 이름은 쌤이야.")
Julio said, "My pets are goldfish. (줄리오가 말했다.
"나는 금붕어를 키워)
They don't have names. (이름은 없어.)
They just swim and swim." (그냥 수영만 할 뿐이야.")

<그림 6> 그룹 경험의 개별화

5) 언어경험 접근법에서 이루어지는 활동들

언어경험 접근법은 어린이들의 흥미와 요구에 부합하고, 그들의 경험을 충분히 반영 할 수 있는 다양한 활동들로 구성되어 있다.

(1) 읽어주기

언어경험 접근법에서 가장 중요한 활동 중의 하나는 어린이들에게 매일 큰 소리로 다양한 이야기나 동시, 웃음거리, 수수께끼, 재담 등을 읽어주어 관련된 듣기 활동을 효과적으로 수행할 수 있도록 하는 것이다.

읽기 학습은 때로 즐거움을 위해서라기보다는 기능만을 익히기 위한 것으로 강조되어 오히려 학습에 역효과를 가져오는 경우가 많다. 그러므로 교사는 어린이가 즐겁게 읽을 수 있도록 어린이에게 언어의 모델이 되는 읽기를 제공해야 한다. 어린이들을 위한 듣기 활동은 전체 어린이들뿐만 아니라 잘 읽지 못하는 어린이들에게도 즐거운 활동 이 될 수 있으며, 이와 함께 언어 사용에 대한 다양한 방법을 배울 수 있는 기회가 되기도 한다.

정동빈(2008)은 매일 큰 소리로 책을 읽어 주는 이유는 다양한 언어 학습을 위한 가장 기본적인 방법이 듣기이며, 매일 큰 소리로 책을 읽어줌으로써 잘 못 읽는 어린이들에게는 스스로 읽으려는 욕구를 불러일으키고, 읽기에 능숙한 어린이들에게는 내용을 선택하는 방법의 범위를 넓혀 줄 수 있는 방법을 제공해 주기 때문이다. 따라서 그는 언어경험을 풍부히 하기 위해서 교사가 TV에서는 맛볼 수 없는 재미있는 이야기책을 읽어줌으로써 어린이의 경험의 폭을 넓힐 수 있음을 강조한다.

(2) 경험한 이야기 받아쓰기

언어기능은 어린이들의 자발적인 언어 사용 경험으로부터 향상될 수 있다. 따라서 어린이들은 학습활동 중에 자신이 말할 수 있는 기회를 가능한 한 많이 가져야 한다. 어린이는 자신이 경험한 것을 말하면서 자신의 생각을 구성하게 되고, 이를 통해 학습 동기를 더욱 높일 수 있게 된다.

언어경험 접근법은 사고, 듣기, 말하기, 쓰기, 읽기의 모든 언어 기능의 통합으로 특정 지워 지므로 쓰기 활동의 목표는 결국 쓰여진 글을 읽으면서 의미를 파악하는데 있다고 할 수 있다. 따라서 읽기 학습 지도의 초기 목표는 읽은 것을 이해하도록 하는 것이다. 받아쓰기는 이 목표를 성취하기 위한 좋은 방법이 될 수 있다.

George(1986)는 받아쓰기 과정이 갖는 가장 중요한 의미를 어린이에게 자신의 언어 표현, 확장, 활용의 기회를 제공해 주는 것이라고 하였으며, 그도 읽기와 쓰기가 동시에 실시되면 이들이 서로 협력적인 관계가 되어 강화를 주게 되므로 성공적인 읽기가 가능하다고 하였다.

경험 이야기는 개인 또는 집단에 의해서 적어질 수 있는데, 보통 개인 이야기보다는 집단 이야기가 자주 쓰여 지며, 또 개인적인 이야기보다는 집단적인 이야기가 어린이에게 더 흥미를 준다. 경험이야기를 받아쓰고 난 후의 활동으로 어린이들은 그 이야기를 바탕으로 여러 가지 다른 활동을 할 수도 있다. 교사는 각 어린이들이 집단에서 만들어진 이야기를 팜플렛으로 만들어 보관하도록 어린이 수만큼 복사를 하여 준비해 둠으로써 대부분의 어린이들이 독립적으로 읽기를 할 수 있도록 한다. 이것은 어린이들의 단어능력과 이해력을 기르기 위한 유용한 자료가 될 수 있다.

이처럼 경험이야기를 받아쓰는 활동을 통해 만들어진 자료들은 어린이 자신에 의해 쓰여 진 그들만의 이야기이므로 읽기 학습의 효과를 높이는데 긍정적인 영향을 줄 뿐 만 아니라 동기유발에도 효과적이다.

(3) 이해기능의 학습

읽기에 있어서의 이해는 독자와 저자 사이의 대화로 정의되며, 이것은 기록된 생각에 주의를 기울이는 독자의 능력이나 새로운 정보가 추가되어야 할 독자의 지식 정도, 기록물 자체의 질, 읽기 교재에서의 독자의 목표 등에 따라 달라질 수 있다(김애연, 1993).

훌륭한 독자가 되기 위해서는 개인이나 집단의 경험을 이해하는 것과 다른 집단이나 작가의 작품을 이해하는 것 모두가 중요하다. 읽기의 이해 기능을 기르기 위해서 어린이들은 적당한 억양 형태로 문장을 읽어야 한다. 낭독은 이를 위한 좋은 방법이며, 언어경험 이야기들은 어린이가 표현적인 읽기를 시작하는 좋은 자료가 된다.

많은 어린이들은 읽은 것에 대한 즉각적인 이해를 하기가 보통은 힘들다. 언어경험 교실에서의 교사는 능숙한 질문을 통해 어린이들을 다른 사람들의 토론에 참여시킴으로써 어린이들의 읽기 이해의 폭을 넓혀줄 수 있다.

(4) 학급문고의 활용

학급문고는 학급의 교재와 교수방법 면에서 언어경험 접근법의 성공여부를 결정하는 중요한 역할을 하며, 모든 어린이들의 읽기와 학습, 그리고 의사소통을 조화시키는 중심 역할을 담당한다. 교사는 학급문고의 배열과 활용에서 창의성을 발휘하여 어린이의 읽기에 대한흥미와 책에 대한 관심을 불러일으킬 수 있다.

학급문고는 주로 학급의 한 코너를 이용하여 설치되는데, 어린이의 읽기에 대한 호기심을 자극하는데 효과적이며, 동화나 헌 책들, 광고지, 팜플렛, 지도, 안내책자 등 여러 종류의 책을 배열해 둠으로써 이것을 읽기 자료에 활용할 수 있다.

학급문고는 여러 가지 다양한 자료들로 가득 채워질 수 있다. 어린이 신문을 비롯하여 어린이의 실태 조건에 맞는 의자와 책상, 읽기와 쓰기를 할 수 있는 종이, 팔걸이의자, 책꽂이, 이어폰과 녹음기, 슬라이드 환등기 등을 준비해 두면 더욱 효과적이다. 그러나 이것을 모두 갖추기에는 어려운 일이므로 최소한 어린이들이 안락하고 깨끗하며 조용한 분위기를 느낄 수 있는 환경을 조성해 주는 것이 무엇보다 중요하다.

(5) 인쇄물의 활용

언어경험 접근법에서 어린이는 받아 쓰여진 자신의 경험이야기를 통해서 읽기와 낱말의 의미 등을 학습하게 되는데, 이것의 후속 활동으로서 어린이의 주변에서 쉽게 구할 수 있는 다양한 인쇄물들이 활용된다. 예를 들면 잡지나 헌 책들, 광고지, 신문이나 여러 종류의 책 등이 이용될 수 있으며, 학교와 지역사회 도서관과의 긴밀한 연락을 통해 도서관 자료를 활용할 수도 있다.

어린이들은 이런 인쇄물을 통해 다양하고 폭넓은 활동을 할 수 있게 되며, 이러한 과정을 통해서 그 낱말을 보다 확실하게 이해할 뿐만 아니라 미래에 접하게 될 수 있는 많은 인쇄물에 대해서 자연스럽게 접근할 수 있는 능력과 글에 대한 친근감을 기를 수 있게 된다.

(6) 창작활동

다른 모든 영역에서처럼 다양한 **창작활동**은 중요시되어야 할 부분이다. 따라서 노래나 그림, 게임, 놀이 등의 읽기에 즐거움을 더해주는 창작활동은 어린이가 즐길 수 있는 다양한 방법으로 이끌어져야 한다.

학습 주제와 관련된 내용으로 어린이들이 잘 알고 있는 노래의 노랫말을 조금씩 끊어 써서 만든 카드를 제시해 주고 어린이들에게 읽어보게 하거나 노래를 부르면서 그 노랫말 카드를 융판에 붙여보게 하는 교사의 활동은 어린이들로 하여금 즐겁게 읽기 능력을 발달시켜 나갈 수 있도록 도움을 준다. 또 학습 주제와 관련된 그림을 어린이 나름대로 그려보게 한 후 그림의 뒷면에 자신의 생각이나 그림에 대한 설명들을 써 보게 할 수도 있는데, 이러한 방법은 어린이들이 자신의 생각을 쓰는 것이므로 무리 없이 쓰고 읽는 활동이 가능하게 된다. 퍼즐 맞추기를 통한 언어게임, 낱말카드를 이용한 글자 맞추기 놀이, 블록 쌓으며 문장 만들기 등의 부가적인 활동들도 자연스럽게 언어 기능의 발달을 돕는 역할을 하게 된다.

6) **교실조직**

언어경험 접근법은 교실 조직과 계획 수립에 있어서 많은 융통성 강조하여 읽기활동에서 개인 활동뿐 아니라 소집단 활동과 전체 집단 활동이 다양하게 활용된다. 융통성 있는 집단은 어린이의 흥미, 성, 나이, 읽기에 대한 욕구, 혹은 사회성, 어린이의 경험 수준 등을 기본으로 조직되며, 재조정 또한 가능하다.

읽기를 위해 구성되는 집단 활동은 보통 전체집단 활동과 소집단 활동, 또는 개인적인 활동으로 나누어진다. 전체집단 활동은 주로 교사가 큰 소리로 어린이들에게 읽어줄 경우, 혹은 토의가 이루어질 경우, 개인적인 경험 등을 어린이들이 함께 공유해야 할 경우에 이루어지며, 묵독이나 낭독을 할 경우, 주제에 따라 토론을 하거나 읽기기능을 가르치는 경우에는 소집단 활동이 유용하다. 작문을 하거나 개인적인 경험을 받아쓰게 할 경우에는 개인적인 활동이 필요하게 된다.

다양한 읽기 활동의 요구를 충족시키기 위해서는 어린이의 좌석을 배열할 때 소집단 활동이나 전체 활동, 개별활동 등이 모두 가능하도록 배열하여야 한다. 즉 소집단 활동이나 전체 학급 활동 중에서도 어린이가 독립적으로 학습할 수 있는 영역이 포함되어야 하고, 이러한 학급의 배열은 교실의 크기와 위치 등에서 항상 유동적이어야 하며, 교수목표에 따라 변화될 수 있어야 한다.

이상에서 살펴본 것처럼 언어 경험 접근법은 모든 언어기술을 통합적으로 다룰 뿐 만 아니라 어린이의 흥미, 요구와 관련된 읽기 학습을 통해서 내재적인 동기화를 가능하게 할 수 있는 장점을 갖는다. 또한 이 접근법은 말하는 것만큼이나 쓰는 것이 중요하다는 것을 보여줌으로써 어린이로 하여금 자신감과 좋은 자아개념을 갖게 해 준다. 그러나 장점만이 존재하는 것은 아니다. 비구조화된 특성은 읽기기술의 연속적인 발달에 있어 문제가 될 수 있으며, 어린이가 갖는 경험의 한계성과 새로운 단어 학습에 있어서의 어휘 통제 등의 단점으로 지적될 수 있다.

5. **총체적 언어 접근법**

Weaver(1987)를 비롯한 **총체적 언어 접근법**을 수업에 활용하는 학자들은 모국어가 아닌 제 2언어나 외국어로 영어를 배우는 어린이들에게 처음부터 음성언어와 문자언어를 함께 지도함으로서 말하기, 듣기, 읽기, 쓰기와 같은 네 가지 언어 기능을 고루 발전시킬 수 있다고 주장한다. 이들은 또한 읽기가 쓰기 기능뿐만 아니라 말하기, 듣기 기능에도 좋은 언어 입력으로서 작용한다고 강조한다. 이들은 읽기 자료로서 어린이들을 위한 이야기책을 활용하고 있으며 어린이들은 교사가 들려주는 이야기를 통하여 이야기의 흐름과 내용을 이해하고 이야기에서 사용된 어휘와 표현을 익히며 문자언어에도 친숙해 질 수 있음을 주장해 왔다.

1) 총체적 언어 접근법의 특징

문자언어 지도에 대한 **총체적 언어 접근법**의 특징은 다음의 몇 가지로 요약할 수 있다. 첫째, 총체적 언어교수 접근법은 말하기, 듣기뿐만 아니라 읽기 쓰기의 네 가지 언어 기능을 통합하여 총체적으로 가르치도록 하고 있으며 읽기가 쓰기 기능 뿐 만 아니라 말하기, 듣기 기능에도 좋은 언어 입력으로서 작용한다고 강조한다. 따라서 어린이들을 처음부터 문자에 노출시키고 문자와 친숙해지도록 하고 있으며 이를 위해 어린이들을 위한 이야기책을 활용한다. 어린이들은 교사나 엄마가 들려주는 이야기를 통해서 그림이나 삽화를 통해 의미를 이해하고 듣기와 말하기 기능을 향상시키며 반복된 단어나 표현의 글자를 익히게 되어 읽기, 쓰기 기능의 향상에도 도움이 된다고 한다.

둘째, 총체적 언어 접근법에서는 언어는 의사전달을 위한 수단으로서 의사소통의 기능을 위해 사용되므로 어린이들에게 언어를 지도할 때에는 의미를 주고받는 데에 역점을 두도록 하고 있다. 그리하여 영어 읽기의 목적은 단순히 활자를 소리 내서 읽는 데에 있지 않고 글쓴이의 의도나 글의 내용을 파악하는 데에 있음을 강조한다. 이것은 어린이들에게 소리와 철자와의 관계를 인식시켜 궁극적으로 철자를 보고 소리 내서 읽을 수 있도록 하는 파닉스 접근과는 차이를 보인다.

셋째, 총체적 언어 접근법에서는 읽기 기능의 목적을 내용 이해에 두므로 어린이가 책을 읽고 내용을 이해할 수 있도록 하기 위해 어린이가 경험한 것이나 배운 것을 토대로 형성된 스키마를 최대로 활성화시키도록 한다. 즉 책을 읽기 전에 책의 내용이나 주제와 관련하여 어린이가 가지고 있는 배경지식이나 경험을 끌어들임으로써 어린이가 책 내용을 최대로 이해할 수 있도록 하며 읽기 전에 책표지 그림을 보고 내용을 짐작하게 하는 활동이나 주제와 관련하여 떠오르는 생각을 망으로 연결해 보는 활동들을 권장한다. 또한 읽기 중에도 삽화를 통해 읽은 내용에 대한 이해를 도와주는 활동이나 다음에 이어질 이야기에 대해 짐작해 보는 활동들이 필요하며, 읽기 후에도 내용이해를 점검하거나 느낌을 표현하는 활동들이 필요하다고 본다.

넷째, 총체적 언어 접근법에서는 읽기 전략으로서 상향식 접근방법(bottom-up approach)보다는 하향식 접근방법(top-down)을 활용한다. 상향식 접근방법에서는 현미경을 가지고 들여 보듯이 단어를 읽는 데에 필요한 세부적인 음소, 음운, 형태론적인 지식과 단어의 의미에 대한 지식에서 출발하여 좀 더 큰 단위인 표현이나 문장 구조를 이해하고 나아가 문장의 의미와 전체 내용을 이해하려고 한다. 반면 하향식 접근 방법에서는 마치 새가 위에서 날면서 아래를 내려다보는 것처럼 배경지식에 기초하여 주제와 전체의 내용에 대해 대충 파악하고 이에 기초하여 보다 세부적인 내용을 추측하고 이해해 나간다. 이러한 두 가지 읽기 전략 중에서 총체언어 이론은 실제 의미를 이해하는 데에 있어서 전체의 의미는 부분의 합 이상의 어떤 것으로 이루어져 있으므로 상향식 접근방법보다는 하향식 접근 방법을 적극적으로 활용하도록 하고 있다.

다섯째, 총체적 언어 접근법에서는 언어란 표현을 쪼개거나 따로 떼어 낼 수 없고 그 표현이 사용되어지는 맥락이나 상황 속에서 포함시켜 총체적으로 배울 수 있도록 하여야 하며 이를 위해서는 실제 언어생활에서 접하는 실제자료를 활용하도록 하고 있다.

마지막으로 총체적 언어 접근법에서는 학습을 부분에서 전체로 진행하는 것이 아니라 전체에서 부분으로 진행하여 나아간다. 언어의 네 가지 기능을 예로 들면 말하기는 의미 있는 상황을 주고 의사전달을 위해 실제 말을 해보게 하는 활동을 처음부터 제시하고 말을 하는 중에 필요하면 부분적인 표현을 가르쳐 주거나 익히는 순서로 학습한다. 듣기도 의사소통의 목적을 가지고 실제로 듣기 활동을 해 나가는 중에 필요하면 부분적인 세부기능 즉 음을 구분한다거나 강세, 억양 등에 따른 의미의 차이를 이해하며 듣는 연습을 한다. 마찬가지로 읽기는 글의 내용을 파악하며 읽는 활동에서부터 시작하여 필요하면 소리를 어떻게 내는가, 단어가 어떻게 형성되었나, 의미의 연결을 연습한다. 또한 쓰기도 처음부터 생각을 표현하도록 하고 그 과정에서 필요하면 문장을 완성하는 연습이나 철자 바로 쓰기와 같은 세부적인 기능을 연습한다. 따라서 이야기를 읽는 것은 처음부터 내용이해를 목적으로 읽어가면서 필요하면 부분적인 세부기능을 익히는 전체에서 부분으로 학습하는 총체언어 이론의 학습 전개 방식에 따른 것이다.

2) 총체적 언어교수법 비판

Weaver(1987)는 이러한 총체적 언어 접근법에 대하여 글의 맥락 안에서 단어의 뜻을 추측하는 것은 읽기 학습에 효과적인 방법이 아니라고 비판 하였다. 즉 단어의 철자를 해독할 수 없는 어린이가 글의 맥락 안에서는 단어의 뜻을 추측하지만, 글의 맥락 안이 아닐 경우는 그 단어의 뜻을 잘 이해하지 못한다는 것이다.

6. 유도적 읽기 지도

1) 유도적 읽기 지도법

유도적 읽기 지도는 영어를 모국어로 하는 환경에서 출발한 모국어 문자지도 방법으로 소그룹 활동을 하면서 교사가 어린이들에 대한 철저한 분석을 통해 어린이들이 필요한 것들을 면밀히 제공하여 어린이들의 읽기 이해를 돕는 것이다. 유도적 읽기 동안에 어린이들은 그룹지어지고 발달 단계에 따라서 지도 받게 된다(Fountas & Pinnell, 1996, 2001b). 정동빈과 석진이(2007)는 유도적 읽기를 영어를 모국어로 하는 환경에서 활발히 쓰이고 있는 읽기지도법으로 소그룹 활동으로 이루어지고 교사는 각각의 어린이들에 대한 확실한 분석을 통해서 개인별로 필요로 하는 읽기 전략을 세밀하게 제공해 주고 이를 토대로 어린이들이 스스로 읽을 수 있도록 유도하는 지도법으로 정의 내렸고, Gunning(2008)은 유도적 읽기는 그룹화 하여 지도하는 읽기 활동을 조직하는 교수 방법이라고 정의했다. 유도적 읽기를 위해 조직된 그룹들은 매일 10분에서 30분 또는 그 이상의 만남을 가질 수 있다. 교사는 필요한 만큼 많은 그룹을 조직할 수 있지만 그룹이 많으면 많을수록 어린이 한 명당 읽기 시간이 줄어든다는 사실을 기억해야만 한나. 세 네 그룹 정도가 교사가 통재하기에 가장 적당하다. 그러나 그룹구성은 유동성이 있어 한 그룹에 속해 있던 어린이가 다른 그룹으로 적절한 상황이라면 이동도 가능하다.

유도적 읽기 지도는 어린이들이 교사의 시범을 통해 배운 전략을 새로운 텍스트에 스스로 적용할 수 있도록 교사가 유도해 준다는 의미에서 비롯되었다. 교사는 어린이 스스로 읽을 수 있도록 유도해 주는 역할을 하는 것이다. 다시 말해서 교사는 직접적인 지도를 하는 것이 아니라 지시를 해주는 역할만을 하는 것이다(Weaver & Vento, 1996). 유도적 읽기 환경에서 어린이는 교사에 의해 그들의 학습 수준과 발달에 의한 그룹의 조직과 지도를 받게 된다(Fountas & Pinnell, 1996, 2001a). 유도적 읽기 지도 시 교사는 어린이들에게 읽기의 방향을 제시해주는 안내자가 되어야 한다. 유도적 읽기 지도의 목표는 어린이들에게 읽기 전략을 세워주고 강화시킴으로서 문제해결 능력을 키워주고 자립적으로 글을 읽게 되어 평생 독자(Life-long Reader)로 만드는 것이다. 아울러, 유도적 읽기 지도는 구성주의와 균형적 접근법에 기반을 둔 수준별 읽기 전략 지도법이므로(석진이, 2006), 수준별 교재를 통해 어린이들에게 적절한 수준별 학습을 실행할 수 도 있다.

2) 유도적 읽기활동과 러닝센터

교사가 유도적 읽기를 하는 동안 학급의 나머지 어린이들은 무엇을 해야 할까? 어린이들은 많은 개별 활동들을 할 수 이따. 이 활동들은 어린이이 읽기 기술을 넓히고 적용할 수 있는 기회를 제공한다. 읽기 기술을 증진 시키는 가장 좋은 방법 중의 하나는 물론, 읽기 활동을 하는 것이다. Gunning(2007)은 **읽기 기술**을 발달시키기 위해 효과적인 활동들을 다음과 같이 제시한다.

- 읽기 코너에서 독립적으로 읽기 활동을 할 수 있다.
- 친구들과 함께 일기 활동을 할 수 있다.
- 오디오 테이프나 CD-ROM을 통해 읽기 활동을 할 수 있다.
- 교실 벽과 근처에 부착된 차트나 이야기들을 읽을 수 있다.
- 문학 서클에 참여하여 읽기 활동을 할 수 있다.
- 협력적 학습 그룹에 참여할 수 있다.
- 쓰기 활동을 할 수 있다.
- 도서관 자료나 인터넷을 통해 리서치 프로젝트를 할 수 있다.
- 문학작품을 지원하는 웹사이트를 신중하게 선택하여 활동할 수 있다.
- 교실 내 러닝센터에서 활동할 수 있다.

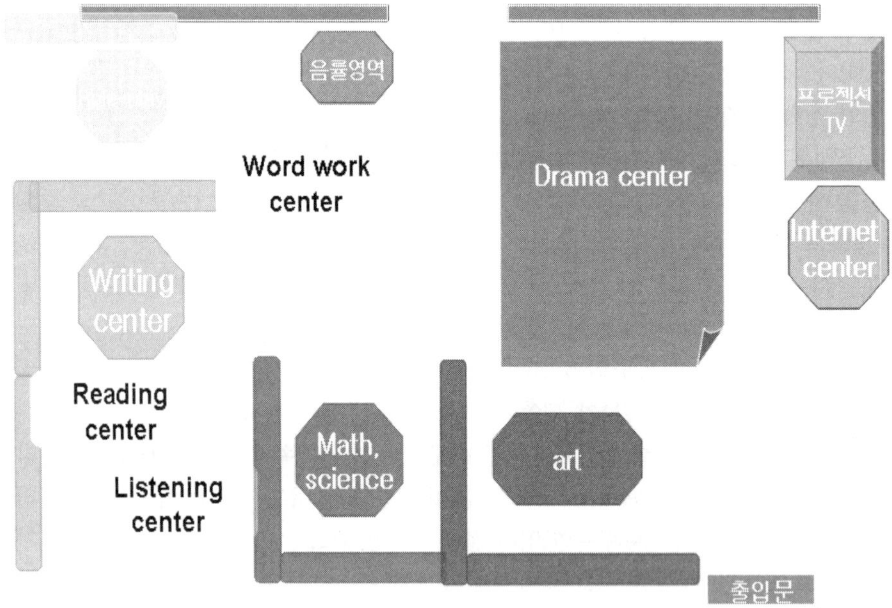

(그림 7) 러닝센터의 예

<표 4> 러닝센터 예

타 입	목 표	활동의 순서
듣기 영역 (Listening Post)	유창성 증진	1. 어린이는 짧게 녹음된 테이프를 작동한다. 2. 어린이는 테이프와 함께 읽는다. 각각의 어린이가 자신의 부분을 읽는다. 3. 어린이는 테이프를 반복 청취한다. 4. 어린이는 내용을 한 번 더 극화한다.
CD-ROM center	이해도 증진	1. 어린이는 제목과 표지그림을 보고 어떤 내용의 글일 지 예측한다. 2. 어린이는 이야기를 가볍게 읽는다. 3. 어린이는 그들의 예상을 고려하여 이야기에 대해 토론한다. 4. 어린이는 각자 자신의 흥미로운 부분을 다시 읽는다. 5. 어린이는 응답카드에 그들의 이름, 책의 제목, 내용의 줄거리 및 요약을 채워 넣는다.

러닝센터는 앞에서 이미 개별화 학습 전략을 위한 한 방법으로 제시했었다. 러닝센터는 개별화 학습을 위해 효과적인 곳이며 아울러 유도학습을 위해서도 효과적인 장소로 활용될 수 있다. 러닝센터는 어린이들이 다양한 읽기 기술들을 연마 할 기회와 읽기 강화를 위한 활동을 제공하고 어린이들이 자신들이 흥미로워 하는 읽기 분야를 개척해 나갈 수 있게 도와 줄 수 있다. 읽기 강화를 위한 많은 활동들은 러닝센터에서 이루어 질 수 있다. 예를 들어, 단어를 분석하는 센터는 분류하는 활동들을 포함하도록 구성될 수 있다. 러닝 센터의 본질은 어린이들이 배운 결과물을 기반 이끌어 져야 하는 것이다. 교사는 어린이들이 무엇을 알기를 원하며 러닝센터를 이용한 결과 어린이들은 무엇을 할 수 있을까? 러닝센터는 무한한 가능성을 제공하고 있다. 그러나 대부분의 학급은 어린이들이 읽을 책이나 간행물들을 읽을 수 있는 도서코너나 읽기 센터, 테입이나 CO-ROM을 들을 수 있는 듣기센터, 웹과 관련된 활동들을 하기위한 인터넷 센터, 메시지, 시나, 이야기 등을 쓸 수 있는 쓰기 센터, 스크립과 퍼펫을 가지고 드라마체험을 할 수 있는 드라마 센터, 사회, 과학, 수학, 미술 위한 센터 등 러닝센터들이 특징별로 구별되어져 있다. 어린 어린이들을 위한 역할극 센터도 있다.

러닝센터는 다양한 활동들과 더불어 교과과정들과도 연관성이 있어야 한다. 왜냐하면 러닝센터들이 어린이들이 배운 것을 확장시킬 수 있도록 도와줘야하기 때문이다. 각각의 센터들은 목적을 가지고 있어야만 한다. 만약 교과과정에 기준이 있다면 교사는 그 기준을 알고 적용해야만 한다. 러닝센터가 교육적인 목적 없이 흥미와 즐거움만을 위한 곳이 되어서는 안 된다. 또한 러닝센터는 어린이들 배운 것을 되짚어 보는 도구로서 사용되어야 한다. 따라서 어린이들은 러닝센터에서 학습하고 난 후, 어린이들이 읽은 책의 제목과 페이지 번호를 기록하거나 읽은 책에 대해 간단하게 적어보는 것도 생산적이라 하겠다. 이것은 어린이들이 학급에서 전반적으로 배운 것을 러닝센터에서 다시 확인함으로서 학습을 지속적으로 기억하는 것을 돕는다.

어린이들을 러닝센터를 창조적인 공간으로 활용할 수 있게 하고, 흥미도를 떨어뜨리지 않기 위해 주기적으로 센터내의 구성 내용물을 바꿔주는 것이 필요하다. 활동들이나 자재들도 주기적으로 바꿔주는 것도 좋다. 아울러 어떤 활동이나 내용들을 어린이들이 좋아하는지 또는 어떤 것이 어린이의 학습에 도움이 되는지 등을 알아보기 위해 평가하는 것도 러닝센터를 활성화하고 어린이들에게 유용한 공간으로 만드는데 좋은 방법이다.

가능성이 많은 곳에 선택할 것도 많다. 어린이들은 CD-ROM을 선택하여 발음 연습을 할 수도 있고 분석활동들이나 퍼즐도 완성할 수 있다. 같은 목적으로 활동을 하지만 그로부터 얻을 수 있는 것은 다양하다. 인터넷은 러닝센터에 효과적인 학습 자원중의 하나이다. 인터넷을 통해 다양한 웹사이트를 접속하여 어린이 수준에 맞는 다양한 활동들을 찾아 읽기 연습을 할 수 있다. 이 때 교사는 어린이들에서 인터넷 사용법을 알려 주는 것이 필요하다.

러닝센터를 효과적으로 활용하기 위해서 또 하나 필요한 것은 러닝센터를 관리하는 것이다. 러닝센터를 요령 있게 관리하기 위해서는 이용시간과 이용할 수 있는 활동들을 적어놓은 리스트들을 활용하는 것이다. 이 때 마그네틱 보드나 포켓차트를 활용하는 것이 도움이 될 수 있다. 아래 <그림 8>은 Gunning(2008)이 제공한 러닝센터의 포켓차트를 활용한 스케줄이다.

스케줄에 따라 어린이들은 이용할 수 있는 시간이 정해지고 개별적인 활동을 하거나 그룹 활동을 할 수 있다. 어린이들은 특정 활동들을 하도록 부여 받거나 스스로 선택할 수도 있다. 몇 몇 교사들은 어린이들이 정확하게 무엇을 해야 할지 알려주기 위해 스케줄표를 붙여 놓기도 한다. 이것은 어린이들이 러닝센터에 들어 왔을 때 무엇을 해야 할 지 우왕좌왕 하여 러닝센터를 혼잡스럽게 만들지 않기 위함이다.

	Wednesday	November 15	
Edna, Ashley, Kayla, Michael, Dylan	ABC		
Luis, Juan, Alyssa, William			
Jacob, Aaron, Maria, Marisol		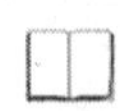	ABC
Rachel, Edith, Latasha, Carlos			
Raymond, Nicole, Michael, Angel		ABC	

<그림 8> 포켓 차트 스케줄

3) 유도적 읽기 지도의 실행

유도적 읽기 지도는 읽어주기(reading to), 함께 읽기(reading with), 혼자읽기(reading by)를 기본구조로 하고 있다. 읽어주기에서는 주로 큰소리로 읽어주기(Reading Aloud), 함께 읽기에서는 참여읽기(Shared Reading)와 유도적 읽기지도(Guided Reading) 그리고 혼자읽기에서는 독립적 읽기(Independent Reading)를 실행한다.

읽어 주기(to) 읽어 주기	함께 읽기(with) 함께 읽기, 유도적 읽기 지도	혼자 읽기(by)) 자립적 읽기
←언어	-----------------경험 중심적-------------	접근법→
읽어 주기(to)	함께 쓰기와 상호적 쓰기	자립적 쓰기

<그림 9> 점진적 책임 저도 모델 (정동빈 & 석진이, 2007)

(1) 읽어주기

읽어주기에서 교사는 어린이들에게 이야기를 큰소리로 읽어줌으로서 동기유발, 흥미고취를 통해 읽기 경험을 할 수 있도록 해주며 읽기의 시범을 보여준다. 어린이들은 다양한 장르의 이야기를 접하게 되면서 이야기의 흐름, 언어의 다양성, 이야기에 대한 예측, 문자에 대한 개념 및 어휘력과 상상력을 키우게 된다.

(2) 함께 읽기

함께 읽기에서는 빅북(Big Book)을 사용하여 어린이들로 하여금 따라 읽도록 하며, 이야기의 의미 파악에 중점을 둔다. 또한 함께 읽기는 어린이들이 읽기에 참여 할 수 있도록 하고, 이야기의 의미를 파악하는데 중점을 둔다. 이 과정에서 교사는 함께 읽기의 단계를 시범적, 유도적 참여에 의한 다시 읽기, 개별적 읽기, 발표하기로 정리하는 것이 바람직하다. 함께 읽기 활동에서 중요한 것은 이야기를 읽는 과정 속에서 읽기 기술과 읽기 전략을 명시적으로 배우는 것이다. 또한 소그룹 활동을 통해 각각의 그룹에 맞는 이야기를 읽으면서 함께 읽기에서 배운 전략을 적용하고 사용하는데 목적이 있다. 즉 이미 어린이들이 알고 있는 전략을 새로운 이야기에 적용해 보는 것이다.

(3) 혼자읽기

혼자읽기 활동을 통해서는 어린이들 스스로가 선택한 이야기를 읽으며 읽기 전략을 적용할 수 있는 기회를 얻는다. 독립적 읽기 활동에서 사용하는 이야기들은 수업을 위해 읽는 이야기들보다는 쉬워야 한다. 어린이들이 혼자서 쉬운 이야기를 읽는 활동에 대한 장점에 대하여 Clay(1991)는 어린이들 스스로가 자신의 수준에 맞는 책을 선택할 수 있는 능력과 예측 능력을 키워주고 전략 연습의 기회를 부여하여 문제 해결 능력을 키워주며 자신감을 키워주는데 있다고 하였다.

(4) **유도적 읽기의 보완**

유도적 읽기는 어린이들에게 알맞은 단계의 지도를 줄 수 있고 어린이들이 필요한 지시나 도움을 줄 수 있다는 장점이 있다. 또한 그룹 형성에 유동성을 두고 그룹이 아닌 다른 어린이들에 의해 가치 있는 활동들을 제공받을 수 있다면 유도적 읽기 접근법은 더 효과적으로 작용될 수 있다. 그러나 유도적 읽기를 실행할 시에 잘 계획하지 않으면 러닝센터는 바쁘기만 하고성과 없는 장소로 전락할 수 있다. 또한 유도적 읽기 지도에서는 어린이들이 자칫 의미 이해 없이 기계적으로 문자들을 읽는 위험이 있어 이를 없애기 위해 이해를 위한 읽기 기술과 전략들을 교사와 함께 능력집단별로 배운다. 읽기 전 활동에서 교사는 직접적이고 명시적인 읽기의 이해 전략을 가르치고, 읽기 후 활동에서 전략 연습을 한다. 단어 영역에서는 자주 등장하는 단어에 대해 익힌다. 쓰기 영역에서는 앞에서 배운 읽기 지식을 표현하고 확인 할 수 있다. 유도적 읽기 지도를 통해서 어린이들은 책에 대한 비판적 사고를 할 수 있도록 해 주는 것이다. 유도적 쓰기를 통해 유도적 읽기 지도를 통해 익혔던 사고를 더욱 더 확장할 수 있다. 독립적 읽기와 쓰기활동을 통해 어린이들에게 선택권을 부여 할 수 있으며 어린이들에게 흥미와 동기부여, 또한 모험하기 등의 경험을 하게 해주며 자신의 활동에 대해 스스로 책임을 갖도록 해줄 수 있다. 이를 통해 독립적 글쓰기에서 유창성을 얻게 된다.

(5) **유도적 읽기 지도를 활용한 초등 영어 읽기 전략 지도(석진이**, 2006)

석진이(2006)는 앞서 살펴본 **유도적 읽기 지도**의 내용을 토대로 우리나라 초등학교 어린이에게 적합한 유도적 읽기 지도를 활용한 읽기 전략지도에 있어 중요한 원칙을 다음과 같이 제시하였다.

첫째, 현재 우리나라 초등영어 교육과정의 목표는 일상생활의 의사소통 능력의 배양에 두고 있으므로 이러한 내용이 읽기 전략 지도 과정에도 반영이 되어야 한다.

둘째, 읽기 전략 지도에 있어서는 교사의 역할이 매우 중요함으로 읽기 전략의 시범을 적절히 제시해 주고 효과적 질문을 통한 교사-어린이간의 상호작용을 할 수 있도록 교수 지침이 마련되어야 한다.

셋째, 구성주의를 기반으로 한 유도적 읽기 지도는 어린이들의 읽기 능력에 적절한 수준별 교재를 통한 수준별 학습 또는 개별화 학습을 지향하고 있으므로 이에 필요한 제반 자료 및 지침을 준비해야 한다.

넷째, 유도적 읽기 지도를 통한 읽기 전략 지도의 목표는 어린이들의 문해력 향상에 있으며 문해력 교육의 목표는 비판적 사고의 조성이다. 비판적 사고력은 어린이들의 체득을 통해 형성될 수 있으므로 학습이 아닌 체득을 위한 수업 지도 계획이 필요하다.

다섯째, 비판적 사고력 조성을 위한 문해력 교육은 어린이들의 창의적 사고와 밀접한 관련이 있을 것이며 창의적 사고는 어린이들의 동기부여를 반드시 필요로 한다. 그러므로 읽기 학습에 대한 동기를 부여해 줄 수 있는 흥미 있고 진정성 있는 읽기과제 및 읽기 활동의 개발이 필요하다.

(6) 유도적 읽기 지도를 활용한 지도안

<표 5> 유도적 읽기를 위한 수업 지도안

<table>
<tr><td>교 재</td><td colspan="4">Chika Chika Boom Boom</td></tr>
<tr><td>학 습
목 표</td><td colspan="4">- 알파벳을 읽을 수 있다.
- 색깔과 관련된 단어를 읽을 수 있다.</td></tr>
<tr><td>주요 표현</td><td colspan="2">red, yellow, green, blue, orange</td><td>언어
기능</td><td>듣기, 말하기, 읽기</td></tr>
<tr><td>Procedures
(학습절차)</td><td>Steps
(단계)</td><td>Contents & Teaching-Learning Activities
(학습내용과 교수학습활동)</td><td>Time
(시간)</td><td>Remarks & Aids
(유의점과 자료)</td></tr>
<tr><td rowspan="2">도입
Introduc-
tion</td><td>Warm
-up</td><td>- 동기유발(Motivation of learning)
- 인사(Greeting)
T : 교사는 코코넛 나무 복장을 하고 있다. 교사는 미리 교실 벽 여기저기에 알파벳들을 붙여 놓고 아이들과 함께 알파벳을 찾아다니면서 읽어본다. 찾은 알파벳을 읽고 무슨 색인지도 알려 준다.
S : 아이들은 교사와 함께 알파벳을 읽어 소리 내어 읽어 본다.</td><td>4'</td><td>▪ warm-up 단계에서는 최대한 아이들이 학습에 대한 흥미를 이끌 수 있는 활동들과 함께 진행되어야 한다.</td></tr>
<tr><td>학습문
제 제시</td><td>- Introducing main topic
[알파벳과 색깔들과 관련된 단어들 읽기]

Let's begin today's lesson.</td><td>1'</td><td>▪ 교재 속에 나오는 이야기를 들려주면서 아이들이 알파벳을 읽을 수 있도록 돕는다.</td></tr>
<tr><td>전개
Develop-
ment</td><td>기본
학습활
동</td><td><Look & Listen>
T : 교사들은 아이들에게 알파벳 이야기를 읽어 준다. 이야기 중간 중간 알파벳들에게 무슨 일이 일어날지 아이들에게 물어 본다.
S : 알파벳들에게 일어날 일들을 상상해서 해 본다.
<Listen & Repeat(1)>
T : 알파벳 이야기를 읽고 난 후 아이들에게 알파벳을 읽을 수 있도록 알려 준다.
S : 교사가 읽고 난 후 알파벳을 따라 읽어 본다.</td><td>10'</td><td>▪ 화이트 보드에 칼라 마커를 사용함으로써 색깔에 대한 개념을 좀 더 확실하게 심어준다.</td></tr>
</table>

		T : 알파벳과 연관 된 색 단어들을 보드에 적고 읽어 준다, S : 단어들을 교사와 함께 읽어 본다.		
전개 Develop- ment	활동 Activity I	<Let's Play(1)> T : 아이들에게 코코넛 나무를 만들 수 있는 재로들을 나누어 준다. S : 조별 또는 개별적으로 코코넛 나무들 만든다. T : 알파벳이 있는 잡지나 책을 나누어 주고 교사가 읽어 주는 알파벳을 찾도록 한다. S : 교사가 읽는 단어를 잡지책에서 찾는다. T : 아이들이 단어를 찾았다면 찾은 단어를 오려서 아이들의 코코넛 나무에 붙여 보도록 시킨다. S: 코코넛 나무에 알파벳을 붙이고 읽어 본다. T : 교사는 학습자들이 반복적을 읽을 수 있도록 유도한다.	10'	▪ 코코넛 나무를 만들 수 있는 갈색, 녹색 색종이, 알파벳이 있는 잡지책, 가위, 풀
	활동 Activity II	<Let's Play(2)> T : 화이트보드에 큰 코코넛 나무를 그린다. 코코넛 나무에는 색깔 관련 단어들을 적는다. 이때 칼라 마커를 활용해서 단어와 색이 연관 될 수 있도록 한다. S : 교사가 보드에 적은 단어들을 읽어 본다. T : 이이들이 색과 관련 된 단어들을 읽어 낼 수 있도록 돕고 어느 정도 따라 읽는 다면 아이들에게 단어를 읽어 주고 잡지에서 그 단어와 관련된 알파벳들을 찾도록 유도한다. S : 찾은 알파벳을 조합해서 하나의 색 단어를 만든다. 예) 교사가 red라고 일고 철자 하나 하나 r-e-d라고 읽어 주면 아이들은 잡지에서 r-e-d를 찾고 조합해서 red라는 단어를 만든다. T : 아이들에게 자신이 좋아하는 색 단어도 만들어 보도록 시킨다. S : 아이들은 자신들이 좋아하는 단어를 만들고 읽어 본다.	10'	▪ 잡지책을 활용한다.
정리 Closing	전체 정리 및 평가	-정리 및 평가(Arrangement & Check-up) T : 교재에 대한 내용을 반복해서 들려주고 각 알파벳을 다시 읽어 본다. S : 교사와 함께 알파벳을 따라 읽는다. T : 개별적으로 지목해서 읽도록 시켜본다. T : 알파벳 읽기고 난 후 보드에 색 관련 단어를 쓰고 아이들과 함께 읽어 본다. S : 교사와 함께 따라 읽어 보고 개별적으로도 읽어 본다.	2'	

Ⅲ 맺음말

이장에서 우리는 읽기 학습의 흐름과 각각의 이론에 대해 살펴보았다. 앞에서 언급한 바와 같이 읽기를 위한 접근법은 다양하다. **다양한 접근법**들은 각각의 어린이와 어린이들이 있는 환경에 따라서 효과적일 수도 있고 그렇지 못 할 수도 있다. Gunning(2007)은 교사는 어떠한 교수법 보다 중요하며 이러한 교수법들은 어떠한 환경에서는 성공적일 수 있지만, 또 다른 환경에서는 그렇지 못할 수도 있음을 강조하여 각각의 이론을 교사의 전문가적 판단에 의해 적절히 혼합하여 적용할 것을 권하고 있다. 예를 들어, 읽기 교재 접근법에 언어 경험적 접근법을 부가해서 사용하는 식의 통합적인 접근법을 활용하는 것이다.

다시 말해, 각각의 교수이론은 나름의 특징과 강점과 약점을 갖고 있으므로, 교사는 자신의 환경에 맞도록 이들을 적절히 혼합하고 적용하는 노력과 더불어 현대 사회의 테크놀로지 기술과 접목시켜 적용하려는 연구가 필요하겠다.

전문가적은 판단으로 중요한 교재를 선정하고 교재와 알맞은 법과 전략들을 기본으로 해서 교사들은 어떤 접근법이 어린이의 문자 읽기 능력을 향상시키는데 기본이 되는 기술인지를 파악한 하는 것은 필수적이다. 한 접근법에서 무시되거나 빠져있는 부분이 있다면 다른 접근법에서 장점들을 인용하여 통합적으로 융통성 있게 사용하는 것이 필요하다. 교사가 적용하려는 접근법에 부족한 부분이 있다면 그 접근법을 그대로 따르려는 생각은 버리고 새로운 것을 접목시켜 활용하도록 노력해야 할 것이다.

참고문헌

김애연. (1993). 언어경험 접근법에 의한 읽기 지도프로그램 모형 구성. 석사학위 논문. 이화여대.

김부자(2005). 영어 읽기능력 향상을 위한 제안: 형태에 초점을 맞춘 교수를 통한 구문지도. 영어영문학연구, 47(1), 99-120.

석진이. (2006). 유도적 읽기 지도가 영어 읽기 능력에 미치는 효과. 박사학위논문. 중앙대학교.

이경우. (1996). 통합적 접근을 위한 Caldecott Honor 수상도서 연구. 서울: 창지사.

이명관(2006). 웹을 활용한 영어 읽기수업이 대학생의 학습동기에 미치는 영향. 현대영어교육, 7(1), 161-181.

이성은(1998). 이중언어학 : 제2언어로서의 한국어 교육을 위한 총체적 언어접근법. 이중언어학, 15(0), 385-409.

이종복. (2006). 읽기교육에 있어서 문학적 접근: 독자 반응 이론. 현대영어영문학, 50(1),

247-263.

정동빈. (2005). 어린이 영어 발달 지도. 서울: 중앙대학교 출판부.

정동빈. (2007). 똑 소리 나는 우리아이 영어, 3살부터 시작하자. 서울: 해피하우스.

정동빈. (2008a). 영미문화와 영어지도. 서울: 동인출판사.

정동빈. (2008b). 엄마가 들려주는 영미문화 이야기와 함께 신나는 영어공부를. 서울: 동인출판사.

정동빈, 김주은. (2004). 어린이 영어교육을 위한 컴퓨터 게임모형, 영어어문교육, 10(2), 133-158.

정동빈, 채유순. (2003). 누구나 영어 영재의 부모가 될 수 있다. 서울: 아가월드.

정동빈, 채유순. (2005). 동화를 활용한 어린이 영어지도. 서울: 드림랜드.

정동빈, 석진이. (2007). 유도적 읽기가 학습자의 자기 주도적 읽기 능력에 미치는 효과. *Foreign Language Education*. 14(2), 287-303.

정동빈, 진현정. (2007). 어휘덩어리 지도가 수준별 5-6세 유아들의 유창성 발달에 미치는 효과. 영어교육. 62(4), 539-562.

정동빈, 윤정주. (2007). 모바일 기기를 활용한 u-러닝 영어학습모형 연구. 멀티미디어 언어교육. 10(2). 131-154.

Abbott, J. A. (1998). The literature-based basal in first-grade classroom: Savior, Satan, or same-old, same old? *Reading Research Quarterly,* 33, 168-197.

Akyel, A. & Yalcin, E. (1990). Literature in EFL Classes: A Study of Goal Achievement Incongruence. *ELT Journal*, *44*, 174-180.

Anderson, Gordom. (1984). *A whole Language Approach to Readings*. MA: University Press.

Anderson, Harold M. and Robert J. Baldsuf (1963). A Study of a Measure of Listening. Journal of Educational Research.

Anderson, R.C., Hiebert, E.h., Scott, J.A. & Wilkinson, I. A. (1985). *Becoming a nation of readers: The report of the Commission on Reading*. Washington, DC: National Institute of Education.

Atwell, N. (1987). *In the Middle*. NH: Boynton/Cook.

Bailey, E. K., & Cotlar, M. (1994). Teaching via the Internet. *Communication Education*, *43*(2), 184-193.

Baird, J.S. (1987). *The first r: Fundamentals of Initial Reading Instruction. Development in Classroom Instruction*. Washington, DC: National Education Assn.

Brumfit. C. & Cater, R. (1991). English Literature and English Language. In C. Brumfit & R. Cater (Eds.), *Literature and Language Teaching* (pp. 2-21). Oxford: Oxford Unitersity Press.

Burns, P.C., Roe, B.D. & Ross, E, P. (1984), Teaching Reading in Today's Element ary School. MA : Allyn and Bacon co.

Chall, J. S. (1983). *Stages of Reading Development*. NY: McGraw-Hill.

Chomsky, J. S. (1971). Write first, read later. *Childhood Education, 47*, 296-299.

Clay, M. M. (1967). The reading behavior offive year old children: *A Research Report. New Zealand Journal of Educational Studies, 2,* 11-3.

Clay, M. M. (1975). *What did I Write?*. London: Heinemann.

Clay, M. M. (1991). Becoming Literate: The Construction of Inner Control. Auckland: Heinemann.

Combs, M. (1987). Modeling the reading process with enlarged texts. *The Reading Teacher*, 40, 422-426.

Constantino, R. (1994). Pleasure Reading Helps, Even If Reading don't Believe It. *Journal of Reading, 37*, 199-222.

Cooper, P. D. (1997). *Literacy: Helping Children Construct Meaning*(3rd ed.). MA: Houghton Mufflin.

Cox, C., & Zarillo, J. (1993). *Teaching Reading with Children's Literature*. NY: Merrill.

Cunningham, P. (1983). Writers make better readers. *Curriculum Trends in Reading, 92.*

Cunningham, P. M., & Allington, R.L. (1999). *Classrooms that Work : They Can all Read and Write* (2nd ed.). NY: Longwood.

Demos, E. (1987). School based reading programs. *Reading Horizons*, 27, 189-196.

Edelsky, C. (1994). Exercise isn't always healthy. In P, Shammon & K. Goodman (Eds.), *Basal Readers: A Second look*(pp. 19-34). NY: Richard C. Owen.

Ediger, M. (1983). Philosophy and the reading curriculum. *Australian Journal of Reading, 6,* 82-85.

Eskey, D. (1988). Holding the bottom: An interactive approach to the language problem of second language readers. In P. L. Carrell, J. Devine, & D. Eskey(Eds.), *Interaction Approaches to Second Language Reading*. NY: Cambridge University.

Flesch, R. (1995). *Why Johnny Still Can't Read.* NY: Harper and Row.

Flesch, R. (1981). *Why Johnny Still Can't Read.* NY: Harper and Row.

Fountas, I. C., & Pinnell, G. S. (1996). *Guided reading: Good First Teaching for all Children.* NH: Heinemann.

Fountas, I. C. & Pinnell, G. S. (2001a). *Guiding Readers and Writers Grades 3-6.* NH: Heinemann.

Fountas, I. C. & Pinnell, G. S. (2001b). *Using Guided Reading to Strengthen Students' Reading Skills at the Developing Level Grades 1-3.* NH: Heinemann.

George, Coral . (1986). Successful Reading Instruction. *Educational Leadership,* 44, 3.

Giles, D. E. (1966). The effects of two approaches to reading instruction upon the oral language development of first grade pupil. *Dissertation Abstracts International.* 27/139A.

Goleman, D. (1988). *Emotional Intelligence*. NY: Bantam Books.

Goodman, K. (1976). Reading: A psycholinguistic guessing game. In H. Singer & R. Ruddell(Eds.), *Theoretical Models and Processes of Reading*(2nd ed.)(pp. 497-508). DE: International Reading Assn.

Goodman, K. S. & Goodman, Y. M. (1979). Learning to read is natural. In L. B. Reanick & P. A. Weaver (Eds). *Theory and Practice of Early Reading.* NJ: Erlbaum.

Goodman, K., Shannon, P., Freeman, Y. & Murphy, S. (1988). *Report card on basal readers*. NY: Richard C. Owen Publishers.

Goodman, Y. M. (1986). *Children Coming to Know Literacy, Emergent Literacy*, ed. William H. Teale & Elizabeth Sulzy. NJ: Ablex Publishing Corporation), 1-14.

Gunning, T. (2005, November). *Assessing the comprehension Processes of Good Decoding but Poor Comprehending Students*. Paper presented at the National Reading Conference, Miami, FL.

Gunning, T. G. (2007, 2008). *Creating Literacy Instruction for All Students*. NY: Pearson Education.

Hahn, H. T. (1968). *Teaching Reading and Language Skills in Grades Two and Three*. MI: Michigan State University.

Harper, S. (1988). Strategies for Teaching Literature at the Undergraduate Level. *The Modern Language Journal*, *72*, 402-408.

Harste, J. C., Short, K. G., & Burke, C. (1988). *Creating Classrooms for Authors: The Reading-writing Connection.* NH: Heinemann.

Hildreth, G.H. (1964). Linguistic factors in early reading instruction. *The Reading Teacher*, *18*, 172-178.

Hoffman, J. V.. McCarthney, S.J., Elliott, B., Bayles, D. L., Price, D. P., Ferree, A. & Holdaway, D. (1990). *Independence in Reading.* NSW: Ashton Scholastic.

Krashen, S. (1989). We Acquire Vocabulary and Spelling by Reading: Additional Evidence for the Input Hypothesis. *The Modern Language Journal*, *73*, 440-464.

Martin, A. L. & Lauri, L. (1993). Student Views about the Contribution of Literary and Cultural Content to Language Learning at Intermediate Level. *Foreign Language Annals*, *26*, 188-207.

McConochie, J. (1985). Musing on the Lamp-Flame: Teaching a Narrative Poem in a College-Level ESOL Class. *TESOL Quarterly*, *19*, 125-136.

McKay, S. (1982). Literature in the ESL Classroom. *TESOL Quarterly*, *16*, 529-536.

McNeil, J.D. (1980). Reading Comprehension: New directions for classroom practice. Glenview, IL: Scott, Foresman.

Moxley, R. (1982). *Writing and Reading in Early Childhood: A Functional Approach.* NJ: Educational Technology.

Olsen, Joanne P. & Dillner, Matha(1976). *Learing to Teach Reading In the Elementary School,* NY: Macmillan. co.

Opitz, M. & Ford, M. (2001). *Reading Readers: Flexible & Innovative Strategies for Guided Reading.* NH: Heinemann.

Paul C. Burns, Betty D. Roe, & Elinor P. Ross. (1984). *Teaching Reading in Today's Elementary Schools.* MA: Houghton Mifflin:

Pincus, A. (2005). Teaching tips: What's a teacher to do? Navigating the worksheet curriculum. *The Reading Teacher, 59.* 75-79.

Povey, J. (1972). Literature in TESL program: The Language and the Culture. In H. Allen & R. Campbell (Eds.), *Teaching English as a Second Language.* NY: McGraw-Hill.

Preston, W. (1982). Poetry Ideals in Teaching Literature and Writing to Foreign Students. *TESOL Quarterly, 16,* 489-502.

Reutzel, D. R. & Cooter, R. B. (1991). Organizing for effective instruction: The reading workshop. *The Reading Teacher, 44,* 548-555.

Routman, R. (1991). *Invitations: Changing as Teachers and Learners K-12.* NH: Heinemann.

Rumelhart, D. (1986). In H. Singer & R. Ruddell (Eds), *Theoretical Models and Processes of Reading*(3rd ed.)(pp. 722-250). DE: International Reading Assn.

Smith, F. (1985). *Reading without Nonsence.* NY: Theachers College press.

Song, S. Y. (1987). *Oral Reading Miscues as Indicators of English Reading Comprehension.* Doctoral Dissertation, Hanyang University, Seoul.

Spache, G. D. & Spache, E. B.(1977, 1986). *Reading in the Elementary School.* MA: Allyn & Bacon.

Spack, R. (1985). Literature, Reading, Writing, and the ESL Student. *TESOL Quarterly, 19,* 703-725.

Stanovish, K. (1980). Toward an interactive-compensatory model of individual differences in the development in the development of reading fluency. *Reading Research Quarterly, 16,* 52-67.

Weaver, C. (1987). Reading as a whole, *ERIC ED,* 290, 132.

Weaver, C., Gillmeister-Krause, L. & Vento-Zogby, G. (1996). *Creating Support for Effective Literacy Workshop Materials and Handouts.* NH: Heinemann.

Winograd, P. & Greenlee, M. (1986). Children need a balanced reading program. *Educational Leadership*, *43*, 16-21.

제 6장

영어 문자지도 평가방법

English Literacy Teaching

for Primary School Students

I 머리말

영어과 평가는 학습자가 어느 정도 학습 내용을 이해하고 적용할 수 있는 능력이 있는가를 알아보고, 학습을 통해 얼마나 행동이 변화되었는가를 점검하기 위해 행해진다. 교사는 평가를 통해 학습 지도 전에 학습자의 수준과 언어 능력을 점검해 보고 효과적인 지도 방법을 구안하여 지도 후 학습 성취도를 점검함으로써 교사의 지도 방법에 대해 반성하고 후속 학습에 대한 자료로 활용할 수 있다. 또한 어린이는 평가를 통해서 자신의 능력과 수준을 직시하고 부족한 부분은 보완하며 잘하는 부분은 더 발전시킬 수 있다.

따라서 **평가**는 성취도의 측정뿐만 아니라 어린이의 학습 상황을 표시하고 격려하는 학습 도구가 된다, 평가를 통하여 학습의 동기를 제공하며 학습 활동에서 개인과 소집단의 우수한 점, 부족한 점을 명시해 주고, 때로는 교육과정과 학습도구의 적절성에 대한 정보를 제공해 주기도 한다. 그러나 우리에게 익숙한 기존의 평가는 정적이며, 객관적인 지식의 추정이었다고 해도 과언이 아니다. 즉, 얼마나 많이 아느냐, 몇 점을 받았느냐에 대한 양적 평가였고, 학습을 한 후에 무엇을 얼마나 알고 있는가를 측정하는 결과 중심의 평가였다. 그 결과로 실제 상황에서의 언어구사력은 제대로 발휘될 수 없었고, 자기 주도적 문제 해결력이나 상상력, 비판력, 창의력, 정보 수집 미 분석력, 정보 통합력 등의 고등 정신 능력을 측정하지 못하는 한계와 교육과정에서 지향하고 있는 목표와 내용과는 전혀 다른 방향의 사교육이 성행할 가능성 때문에 교육과정에서도 평가에 대해서는 매우 조심스런 입장을 취하고 있다.

(1) 평가 지침

㈎ 교육과 정의 성취 기준과 교과서의 학습 목표에 준하여 평가 목표를 설정한 후에 평가를 시행한다.
㈏ 학습의 과정과 결과를 다양한 방법으로 평가하고, 평가 결과를 학생 개별적, 혹은 전체적으로 해석 및 판정한다.
㈐ 진단 평가를 통하여 학생들의 수준을 진단한 후 교수 · 학습 방법 및 내용에 적용한다.
㈑ 형성 평가를 통하여 교수 · 학습 방법이 적절한지 확인하고, 그 결과를 교수 · 학습 방법 개선 자료로 활용한다.
㈒ 말하기 및 쓰기와 같은 언어 표현 능력을 평가하고자 할 때에는 가급적 수행 평가를 실시한다.
㈓ 수행 평가를 실시할 때에는 평가의 목표, 내용, 평가 문항 유형, 채점 기준을 명확히 한 후에 실시한다.
㈔ 포트폴리오 평가, 자기 평가 및 상호 평가 등을 실시하여 학습 과정과 결과를 평가하도록 한다.

위와 같이 현 제 8차 교육과정[1]에서는 영어과의 학년별 성취기준은 제시하고 있으나,

1) 교육인적자원부 고시 제2007-79호

평가에 대해 일반적인 지침만 마련해 놓았을 뿐, 구체적인 방법과 척도 등의 안내가 되어있지 않아 평가의 신뢰성과 공정성에 대한 의문이 제기되고 있으며, 평가 방법의 개발이 미흡하여 아직도 많은 혼선이 빚어지고 있는 것이 사실이다. 또한 음성언어 중심의 초등영어에서 말하기와 듣기 부분의 평가는 어느 정도 이루어지고 있으나, 읽기와 쓰기에 관련된 문해력 평가는 초등 고학년들을 위주로 제한적으로 이루어지고 있는 실정이다.

그러므로 영어의 4영역이 골고루 발전하기 위해서는 지금까지 외면 시 되어 왔던 영어 읽기와 쓰기 분야의 문해력 평가에 대한 연구가 매우 필요한 실정이다. 그와 더불어 올바른 초등 영어 평가체제를 확립하기 위해서는 다양한 평가방법에 대한 고찰과 그 평가예시들을 통한 분석이 무엇보다 필요하다.

이 장에서는 영어과 읽기, 쓰기 평가 방법에 관한 각종 문헌 및 관련 연구를 살펴보고 현재 교사들이 사용하고 있는 영어 읽기, 쓰기 평가 방법을 분석하여 그 결과를 토대로 효율적인 평가 방법을 모색함을 연구 목표로 삼는다. 구체적인 연구 내용은 다음과 같다.
영어과 읽기, 쓰기 평가에 관련된 문헌 연구를 통하여 효율적인 평가 방안을 모색한다.
영어과 읽기, 쓰기 평가에 관련된 다양한 평가방법의 예시를 제시한다.

II 평가의 이론적 배경

1. 평가의 의미와 요건

1) 평가의 의미

평가란 교육목표의 달성 정도나 교육과정의 효율성을 판단하기 위해서 학습자의 행동변화 및 학습과정에 관한 제반 정보를 수집하고 이용함으로써 교육적 의사결정을 내리는데 도움을 주거나 더 나아가 의사결정을 내리는 과정을 의미하는데, 이 같은 의사결정의 제반 과정은 교육적인 가치를 판단하는 일이다. 또한 Gunning(2008)은 Evaluation is a essential part of literacy learning 이며 the process of using the results of tests, observations, work samples, and other devices to judge the effectiveness of a program. A program is evaluated in terms of its objectives. Thus, ultimate purpose of evaluation is to improve the program. 즉, 평가는 읽고 쓰는 학습의 가장 중요한 부분이라고 말하고 있다.

2007년 2월 28일 부총리 겸 교육인적자원부장관이 고시한 교육과정 내용(2007년 7월 31일)

2) 평가의 요건

(1) 타당도(Validity)

타당도란 어떤 평가 도구가 측정하고자 의도하는 것을 얼마나 효과적으로 측정하느냐에 관한 것이다. 즉, 타당도란 평가의 목표에 관한 개념으로서 평가자가 의도하는 것을 전부, 혹은 어느 정도 측정하느냐에 관한 것이다.

① 내용타당도(Content validity)

내용타당도란 평가도구가 측정하고자 하는 목적에 맞는 내용을 얼마나 대표성 있게, 또 얼마나 광범위하게 선정해서 포함시켰느냐에 관한 것이다. 흔히 학교 상황에서 실시하는 성취도 평가에서 내용 타당도는 교육과정의 내용, 즉 가르친 내용을 얼마나 골고루 많이 포함하고 있느냐로 판단할 수가 있다.

② 공인타당도(Concurrent validity)

공인타당도란 이미 타당도에 대한 평가가 내려진 공인된 평가도구(A)의 결과와 아직 공인되지 않은 어떤 특정한 평가도구(B)의 결과를 여러 측면에서 비교하여 그 상관관계를 나타내는 타당도이다.

③ 예측타당도(Predictive validity)

예측타당도란 평가 결과가 어린이의 어떤 일이나 활동 등을 얼마나 성공적으로 수행할 수 있을지 예측해 주느냐에 관한 것이다

<표 1> 내용, 공인, 예측 타당도의 정의

Content validity	means that the tasks of an assessment device are representative of the subject or area being assessed.
Concurrent validity	means that an assessment measure correlates with a similar test or other form of assessment occurring at about the same time.
Predictive validity	means that there is a correlation between the assessment measure and some future behavior.

(2) 신뢰도(Reliability)

신뢰도란 평가의 결과가 얼마나 일정하게 나오느냐에 관한 것이다. 평가의 신뢰도는 채점자나 평가 문제 자체에 의해서 결정된다. 어떤 특정한 목적으로 볼 때 전혀 타당하지 않은 평가도 신뢰도는 높을 수가 있다. 그러나 평가의 타당도가 높으려면 신뢰도가 반드시 높아야 한다. 즉, 신뢰도는 타당도의 전제조건과 필요조건은 되지만 충분조건은 되지 못한다.

① **채점자 신뢰도(Marker reliability)**

채점자 신뢰도에는 두 가지 종류가 있다. 하나의 평가에 대해 여러 사람이 채점을 할 경우 각각의 채점자들이 주는 점수는 크게 다를 수도 있고, 비슷할 수도 있다. 이 때 각 채점자들이 한 평가에 대해 비슷하거나 다른 점수를 준 정도를 '채점자간 신뢰도(inter-marker reliability)'라고 한다.

② **평가 자체 신뢰도(Test reliability)**

평가 자체 신뢰도는 기본적으로 평가 도구 자체가 가지는 신뢰도로서, 어떤 평가를 반복적으로 시행했을 때 비슷한 결과가 나오는 정도를 가리킨다. 어떤 집단에 대해 여러 번 같은 평가를 실시했을 때 개별 어린이의 점수의 순위가 변하지 않는다면 그 평가는 평가 장체 신뢰도가 높다고 할 수 있다.

(3) 타당도와 신뢰도의 관계

타당도는 신뢰도를 전제하고 있지만 신뢰도는 타당도를 반드시 전제하지 않기 때문에 평가에서는 일반적으로 신뢰도보다는 타당도가 더 중요하다고 할 수 있다. 그러나 평가의 신뢰도와 타당도 사이에는 상당한 정도의 불가피한 긴장관계가 존재한다. 즉, 평가의 타당도와 신뢰도가 둘 다 높아야 하는데, 타당도를 높이려고 하면 신뢰도가 낮아지고 신뢰도를 높이면 타당도가 낮아지게 된다(성태제, 2002a).

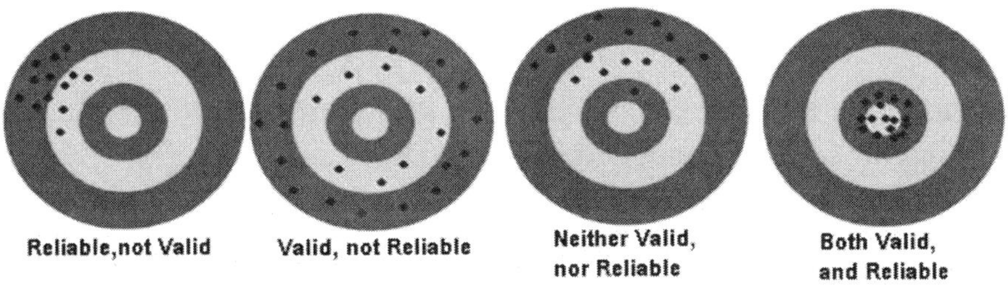

<그림 1> 타당도와 신뢰도와의 관계

(4) 실용도의 중요성

평가의 **실용도**란 한 평가가 실제 상황에서 효과적으로 시행될 수 있는 여건의 구비 정도 즉, 평가 시행 여건의 충족도를 가리킨다. 평가가 실제로 시행될 수 있기 위해서는 시간, 인력, 자원 등 여러 가지 조건이 구비되어 있어야 한다. 이를테면 영어 말하기 평가는 일대일 인터뷰 방식이 일반적인데, 여러 명의 어린이들을 인터뷰하기 위해서는 자격이 있는 평가자의 확보, 적합한 장소의 확보, 학생들을 인터뷰하는 데 걸리는 시간, 이를 위한 재정적 비용의 확보, 대기 학생들의 관리와 같은 문제 등이 현실적으로 대두된다. 그렇기 때문에 영어 말하기 평가가 필요하다는 점은 인정하면서도 말하기 평가를 실시하는 것이 쉽지가 않다. 이것은 평가의 실용도가 확보되지 않으면 평가 자체가 시행될 수 없다는 것을 보여주는 예이다. 그러므로 어떤 평가가 아무리 타당도와 신뢰도가 높다고 하더라도 실제의 상황과 여건이 평가의 실시를 어렵게 만든다면 그 평가는 아무 소용없는 것이 되고 만다.

<표 2> 신뢰도, 타당도, 실용도 정리

<table>
<tr><th>Reliability</th><td colspan="2">Similar findings found by different judges and at different times (Consistency, Generalizability)</td></tr>
<tr><th rowspan="4">Validity</th><td colspan="2">Relevance and accuracy of what is measured</td></tr>
<tr><td>Content</td><td>based on the extent to which a measurement reflects the specific intended domain of content</td></tr>
<tr><td>Concurrent</td><td>demonstrated where a test correlates well with a measure that has previously been validated</td></tr>
<tr><td>Predictive</td><td>correlation between the assessment measure and some future behavior</td></tr>
<tr><th>Practicality</th><td colspan="2">Within the means of financial limitations, time constraints, ease of administrations, and scoring and interpretation</td></tr>
</table>

2. 평가의 방법

1) **상대기준평가**(Norm-referenced test)**와 절대기준평가**(Criterion-referenced test)

상대평가는 표준화평가라고도 하며, 평가의 결과를 어린이들끼리 상호 비교해서 순위나 등수를 내는 방식의 평가를 말한다. 학교 밖에서 시행하는 평가의 대부분은 사실상 상대평가에 해당한다. 대부분의 경우, 입학이나 입사 등의 목적을 위해 필요한 수만큼의 인원을 선별하는 것을 목적으로 평가가 시행되기 때문이다. 상대평가는 기본적으로 상당히 큰 표본 집단 즉, 통계적으로 정상분포를 이룰 수 있는 정도의 수에 해당하는 어린이들을 대상으로 평가를 실시한 다음, 그 집단의 전체 평균 점수를 기준으로 하여 점수를 비교, 분석하고 해석한다. 시험의 통과기준은 그 시험을 시행해보고 난 다음에 정할 수 있다.

(1) **상대평가의 장점**

상대평가의 장점은 다음과 같다.

- 다른 어린이와 비교하기가 쉽다.
- 평가의 신뢰도와 타당도를 산출하기 쉽다.

- 통과기준을 다른 어린이와의 비교를 통해 경험적으로 확립할 수 있기 때문에 그 기준이 보다 공정하고, 자의성이 상대적으로 적다.
- 점수의 분포를 알 수 있기 때문에 합격 · 불합격 판정 이상의 보다 많은 비교 정보를 얻을 수 있다.

(2) 상대평가의 단점

상대평가의 단점은 다음과 같다.
- 기준이 된 그룹에 대해서만 타당하기 때문에 기준 그룹을 정기적으로 바꾸어야 한다.
- 문제의 보안 유지가 상대적으로 어렵기 때문에 보다 엄격한 보안이 필요하다.
- 어린이들 간에 비교를 하므로 평가에 대한 어린이의 고심과 스트레스가 크다.
- 어린이 그룹 전체의 평균점수를 중심으로 생각하기 때문에 평가 결과는 어린이의 개인적인 변동 사항에 대해 민감하지 못하다.

(3) 절대평가의 장점

절대평가의 장점은 다음과 같다.
- 평가의 목표를 명료화하는데 도움이 된다.
- 목표에의 도달 여부를 판정하는데 도움이 된다.
- 평가를 통해 교육의 내용과 방법을 개선할 수 있다.
- 어린이들이 평가의 내용을 이미 알고 있으므로 평가 문제의 보안 유지가 상대평가처럼 그렇게 엄격하지 않아도 된다.
- 어린이 상호간 비교를 하지 않으므로 평가에 대한 고심과 스트레스를 줄여 줄 수 있다.

(4) 절대평가의 단점

절대평가의 단점은 다음과 같다.
- 평가의 목표가 너무 제한적인 경향이 있다.
- 성취도를 다른 어린이와 비교하는 것이 가능하지 않다.
- 우수한 어린이가 더 높은 성취 수준에 도달하려는 동기를 억제할 수도 있다.
- 합격 최저 점수의 설정이 실제로는 매우 자의적인 경향이 크다.
- 다른 어린이와 비교하지 않기 때문에 기준에 도달했다는 것이 무슨 뜻인지를 일반인들이 쉽게 이해하지 못할 수도 있다.
- 평가의 신뢰도나 타당도를 명확하게 정하기 어렵다.

<표 3> 상대, 절대 평가의 정의 및 목적

	Norm-Referenced Tests	Criterion-Referenced Tests
Definition	Student's performance is compared with a norm group, which is a representative sampling of students.	Student's performance is compared to a criterion, or standard.
Purpose	To determine whether each student has achieved specific skills or concepts. To find out how much students know before instruction begins and after it has finished.	To rank each student with respect to the achievement of others in broad areas of knowledge. To discriminate between high and low achievers.

2) 객관식 평가와 주관식 평가

객관식 평가와 **주관식 평가**는 채점하는 방식에 따른 분류인데, 객관식 평가는 주로 선택형 문제(MCQ: Multiple choice question)로 제시된다. 객관식 평가에서는 정답을 미리 확정하고 준비된 정답을 어린이의 답안지과 비교하여 맞는 가 틀리는가를 판정한다. 채점을 위한 훈련이 특별히 필요하지 않고 채점결과가 항상 일정할 수 있다는 강점을 가지고 있다. 하지만 어린이가 문제에 대하여 지식이 없다 하더라도 답안지 상으로는 맞는 답을 기재할 수도 있어 어린이의 지식에 대한 평가가 어려울 수 있다.

반면, **주관식 평가**는 통찰력과 전문 지식에 기초한 주관적 판단에 의거하여 채점하는 형식의 평가를 가리킨다. 어린이들이 문제에 대해 정확히 알고 있는지 아닌지를 제대로 평가할 수 있다. 하지만 채점 결과가 채점자에 따라서, 혹은 동일 채점자라 하더라도 시간과 장소, 환경에 따라서 일정하지 않을 가능성이 매우 큰 것이 약점이며, 이 약점을 극복하기 위해서는 자세하게 규정된 채점 기준이나 복수의 채점자를 활용하고, 또 사전에 채점자 훈련을 실시함으로써 채점 결과를 객관화하는 노력이 필요하다. 평가에서 '주관식'이라는 말은 '채점 결과가 항상 일정하지는 않다'는 뜻으로 받아들이는 것이 일반적이다.

3) 직접평가와 간접평가

직접평가는 실제적이고 자연적인 의사소통 상황에서의 언어사용능력을 직접적으로 측정하는 방식을 말한다. 언어능력 평가의 경우 실제로 언어를 사용할 수 있는 상황과 조건을 만들어주고 실제로 언어를 사용하는 모습을 평가한다면 직접평가라 할 수 있다.

반면 **간접평가**는 진정한 언어사용 능력을 간접적인 수단과 방법으로 측정하는 방식을 말한다. 언어 평가의 경우, 언어에 관한 지식을 많이 가진 것과 언어를 실제로 잘 사용할 수 있는 기술이나 능력은 서로 같지 않다는 것을 우리는 경험에 의해 잘 알고 있다. 언어능력 평가의 경우에는 평가라는 행위가 가지는 본질적인 인위성 때문에 언어능력을 항상 직접적으로 평가한다는 것이 현실적으로 매우 어렵다. 그래서 언어능력 평가에서는 간접평가의 형식이 많이 사용되는데, 현실적으로 평가의 경제성과 신뢰도, 통계적으로 계산된 예측 타당도 등의 문제가 평가 상황의 자연성이나 직접성보다 더 많이 고려되는 것이 보통이다. 그렇다고 하더라도 언어능력 평가에서는 직접 평가의 요소를 가능한 한 많이 반영하는 것이 바람직하다.

4) 분리평가와 통합평가

분리평가란 언어사용의 전체 모습을 구성 성분별로 분석하여 그 부분들을 한 문항에서 하나씩 평가하는 방식을 일컫는다. 이를테면 영어 사용 능력은 매우 다양한 여러 가지 요소들로 구성되어 있는데, 그 중 하나인 문법능력을 더 작은 구성 요소들로 분석하여 그 하나하나(예: 시제의 일치, 전치사)를 각 문항의 평가내용으로 삼아 문항을 구성하여 평가하는 방식을 말한다.

반면 **통합 평가**는 보다 다양한 범위의 여러 가지 언어능력을 동시에 평가하는 방식으로 전반적인 언어능력을 측정하는 목적으로 많이 사용된다. 이를테면 듣거나 읽고 말을 하게 하거나, 혹은 보고 듣고 읽고 말을 하게 하거나 쓰게 하는 방식, 글의 전후관계를 따져서 알맞은 단어를 써 넣게 하는 방식 등은 통합평가의 예라 할 수 있다.

5) 속도평가(Speed test)와 능력평가(Power test)

속도평가란 시간만 충분히 주어지면 모든 어린이들이 다 풀 수 있을 정도의 문제들을 상당히 많은 분량으로 출제하여 주어진 시간 내에 제시된 문제를 얼마나 많이 풀 수 있는가를 측정하는 즉, 어린이의 문제 풀이 속도를 비교하는 방식의 평가이다. 반면에 능력 평가는 충분한 시간이 주어진다 해도 모든 문제를 다 해결할 수는 없을 정도의 수준에 해당하는 문제들을 출제하여 어린이가 평가 당시에 가지고 있는 지식이나 능력을 측정하는 방식의 평가를 가리킨다. 즉, 충분한 시간을 주고 마음껏 실력을 발휘해 보도록 하는 방식의 평가이다.

3. 읽기 평가

1) 읽기 평가의 측정목표

(1) 의미의 종류와 의미 이해의 수준

Widdowson(2001)에 의하면 글을 읽고 이해하는 수준에는 다음 세 가지의 이해 수준이 있다고 한다. 첫째, 글의 핵심 주제와 관련 세부사항을 글에 나와 있는 그대로 파악하고 이해하는 사실적 이해, 둘째, 필자가 진정으로 의미하는 바가 무엇인지에 대해 의문을 가지고 함축된 의미를 파악하는 추론적 이해, 셋째, 글의 가치, 정보의 수준, 질 등을 다른 글과 비교해 봄으로써 글 전체의 가치를 파악하는 평가적 이해이다. 또 제 8차 교육과정에서는 읽기 지도의 목표를 초등 영어 학습 환경과 초보자의 읽기 학습 발달 정도를 고려하여 음성 언어 학습 내용과 연계하여 지도하고, 점진적으로 문자 언어에 익숙해지도록 지도한다. 읽기 학습의 초기 단계에는 다양한 학습 방법을 활용하여 소리와 철자 관계를 자연스럽게 익힘으로써 문자 언어에 친숙해지도록 지도한다. 라고 정의하고 있기 때문에 이에 맞춘 평가가 필요할 것이다.

이렇게 본다면, **읽기 평가의 측정 목표**는 글이 가지고 있는 4가지 종류의 의미 즉, 개념적 의미, 명제적 의미, 맥락적 의미, 실용적 의미를 각각 사실적 이해, 추론적 이해, 평가적 이해의 3가지 수준에서 어느 정도 이해하는지가 될 것이다. 따라서 사실적 이해는 주로 글의 개념적 의만 명제적 의미의 이해에 관한 것이고, 추론적 이해와 평가적 이해는 주로 글의 맥락적 의미와 실용적 의미에 관한 것이라 할 수 있다.

(2) 읽기 능력의 구성요소

① 사실적 이해력

사실적 이해력이란 말이나 글의 내용을 추론, 분석, 비판할 필요 없이 진술된 그대로 파악하는 능력을 말한다. 글이 포함하고 있는 정보의 내용을 정확하게 파악하는가, 정보의 내용과 그 관계를 정확하게 이해하는가, 글 전체의 내용과 핵심을 체계적으로 이해하는가 등은 글의 내용에 대한 사실적 이해 능력을 나타내는데, 이것은 읽기 능력을 구성하는 중요한 요소이다.

② 추론적 이해력

추론적 이해력이란 대화, 담화, 문단에 표현된 내용과 전개 방식의 사실적 이해에 근거하여 직접적으로 명시되지 않은 사항을 논리적으로 추론해 낼 수 있는 능력을 말한다. 글 속에 포함된 사실적 정보나 내용을 근거로 다른 내용을 추측해 내는가, 다른 상황에도 적용할 줄 아는가, 주어진 내용을 바탕으로 글의 내포적 의미를 추리해 내는가, 문학적 표현이 담고 있는 함축적 의미를 적절하게 상상해 내는가 등이 이에 해당한다.

③ 평가적 이해력

평가적 이해력이란 주어진 지문의 내용을 비판적으로 이해하고, 그 내용의 정당성이나 적절성, 또는 가치 및 우열에 대해 평가하는 능력이다. 이를 위해서는 언어 또는 사고 그 자체에 포함되어 있는 정확성과 적절성, 언어 사용의 외적, 상황적 국면과 관련되어 있는 타당성과 효용성 등을 기준으로 평가할 수 있다. 따라서 사실 또는 현실과 부합하여 풍부한 의미와 교훈성, 또는 심미적 가치를 지니고 있는가를 판단하는 능력 등이 측정의 요소가 된다.

2) 읽기 평가의 난이도

읽기 평가의 난이도에 영향을 주는 요인에는 다음과 같은 것들이 있다.

- 평가 문항의 형태나 지시문의 명료성
- 어린이가 가진 단어의 양과 수준
- 읽기 자료가 가지고 있는 단어의 수준과 양
- 읽기 자료 속에 담고 있는 개념이나 주제의 친소성 및 복잡성
- 읽기 자료 속에 담긴 문화적 배경에 대한 이해
- 읽기 자료 전체의 담화적 조직성
- 어린이의 스키마 부족이나 필자의 스키마와의 불일치 등

읽기 자료의 종류도 읽기 평가의 난이도에 영향을 준다. 읽기 자료의 종류에는 다음과 같은 것들이 있다.

- 실용문(도로 표지판, 공공 안내문, 상품의 상표, 서식, 포스터, 관광 안내 책자, 광고문, 전화통화 안내서, 기구 사용 설명서 등)
- 신문, 잡지 등의 기사나 사설
- 사적 서신, 공적 서신
- 특정 주제에 관한 논설문, 설명문
- 보고서
- 기행문
- 시, 소설, 동화 등이 있다.

3) 읽기 평가 문항의 유형

읽기 능력의 핵심은 어휘, 문법 등의 언어 자체에 대한 지식, 언어 자체가 포함하고 있는 다양한 의미의 이해 능력, 그리고 글을 구성하고 조직하는 방식에 관한 이해 능력 등일 것이다. 이러한 요소들 중 영어를 의사소통의 수단으로 사용할 수 있는 창의적 사용 능력과 이를 뒷받침하는 사고력을 측정하는 데 중요하지 않은 것은 없다.

읽기 평가 문항은 기본적으로 영어로 주어진 일정한 길이의 글을 신속하게 읽고 내용을 정확하게 파악하는 능력을 측정한다. 구체적으로, 정확하게 모르는 단어의 의미를 문맥을 활용하여 신속하고 정확하게 유추해 낼 수 있는 능력, 지문에 포함된 구체적인 정보를 정확하고 신속하게 사실적으로 파악하는 능력, 지문의 사실적 내용과 전개 방식에 근거하여

직접적으로 명시되지 않은 정보를 논리적으로 추론해 낼 수 있는 능력, 그리고 표현, 내용, 전개 방식 등을 종합적으로 파악하여 문제를 해결할 수 있는 능력을 주로 측정한다.

(1) 사실적 이해 문항

읽기 자료 속에 구체적으로 들어 있는 정보나 내용이 정확한 파악이 주목적인 사실적 이해 문항의 유형에는 다음과 같은 것들이 포함된다.

① 글 속에 제시된 정보의 종류나 내용 파악하기
② 글의 주제에 관한 여러 가지 세부사항 파악하기
③ 도표, 그래프 등의 시각 자료의 의미 해석하기
④ 지칭어의 지칭 대상 파악하기
⑤ 글 전체의 핵심적 내용 파악하기 등

(2) 추론적 이해 문항

읽기 자료 속에 직접 명시되지 않은 사항을 맥락을 통해서나 논리적으로 유추하여 내표된 의미를 파악하는 것이 주목적인 추론적 이해 문항의 유형에는 다음과 같은 것들이 포함된다.

① 글 속의 빈 칸 메우기
② 단락의 전후관계 파악하기
③ 단락 내 문자의 순서 파악하기
④ 글 속의 비논리적 요소 파악하기
⑤ 글의 주제 파악하기
⑥ 글의 제목 정하기
⑦ 글의 요지 파악하기
⑧ 글의 종류 파악하기
⑨ 글의 요지를 속담으로 표현하기
⑩ 두 글의 공통 주제 찾기
⑪ 글의 내용을 한 문장으로 요약하기
⑫ 표현의 중의성 파악하기
⑬ 문맥을 통한 어휘의 의미 파악하기
⑭ 삭제된 내용 복구하기(클로즈 테스트)

(3) **평가적 이해 문항**

읽기 자료의 내용을 비판적으로 이해하고 그 내용이나 필자에 대해 종합적으로 평가하는 것이 주목적인 평가적 이해 문항의 유형에는 다음과 같은 것들이 포함된다.

① 글의 분위기 파악하기
② 필자의 심경, 태도, 느낌 파악하기
③ 글 속 인물의 심경이나 태도 찾기
④ 글 내용의 정확성이나 정당성 판단하기
⑤ 필자가 주장하는 바의 정당성이나 합리성 판단하기
⑥ 글 내용의 가치나 논점의 우열성 판단하기 등

4. 쓰기 평가

1) 쓰기의 도출 기법

쓰기의 도출 기법에는 글 쓰는 사람이 받게 되는 통제나 지도의 많고 적음에 따라 크게 세 가지로 나누어 볼 수 있다. 통제를 가장 많이 받아서 어린이 자신의 의지대로 글을 쓸 수 없고 지시된 대로 따라가야 하는 통제적 글쓰기가 있고, 어린이가 전적으로 자신의 의지대로 글을 쓰는 것은 아니지만 어느 정도 지시나 통제를 받고 그에 따라서 글을 쓰게 되는 유도적 글쓰기가 있다. 또 어린이가 글을 쓰는 기본적인 방향이나 원칙 정도만을 지키면서 거의 전적으로 자신의 의지대로 글을 써 나가는 자유 글쓰기가 있다.

(1) **번역하기**

영어 교과서나 참고서의 연습 문제 끝에 '다음의 우리말을 영어로 옮기시오' 라는 **번역하기** 지시문과 함께 제시되는 활동은 영어로 글을 쓰도록 하기는 하지만 본질적인 쓰기와는 그 성격이 매우 다른 것이라 할 수 있다. 즉, 쓰기와 번역 연습은 그 목적이나 형태가 매우 다르다.

(2) **문장 전환하기**

주로 단일 문장 수준에서 주어진 문장과 같은 뜻이 되도록 미리 주어진 한 두 단어를 사용하여 **문장을 전환하는 활동**도 쓰기 도출의 한 기법으로 볼 수 있을 것이다. 그러나 이것도 번역 연습과 마찬가지로 엄밀한 의미에서 자신의 의미 표현과 전달을 위한 쓰기가 아닌, 언어적 지식의 습득이나 습득 여부를 확인하기 위한 언어 연습의 한 형태라고 보는 것이 합당할 것이다.

(3) 양식의 빈칸 메우기

주로 초보나 기초 단계의 쓰기 도출 기법으로, 이력서나 지원서 등과 같이 일정한 형태의 양식을 주고, 그 **양식의 빈 칸**에 이름, 주소, 전화번호, 기타 필요한 사항을 영어로 써 넣도록 하는 방법이다. 자신의 의도나 지닌 정보를 독자적으로 양식에 기록한다는 점에서 의사소통적 쓰기의 한 모습이자 실제 생활에 존재하는 쓰기의 한 형태라고 할 수 있다.

(4) 요약하기

상당한 분량의 긴 글을 읽고 그 글의 핵심적인 내용을 **요약하여 쓰도록 하는 방식**이 있다. 이런 방식은 쓰기 평가의 성격이나 목적, 어린이의 수준에 따라서 다양하게 쓰기 활동의 수준을 조절할 수 있다.

(5) 틀린 곳 고쳐서 다시 쓰기

한 두 개의 문장이나 한 두 문단 정도의 글에서 일부러 단어나 문장을 틀리게 바꾼 다음, 그 틀린 부분이 포함된 글을 제시하고, **틀린 곳을 고쳐서 다시 쓰게 하는 방법**이다. 이 방식은 대개 교육이나 평가의 목표에 맞춰 특정 요소를 중심으로 틀린 부분을 의도적으로 만들어서 제시한다. 틀린 부분이 몇 군데인지를 미리 밝혀 주는 방법도 있고, 밝혀 주지 않는 방법도 있다. 틀린 곳이 구체적으로 어떤 요소들인지, 혹은 몇 군데인지를 미리 밝혀 주지 않으면 쓰기 문항 자체가 필요 이상으로 어려워질 가능성이 크고, 어린이의 심리적 불편함을 가중시킨다. 이런 점에 유의하여 틀린 곳 고쳐서 다시 쓰기 문항을 제작해야 할 것이다.

(6) 그림 이어 이야기 꾸며 쓰기

어떤 간단한 사건이나 간단한 **이야기의 줄거리가 있는 내용**을 그림이나 만화로 제시한 다음, 그 그림이나 만화의 내용을 정확하게 글로 묘사하거나 기술하게 하는 방법이다. 그림이나 만화로 제시된 것을 어린이가 적절하게 해석하고 판단하여 그 내용을 그대로 글로 옮기는 방법으로서, 제시하는 그림이나 만화의 복잡도에 따라서 요구되는 쓰기의 수준은 상당히 달라지게 된다.

(7) 도표나 그림 등을 기초로 쓰기

도표나 그림 등으로 제시된 시각 정보를 바탕으로 그 내용을 글로 있는 그대로 기술하거나 비교, 대조하거나 예측하거나 하는 형태의 글을 쓰게 할 수가 있다. 이를테면 어떤 회사나 나라의 연도별 상품 판매 실적의 추이를 그래프로 제시하고, 그 내용을 글로 설명하거나 비교, 분석하도록 요구하는 방식이 이에 해당할 것이다. 이 방법도 역시 제시하는 도표나 그림의 내용 복잡도에 따라서 요구되는 글의 수준이 달라질 것이다.

(8) 주어진 글 이어서 쓰기

먼저 한 두 문장 정도를 미리 제시한 다음, 그 제시된 문장의 의미와 상황, 맥락 등을 어린이 스스로가 해석하고 판단하여 **주어진 글의 뒤를 이어서 글**을 써 나가도록 하는 방식이다. 먼저 제시되는 앞부분의 글은 서술문일 수도 있고, 의문문일 수도 있고, 대화문일 수도 있다. 어린이가 자신의 상상력과 판단력을 동원하여 글을 완성해 나가야 하기 때문에 어린이들은 다양하고 창의적인 형태의 글을 쓸 수 있을 것이다. 이와 같이 어린이들의 글이 여러 가지로 다양하게 나오게 되면 평가의 측면에서 채점을 하는 데 어려움이 생기게 되므로 채점의 기준과 방법을 미리 정해 두어야 한다.

(9) 주어진 상황에 맞는 해결책 쓰기

일상생활에서 흔히 접할 수 있지만 해결책이나 대응책을 쉽게 내놓을 수 없는 문제(상황)를 제시한 다음, 그런 경우 어떻게 하겠는지에 대해서 쓰라고 하는 방식이다. 이 방법은 말하기의 도출을 위해서도 손쉽게 사용할 수 있지만, **글로 그 해결책이나 대응책**을 쓰라고 할 때에는 그 문제나 상황에 개입된 여러 가지의 문제나 상황요소들을 미리 면밀히 검토하여 요구되는 길이와 수준의 글이 도출될 수 있도록 해야 할 것이다.

(10) 자유쓰기

자유 쓰기는 어린이가 글을 쓸 수 있는 바탕 자료의 종류에서부터 글의 내용, 방향 등에 대해 거의 통제하지 않고 어린이가 자유롭게 쓰도록 하는 방식이다. 그러나 아무리 자유쓰기라 하더라도 평가 목적을 가지고 글쓰기를 요구할 때에는 상당 부분 통제가 가해져야 한다. 즉, 어느 정도의 기본적인 통제는 반드시 있어야 한다. 완전히 자유롭게 쓰는 쓰기는 평가 상황에서 현실적으로 존재하기 어려울 것이다.

2) 쓰기 채점의 방법

어린이로부터 쓰기를 도출한 결과 나온 어린이의 글을 **채점하는 방법**은 채점의 시기 면에서 볼 때 말하기 채점과는 달리 글을 쓰고 있는 도중에 채점할 수 없기 때문에 사후 채점만 있다. 구체적인 채점 방법에는 글을 단번에 죽 읽고 그 전체적 인상을 중심으로 채점하는 전체적 채점과 위에서 살펴본 쓰기 능력의 구성 요소들을 하나하나 분석적으로 고려하여 채점하는 분석적 채점이 있다. 전체적 채점은 글을 빨리 읽은 후의 전체적 인상에 의한 채점이기 때문에 글이 '전체적으로 어떻다'라고 평가할 수는 있지만 세부적으로 장단점을 논의하기는 어렵다. 반면 분석적 채점은 글을 쓰는 능력의 구성요소들을 하나하나 고려하여 글을 자세히 읽고 각 구성 요소별로 채점을 하여 모두 합산하는 방식이기 때문에 글 자체의 질과 어린이의 쓰기 능력에 대해 보다 구체적으로 판단을 내릴 수 있을 것이다.

(1) 쓰기 채점척도의 모형

쓰기 채점척도의 한 가지 예를 살펴보기로 하자. 이 채점척도는 쓰기 능력을 3단계로 등급화 하여 수준별로 서술한 것이다.

<표 4-1> 영어 쓰기 평가채점척도

C급
• **내용 지식** 쓰기 과제와 관련 있는 내용이 어느 정도 포함되어 있지만 관련 없는 것도 포함되어 있으며, 중요한 의미를 표현하지 못하고, 언어적인 능력이 부족하다는 것이 바로 느껴진다. 글의 목적이나 읽는 사람의 수준을 고려하는 것이 부족하다. • **범위** 문장 구조와 어휘의 사용이 매우 단조롭고 반복적이며, 문법 구조 및 어휘의 사용 범위가 매우 제한적이어서 간단하고 짧은 단문만 반복하는 수준이다. • **정확성** 문법적 정확성과 호응관계나 응집성이 부족하며 의미 전달이 명확하지 않은 경우가 자주 있다. • **조직성** 개별 문장들 간의 전후관계나 문단 구성에 대한 고려가 매우 부족하며 관계없는 문장들의 나열인 경우가 많다. 또 통상적인 글의 조직 형태나 관행 등에 관한 고려가 거의 없거나 부정확하다. • **적절성** 어투와 문체에 대한 고려가 거의 없으며 글의 성격이나 독자의 수준도 고려하지 못한다. • **기술적 세부사항** 철자나 대소문자, 구두점 등의 사용에 있어 틀린 곳이 많으며 글씨도 알아보지 못할 정도로 쓴 경우가 많다. • **전체적 인상** 목표언어 자체에 대한 지식과 능력이 부족하여 의미를 표현하는 것이 어려우며, 글을 쓴다고 하더라도 문법적, 철자적 오류가 많은 개별 문자의 나열에 그치고 있고, 문단 수준의 글을 구성할 능력이 없다고 판단된다.
B급
• **내용 지식** 쓰기 과제와 관련되는 내용을 대체로 잘 표현하고 있으나 간혹 관련이 먼 것도 포함되어 있으며, 중요한 의미를 대체로 잘 표현하고 있으나 글의 목적이나 읽는 사람의 수준과 동떨어진 것도 간혹 있다. • **범위** 문장 구조와 어휘의 사용이 단조롭고 반복적인 것이 느껴지며, 문법 구조 및 어휘의 사용 범위가 그렇게 크지 않고 제한적이지만 짧은 단문 등으로 자신의 의미를 표현하는 데에는 큰 어려움이 없다. • **정확성** 문법적 정확성과 호응관계나 응집성을 대체적으로 갖추고 있으나 의미 전달이 명확하지 않아서 되돌아가서 다시 읽어야 할 경우가 간혹 있다. • **조직성** 개별 문장들 간의 전후관계나 문단 구성을 대체로 잘 연관되게 제시하고 있으나 글의 전개에 있어 논리의 비약이나 갑작스런 전환 등이 간혹 있다. 전형적이고 통상적인 글의 조직 형태나 관행 등을 대체로 잘 지켜서 쓰고 있으며 의미도 대체로 잘 전달하고 있다. • **적절성** 어투와 문체의 선택이 글의 성격이나 어린이의 수준에 비추어 대체로 잘 맞는 편이나 부분적으로 미흡

하다는 생각이 드는 곳이 간혹 있다. • **기술적 세부사항** 철자나 대소문자, 구두점 등을 대체로 정확하고 효과적으로 사용하고 있다. • **전체적 인상** 요구되는 과제에 관련성이 깊은 내용을 충실히 다루고 있으며 전체적 의미가 대체로 잘 이해되는 편이다. 글의 흐름이 전체의 의미 전달에는 지장을 주지 않으나 유려하고 유창하지는 못한다. 문법적 오류도 간혹 발견된다.
A급
• **내용 지식** 쓰기 과제와 관련되는 내용을 요구되는 깊이와 넓이로 잘 표현하고 있으며 중요한 의미를 글의 목적과 읽는 사람의 수준에 맞게 잘 표현하고 있다. • **범위** 문장 구조와 어휘를 다양하고 풍부하게 사용하여 글이 단조롭거나 지루하지 않다. 문법 구조 및 어휘의 사용 범위가 크고 넓으며 복문도 자주 사용하는 등 유창성이 높다는 점이 인정된다. • **정확성** 문법적으로 정확하고 문법적 호응관계나 응집성이 명료하게 느껴지며 의미 전달이 쉽고 효과적이다. • **조직성** 개별 문장들 간의 전후관계를 연관성 있게 제시하고 있으며 자신의 생각을 논리적, 조직적으로 연결하고 관련지어 문단을 구성하고 있다. 전형적이고 통상적인 글의 조직 형태나 관행 등을 지켜서 쓰고 있으며 전체적으로 의미를 통일성 있게 잘 표현하고 있다. • **적절성** 어투와 문체가 글의 성격이나 독자의 수준에 잘 맞아 의미 전달에 효과적이다. • **기술적 세부사항** 철자나 대소문자, 구두점 등을 정확하고 효과적으로 사용하고 있다. • **전체적 인상** 요구되는 과제에 관련성이 깊은 내용을 충실히 다루고 있으며 의미의 이해가 쉽고 명료하다. 글 전체의 흐름이 유려하고 체계적이며 문법적 오류가 거의 없다.

<표 4-1> 영어 쓰기 평가 채점표

과제 번호 :						
번호 :				이름 :		
	C(1)	C+(2)	B(3)	B+(4)	A(5)	A+(6)
내용 지식(Content knowledge)						
범위(Range)						
정확성(Accuracy)						
조직성(Organization)						
적절성(Appropriacy)						
기술적 세부사항(Mechanics)						

(2) 쓰기 채점자 훈련

한 어린이의 쓰기 능력에 대해 **개별 채점자 자신의 판단 기준**을 처음부터 끝까지 일관성 있게 유지하는 자기 일관성과 복수의 채점자들이 상호간에 판단의 기준을 일정하게 적용하도록 하는 상호 일치성을 충분히 확보하는 것이 필요하다. 채점자 훈련은 채점자들이 시간과 장소, 혹은 채점자들 간의 개인적 성향에 크게 좌우되지 않고 채점 기준(쓰기 채점척도)을 일관성 있게 적용하도록 하는 훈련이라고 할 수 있다. 채점자 훈련에서 채점자의 자기일관성과 상호 일치성은 둘 다 중요한데, 그 중에서도 여러 채점자 간의 상호일치성이 일반적으로 더 중요하다고 할 수 있다. 상호일치성이 충분히 확보되었다면, 그것은 개별 채점자의 자기일관성이 이미 확보되었다는 것을 의미하기 때문이다(박혜숙, 2006).

3) 전체적 평가

전체적인 척도는 작문 행위에 대한 하나의 통합된 점수화에 기초한 것이다. 이 방법은 영어 작문에 대한 평가자의 개인적인 인상으로 글쓴이의 전반적인 능숙도를 평가하는 것이 목적이다. 글에 대한 이러한 글로벌한 접근방식은 글이란 글의 내재적인 특질을 통합하는 하나의 척도로 가장 잘 포착되어진다는 사고를 반영한 것이다. 그러나 이러한 방법은 사용상의 용이성에도 불구하고 한 어린이의 영어 작문을 하나의 점수로 평가함으로써 교사에게 수업에 대한 피드백을 줄 수 있는 작문에 대한 진단적인 정보를 얻을 수 없는 단점이 있다. 또한 작문에 대한 전반적인 반응을 해야 하는 평가이기에 평가자는 동일한 특질에 대하여 동일하게 반응을 하도록 훈련을 세심하게 받는 것이 필요하다. Arter & Bond(1996)는 전체적 평가의 장단점을 다음과 같이 요약하고 있다.

<표 5> 전체적 평가의 장/단점

장점	단점
· 하나의 능력이 아니라 전반적인 인상을 반영한다. · 글의 단점이 아니라 성취도를 강조한다. · 특정 기준에 중요도가 부여될 수 있다. · 평가자의 논의와 의견일치를 권장한다.	· 진단적인 정보를 제공하지 못한다. · 복합적 점수를 해석하기 어렵다. · 하위기술에 대한 다양한 평가가 어렵다. · 평가자들이 하위기술을 간과할 수 있다. · 어려운 형태를 사용하려는 시도에 벌점이 주어진다. · 긴 글이 더 높은 점수를 얻을 수 있다. · 한 번의 점수는 신뢰도를 감소시킨다. · 작문 능력과 언어 능숙도가 혼동될 수 있다.

전체적 방법에서는 평가를 위한 안내서를 참조하여 작문을 평가한다. 경우에 따라서는 9~11단계의 등급이 제시된 척도도 있으나 일반적으로 4~6등급에 대한 기술이 사용된다. 안내서는 다양한 상황문맥에 적절하도록 디자인되어야 하며 교과목의 목표와 그 교과목의 교사가 '우수한 글' 로 평가를 하는 특질을 반영하여야 한다. 중급수준의 영어 학습자에 대한 전체적 척도에 대한 샘플 안내서는 다음과 같다.

위의 채점안내서에 +, −를 이용하여 보다 정교한 구분을 할 수도 있을 것이다. 예를 들어, 어떤 글이 장르에 있어서는 적절한 단계를 이용하여 글을 쓰고 있지만 문법적 오류를 많이 범하고 있는 경우 평가자는 B와 C사이에서 갈등을 할 수 있다. 이런 경우 평가자는 보다 정교한 구분을 위하여 +, －를 이용하여 B-나 C+를 선택할 수 있다.

(1) 전체적 평가 채점 기준표

<표 6> 전체적 평가 채점 기준표

A+ ~A

글이 전체적으로 명료하며 주제가 확실하게 드러나 있다. 예시, 인용 등의 근거자료를 통해 충분히 필자의 의견을 객관적이며 타당하게 지지하여 완성도가 높다. 글의 조직이 일관성, 논리성 및 통일성이 있다. 수사적인 기법이나 문체의 사용도 적절하다. 같은 말을 반복하거나 불필요한 내용을 쓴 부분이 거의 없다. 다양한 문법 구조 및 어휘를 활용하고 있으며, 문법적 오류가 적고 어휘 사용에도 적절성이 있다.

B+ ~B

글이 대체로 주제를 효과적으로 다루면서 필자의 입장을 여러 근거를 들어가면서 피력하지만 전체적으로 다소 완성도가 떨어진다. 글의 흐름이 대체로 유연하며 논리적이나 가끔 불필요한 말을 반복하거나 문장 간 또는 단락 간 연결이 어색하다. 약간의 문법적인 오류가 있으나 내용의 이해에 영향을 미칠 정도는 아니다. 단어 사용법이나 문체, 수사법에서 약간의 문제가 있다.

C+ ~C

글이 전체적으로 완성도가 부족하다. 글의 초점이 분명하지 않고 근거자료 제시가 미흡하다. 필자의 입장이 모호하며 방향이 뚜렷하지 않다. 독자의 이해를 방해할 정도의 문법적인 오류가 상당히 있으며 언어 사용의 유창성이 부족하다. 글의 조직 면에서는 균형이 부족하며 논리성도 부족하다.

D+ ~D

글의 초점이 모호하며 전체적으로 완성도가 매우 떨어진다. 충분한 근거의 제시 없이 필자의 의견을 주장한다. 논의의 일관성과 논리성이 매우 결여되어 있다. 필자와 반대 입장에 대한 고려나 대안의 제시가 거의 없다. 글의 조직의 균형이 매우 부족하며 단락 간, 문장 간 연결이 어색한 부분이 많다. 독자의 이해를 방해할 정도의 심각한 수준의 문법적, 어휘적 오류가 다수 발견된다.

※ A+와 A의 차이는 학습자의 글이 위의 A등급에 해당하는 특징을 얼마나 포함하고 있는지의 정도에 따라서 구분한다. 학습자의 글이 이 등급에 해당하는 특징을 다수 포함하고 있는 경우에는 A+를 주고, 비교적 적은 수의 특징을 포함했을 경우에는 A를 준다. 아래의 나머지 B, C, D등급도 마찬가지로 점수를 부과한다.

4) 분석적 평가

분석적 평가 절차는 일련의 기준들로 글을 판단하는 것으로 전체적 평가와 같이 단일 차원으로 글을 평가하는 것이 아니라 기술과 지식의 복합적 결과물로 각 요소가 전체의 전개에 의미 있는 기여를 하는 것으로 보는 것이다. 일반적으로 분석적 평가는 내용, 문단구성, 그리고 문법, 어휘, 철자와 구두점과 같은 작문의 기계적 부분과 관련된 영역으로 나누어서 점수가 부여된다. 이러한 분석적 평가는 L2 영어 학습자의 글에 대하여 자세하고 구체적인 정보를 제공해 준다는 이점이 있다.

분석적 평가의 예가 아래에 제시되었다. Brown & Hudson(1998)은 작문의 다섯가지 중요한 측면을 구분하고 있으며 이들 각각에 대하여 명시적 기술을 제공한다. 위와 같은 척도는 여러 가지 장점이 있다. 먼저 학습자는 자신의 글이 평가되는 기본에 대하여 상세히 알 수 있다. 위와 같은 척도를 교실 게시판에 붙일 수도 있고 각 학습자들이 참고할 수 있는 사본을 나누어 줄 수 있다. 다음으로, 그 작문 과업에서 학습자의 우수한 측면과 취약한 측면을 알 수 있다. 따라서 학습자는 자신의 장단점을 볼 수가 있다.

<표 7-1> 분석적 평가의 장/단점

장점	단점
· 평가자들이 동일한 특질에 대하여 평가할 수 있다. · 보다 진단적인 정보를 보고할 수 있다. · 상세한 기준이 제시되기 때문에 평가자 훈련이 용이하다. · 여러 범주를 하나로 융합하지 않는다. · 교사가 작문의 특정 측면에 우선순위를 두고 평가할 수 있다. · 어린이들의 능력향상을 위한 방법을 알려주며 더 나은 글을 쓸 수 있도록 도울 수 있다.	· 전반적인 작문의 수준에 주위가 분산되어질 수 있다. · 한 범주의 점수가 다른 것들에 영향을 미칠 수 있다. · 전체적인 평가와 비교해서 시간이 많이 걸린다. · 작문이란 부분의 합 이상이다. · 각 범주에 대한 기술이 중복되거나 애매할 수 있다.

(1) 분석적 평가 채점 기준표

<표 7-2> 분석적 평가 채점 기준표

항목	세부항목	점수
내용 (Content)	· 내용의 일관성	30
	· 주제와 관련된 정보의 적절한 이용	
	· 창의성	
	· 명확하고 상세한 표현	
	· 효과적인 결론	
구성 (Organization)	· 서론, 본론, 결론의 구성	30
	· 단락구성	
	· 논리적 구성	
	· 수사적 기법의 사용	
문법 및 어휘 (Grammar & vocabulary)	· 문법 구조의 정확성	30
	· 문법 구조의 수준	
	· 어휘의 수준	
	· 어휘의 적합성	
기법 (Mechanics)	· 철자법 및 구두법	10
	· 편집	
총 점		

5. 포트폴리오

1) 언어 수행평가의 이해

(1) 수행평가의 개념

학습과정 측면에서의 평가에 대한 관심을 개략적으로 '**수행평가**'란 말로 표현할 수 있다. 수행평가란 주로 학습자들이 학습활동을 수행하는 과정을 평가하는 것인데, 과정의 끝에 도달하게 되는 학습의 결과도 물론 평가의 대상에 포함된다. 과정이란 '일이 되어 가는 경로'를 가리키는 말이다.

(2) 표준화 검사의 제한점

선택형 표준화 검사(시험)는 보다 구체적으로 다음과 같은 제한점을 가지고 있다.

- 이해와 적용보다는 기억 회상과 맹목적 학습을 부추기는 경향이 있고, 모든 문제마다 유일한 정답이 하나씩 있다는 인상을 심어 줄 우려가 있다.
- 정답과 해결책을 스스로 찾고 구안해 보기보다는 정답이나 해결책을 주어진 선택지에서 단순히 인식만 하면 되므로 어린이를 수동적 학습자로 만들 위험이 있다.
- 어린이의 잠재력과 학문적 성장 가능성을 과소평가하는 경향이 크다. 낮은 수준의 인지 기능에 초점을 두고 있고, 고등 사고 기능이나 창의력을 효과적으로 측정하지 못하기 때문이다.
- 어린이의 진정한 능력과는 관계없이 시험 치는 기술과 요령에 의해 점수가 영향을 받는 경향이 크고, 학생의 학습 이력에 관해서도 둔감하다.
- 어린이가 배워야 할 중요한 내용보다는 평가하기 쉬운 것을 중심으로 가르치게 할 위험이 있고, 결과적으로 교육과 학습이 과정을 향상시키기보다는 퇴보시킬 위험이 있다.
- 가르치는 내용에 상관없이 그 가르친 내용을 사지선택형이나 빈칸 메우기 정도로 격하시킬 위험이 있다.

2) 수행평가의 특성

표준화 평가가 가지고 있는 이러한 제한점 때문에 수행평가의 타당성이 더욱 돋보이는지도 모른다. 수행평가는 대체로 다음과 같은 특성을 가지고 있다.

- 어린이의 독자적 답안 제시를 장려한다. 미리 만들어진 반응들 중에서 선택하는 것이

아니라 어린이가 스스로 반응을 만들거나 행동으로 제시하는 방식을 취한다. 또 단일 정답을 요구하는 것이 아니라 개방형 과제에 대한 반응이나 생각을 구성하거나 활동으로 나타내게 한다.

- 고등 정신 기능의 사용을 장려한다. 어린이가 스스로 개방형 문제에 대한 반응을 만들 때는 어린이 자신이 문제를 제기하고, 연구, 분석, 해결하는 활동을 하게하며, 어린이의 판단력, 창의력, 문제 해결력 등의 고등 사고 능력과 효과적인 의사소통 능력 등을 복합적으로 발휘하게 한다.
- 실제적이고 현실성 있는 학습 · 평가 과제의 사용을 장려한다. 학교나 실생활의 맥락을 반영하여 어린이에게 도전감과 의미를 주며, 학습의 과정 속에 몰입시키는 과제를 사용한다.
- 언어 기능의 통합적 사용을 장려한다. 한 번에 한 가지의 언어 기능을 분리하지 않고, 여러 가지 언어 기능을 통합적으로 사용하며, 내용 영역에서도 지식과 기능을 통합하는 과제를 제시한다.
- 결과와 과정 모두를 중요하게 고려한다. 정확한 정답 자체뿐만 아니라 정답에 이르는 과정과 전략도 평가에 포함된다. 따라서 수시로 관찰하거나 면담을 통해 전체적이면서도 지적으로 평가하며, 그 결과를 누적적으로 기록해 나간다.
- 학습의 깊이와 폭을 동시에 고려한다. 선택형 시험에 전형적으로 포함되는 내용의 범위뿐만 아니라 어린이의 지식과 기능의 깊이까지도 평가에 고려한다. 어린이 개개인뿐만 아니라 집단에 대한 평가도 중시한다. 또한 어린이상호간에 경쟁보다는 협력을 유도한다.

(1) 수행평가의 방법

수행평가의 구체적인 방법은 평가의 목적에 따라 다양하다. 일반적인 수행평가의 방법으로는 보고서 평가, 서술형 검사, 논술형 검사, 구술시험, 찬반토론 평가, 실기시험, 면접평가, 관찰 평가, 포트폴리오 평가 등을 많이 사용한다. 수행평가의 여러 방법들을 구체적으로 살펴보면 다음과 같다(김석우, 김대현, 1999).

① 서술형 및 논술형 검사

서술형 검사란 흔히 주관식 검사라고 하는 것으로, 문제의 답을 선택하는 것이 아니라 학생들이 직접 서술하는 검사이다. 질문의 형태에 있어서 종래에는 단편적인 지식을 묻는 것이 대부분이었지만 최근에는 창의성, 문제해결력 등 고등사고 기능을 묻는 방향으로 전환하고 있다. 논술형 검사도 일종의 서술형 검사이기는 하지만 어린이 나름의 생각이나 주장을 창의적이고 논리적이면서도 설득력 있게 조직하여 작성해야 함을 강조한다는 점에서 일반 서술형과 구별된다.

② 구술시험

어린이로 하여금 특정 교육내용이나 주제에 대해서 자신의 의견이나 생각을 발표하도록 하여 학생의 준비도, 이해력, 표현력, 판단력, 의사소통 능력 등을 직접 평가하기 위한 방법이다.

③ 토론

토론이란 교수 · 학습 활동과 통합하는 대표적인 방법으로, 특정 주제에 대해 어린이들이 서로 토론하는 것을 보고 평가하는 것이다. 특히 찬반 토론을 많이 사용하는데, 사회적으로나 개인적으로 서로 다른 의견을 제시할 수 있는 토론 주제를 가지고, 개인별로 찬반토론을 하도록 한 다음, 찬성과 반대의견을 토론하기 위해 사전에 준비한 자료의 다양성이나 충실성, 그리고 토론 내용의 충실성과 논리성, 반대의견을 존중하는 태도, 토론 진행방법 등을 총체적으로 평가하는 방법이다. 그러나 이 방법은 초등영어 수행평가 방법의 수준으로는 실현시키기 어렵다고 볼 수 있다.

④ 실기시험

수행평가에서는 자연스러운 상황에서 실제로 하는 것을 여러 번 관찰하여 실제 수행능력을 평가한다. 수행평가를 위한 실기시험에서는 가능한 교수 · 학습 활동과 평가 활동을 분리하지 않고 수업시간에 자연스럽게 평가하는 것이 바람직하다.

⑤ 면접

면접이란 평가자와 어린이들이 서로 대화를 통해 얻고자 하는 자료나 정보를 수집하여 평가하는 방법이다. 면접의 장점은 보다 심도 싶은 정보를 얻을 수 있고, 사전에 예상할 수 없었던 정보나 자료를 얻을 수 있으며, 진행상 융통성을 발휘할 수 있는 것 등이다. 흔히 구술시험은 주로 인지적인 영역을 중심으로 한 학업 성취도를 평가하는 반면, 면접은 주로 정의적인 영역이나 신체적인 영역의 평가를 하는 점에서 구별된다.

⑥ 관찰

관찰은 어린이들을 이해하고 평가하기 위한 가장 보편적인 방법 중의 하나이다. 교사들은 늘 어린이들을 접하고 있으며 개별 학생 단위로나 집단 단위로나 항상 관찰하게 된다. 객관적이고 정확한 관찰을 위해서는 일화기록, 체크리스트, 평정 척도, 비디오 분석 등을 활용하기도 한다.

⑦ 자기평가 및 동료평가 보고서

자기평가 보고서란 특정 주제나 교수 · 학습 영역에 대해서 자기 스스로 학습과정이나 학습결과에 대한 자세한 평가보고서를 작성·제출하도록 하여 평가하는 것이다. 동료평가보고서란 이와 유사하게 동료 어린이들이 상대방을 서로 평가하도록 하는 방법이다.

⑧ 연구보고서

이 방법은 여러 가지 연구 주제 중에서 어린이들의 능력이나 흥미에 적합한 주제를 선택하되, 그 주제에 대해서 자기 나름대로 자료를 수집하고 분석·종합하여 **연구보고서**를 작성·제출 하도록 평가하는 것이다.

⑨ 포트폴리오

포트폴리오란 자신이 쓰거나 만든 작품을 지속적이면서도 체계적으로 모아 둔 개인별 작품집 혹은 서류철을 이용한 평가방법이라 할 수 있다. 이 평가방법은 단편적인 영역에 대해 일회적으로 평가하기 않고 어린이들 개개인의 변화·발달 과정을 종합적으로 평가하기 위해 전체적이면서도 지속적으로 평가하는 것을 강조하는 것으로 수행평가의 대표적인 방법 중의 하나이다.

(2) 수행평가의 채점

수행평가를 하기 위해서는 먼저 평가의 목적이 분명해야 하는데, 특정한 평가 영역의 중요한 선언적 지식과 절차적 지식의 기준, 즉 내용 기준을 분명하게 서술하고, 선언적 지식과 절차적 지식이 가장 잘 나타날 수 있는 구체적 조건과 활동, 또 학생이 특정 과제를 수행해서 도달해야 할 수준, 즉 수행 기준을 분명하게 기술해야 한다. 이를 위해서는 특정 수준에서 기대되는 표준적 과제 수행의 모습을 기술해 보는 것이 필요하다.

수행평가의 채점에 관한 일반적인 원칙은 다음과 같다.

- 구체적, 명시적으로 진술된 채점 기준에 따라 채점한다.
- 어린이의 약점을 들추어내기보다는 강점을 강조하여 채점한다.
- 학습 수행의 과정과 능력의 저변 요소들도 채점에 포함시킨다.
- 불필요하게 학생의 의욕을 꺾는 다른 학생과의 비교는 지양한다.

(3) 수행평가의 문제점

수행평가가 어린이들의 비판력, 창의력과 같은 고등 사고 능력을 측정하는 데 효과적이기는 하지만 다음과 같은 여러 가지의 문제점을 갖고 있다.

- 비용이 비싸다. 시간, 예산, 시설, 인력 등이 많이 든다. 그러나 비용만이 평가 효용성의

유일한 근거가 되어서는 안 된다. 비용 대 이익의 비율을 생각해야 한다.

- 대규모 실시가 어렵다. 수행평가를 실시하기 전에 어린이들이 필요한 기능을 갖고 있는지를 확인하는 방법의 하나로 지필 검사를 병행하는 것도 좋다.
- 시간적, 공간적 제약이 크다. 수행평가에서는 한꺼번에 많은 어린이들을 동시에 신뢰도 높게 채점하기가 어렵다는 점에서 시간적, 공간적 제약이 크다. 녹화나 녹음 기록법을 사용할 수 있으나 근본적인 해결책은 되지 못한다.
- 채점자 오류의 가능성이 있다. 채점자의 주관, 편견, 기대 수준 등의 차이에 의해 동일한 관찰 내용을 다르게 평정할 수 있다. 주관적 판단이 많이 작용하므로 평가의 신뢰도에 문제가 있을 수 있다.
- 내적 일치도가 부족할 가능성이 있다. 과제 간 내적 일치도의 확보가 어렵다. 수행평가의 내적 일치도를 증가시키는 가장 효과적인 방법은 관찰 횟수나 과제의 수를 늘리는 것인데, 그렇다고 무작정 많이 늘릴 수는 없다.

3) 초등영어 수행평가의 원리와 방법

(1) 초등영어 수행평가의 원리

초등영어 수행평가의 4대 영역을 정리해 보면 다음과 같다.

- **학습태도** : 평소의 수업 준비와 수업 참여도, 과제 완성도, 노력의 정도 등을 관찰하여 평가함
- **언어 기능 성취도** : 듣기 · 말하기와 읽기 · 쓰기 능력의 발달과 성취 정도를 관찰 · 평가함
- **포트폴리오** : 학습과정에서 산출되는 학습 결과물, 혹은 학습 산출물을 관찰 · 평가함
- **자기평가** : 어린이가 자신의 학습을 되돌아보고 스스로 자신의 학습을 평가하게 함

정동빈(1999)에 의하면 학습태도, 포트폴리오, 자기평가 등은 수업의 초반부터 평가를 할 수 있지만, 언어 기능 성취도는 수업이 어느 정도 진척되고 난 다음에 실시해야 한다. 정기적, 규칙적, 상시적으로 평가한다고 해서 어린이들이 아직 익숙해지지도 않은 초기 상태에 평가를 실시하는 것은 어린이들과 그들의 학습에 좋지 않은 영향을 끼칠 가능성이 크다. 따라서 평가는 수업이 어느 정도 진척되고 어린이들의 학습이 충분히 익숙해졌다고 판단될 때부터 시작하는 것이 합리적일 것이다. 사실 교사가 매 수업 시간마다 빠짐없이 평가를 한다는 것은 현실적으로 매우 어렵다. 그래서 평가의 횟수는 교사의 전문적인 판단에 따라 적절하게 조절하는 것이 옳을 것이다. 이를테면 한 두 단원(4~8시간 수업 후)에 한 번씩 평가를 해도 될 것이다.

(2) 초등영어 수행평가의 방법

① 학습태도 관찰평가

학습태도는 어린이들의 학습에 대한 준비 상태와 학습에의 참여, 학습을 위한 노력의 정도를 포함한다. 학습태도는 주관적 판단이 많이 관여하기 때문에 신뢰도 높게 평가하기가 쉽지 않다. 학습태도 평가에는 어린이가 수업을 준비해 오는 상태, 수업 시간에 적극적으로 발표하고 주어진 학습과제에 집중하여 적극적으로 수행하는 정도, 다른 어린이들과 협조를 잘 하는 정도, 수업 중에 발표하는 정도, 제시된 과제를 잘 해내는 정도 등을 포함한다. 학습태도에 대한 평가는 주관적, 인상적 평가가 될 우려가 크지만, 타당도와 신뢰도, 실제성 등을 적절히 고려하여 5점 척도를 활용하는 방식이 좋을 것으로 여겨진다.

5 : 매우 잘함
4 : 잘함
3 : 보통
2 : 못함
1 : 매우 못함

- 준비 및 참여

학습의 준비 상태 및 동기의 정도를 가리키며, 준비해 와야 하는 수업 준비물을 잘 준비해 오는 정도는 학습하려는 동기와도 직접 연결되고, 학습의 참여도에도 크게 영향을 끼친다. 학습 참여도는 학습활동에 적극적, 능동적으로 참여하는 정도를 가리킨다.

- 과제 완수

수업 시간에 학습활동으로 제시된 과제를 잘 해내는 정도를 가리킨다. 과제 수행의 방법과 절차, 또 그 결과의 산출 방향을 확실히 알고 주어진 과제를 끝까지 완수해 내는 정도를 평가한다.

- 노력 정도

어린이의 노력은 개인적인 차원의 것이다. 초등학생들은 자신이 과목에 가진 흥미나 학생으로서의 능력의 정도에 따라 각자 다른 정도의 노력을 투자한다. 교사의 주요 기능 중의 하나는 어린이들이 수업에 관심과 흥미를 느껴서 스스로 수업에 참여하려는 의욕이 생기도록 하고, 그 의욕을 유지시켜서 수업을 열심히 하도록 해 주는 일이다.

특정 어린이들의 태도에 부정적인 판단이 든다면 점수를 주기 전에, 다음과 같은 사항을 먼저 고려해 볼 필요가 있다.

- 이 어린이가 전체 학생의 수준보다 현저히 낮은가?
- 이 어린이가 심리적, 사회적 장애는 없는가?
- 이 어린이가 사회성(친구 관계 등)에 문제는 없는가?

② 언어 기능 성취도 관찰평가

과정평가 영역의 두 번째 영역은 언어 기능 평가이다. 초등영어교육의 목표가 영어를 알고 사용할 수 있는 능력의 개발이나 개발의 기초를 마련하는 데 있다면, 영어 기능의 성취 정도를 평가하는 것은 당연한 일이다. 수업에서 다루는 듣기, 말하기, 읽기, 쓰기의 4기능의 성취 정도를 측정 · 평가하기는 하지만, 이 단계에서는 특별히 평가 문항을 만들어서 시행하는 것이 아니고, 어린이들의 수업 진행 상황의 여러 면 중에서 영어 기능의 성취 정도, 즉 영어 사용 정도를 관찰하여 평가하는 것이므로 수업활동이 바로 평가의 대상이 된다. 이 경우 듣기, 말하기, 읽기, 쓰기의 기능을 확실하게 구분하여 평가하기는 어렵다. 학습활동 자체가 대개 두 가지 이상의 언어 기능을 통합적으로 사용하는 것이 일반적이기 때문이다. 그래서 어린이들의 학습활동 특성상 듣기 · 말하기와 읽기 · 쓰기를 묶어서 평가의 대상으로 삼는 것이 바람직할 것이다.

– 어린이들의 언어 기능 성취도 평가 시 유의점

- 수업의 방식에 따라서 그룹 활동을 할 경우, 그 그룹에 속한 모든 어린이들을 한꺼번에 평가하는 소그룹 평가 방법을 사용한다.
- 같은 그룹에 속한 어린이들은 모두 같은 점수를 받도록 그룹 전체에서 점수를 부여함으로써, 그룹 내의 우수 어린이가 잘 못하는 어린이를 도와주도록 유도한다.
- 시험을 볼 때마다 그룹의 구성원을 달리하여 다른 어린이들과도 상호작용을 할 수 있는 기회를 제공한다.
- 어린이들이 수업 시간에 즐겨 했던 활동을 평가에도 사용하고, 필요한 경우에는 평가용 활동을 마련하여 사용하도록 한다.
- 어린이의 움직임을 많이 필요로 하는 이야기하기, 동작 표현하기, 역할 놀이 등도 평가에 포함시킨다.
- 어린이들이 의사소통을 원활히 하기 위해 사용하는 비언어적 요소(제스처, 표정, 흉내 내기 등) 등도 언어 발달의 표현이므로 평가의 대상에 포함시킨다. 적절한 표정과 제스처로 말 할 수 있다는 것은 언어 표현을 정확하게 이해했다는 표시이고, 흉내 내기 등으로 의사를 가까스로나마 전달하는 것은 언어 학습에서 매우 중요한 요소이다.

6. 포트폴리오 평가

1) 포트폴리오의 이해와 목적

포트폴리오(Portfolio assessment)는 한 학년 동안 완성된 작품이나 진행 중인 어린이들의 대표적인 작품을 모아놓은 것으로, 수행평가의 기본 자료로 활용한다. 진행 중이거나 완성된 결과물에 의해서 읽기 · 쓰기에 대한 발달과정을 볼 수 있는데, 읽기 · 쓰기가 포함된 문자 학습 능력 평가의 자료로 포트폴리오는 어린이들이 제출하는 가장 좋은 작품을 이용할 수 있게 해주며, 읽기 · 쓰기능력 향상 정도를 다양하게 평가할 수 있는 방법을 제공하고, 실제적으로 과제 수행능력을 평가할 수 있도록 한다.

포트폴리오의 목적은 주어진 기한 내에 적당한 시간을 두고 어린이들의 읽기 · 쓰기 발달과정을 살펴보며, 교사의 교수내용의 강점과 특별히 주의를 필요로 하는 부분을 찾을 수 있다. 어린이들은 자기 평가를 통하여 자신의 발달과정과 향상 정도를 볼 수 있으며 어린이들에게 평가에 대한 주인의식, 동기화, 성취감, 참여의식을 제고하게 된다. 포트폴리오 모음집은 출판물 등 발표 자료로 활용할 수 있다. 학부모 회의에서 기본 면담 자료로 활용하여 학부형에게 어린이들의 언어능력이 발전되어 가는 과정을 설명하는 수단으로 활용하기도 한다.

2) 포트폴리오의 종류

Gunning(2008)에 의한 **포트폴리오의 종류**는 다음 다섯 가지가 있다. 즉, 그는 **전시, 평가, 기록, 과정 및 구성 포트폴리오**가 있다고 주장하고 있다.

① **전시 포트폴리오**(Showcase portfolios: composed of works that students have selected as being their best)

② **평가 포트폴리오**(Evaluation portfolio: collecting representative works from key areas, comparable across students)

③ **기록 포트폴리오**(Documentation portfolio: designed to provide evidence of students' growth, might have great number and variety of work samples)

④ **과정 포트폴리오**(Process portfolio: designed to show how students work, need samples form various stages with students' comments)

⑤ **구성 포트폴리오**(Composite portfolio: contains elements from two or more types of portfolios)

3) 포트폴리오 구성자료와 자기평가

어린이용 포트폴리오에 무엇이 포함될 수 있는지는 교수목표에 따라서 결정하는 것으로 이는 교수목표에 준한 포트폴리오 자료 모음집이 되어야 한다. 포함되는 내용은 학습과제, 수업활동 과제나 학습활동 결과물을 누적하여 수집 정리하며 시간의 흐름에 따라 학습의 진전 상황을 학습자 스스로 평가할 수 있도록 한다. 파일은 시간적 순서나 주제별로 분류하여 정리하도록 한다.

이완기(2000)에 의해서 제안된 포트폴리오에 포함될 항목은 다음과 같다.

① 관찰평가로 준비된 초기 읽기 · 쓰기 체크 리스트, 흥미도 조사, 읽기평가 목록
② 일정 기간 동안 모여진 어린이들의 자기 평가 기록
③ 여러 주 동안 모여진 쓰기 과정의 여러 단계를 보여줄 수 있는 학생들의 쓰기 샘플
④ 읽기 반응 저널 쓰기
⑤ 어휘 일지
⑥ 읽기 후에 반응활동의 결과를 공유할 수 있는 활동

포트폴리오는 단지 과제의 모음이 아니라 어린이들이 자기 평가와 목표설정에 임하게 하는 수단으로 자신의 읽기와 쓰기활동에 대해 생각하고 평가하면서 배울 수 있다. 교사는 어린이들이 읽기나 쓰기에서 가장 좋았거나 좋지 못했던 부분들에 대해 생각하게 하고 그것들을 통해 자신이 얻은 것이 무엇인지, 자신이 잘하는 부분과 모자란 부분이 무엇인지 어린이들이 읽기와 쓰기에서 자신의 발전에 대해 생각하도록 이끌어준다.

어린이들은 포트폴리오에 넣기 위해 선택한 항목을 기록하는데 자기평가에서 항목을 선택하게 된 이유를 설명하고 그 과제 수행에 있어 자신의 능력과 성취 정도를 확인한다. 김인석, 최인철, 진경애(2003)는 학년 초에 읽기와 쓰기의 기본이 될 견본을 모으고, 각 학년말에 어린이들과 포트폴리오 평가회를 여는 것을 권한다. 이를 통해 교사와 어린이들은 어린이들이 쓴 포트폴리오와 자기평가가 있는 항목에 대해 이야기하고 이러한 활동을 통해 다음 목표 설정에까지 도달하게 되는 것이다. 총괄적인 자기 평가는 학년말 평가 시에 사용되는데 어린이들에게 스스로 돌아보게 하고 얼마만큼 배웠는가를 깨닫게 한다.

4) 포트폴리오 평가의 장/단점

<표 8-1> 포트폴리오 평가의 장/단점

장점	단점
· 어린이의 쓰기 발달을 총체적으로 보여준다. · 어린이 스스로 자신의 쓰기 학습 과정을 되돌아 볼 수 있다. · 학습이 진행되는 수업상황과 밀접한 연계성을 가진다. · 어린이 스스로 쓰기 학습 활동에 대하여 생각해 보는 비판적 사고 능력을 개발시켜준다. · 교사, 어린이간 상호작용을 증진시킨다.	· 어린이가 많을 경우 심도있는 학습과 과제 수행이 이루어지기 힘들다. · 다양한 자료를 일관성 있게 채점할 수 있는 기준 설정이 용이하지 않다. · 평가에 소비되는 시간적 부담이 크다. · 자가 평가, 항목설정 등 학습자의 부담이 크다.

5) 포트폴리오 디자인과 채점

(1) 포트폴리오 디자인하기

포트폴리오는 수업에 따라서 그리고 학습자의 필요에 따라서 다양하게 디자인 될 수 있지만 무엇보다도 세심한 준비가 필요하며 다음의 항목을 구체적인 시작점으로 할 수 있다.

<표 8-2> 포트폴리오 평가 시작점

① 교과목의 목표는 무엇인가?
② 알맞은 포트폴리오의 종류는 무엇인가?
③ 포트폴리오의 목적은 무엇인가－어린이의 작문 능력의 향상, 장르 인식정도, 학습자의 자기성찰?
④ 이러한 목적을 위하여 어떤 텍스트를 포함시킬 것인가－어떤 장르? 초고 또는 최종 원고? 동료 리뷰?
⑤ 누가 항목을 선택할 것인가－교사, 어린이, 교사와 어린이가 함께?
⑥ 평가의 기준은 무엇인가－평가 영역, 척도, 채점방법?
⑦ 어린이의 반성과 자가 평가를 포함시킬 것인가?
⑧ 일관성 있는 점수와 피드백을 어떻게 달성할 것인가－평가자 훈련이 필요한가?
⑨ 어린이 훈련은 어떻게 할 것인가－자가 평가, 자료선택 능력, 평가 기준 이해도 함양, 자료 관리에 대한 훈련실시?
⑩ 평가의 결과는 어떻게 처리할 것인가?

이와 같이 **포트폴리오 평가**는 하나의 과제수행으로 이루어지는 것이 아니기 때문에 기간, 자료유형 등을 결정해야 하며 어린이들의 참여가 포함 되어야 한다. 일단 포트폴리오 체계가 합의되면, 제일 먼저 교사와 학습자 훈련이 필요하다. 어린이들은 항목을 선택하고 자신의 선택에 대한 반성의 글을 쓰는 방법에 대한 명시적인 지도를 받아야 하고 평가자는 평가의 일관성과 신뢰도를 확보하기 위한 명확한 기준을 가져야 한다. 어린이들은 작문을 선택하는 자신의 책임감을 이해하고 평가과정에 대하여 인식하는 것이 중요하다. 우리나라 어린이들의 경우에는 자신의 언어 수행, 학습 진전에 대해 스스로 평가해 보는 경험을 거의

해 보지 않아서 자기평가를 부담스러워 하는 것이 일반적인 경향이다(조경숙, 2003). 그러므로 포트폴리오를 이용하여 학습자의 쓰기 수행과 학습 과정을 효과적으로 평가하기 위해서는 학습자 훈련이 함께 수행되어져야 한다.

(2) 포트폴리오 채점하기

포트폴리오의 채점 기준은 일반적으로 어떤 유형의 자료로 구성하는 가에 따라 그 채점 기준이 달라질 수 있다. 다양한 샘플의 모음집인 포트폴리오를 평가하는 일은 어려운 작업으로 크게 전체적 접근과 다차원-특질 접근의 두 가지 접근방식이 있다. 전체적 접근 방식은 이전 샘플에 주어진 점수를 기준점수로 삼고 어린이들의 업적을 평가한다. 전체적 방법은 샘플이 작은 경우에는 효과적일 수 있는 반면에 상당한 변이를 보이는 보다 길고 많은 샘플의 포트폴리오에서는 신뢰도가 낮아질 수 있다. 다차원 접근방식은 특정 장르의 특질을 포함하여 원고 단계, 과정 인식, 자기성찰, 협동적 상호작용, 내용 지식에 대한 기준을 포함할 수 있다. 다차원-특질 방법은 결과와 과정의 복잡성을 잘 반영하지만 지나치게 다양한 기준이 제시되는 경우에는 비실제적이 될 수 있다(성태제, 2002 b).

7. 다른 읽기 · 쓰기 평가 방법

1) 교실 관찰평가

관찰 평가는 교육적 목표와 목적에 따라 시간을 두고 몇 주, 몇 달간 실행한다. 교사는 어린이들의 학습과정과 학습활동에서 나오는 결과물을 체계적으로 기록하고 분석할 수 있는 시스템을 개발할 필요가 있다. 학기 초와 학기 말에 총괄적으로 학습의 향상 정도를 비교할 수 있는 기준이 될 수 있는 자료로 어떤 샘플과 관찰 방법을 사용할 것인지 결정하도록 한다. 참고로 각 어린이들의 비교 기준이 될 수 있는 자료는 즉석에서 할 수 있는 간단한 학습 관찰 노트, 장기간 동안 실행한 언어발달과정 관찰, 흥미목록 관찰, 문학 책 반응 저널 쓰기, 어린이의 그림, 삽화와 관련되어 쓴 글, 쓰기와 리포트 예시 샘플, 어린이들의 자체 평가 자료, 동료교사나 학부모의 노트나 서신, 비공식 읽기 검사지(읽기 이해검사 및 어휘검사), 태도 및 동기 검사가 있다(Brown, 2004).

(1) **읽은 내용 다시 말하기**(Retelling)

<표 9> 읽은 내용 다시 말하기 평가표

Does the retelling?

		0	1	2	3	4	5
		Attempt	Needs Improvement	Average	Good	Excellent	Exemplary
1.	Have a good beginning telling when and where the story takes place?						
2.	Name the characters?						
3.	Tell the main points of the story?						
4.	Tell some supporting details?						
5.	Make sense to the reader?						
6.	Sound organized?						
7.	Keep the sequence of the story?						
8.	Tell what the main problem was in the story?						
9.	Tell how the problem was solved in the story?						

Total Points ___________

Student Name : ______________________________

Retelling of : ______________________________

Date : ______________________________

Comments : ______________________________

이야기 다시 말해보기는 읽은 내용을 어린이들에게 자신의 언어로 다시 말하게 하는 것인데 이야기를 들어보지 못한 사람에게 들려주는 식으로 이야기하게 한다. 이 방법은 읽기 기초단계의 학습자에게 유용하며 간단하게 실행할 수 있고, 책 읽은 내용에 대한 이해도를 평가할 수 있는 좋은 방법이며 말하기 평가에도 도움이 된다(이경화, 2001).

읽은 내용을 다시 말하기는 주로 등장인물, 배경, 이야기 구성, 문제, 문제해결 방법 등을 이야기하도록 하는 것으로 등급은 3단계로 나눌 수 있다. 3단계는 독자적으로 읽을 수 있는 수준, 교사의 지도가 필요한 수준, 교사의 지도로도 매우 어려운 하위 수준이다. 교사의 관찰내용은 이야기 내용을 상세하게 말하는지, 스토리 라인을 구성할 때 사전지식을 활용하는지, 텍스트에 나와 있지 않는 내용을 추론할 수 있는지, 어린이 자신의 말로 이야기를 할 수 있는지 등을 주의 깊게 살펴보아야 한다.

(2) **빈칸 메우기 테스트**(Cloze test)

빈칸 메우기 테스트는 주제에 관한 지식, 이야기 구조나 설명적 구조 등 전체적인 의미를 파악하거나, 단어순서, 문장에서의 단어의 의미를 사용하여 빈칸을 채우게 하는 것이다. 텍스트 구성 방식은 읽기교재가 어린이들에게 적절한 수준인지 살펴볼 수 있도록 주제에 관계되는 내용어나 한 단어에서 첫 낱자와 끝 낱자 채우기, 품사 활용 등을 측정하는 방법 등 다양하게 만들 수 있다(Cohen, 1994).

(3) **받아쓰기 테스트**(Dictation test)

받아쓰기 테스트는 듣기, 일기, 쓰기능력의 발달 수준을 살펴보는 것으로 교사가 문장을 읽으면 어린이들이 받아 적는 방식이다. 이 테스트는 학생 수가 많은 학급에서 시행하기 쉽고 진단 테스트에도 유용하다. 받아쓰기 결과물을 평가할 때 유의할 점은 철자가 완전히 맞지 않더라도 소리와 문자와의 관계를 어느 정도 연관시킬 수 있기 때문에 부분 점수를 주도록 한다. 예로 'have'를 'hav'로, 'today'를 'todae'로 쓰는 경우이다.

(4) **단락읽기**(Reading of a passage)

단락 읽기는 읽기능력을 측정하는 것으로 어린이들이 전에 읽었던 책 내용이나 교사가 읽어 준 것 중에서 재미있었던 부분이나 좋아하는 부분을 읽게 해서 평가한다. 또는 교사가 읽기학습 활동에서 사용한 부분을 복사해서 나누어주고 한 사람씩 읽어보게 한다. 이 방법은 교사와 어린이 간에 1:1로 이루어지는 활동이기 때문에 시간은 많이 소요되나 어린이들의 개인 읽기능력을 자세히 알 수 있다는 장점이 있다.

(5) **독서 기록장**(Reading logs)

독서 기록장은 어린이들에게 책이름, 저자, 페이지 수, 소감을 적는 챠트를 주어 적게 하는 것으로 흥미도를 나타내는 난을 추가할 수 있다. 어린이들이 기록하는 독서 기록장에서 책의 선호도, 난이도, 이해정도, 읽기 발달과정, 읽기에 대한 태도변화 등을 살펴 볼 수 있다. 또한 새로운 단어나 흥미 있는 구문을 기록하도록 하면 자연스러운 어휘습득 및 쓰기 능력을 기대할 수 있다.

(6) **체크리스트**(Checklist)

체크 리스트는 쉽게 교실 내에서 평가할 수 있는 방법이다. 체크 리스트를 사용하면 묻는 항목에 따라 학습자들의 읽기 흥미도와 현재 읽기능력 수준(이해정도, 읽기 기술, 읽기 전략 등), 그 외 필요한 사항을 정리하여 읽기 교수활동에 반영할 수 있는 자료를 충분히 얻을 수 있다. 다음은 학습자의 읽기 발달 정도를 기록할 수 있는 체크리스트의 예이다(Leon & Paulson, 1995).

<표 10> 체크리스트

Student's Name :	Remarks
Reading Behaviors: · reads fluently · recognizes sight words · compound words · attends to punctuation	
Comprehension: · identifies main ideas or themes in fiction · makes predictions · monitors comprehension · sets purpose for reading · is able to summarize main ideas or themes in fiction	
Attitudes concerning reading: · selects books · reads during free choice time · reads during SSR · has favorite books or authors · responds in journals and during literature response time · clearly enjoys reading	
Other Areas Particular to the Student:	

(7) **일화기록**(Anecdotal records)

평소 소그룹이나 모든 학습활동 중에서 관찰한 것(태도, 잘하는 점, 부족한 점, 향상정도, 학습 스타일, 학습 전략 등)을 간단히 메모하는 것으로 학습자가 현재 읽기 · 쓰기 활동을 어떻게 하고 있으며, 읽기 · 쓰기 능력 향상을 위하여 무엇이 필요한지 기록하는 것이다. 이 관찰 기록은 언어가 발달되어 가는 과정을 기록할 수 있는 장점이 있다. 인터뷰를 통해서 책이름과 저자를 적고 읽기에 대한 태도와 이해정도 등을 기록할 수 있다. **일화 기록방법**은 시간이 걸리는 것이 단점이지만 어린이와 학부모의 면담에 좋은 자료가 될 수 있다.

(8) **읽기평가 기록표**(Informal reading inventory: IRI)

IRI는 즉석에서 실행할 수 있는 **읽기 관찰평가**로서 어린이가 어떻게 의미를 형성하고 단어 분석 전략을 적용할 것인지 살펴볼 수 있다. 또한 학생의 읽기 수준을 대략 파악하고, 어린이들이 큰 소리로 읽고 소그룹 활동에서 상호작용을 할 때 어린이의 텍스트에 대한 이해와 단어 분석 기술에 대한 통찰력을 제공한다. 몇 등급으로 분류된 읽기자료를 각 어린이들에게 제시하며 어휘를 포함한 여러 가지 형태의 목록이 있는데 경우에 따라서는 예측하기, 등장인물 분석하기, 문제 인식하기, 결과 예상하기 등을 포함한다(Harmer, 2001).

<표 11> 읽기 성장과 발달(Reading Growth and Development(IRI))[2]

	Grade 1			Grade 2			Grade 3		
	Term 1	Term 2	Term 3	Term 1	Term 2	Term 3	Term 1	Term 2	Term 3
Phonemic Awareness Additional Support Required	Yes / No	Yes / No	Yes / No	Yes / No	Yes / No	Yes / No	Yes / No	Yes / No	Yes / No
Letter/Sound I.D. Additional Support Required	Yes / No	Yes / No	Yes / No	Yes / No	Yes / No	Yes / No	Yes / No	Yes / No	Yes / No
High Frequency Word Lists	Grade 1 List 1 ____ /40	Grade 1 List 1 ____ /40	Grade 1 List 1 ____ /40	Grade 2 List 1 ____ /40	Grade 2 List 1 ____ /40	Grade 2 List 1 ____ /40	Grade 3 List 1 ____ /40	Grade 3 List 1 ____ /40	Grade 3 List 1 ____ /40
	List 2 ____ /40	List 2 ____ /40	List 2 ____ /40	List 2 ____ /40	List 2 ____ /40	List 2 ____ /40	List 2 ____ /40	List 2 ____ /40	List 2 ____ /40
		List 3 ____ /40	List 3 ____ /40	List 3 ____ /40	List 3 ____ /40	List 3 ____ /40	List 3 ____ /40	List 3 ____ /40	List 3 ____ /40
Reading Fluency & Comprehension Assessment Used □DRA □PM Benchmarks Other ________	Reading Level ____ Accuracy ---------- %	Reading Level ____ Accuracy ---------- %	Reading Level ____ Accuracy ---------- %	Reading Level ____ Accuracy ---------- %	Reading Level ____ Accuracy ---------- %	Reading Level ____ Accuracy ---------- %	Reading Level ____ Accuracy ---------- %	Reading Level ____ Accuracy ---------- %	Reading Level ____ Accuracy ---------- %
Developmental Spelling (Number of correct responses/number of items assessed)	____/__	____/__	____/__	____/__	____/__	____/__	____/__	____/__	____/__

(9) **어휘평가**

비공식적으로 실행할 수 있는 **어휘평가**에서 교사는 어린이들이 새로운 어휘를 사용하는 것을 관찰하며, 특정 단어의 뜻을 어린이들이 아는지 알아보기 위해서 관련된 단어들의 구별 여부를 참작한다. 초보 단계의 어휘에 대한 이해 측정은 어휘와 해당되는 그림 찾기, 그림을 보고 사물에 해당되는 물건의 명칭 쓰기 등이 있고, 발전된 단계로 동의어와 반의어를 말해보게 하거나, 어근과 접사에 대한 지식을 관찰하기도 한다.

(10) **자기평가** (Self-assessment)

자기 평가는 학습자가 스스로 확인해 보면서 독립적으로 할 수 있는 자기 진단으로 중요한 평가 자료가 된다. 자기 평가는 자신들의 읽기에 대한 태도, 잘 할 수 있는 점과 부족한 점을 잘 알고 있기 때문에 교사와 어린이 모두의 읽기 · 쓰기 교수학습에 도움을 줄 수 있는 평가 방법 중의 하나이다. 이 평가는 어린이들 자신이 스스로 읽을 수 있도록 촉진하는 역할을 하기도 한다. 학습자의 자기 평가 방법은 교사가 시연해 주어야 한다. 평가 질문의

2) TRANSFORMING LITERACY ASSSESSMENT PRACTICES THROUGH AN ACTION RESEARCH PROFESSIONAL LEARNING COMMUNITY
Arlene L. Grierson and Vera E. Woloshyn Brock University

예로는, 읽기 수업시간에서 무엇을 배웠는가? 글을 잘 읽기 위해서 어떤 점이 필요하다고 생각하는가? 읽지 못하는 단어가 나오면 어떻게 하는가? 등이 있다.

<표 12> 초등영어 자기평가표의 예

		4		3		2		1	
학습태도	학습준비물	매우 준비를 잘 했다		준비를 잘한 편이다		준비를 못한 편이다		전혀 준비를 못했다	
	수업흥미도	매우 재미있었다		재미있는 편이다		재미없는 편이다		전혀 재미 없었다	
	영어에 자신감	매우 자신이 있었다		자신 있는 편이다		자신 없는 편이다		전혀 자신이 없다	
	계속 노력 여부	매우 열심히 하겠다		좀 더 열심히 하겠다		대충 하겠다		전혀 안 하겠다	
학습활동	수업내용 이해도 (　　)	전부 이해했다		거의 이해한 편이다		이해 못한 편이다		전혀 이해 못했다	
	학습과제 이행도	끝까지 전부 완성했다.		대부분 완성했다		완성 못한 것이 더 많다		완성한 것이 거의 없다	
	수업 중 발화 정도	매수업 시간 발화했다		대부분 발화했다		가끔 발화했다		전혀 발화하지 못했다	

(11) **오류분석**

읽기 오류 분석으로 어린이의 오류내용을 알아낸다. 오류란 소리 내어 읽기 과정에서 실수나 오류가 있으면 그 실수를 제거하려는 경향을 말하는데, 이것은 학생의 음성언어, 배경지식, 어휘 분석 전략 및 이해 전략과 밀접하게 연관되어 있다. 오류분석을 통해서 어린이의 구두 읽기의 정도와 이해 수준을 평가할 수 있다.

어린이는 텍스트를 이해하는 데 영향을 주는 것과 유창성에 영향을 주는 것, 두 가지로 나누어 분류하여 기록할 수 있다. 첫 번째 오류는 ①단어, 단어의 일부분, 구두점 빠뜨리기 ②단어 바꿔 읽기 ③단어 등을 끼워 넣기 ④교사가 제공한 단어 등이고 두 번째는 ①자기 점검 ②단어 반복 ③더듬더듬 읽기 등이다. 어린이의 오류에 대한 점검은 영어어휘의 수준 정도, 어휘에 대한 이해 및 습득, 그리고 텍스트를 이해하는 사고 과정 등을 파악할 수 있기 때문에 어린이에게 피드백 할 교육 내용이나 관점 등을 교사 스스로 점검할 수 있는 기회를 갖게 된다(Schrier & Hammadou, 1994).

<표 13> 오류 분석표[3]

Name ______				**Date** ______			
Title ______			**Page(s)** ______			**Teacher**	
Words form Text	Miscue	Self corrects	Logically substitues	Recognizes miscue	Graphically similar	Disrupts meaning	Non-word

2) 읽기 평가방법

읽기 평가의 원리를 제시하면 다음과 같다 (박도순, 홍후조, 2002). 첫째, 읽기는 하나의 과정으로 파악해야 한다. 읽기는 일련의 세부적인 기능의 축적물이 아니라 그 행위를 하는 일련의 과정이다. 읽기 평가는 어린이들이 어떻게 읽기 '과정'을 통제하는지에 초점을 두어야 한다. 읽기 전이나 읽는 동안에 보여 지는 어린이의 태도나 관심, 흥미, 그리고 의미 구성 방법 등은 중요한 평가 대상이 된다.

둘째, 읽기 평가는 언어의 총체성을 보장해야 한다. 읽기라는 기능이 전체적인 의사소통과 언어 사용 상황에서 사용되는 것이므로 의미 있는 진정한 의사소통 능력을 평가해야 한다.

셋째, 교사의 직관은 가장 가치 있는 평가도구이다. 교사의 직관은 평가에서 가장 중요한 구실을 한다. 교사의 직관이 유용한 평가도구가 되기 위해서는 전문가로서의 식견을 충분히 닦을 필요가 있다.

넷째, 읽기 평가의 핵심은 교사의 관찰이다. 진정으로 개개 어린이의 의사소통 능력은 어느 정도이고 얼마만큼 진전되어 가는지, 그리고 그 어린이의 강점과 약점은 무엇인지를 정확하고 도 종합적으로 파악할 수 있는 것은 교사의 세밀한 관찰을 통해 가능하기 때문이다.

다섯째, 읽기 평가는 수업의 필수적인 부분이다. 평가를 수업과 별개의 것으로 볼 것이 아니라 수업의 일부분으로 파악하여 수업 속에서 이루어져야 하고, 평가의 결과는 곧 수업에 피드백 되어야 한다.

여섯째, 평가 장면을 다양화해야 한다. 지필 검사에만 의존하지 말고, 평가는 여러 다양한 의사소통 상황에서 이루어져야 한다. 일기장, 독후감, 편지, 낙서장, 동료 반응지, 대화

3) Christopher-Gordon Publishers, 1994

일지, 토론의 참여도 등이 모두 평가의 대상 또는 장면이 된다.

일곱째, 평가는 지속적으로 이루어져야 한다. 평가는 수업전이나 동안, 후 또는 일상의 학교생활에서 계속적으로 이루어질 필요가 있다. 사소한 것이라도 어린이의 의사소통능력을 신장시키는 데 참고가 될 만한 것으로 모아 이를 종합적으로 평가하도록 해야 한다.

여덟째, 읽기 평가는 실제적이어야 한다. 선택형 질문이나 연결하기와 같은 형식으로 제시되는 읽기 평가는 실제 읽기 활동과는 거리가 있다. 예를 들면, 맥락에서 단어의 의미 찾기를 평가하면서 '맥락'이 한 문장 이상으로 제시되지 않은 경우도 많다.

(1) 선다형 평가

선다형 평가 방법은 가장 보편적이고 교육 현장에서 흔히 사용되는 방법이다. 선다형 검사는 표준화 검사로 많이 쓰이는 형식 검사를 말한다. 과정 평가와 결과 평가의 측면에서 볼 때, 선다형 검사는 독서의 결과를 평가하는 방법이다. 독서 그 자체의 과정보다는 결과 중심의 평가로 흐르기 쉽다(최연희, 전은실, 2006).

(2) 중요도 평정법

중요도 평정법은 일정한 글의 의미 단위를 대상으로 중요한 정도를 판단하는 것이다. 독서란 글 속의 수많은 정보를 낱낱이 이해할 뿐 아니라, 글 전체의 주제나 목적에 비추어 각 정보들이 갖는 중요도를 판정하는 과정이다. 글에 들어있는 정보를 중요한 정보와 그렇지 않은 정보로 가려낸다면, 그 자체가 글을 잘 이해하고 있다는 증거이다. 그러므로 중요도 평정법은 독서 능력을 재는 타당한 방법이라 할 수 있다.

중요도 평정 방법에서는 우선 어린이들에게 글 한편을 이해하며 읽으라고 지시한다. 그런 후 평가자는 읽은 글을 의미 단위로 나누고, 어린이들에게 각 단위가 글 전체의 주제 또는 독서 목적에 비추어볼 때 얼마나 중요한가를 평가하게 된다. 보통 '매우 중요하다' '조금 중요하다' '덜 중요하다' '중요하지 않다' 와 같은 4단계 척도를 많이 사용한다. 어린이들의 평정 결과를 전문가들의 평정과 비교해 본다.

(3) 오독 분석법

오독 분석법은 어린이들에게 주어진 글을 읽히면서 잘못 읽은 것은 무엇이며, 또 그 원인은 무엇인지를 밝힘으로 그 어린이들의 읽기 능력을 분석, 평가하는 방법이다. 이 평가법은 원래 읽기 연구가들이 읽기 과정에 숨겨진 인지 심리학적인 현상을 살피기 위한 방법으로 개발된 것이었다.

오독 분석법은 독서 발달 단계 중 독서 입문기나 기초 기능기에 해당하는 초등학교 저학년 어린이들의 독서 평가에 적용할만한 것으로, 독서 과정에서 잘못 읽는 부분을 분석하여 그 어린이의 독서 상태를 평가하는 것이다. 어린이들이 읽을 때 무엇을 잘못 읽는지, 무엇을 삽입하여 읽는지 등을 표시함으로써 어린이들이 추측하는 것이 무엇이며, 의미 구성을 하며 읽는지를 알 수 있는 방법이다. 그리고 어린이들의 통사적 능력, 의미론적 지식, 끊어 읽기, 추론 여부 등을 구체적으로 파악할 수 있다.

① 준비 단계

이 단계에서는 오독 평가를 받을 어린이들을 선정하게 된다. 대체로 전체 어린이를 대상으로 하는 것이 일반적이지만, 교사의 각별한 도움을 요하는 일이나 대상이 있을 경우에는 그에 해당하는 어린이들에 한정해서 소수만을 선택해서 할 수 있다.

② 읽기 단계

이 단계에서 중요한 것은 읽기에 방해되지 않는 조용한 장소에서 글을 읽도록 하는 것이다. 그리고 더 중요한 것은 자유로운 분위기에서 주어진 글을 읽도록 하는 것이다. 교사는 이 과정에서 나타난 오독 결과를 신속, 정확하게 기록하면 된다. 이를 위해 읽은 내용을 녹음해 두거나 사정이 허락하면 비디오로 녹화하는 것도 좋다.

③ 평가 단계

이 단계는 교사의 전문적인 능력을 발휘할 수 있는 가장 중요한 단계이다. 여기서 주의해야 할 것은, 단순히 그 어린이가 보여준 오독의 개수만을 보고 평가해서는 안 된다는 점이다. 이외에 그 글을 읽는 동안에 느낀 점이나 어려웠던 점, 가장 재미있었던 부분 등에 대해 어린이와 이런저런 이야기를 나누면서 유용한 정보를 얻는 것이 좋다. 또는 잘못 읽은 부분을 언급하면서 필요할 경우에는 다시 그 글을 읽어보게 하거나 또는 이와 유사한 짧은 문장을 주어 또 잘못 읽고 있는지를 살펴 볼 필요가 있다. 이러한 과정이야말로 어린이 스스로 자기 평가를 해 볼 수 있는 기회를 줌으로써 그 과정 자체가 하나의 좋은 지도의 계기가 된다.

<표 14> 오독 분석 평가표

	무반응	삽입	생략	무의미 대치	의미 대치	자기수정	기타	종합의견

(4) 프로토콜 분석법

프로토콜 분석법(protocol analysis)은 1970년대 후반과 1980년대 들어 읽기와 쓰기 연구에서 가장 많이 활용되는 방법의 하나이다. 독자는 글을 소리 내어 읽으면서 그 순간순간 머리속에 떠오르는 생각도 함께 소리 낸다. 다시 말하면 글도 소리 내고, 이 글로부터 연이어지는 생각도 소리 내는 것이다. 이 자료가 바로 프로토콜(protocol)이다. 프로토콜이란 피험자가 자신의 사고 행위를 구술한 것을 모아 놓은 언어 자료를 말한다. 즉 사고 구술 자료를 프로토콜이라 한다.

(5) 관찰법

관찰법은 교사가 어린이들을 계속적으로 주시 관찰함으로써 개별 어린이의 언어 사용 능력을 종합적으로 평가하는 것을 말한다. 이 방법은 어떤 점에서 하나의 방법이라기보다는 관찰을 통한 평가를 통칭하는 것이기도 하다(임병빈, 송해성, 2000).

<표 15> 읽기 수행 관찰 누계표

평가 항목	이름	종합의견
• 알맞은 속도로 읽는가?		
• 책을 골고루 읽는가?		
• 집중해서 읽는가?		
• 읽은 내용에 대해 친구들과 자주 얘기를 나누는가?		
• 읽은 내용을 정리해두는가?		

관찰법은 각 어린이의 독서 능력에 대해 구체적이고도 다양한 정보를 얻을 수 있다는 점이 무엇보다도 큰 장점이다. 그리고 지속적으로 이루어지는 것이기 때문에 그만큼 그 어린이의 장 · 단점을 정확히 파악할 수 있어서 좋다. 또한 어린이들과 의미 는 상호작용을 풍부히 함으로써, 어린이들에게 언어에 대한 흥미와 자신감을 불어넣을 수 있고 그들이 언어 사용하는 과정에서 적절히 조언해 줄 수 있다.

(6) 자유회상법

자유 회상(free recall)은 읽은 글에 대해서 어린이들이 내용을 자유롭게 회상하고, 평가자는 회상된 자료를 분석하여 기억의 양, 내용, 기억이 조직된 방식, 기억 내용을 인출하는 전략, 추론의 과정 등을 알아내는 방법이다. 읽기의 개인적 차이를 밝히는 데 유효한 평가방법이다. 평가하기는 쉽지만 평가 결과를 해석하기가 어렵다는 단점이 있다(최진황, 1991).

이 외에도 읽기 평가 방법으로는 토론법, 구술 시험법, 논술 시험법, 연구보고서법, 면접법, 체크리스트법, 자율 수정 등과 같은 방법을 적용할 수 있다.

8. **자료평가**(Assessing materials)

1) **김정렬/임창근** CAT **프로그램 개발 연구**(1997)

이 연구는 초등학교 어린이들의 영어 능력을 평가하기 위해서는 컴퓨터 개별 적응 테스트의 개발이 필요하다고 전제하여 이 프로그램을 만들었다. 이 프로그램은 어린이들의 언어 기능면에 대한 능력을 진단하는 진단평가의 성격을 지니고 있기 때문에 난이도 설정은 일차적으로 3학년에서 6학년까지 교육과정에 따라 의사소통 기능을 4단계로 등급화 하였고, 전문가의 정상적 판단과, 표본 집단을 선정하여 듣기 평가를 한 결과에 따라 문항을 분석하여 결정하였다. 난이도별 문항 수는 정상 분포를 따랐으나 의사소통 기능면에서 시작 지점을 고려하여 3학년에서는 문항을 다소 많이 배정하여 다양한 형태의 평가가 가능하도록 하였다. 의사소통 기능을 10개의 영역으로 나누었고, 영역별 난이도를 4단계로 하였다.

평가의 유형으로는 음의 식별 문항, 억양 및 강세 문항, 듣기 이해 문항 등이며, 듣기 이해 문항은 듣고 그림 고르기, 그림보고 묘사하는 것 고르기, 대화내용 듣고 주제 알아맞히기, 주제 듣고 해당 대화 찾아내기 등이다. 말하기 평가는 듣고 말할 것을 찾아내는 간접적인 방법과 녹음을 사용하는 방법을 택했다. 읽기 평가는 2단계에서는 문자식별, 3단계는 간단한 낱말인지, 4단계는 듣고 대응하는 낱말 찾기, 낱말의 뜻과 글을 읽고 내용 이해하기 등이다. 쓰기 평가는 5학년에서 대소문자 구분하여 쓰기, 간단한 낱말 듣고 쓰기이며, 6학년에서는 낱말의 뜻을 이해하고 쓰기, 문장의 부호 사용 및 실용적인 내용을 간단하게 글로 표현하도록 하였다. 진정한 의미의 쓰기 평가는 어렵기 때문에 문제를 듣고 이해한 후 글로 이미 표현되어 있는 보기를 선택하는 간접적인 방법을 채택했다.

단계별 성취 기준은 초등 영어과 교육과정 및 제 7차 교육과정에 나오는 내용을 중심으로 초등학교 3, 4, 5, 6학년 각 학년별로 4단계씩 설정했다. 각 단계 간에는 상호 점진적인 수준으로 높아가도록 구성하였다.

이 CAT 프로그램은 개발이 되지 않은 상태이며 프로그램 개발을 위한 연구 논문으로 발표되었을 뿐이기 때문에 실제로 CAT프로그램 구현 과정을 보여주지는 못하고 있으나 우리 나라에서 최초로 초등 영어 평가용 CAT평가 도구 개발을 위한 비교적 상세한 절차를 제시했다는 점에서 큰 의의를 둘 수 있겠다.

Ⅲ 실제적 평가의 예

1. 읽기평가의 예

4학년에서의 읽기는 문자 인식과 알파벳을 식별하여 읽는 수준이고, 5학년에서는 문자를 보고 따라 읽거나, 쉽고 간단한 낱말의 의미를 이해하는 수준이다. 6학년에서는 듣고 대응하는 낱말 찾기, 간단한 글자놀이 하기, 낱말의 뜻과 글을 읽고 내용 이해하기, 간단한 어휘와 문장을 읽고, 글을 알맞게 끊어 읽기이다.

읽기 기능 평가의 초급 단계에서는 어휘적인 능력만을 다루고, 어휘의 의미에 대한 이해력을 평가하기 위해 그림을 제시해주고 그 속에서 뜻을 알아내도록 하며, 중급 수준에서는 그림 없이 말의 풀이만으로써 어휘의 뜻을 파악하도록 한다. 어휘력을 평가하는 문항 유형으로는, 진위 및 Y-N 문항, 선다 완성 문항, 선다 풀이 문항, 단순 완성 문항 등이 있다. 그리고 문장 이해 능력을 평가하는 문항 유형으로는 그림-문장 문항, 문장 이해 문항, 문맥에 맞는 말 넣기 등을 들 수 있다.

1) 진위 및 Y-N 문항

(1) 다음 그림과 낱말이 맞으면 ○, 틀리면 ×표 하시오.

①

flower ( )

②

glass ( )

2) 선다 완성 문항

(1) The cat ________ here.

① look ② plays ③ puts

(2) There was a nice old ______.

① goat ② got ③ good

3) 선다 풀이 문항

(1) My sister is a nurse. She ____________________.

① teaches students at school.

② helps sick people.

③ makes clothes.

4) 단순 완성 문항

(1) 빈 칸에 알맞은 글자를 쓰시오.

My te___cher is very kind.

5) 문장 이해 능력의 평가 문항

(1) 그림의 내용과 알맞은 문장을 줄로 이으시오.

Tom is sleeping.

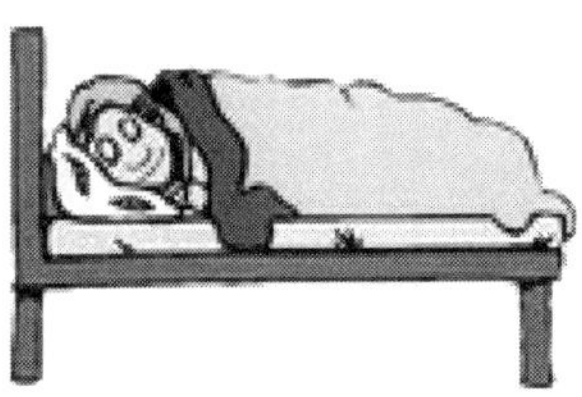

Tom is running.

(2) 다음 문장의 내용이 옳으면 Y, 그렇지 않으면 N라고 쓰시오.

He is my sister. (　　　)

The bird is swimming. (　　　)

(3) 다음 문장의 내용에 어울리는 낱말을 찾아 그 번호를 쓰시오.

The sun rises in the __________.

① east ② south ③ west

At night, this can help you see. What is it?

① camp ② lamp ③ dump

6) 초등 5학년 영어 읽기 평가 문항의 예시

<table>
<tr><td>교육과정</td><td>대영역</td><td colspan="3">이해</td><td>중영역</td><td colspan="4">읽기</td></tr>
<tr><td>성취기준</td><td colspan="9">○ 활동을 표현하는 낱말의 의미를 이해하며 읽을 수 있다.</td></tr>
<tr><td rowspan="3">평가 기준</td><td>상</td><td colspan="8">○ 활동을 표현하는 낱말의 의미를 정확히 이해하며, 자신 있게 읽을 수 있다.</td></tr>
<tr><td>중</td><td colspan="8">○ 활동을 표현하는 낱말을 읽을 수는 있지만, 그 뜻을 정확하게 모르는 경우도 간혹 있다.</td></tr>
<tr><td>하</td><td colspan="8">○ 활동을 표현하는 낱말의 의미를 잘 이해하지 못하며, 읽는 데 어려움을 느낀다.</td></tr>
<tr><td>교과서 관련</td><td>단원</td><td>11. What Are You Doing?</td><td>쪽수</td><td>92</td><td>지도 시기</td><td>9월 4주</td><td>평가 유형</td><td colspan="2">실기평가</td></tr>
</table>

1. 평가 문항

○ 다음 단어와 알맞은 그림을 연결해 봅시다.

sing	clean	run
•	•	•
•	•	•

(1)

(2)

(3)

2. 채점 기준 및 정답

- 모범 답안

sing : (3) / clean : (1) / run : (2)

- 채점 기준

중영역	채 점 기 준
읽 기	상(◎) : 단어의 의미를 정확하게 알고, 3개 모두 바르게 연결하였다. 중(○) : 단어의 의미를 잘 이해하고, 1~2개를 바르게 연결하였다. 하(△) : 단어의 의미를 잘 이해하지 못하고, 바르게 연결한 것이 없다.

3. 준비물 및 유의점

(1) 준비물 : 문제지, 연필

(2) 유의점 : 문제지로 하지 않고, 낱말카드와 그림카드를 연결시키는 활동으로 할 수 있다

2. 쓰기평가의 예

쓰기 기능의 평가는 옮겨 쓰기 평가, 철자 쓰기 평가, 클로우즈 평가 등의 기초적인 단계에 중점을 둔다.

1) 옮겨쓰기 평가 (Copying test)

어린이들로 하여금 점선을 연결하거나 옮겨 쓰도록 하는 형태의 평가이다. 점선 연결 평가에서는 미리 답안지에 점으로 연결할 수 있는 낱말이나 간단한 문장을 인쇄하여야 한다.

<그림 알파벳B>

2) 철자 쓰기 평가 (Spelling test)

교사가 읽어주는 낱말이나 문장을 쓰는 평가로, 평가 직후에 어린이들 상호간에 채점을 실시하는 것도 학습에 유익한 방법이다.

(1) 읽어주는 낱말/문장을 글로 쓰시오.

(읽어주는 글) Sara can't get the ball.

____

____

____

3) 클로우즈 평가 (Cloze test)

클로우즈 평가는 주어진 글 속에서 규칙적으로 빠진 낱말들을 채워넣는 평가이다. 이때 삭제되지 않은 완전한 글의 내용은 교사의 육성이나 녹음테이프를 통하여 들려주고 빈칸을 채우도록 한다. 이 평가는 쓰기뿐만 아니라 듣기, 읽기 등의 종합적인 언어 기능을 측정할 수 있다.

어린이들에게는 낱말의 첫 문자를 제시하고 적합한 낱말을 써 넣도록 하는 형태를 사용할 수 있다. 또는 낱말 단위가 아니라 알파벳 문자 단위로 규칙적으로 빠져 있는 문자를 써넣도록 할 수도 있다.

(1) She has two _t________ in her _m___________.

(2) B______ and g_________ came and took some a_________.

4) 초등 5학년 쓰기 평가 문항의 예시

<table>
<tr><th>교육과정</th><td>대영역</td><td colspan="2">표현</td><td colspan="2">중영역</td><td colspan="4">쓰기</td></tr>
<tr><th>성취기준</th><td colspan="9">○ 그림을 보며 일상에 쓰이는 낱말을 쓸 수 있다.</td></tr>
<tr><th rowspan="3">평가 기준</th><td>상</td><td colspan="8">○ 그림을 보며 일상에 쓰이는 낱말을 정확하고 자신 있게 쓸 수 있다.</td></tr>
<tr><td>중</td><td colspan="8">○ 그림을 보며 일상에 쓰이는 낱말을 대체적으로 잘 쓸 수 있다.</td></tr>
<tr><td>하</td><td colspan="8">○ 그림을 보며 일상에 쓰이는 낱말을 거의 쓰지 못한다.</td></tr>
<tr><th>교과서 관련</th><td>단원</td><td>12. This Is a Bedroom</td><td>쪽수</td><td>100</td><td>지도 시기</td><td>10월 4주</td><td>평가 유형</td><td colspan="2">관찰법</td></tr>
</table>

1. 평가 문항

○ 그림에 알맞은 낱말을 써 봅시다.

d　　　b　　　c

d　　　b　　　c

2. 채점 기준 및 정답

• 모범 답안

desk / chair / television

• 채점 기준

중영역	채 점 기 준
쓰 기	상(◎) : 3개의 낱말 모두를 정확하게 썼다. 중(○) : 1~2개의 낱말을 정확하게 썼다. 하(△) : 정확하게 쓴 낱말이 없거나, 대부분 자형이 바르지 않게 썼다.

3. 준비물 및 유의점

(1) 준비물 : 문제지, 연필 또는 색연필

(2) 유의점 : 철자뿐만 아니라, 자형에 맞게 쓸 수 있는지도 동시에 평가한다.

3. 초등영어 수행평가 기록부의 예

<표 16> 초등영어 수행평가 기록부의 예

초등영어 수행평가 기록부

학생 이름 : 학년 반 *결시한 날( )

1. 학습 태도 (한 학기 전체에 2-3회 실시)
(기준) 매우 좋음(5) / 좋은 편(4) / 보통(3) / 좋지 않음(2) / 매우 좋지 않음(1)

	월 일	월 일	월 일	합계	평균
준비 및 참여	5 4 3 2 1	5 4 3 2 1	5 4 3 2 1		
과제 수행	5 4 3 2 1	5 4 3 2 1	5 4 3 2 1		
노력 정도	5 4 3 2 1	5 4 3 2 1	5 4 3 2 1		
합계					

2. 언어 기능 (한 단원, 혹은 두 단원이 끝날 때마다 평가한다.)
(기준) 매우 잘한다(10) / 잘한다(9) / 적절하다(8) / 부족하다(7) / 매우 부족하다(6)

	월 일	월 일	월 일	월 일	합계	평균
듣기 · 말하기	10 9 8 7 6	10 9 8 7 6	10 9 8 7 6	10 9 8 7 6		

(기준) 매우 잘한다(5) / 잘한다(4) / 보통이다(3) / 부족하다(2) / 매우 부족하다(1)

	월 일	월 일	월 일	월 일	합계	평균
읽기 · 쓰기	5 4 3 2 1	5 4 3 2 1	5 4 3 2 1	5 4 3 2 1		

3. 포트폴리오(5-6학년에서 주로 사용함)
(기준) 매우 그렇다(5) / 그렇다(4) / 보통(3) / 그렇지 않다(2) / 전혀 그렇지 않다(1)

포트폴리오 증거물	월 일	월 일	합계	평균
종류가 다양하고, 양이 충분한가?	5 4 3 2 1	5 4 3 2 1		
선택 이유가 학습목표에 합당한가?	5 4 3 2 1	5 4 3 2 1		
표제 설명이 학습목표와 합치하는가?	5 4 3 2 1	5 4 3 2 1		
회고와 자기 진단이 적절한가?	5 4 3 2 1	5 4 3 2 1		
합계				

4. 포트폴리오 평가의 예

강상진(1996)은 우리나라 초등 영어에 대하여 다음과 같이 듣기, 말하기, 읽기, 쓰기를 종합적으로 평가할 수 있는 포트폴리오 평가를 제안하였다.

<표 17> 초등 영어 포트폴리오

듣기와 말하기 영역
자기와 가족을 영어로 소개한 녹음테이프 말하기 듣기 면접 시험 결과 교사 관찰 일지(최소한 2회) 수업 중 활동 확인물(교과 진도 한 과당 1회 이상) 자기 평가서
읽기 영역
읽은 책 목록 좋아하는 책과 작가명 독서 일지 자기 평가서
쓰기 영역
첫 작문 자기 소개서 그림 일기 작문 견본(최상의 작품) 자기 평가서

5. 초등영어 수행평가의 전자교과서 적용 예

지금까지 다양한 읽기, 쓰기 평가 방법들에 대해 알아보았다. 이러한 영어 평가 방법들을 2013년부터 전국적인 보급을 계획 중인 전자교과서에 적용하여 보았다. 적용한 전자교과서의 학년 및 단원은 초등 6학년 영어 교과서 11단원인 'What do you want to do?'로, 수준별 전자교과서를 기본으로 하여 설계하였으며, 수준은 심화와 보충 2수준으로 나누었다. 기본 학습 후 심화/보충으로 수준별 수업이 진행된 다음 확인평가로써 '수행평가'가 행해지며, 수행평가의 활동으로는 크게 챈트, 노래, 짝 활동, 연극, 게임 의 활동으로 구성하였다. 자세한 진행내용은 다음과 같다.

1) 전자 교과서의 초기 화면

초등영어 6학년 전자 교과서의 11단원 초기화면과 메뉴 구성은 <그림 1>과 같다. 교과서 어느 페이지에서도 지문인식에 의한 터치스크린이나 스타일러스 자유쓰기가 가능하므로 필기가 자유롭다.

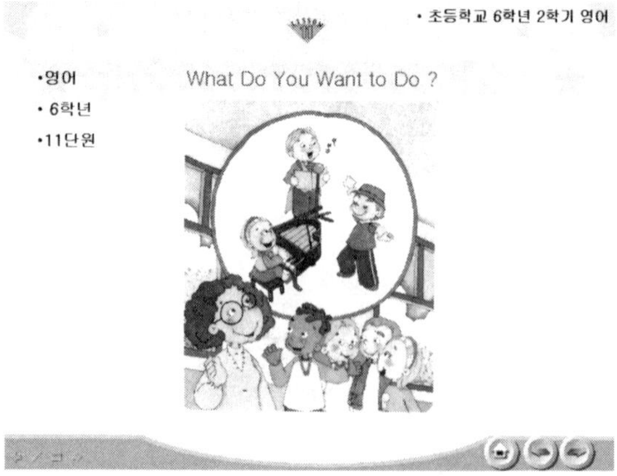

<그림 1> 11단원 초기화면

2) 11단원의 차례 화면

1) 에서 제시한 그림에서 메인그림을 선택하거나 화면이동버튼을 누르면 11단원의 차례 화면으로 이동되며, 그 내용은 <그림 2>과 같다. 하단 우측에 있는 화면이동버튼은 네비게이션 기능으로써 앞페이지, 뒷페이지로 가기 위한 버튼이다. 이 버튼 이외에도 스타일러스, 자판, 마우스로도 이동이 가능하다. 또한 책장 넘기는 소리는 학습자의 기호에 따라 사용되거나 중지 될 수 있으며, 책장 넘어가는 이미지도 빠르게, 중가, 느리게 등으로 그 속도를 조절할 수 있다.

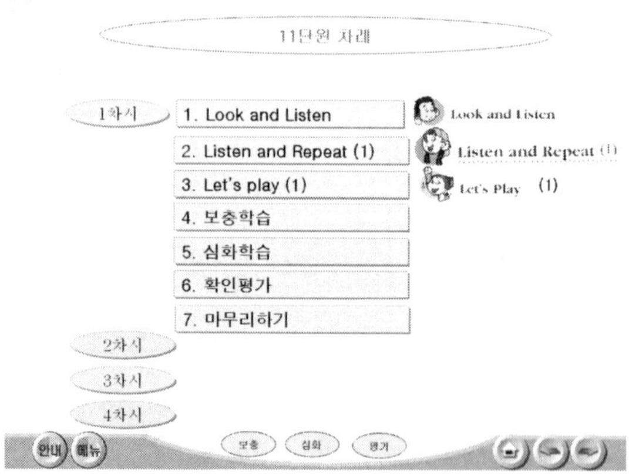

<그림 2> 11단원 차례화면

3) **기본학습**–'Look and Listen'

기본학습 부분에서는 기존 텍스트 교과서 내용을 그대로 따르는데 중점을 두었다. 1차시 첫 번째 학습은 <그림 3>과 같은 '그림을 보고 들어보는-Look and Listen' 단계이다. 'Look and Listen 단계' 는 그림을 보고 추측해서 대답해보는 '① Look at the picture' 와, 그 날 공부할 대화를 소리 없이 화면만 보여주고 대답하도록 하는 '② Let's listen to the dialogue', 대화문을 다시 한번 더 들어보고 교사의 질문에 답해보는 'Let's listen again'로 세분화 되어진다. 본 화면에서는 '① Look at the picture' 부분으로써 그 예로, 피아노를 치는 학생의 모습이 제시가 되면, 그 옆에서 말풍선으로 "What's in the picture?"라는 질문이 나온다. 학생들은 이 그림을 보고 한국말 또는 영어로 자신의 생각을 말해보게 된다.

<그림 3> 기본학습-'Look and Listen'

4) **기본학습**-'Listen and Repeat (1)'

1차시 두 번째 학습은 <그림 4>과 같은 '듣고 따라해 보는-Listen and Repeat (1)' 단계이다. 'Listen and Repeat 단계'는 목표구문으로 되어 있는 짧은 대화문들 들어보는 '① Listen carefully'와, 대화문을 들려주고 각 대화를 문장별로 따라 말하게 하는 '② Listen and repeat', 교사가 그림카드를 붙이며 문장을 들려주고, 각각의 그림 카드 위에 번호를 쓴 다음 어린이들에게 맞는 내용의 그림의 번호를 말하게 하는 '③ Let's practice' 단계로 세분화된다.

본 화면 그림에서는 '① Listen carefully'부분으로써 '다음 대화문을 들어보세요!'라는 제시어와 함께, 3개의 그림이 제시된다. 그림들 맨 위에 있는 음성지원 아이콘을 클릭하면 세 그림에 대한 짧은 대화문이 연속적으로 들리게 되고, 그림 하나하나씩 듣고 싶을 때는 각 그림 아래에 있는 음성지원 아이콘을 클릭하면 계속해서 반복적으로 해당 그림에 대한 대화문을 들을 수 있게 된다.

<그림 4> 기본학습－'Listen and Repeat (1)'

5) **기본학습** - 'Let's Play (1)'

1차시 세 번째 학습은 앞에서 배운 내용들을 바탕으로 카드 추측하기 놀이(Guessing Game)를 해 보는 <그림 5>와 같은 화면의 'Let's play (1)' 단계이다. 이 단계에서는 화면이 dir 형태의 애니메이션 파일로 제공이 된다. 선생님이 나와서 어린이들 앞에서 이야기를 시작한다. 애니메이션 화면의 선생님이 짧은 순간에 그림 카드 한 장을 제시하고, 무엇을 하는 그림이었는지를 어린이들에게 추측해보게 한다. 이 때 어린이들은 자신의 능력에 맞추어 빨리 모든 카드를 추측할 수도 있고, 또는 잘 보이지 않았다면 그림을 다시 클릭해 다시 보기를 할 수 도 있다. 이 카드 추측하기 놀이를 통해서 자신이 배운 표현들을 재미있게 익히게 된다. 만약 게임의 규칙을 잘 모른다면 애니메이션 화면 옆에 있는 '도움말' 아이콘을 클릭하면 놀이에 대한 상세한 활동 방법 및 절차가 제시되므로, 어린이들은 언제든지 도움을 받을 수가 있다.

<그림 5> 기본학습－'Let's Play (1)-1'

이렇게 카드 추측하기 게임을 다 하고 나면, 게임에 나왔던 카드들이 한 장씩 다시 제시가 되면서 어린이들이 복습할 수 있는 기회를 제공하게 된다. 이 때는 각 화면들이 실제로 행동을 하는 동영상 파일이 제공되어 어린이들로 하여금 학습에 대한 흥미를 더욱 고찰시킬 수 도록 한다. 예를 들어 <그림 6>에서는 컴퓨터 게임을 하고 있는 동영상이 제공이 되면서, “What do you want to do?”라는 질문이 제시되고, 어린이들은 답을 말하게 된다.

<그림 6> 기본학습–‘Let’s Play (1)-2’

6) **보충학습** - ‘1) **단어 알아보기**!’

11단원 1차시의 기본 수업 진도 후, 그 날 배운 수업의 내용을 잘 이해하지 못하거나 어렵다고 느꼈던 어린이들은 개별적으로 자신의 수준에 해당하는 수준별 수업의 진도를 나가게 된다. 수준별 학습에 소요되는 시간은 10분 정도로, 수준별 학습은 보충학습과 심화학습으로 나눠진다.

본 화면그림은 <**보충학습**>의 첫 번째 내용으로 ‘단어 알아보기’ 이다. 이 단계에서는 1차시 수업 때 사용된 단어들을 중심으로 다시 복습을 해보는 시간을 갖게 된다. 이 때 단어에 따른 입체그림과 음성지원, 동영상 파일등이 제공되며 각 아이콘을 클릭하면, 어린이들은 이러한 멀티미디어 기능을 활용할 수 있다. <그림 7>에 제시된 그림은 한 소녀가 피아노를 치는 그림으로 11단원 1차시의 내용에 제시된 “I want to play the piano”의 구문 중 ‘play the piano’라는 단어를 학습하기 위한 것이다. 이 그림 외에도 본 수업 내용에 사용된 walk, show, idea, musical, that's right, want, sing, dance, play the piano/violin/guitar sound, sounds good 등의 단어들이 본 그림처럼 제시되어 어린이들이 단어에 대한 복습을 철저히 할 수 있도록 도와준다. 어린이들은 이 그림을 보고 맞는 단어를 찾는 방법으로 단어를 알아가게 되며, 보기문항 아래에 제시된 정답 아이콘을 통해 답을 맞추어 볼 수도 있다.

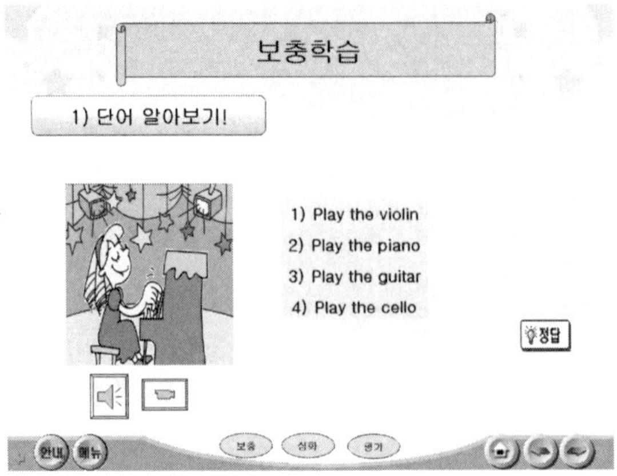

<그림 7> 보충학습－'1) 단어 알아보기!'

7) **보충학습** - '2) **구문 만들기**!'

보충학습 첫 번째 단계에서 그 날 배운 단어들을 복습하는 시간을 가졌다면, 두 번째 단계인 '구문 만들기' 단계에서는 이미 배워서 알고 있는 다양한 단어들을 이용하여, "I want to ________" 구문을 만들어 보게 된다. "What do you want to do?"라는 물음이 영상과 문자, 음성, 동영상으로 나오면, 알고 있는 단어들이 그림과 함께 문자의 형태로 제시된다. 이를 통해 이미 알고 있는 단어들을 "I want to ________."구문에 대입시킬 수 있게 되고, 많은 듣기를 통해 "What do you want to do?"라는 문장을 익힐 수 있게 된다.

예를 들어 <그림 14>와 같이 아이가 곤히 자고 있는 모습이 그림이나 동영상으로 제공된다. 그림 윗부분에 있는 '음성지원' 아이콘을 클릭하면, 아이가 새근새근 자고 있는 소리가 제공되면서 "What do you want to do?"라는 음성이 들린다. 또 '동영상' 아이콘을 클릭하면 아이가 자고 있는 모습을 동영상으로 볼 수 있다. 이 그림을 보고, 어린이들은 이미 배워서 알고 있는 단어인 'sleep' 이라는 단어를 이용하여, 'I want to sleep.'이라는 구문을 만들어내게 된다. 구문 만들기와 같은 단계에서는 어린이들이 그 날 배운 구문을 전자교과서의 필기 기능을 이용해 직접 써보는 활동을 할 수도 있고, 펜이나 마우스 등을 이용하여 밑줄을 긋거나, 형광펜으로 텍스트에 하이라이트를 줄 수 있다.

<그림 8> 보충학습-'2) 구문 만들기!'-1

<그림 8> 역시 아이가 먹는 모습이 그림, 음성, 동영상으로 지원이 되면, 어린이들은 이미 알고 있는 'eat'이라는 단어를 이용하여, 'I want to eat.' 이라는 구문을 만들 수 있다. 이 단계는 이미 알고 있는 단어지식을 활용하여, 11과에서 목표로 하고 있는 문장인 "I want to ________." 구문에 익숙해지게 하는데 그 목적이 있다.

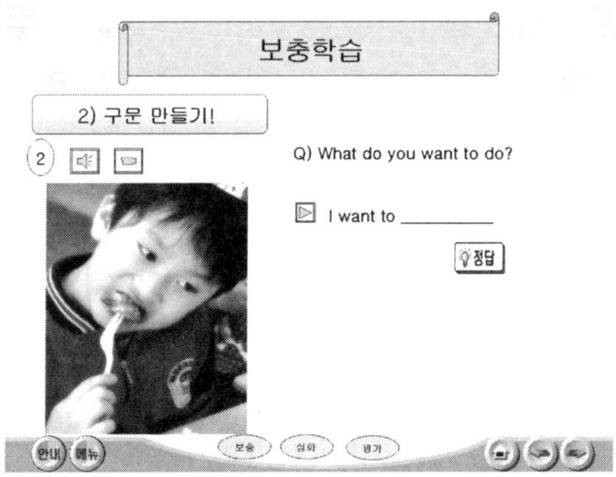

<그림 9> 보충학습-'2) 구문 만들기!'-2

8) **심화학습** - '1) **단어 알아보기**'

11단원 1차시의 기본 수업 진도 후, 그 날 배운 수업의 내용을 잘 이해한 어린이들은 개별적으로 전자교과서 <**심화학습**> 과정을 통해서 심화학습 수업을 듣게 된다. 심화학습과정 중 '단어 알아보기' 단계에서는 1차시 수업 때 사용되지 않는 좀 더 어려운 단어들이 제시된다. 이 때 단어에 따른 입체그림과 음성지원, 동영상 파일등이 제공되며 각 아이콘을 클릭하면, 어린이들은 이러한 멀티미디어 기능을 활용할 수 있다. <그림 9>에서는 남자아이가 축구를 하는 그림이 제공된다. 'play soccer' 라는 단어는 11차시 학습내용에서는 제시되지 않은 새로운 단어로써, 어린이들은 이 그림을 보고 맞는 단어를 찾는 방법으로 단어를 알아가게 되며, 보기문항 아래에 제시된 정답 아이콘을 통해 답을 맞춰 볼 수도 있다. 단어의 예로는 play baseball/tennis/basketball, watch TV, listen to music etc. 등이 있다. 이 화면 역시 전자교과서 내의 영어사전 기능을 사용할 수 있고, 새로운 정보를 더 알고 싶을 때에는 하이퍼링크 기능을 이용하여 교과서 내외의 정보로 이동 할 수 있다.

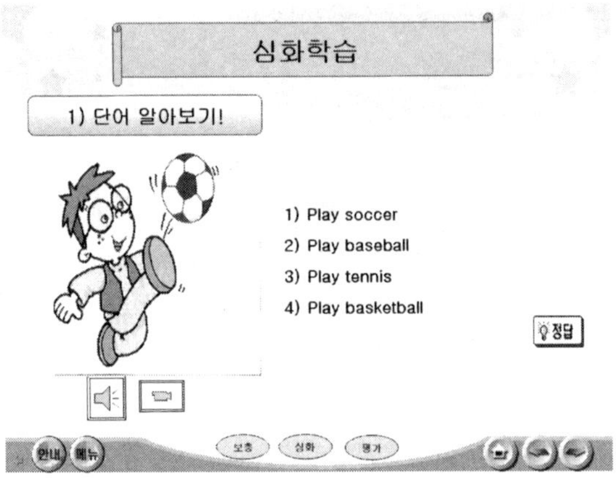

<그림 10> 심화학습–'1) 단어 알아보기'

9) 심화학습 - '2) 구문 만들기!'

심화학습 첫 단계에서 1차시 수업 때 제시되지 않은 새로운 단어들을 익혔다면, 심화학습 2단계에서는 "What do you want to do?"라는 11단원 목표문장을 "What do you want to be?"라는 문장으로 확대시켜본다. 여러 가지 직업에 대한 그림들이 제공되며, 그림을 누르면 영상이 지원된다. "What do you want to be?"라는 새로운 표현을 익힐 수 있고, 여러 가지 직업에 대한 표현도 알 수 있게 된다.

예를 들어 <그림 10>에서는 선생님이 수업을 하시는 모습이 그림, 음성, 동영상으로 지원이 되면, 어린이들은 이 그림을 보고 제시되는 "What do you want to be?"라는 질문에 "I want to be a teacher."이라는 좀 더 확장된 구문연습을 할 수 있게 된다. 또 다른 예로는 간호사의 모습이 제공되면, 어린이들은 "What do you want to be?"라는 질문에 "I want to be a nurse."이라는 표현을 말하고, 또 익힐 수 있게 된다. 또 다른 여러 가지 직업에 관한 그림들이 제공이 되므로, 심화학습 2단계를 통해 어린이들은 무엇을 하고 싶은지에 대한 질문과 표현 뿐 아니라, 무엇이 되고 싶은지에 대한 질문과 표현도 익히게 된다.

<그림 11> 심화학습－'2) 구문 만들기!'

10) **수행평가** - '1) Let's chant & sing!'

자신의 **수준별로 보충/심화학습**을 마치게 되면, 그 날 배웠던 학습에 대한 간단한 확인평가가 이루어진다. 확인평가는 수행평가의 형태로 이루어지며, 챈트와 노래, 짝활동, 역할극, 게임 등의 다양한 형태의 활동들로 구성된다.

먼저 수행평가 첫 번째 단계인 'Let's chant & sing!'에서 어린이들은 각 단원에 알맞은 챈트와 노래를 배우고 익히게 된다. 하지만 단순히 챈트나 노래를 익히고 끝나는 것이 아니라 이 부분 역시 수행평가의 하나로 연결이 되는데, <그림 12-1>에서의 '마이크' 아이콘을 누르고 헤드셋의 마이크를 통해 챈트나 노래를 부르면 평가가 되는 시스템을 지닌다. 또한 <그림 12-2> 처럼 챈트나 노래 속에 어린이들이 듣고 받아쓰기 할 수 있는 부분을 만들어 놓아, 듣기와 말하기 뿐 아니라, 쓰기도 평가할 수 있게 된다.

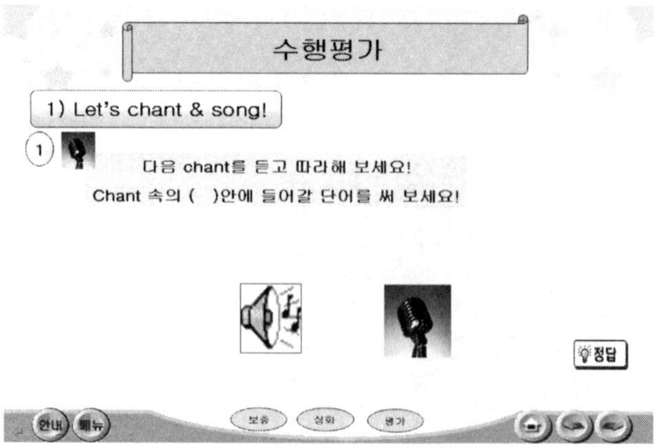

<그림 12-1> 수행평가–'1) Let's chant & sing-1'

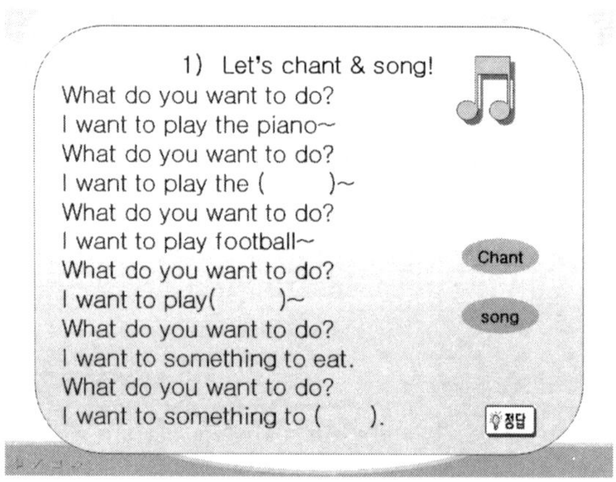

<그림 12-2> 수행평가–'1) Let's chant & sing-2'

11) **수행평가** - '2) Pair work!'

두 번째 **수행평가 활동**인 'Pair work!' 에서는 <그림 13-1>과 같이 카드 6개 제시가 된다. 어린이들은 한 번에 하나씩의 카드만을 선택할 수 있는데, 선택된 카드에는 여러 가지 활동을 하고 있는 그림들이 나타난다. 자신이 선택한 그림을 가지고 짝과 함께 'What do you want to do?'라는 질문에 답하는 활동을 하게 된다. 이 활동은 단지 한명의 짝과만 하는 것이 아니라, <그림 13-2>처럼 총 6명의 친구들을 돌아가면서 만나 그들의 이름과 활동결과를 기입하는 것까지 이어지게 된다.

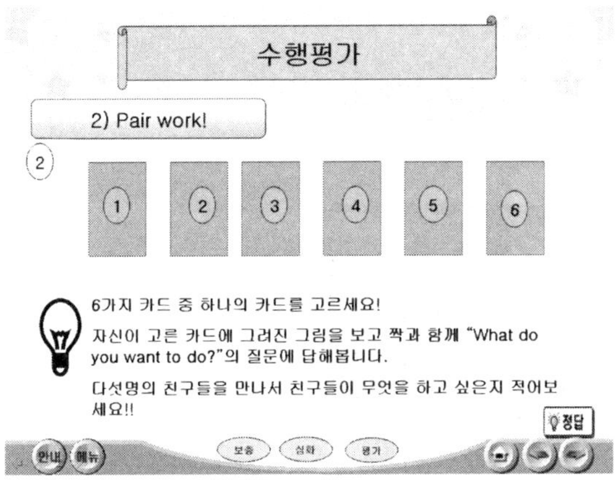

<그림 13-1> 수행평가－'2) Pair work!-1'

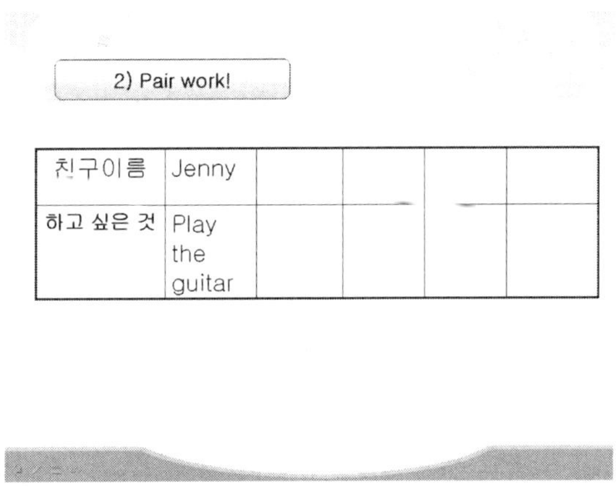

<그림 13-2> 수행평가－'2) Pair work!-2'

12) **수행평가** - '3) Let's role play'

수행평가 3번째 활동인 'Let's role play'에서는 <그림 14-1>처럼 주어진 동영상이나 그림을 보고 자신들이 생각한 대로 역할극을 해보거나, 대사를 하는데 도움을 받고 싶다면 <그림 14-2>과 같은 대사에 쓰여져 있는 화면을 통해 역할극을 해 봄으로써, 그 날 배웠던 학습목표를 상기시키고, 이 전에 배웠던 다양한 구문들을 응용함으로써 목표구문을 확장시키는 활동을 하게 된다.

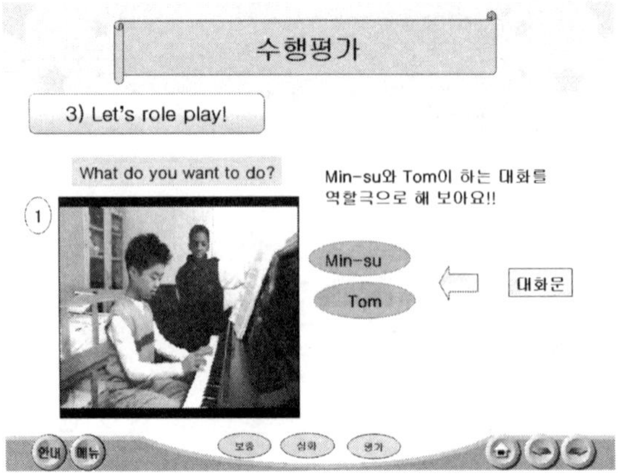

<그림 14-1> 수행평가－‘3) Let’s role play-1’

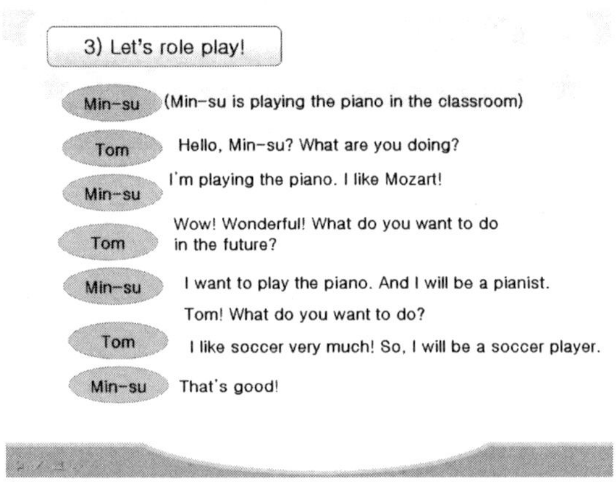

<그림 14-2> 수행평가－‘3) Let’s role play-2’

13) **수행평가** - ‘4) Let’s play the game!’

본 차시의 **수행평가** 마지막 활동인 ‘Let’s play the game!’에서는 본 차시에 배운 목표단어 중 몇 단어를 가지고 빙고게임을 하게 된다. 빙고게임의 낱말제시 방법으로는 <그림 15-1> 처럼 그림으로 제시가 될 수도 있고, 각 단어의 정의에 대해 영어나 한국어로 풀이가 되어 나타날 수도 있다. 본 차시는 단원의 첫 차시에 해당하는 평가이기 때문에 알기쉽게 그림으로 제시되었다. 빙고게임이 끝난 후 정답을 알고 싶으면, 정답 아이콘을 눌러 확인할 수 있으며, 정답은 <그림 15-2>과 같이 나타난다.

<그림 15-1> 수행평가－'4) Let's play the game!-1'

<그림 15-2> 수행평가－'4) Let's play the game!-2'

14) 수행평가 －'나의 영어실력은?'

<그림 16>와 같이 각 단원 각 차시의 **수행평가**에서 행해진 듣기, 말하기, 읽기, 쓰기 영역별 영어 실력 정도를 알 수 있다. 이 부분은 컴퓨터에 저장하여 놓은 정답률로도 나타나게 할 수도 있고, 교사가 직접 자신의 컴퓨터로 어린이들의 수행평가 능력 정도를 평가에 입력하여 어린이들의 화면에 나타나게 할 수도 있다.

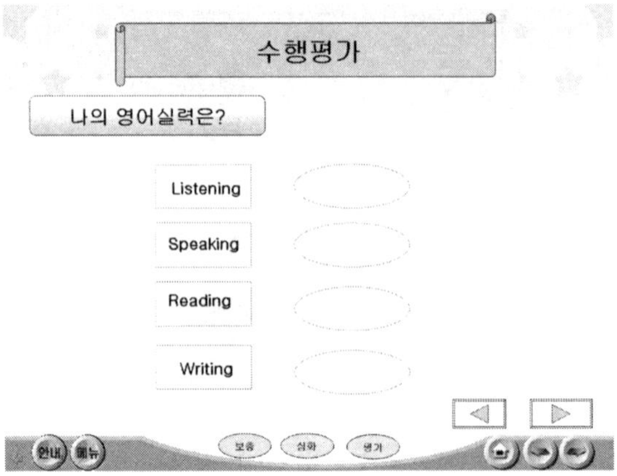

<그림 16> 수행평가－'나의 영어실력은?'

13) **마무리하기** －'Let's review!'

11단원 1차시 수업을 마무리 하는 단계로써, **기본학습**의 카드 추측하기 놀이에서 사용된 카드를 가지고 복습하게 된다. <그림 17>처럼 그 날 배운 세 가지 그림의 카드가 제시되고, 카드 그림 밑에는 정답이 숨겨져 있다. 우선 어린이들은 카드의 그림을 말해보고, 카드 밑 부분을 클릭하면 맞는 답이 보이게 된다. 소요시간은 3분 정도이며, 마무리 단계를 통해 그 날 배웠던 학습목표를 성취하고 다시 생각해 보는 시간을 가질 수 있다.

<그림 17> 마무리하기－'Let's review!'

IV 맺음말

이 장에서는 영어 읽기 · 쓰기 영역에 대한 평가의 이론적 기저를 알아보고, 각 평가부분에 대한 예시를 어린이들 수준에 적합하게 제시해보았다. 크게 **영어 평가**를 읽기평가, 쓰기평가, 수행평가, 포트폴리오 평가로 나누어 살펴보았으며, **수행평가**에 대한 부분은 앞으로 시행예정인 전자교과서의 확인평가 영역에 대입시켜 그 설계안을 작성해보았다. 현재의 초등영어는 음성언어 중심의 교육과정에 더 중점을 학습되어 왔기 때문에, 듣기영역과 말하기 영역에 대한 초등 영어 평가 부분의 자료는 충분한 반면, 문자언어인 읽기와 쓰기 부분에 대한 평가 자료들은 협소한 실정이다. 하지만 앞으로 개정될 교육과정에서는 다시금 문자지도 영역에 대한 중요성을 인지하고 있기 때문에, 현재의 영어평가 보다는 좀 더 개선되고 다양해진 평가 자료들을 제시되고 보급될 것으로 기대한다.

2013년 전국적인 보급의 계획을 가지고 진행되고 있는 전자교과서는 현재 수준별 전자교과서, 통합주제별 전자교과서, 단순 서책형 전자교과서 등 다양한 형태의 교과서들이 논의되고 있는 실정이다. 이 장에서 설계한 전자교과서는 수준별 전자교과서 형태로서 앞으로 다양한 형태의 전자교과서에 각 영역별 영어평가 방법을 적용한 설계안이 제시되길 기대해본다.

참고문헌

강상진. (1996). 성취 수준 평가의 이론과 실제. 서울 : 교학사, 1996

김석우, 김대현. (1999). 교육과정 및 교육평가. 학지사

김인석, 최인철, 진경애. (2003). 초등영어교육의 효율성과 평가도구의 개발 방향. 북코리아

김정렬, 임창근. (1997), 초등학교용 영어 개별적응 평가(Computer-Adaptive English Testing)프로그램 개발. *Multimedia Assisted Language Learning*.1(1), 101-116

박도순, 홍후조(2002). 교육과정과 교육평가. 서울 : 문음사

박혜숙. (2006). 영어쓰기 교육의 이해. 서울: 한국문화사

성태제. (2002a). 타당도와 신뢰도. 서울: 학지사

성태제. (2002b). 현대교육평가. 서울: 학지사

오성삼, 구병두(1996). 교육과정 및 평가의 이해. 서울 : 양서원

이경화. (2001). 읽기 교육의 원리와 방법. 서울: 박이정

이완기. (2000, 2007). 초등영어교육론. 서울: 문진미디어

이완기. (2003). 영어 평가 방법론. 서울: 문진미디어
이홍수. (1999). 영어평가 및 멀티미디어 교육론. 서울: 한국문화사.
임병빈. 송해성. (2000). 영어읽기의 새로운 기법을 활용한 교실수업 지도 방법. 서울: 한국문화사.
임병빈. (2005). 영어교육평가방법. 서울: 경문사
임창근. (1998). 영어교육 평가에 있어서 질적인 평가와 양적인 평가의 조화. 초등영어교육, 4(1), 36-42.
정동빈. (1985). 한국 어린이의 영어/한국어 통사 이해 연구. 영어교육. 29(1), 409-430 .
정동빈. (1987). 외국어학습과 습득모형 . 영어교육. 33(1), 25-45.
정동빈. (1988). 한국대학생의 영어와 한국어 발화 변속에 따른 청각이해 효과. 영어교육. 35(1), 149-178.
정동빈. (1990). 이중 언어 한국어린이와 미국어린이의 화용론적 입장에서 본 영어습득. 응용언어학. 3(1), 109-137.
정동빈. (1991). 청각이해도 실험 연구에 관한 문헌적 고찰. 응용언어학. 4(1), 139-154.
정동빈. (1992). 어린이의 화용 발달지도 방안에 관한 연구. 응용언어학. 5(1), 165-184.
정동빈. (1993). 영어교과의 평가방법 및 평가도구 개발연구. 영어교과교육연구. 1(2),180-198.
정동빈. (1996). 한국의 응용언어학 연구의 회고와 전망. 응용언어학. 9(1), 5-16.
정동빈. (1998). 한국응용언어학회의 20년 – 회고와 전망. 응용언어학. 14(1) 377- 416
정동빈. (1996-2007). 웅진 *Think-Big* 영어/ *Kids' story*. 서울: 웅진닷컴.
정동빈. (1997-2006). 교육부 검인정 초등영어 3-6학년 교과서, 지도서 . 서울: 웅진닷컴.
정동빈. (1999). 초등 영어 평가 방법. 영어언어과학, l(2), 98-110.
정동빈. (1999). 조기영어교육론. 서울: 한국문화사.
정동빈. (1998). 초등학교 영어 문자지도 방향. 초등영어교육, 4(2), 5-47.
정동빈. (2002a). 유아영어의사소통교육론. 서울: 한국문화사.
정동빈. (2002b). 유아영어의 통합적 교수요목 모형 개발. 영어어문교육. 8(2),219-243.
정동빈. (2002c). 유아영어교수학습접근, 방법, 기법 및 절차에 대한 개발 연구, 영어언어과학 . Vol.8(2002.1) 37-67
정동빈. (2003a). 인터넷 활용한 유아영어문자지도방법. 현대영어영문학, 47(2)145-166.
정동빈. (2003b). 100가지게임 활용 초등영어지도, 창원: 드림랜드
정동빈. (2003c). 수준별 조기 영어 교육 모형 설정과 그 활용방안. 외국학 연구, 7, 75-100.
정동빈. (2004a). 유아영어놀이지도. 서울: 한국문화사.
정동빈. (2004b). 웹기반 초등영어 교과서개발 모형. 현대영어영문학. 48(1).171-195.
정동빈. (2005). 어린이 영어 발달 지도. 서울: 중앙대학교 출판부.
정동빈. (2007). 똑 소리 나는 우리아이 영어, 3살부터 시작하자. 서울: 해피하우스.
정동빈. (2008a). 영미문화와 영어지도. 서울: 동인출판사.

정동빈. (2008b). 엄마가 들려주는 영미문화 이야기와 함께 신나는 영어공부를. 서울: 동인출판사.
정동빈, 김주은. (2004). 어린이 영어교육을 위한 컴퓨터 게임모형, 영어어문교육, 10(2), 133-158.
정동빈, 채유순. (2003). 누구나 영어 영재의 부모가 될 수 있다. 서울: 아가월드.
정동빈, 채유순. (2005). 동화를 활용한 어린이 영어지도. 서울: 드림랜드.
정동빈, 석진이. (2007). 유도적 읽기가 학습자의 자기 주도적 읽기 능력에 미치는 효과. *Foreign Language Education*. 14(2), 287-303.
정동빈, 진현정. (2007). 어휘덩어리 지도가 수준별 5-6세 유아들의 유창성 발달에 미치는 효과. 영어교육. 62(4), 539-562.
정동빈, 윤정주. (2007). 모바일 기기를 활용한 u-러닝 영어학습모형연구. 멀티미디어 언어교육. 10(2), 131-154.
조경숙. (2003). 초등영어 읽기.쓰기 교육. 서울: 한국문화사
최연희. 전은실. (2006). 영어 읽기 교육론. 서울: 한국문화사
최진황. (1991). 교육의 본질 추구를 위한 영어 교육 평가체제 연구(II) : 영어과 가 모형 및 예시 평가 도구 개발. 한국교육과정평가원
Arter, J. A., & Bond, L. (1996). Why is assessment changing? in *Handbook for Student Performance Assessment in an Era of Restructuring*. R.E. Blum and J. A. Arter(Eds.) VA: Association for Supervision and Curriculum Development.
Brown, H. D. (2004). *Language Assessment: Principles and Classroom Practices*. NY: Person Education, Inc.
Brown, J. D. & Hudson, T. (1998). The alternatives in language assessment. *TESOL Quarterly, 32(4)*, 653-675.
Cameron, L. (2005). *Teaching Languages to Young Learners. Cambridge :* Cambridge University Press .
Cohen, A. (1994). *Assessing Language Ability in the Classroom*. Boston: Heinle & Heinle.
Hamp-Lyons, L. & Condon, W. (2000). *Assessing the Portfolio: Principles for Practice, Theory and Research*. NJ: Hampton Press.
Harmer, J. (2001). *The practice of English Language Teaching(3rd ed.)*. London: Longman.
Leon, F. & Paulson, P. R. (1995). The four stages of portfolio growth. *In A Portfolio Primer: Reaching, Collecting, and Assessing Student Writing*. G. Hewitt (Ed). NH: Heinemann.
Schrier, T. & Hammadou. G. (1994). Assessment in foreign language teacher education. In *Teaching testing, and Assessment: Making the Connection*. C. R. Hancock (ed). IL: National Textbook Company.
Widdowson, H. G. (2001). Communicative Language Testing. The Art of the Possible, in C. Elder,

A.Brown, E. Grove, K. Hill, N. Iwashita, T. Lumley, T. McNamara & K.O'Loughlin(eds.). *Experimenting with Uncertainty: Essays in Honour of Alan Davies. Studies in Language Testing 11.* Cambridge: Cambridge University Press.

제 7장

게임활용 초등영어 문자지도

English Literacy Teaching

for Primary School Students

I 머리말

1. 게임 활용의 필요성 및 목적

최근 많은 국내의 연구자들이 새로운 놀이 문화로 발전된 컴퓨터 게임을 교육과 접목시키려는 시도가 활발하게 이루어지고 있다. 실제로 컴퓨터 게임의 어떤 요소가 학습 매체로서 흥미로우며, 그것이 교육적으로 어떤 효과를 줄 수 있는지 등에 대한 연구가 활발하게 일어나고 있다. 이것은 가정용 컴퓨터의 급격한 보급으로 인하여 컴퓨터 게임을 시작하는 연령이 매우 낮아 지면서, 컴퓨터 게임이 어린이에게도 주요한 놀이로 자리를 잡아가고 있기 때문이다. 컴퓨터 게임을 활용한 학습은 직접 행동을 통해 지식을 습득하도록 되어 있으므로 단순히 듣고 보며 암기하여 학습하는 것보다 더욱 깊이 있게 원리를 이해할 수가 있다. 또한 게임 내에서 경험 할 수 있는 환경이 무한하며, 게임을 통한 가상적 세계에서 결과에 대한 부담 없이 마음껏 즐길 수 있다는 장점이 있다. 이러한 컴퓨터 게임의 교육적 유용성은 많은 연구를 통해 다양한 측면에서 찾아볼 수가 있다. 컴퓨터 게임은 논리적이고 창의적인 사고를 향상시켜 줄 수 있을 뿐만 아니라 인지능력에도 도움이 되며 그리고 컴퓨터 게임은 컴퓨터의 활용 능력과 사교성 함양 및 집중력과 사고력 향상 등에도 도움이 된다.

그 밖에도 Greenfield(1984)는 **컴퓨터 게임**이 역동적인 시각적 요소와 학습자들의 능동적인 역할 참여를 장려하며, 상호작용적 요소를 결합시킨 훌륭한 교육 매체라고 하였다. 뿐만 아니라, 많은 학자들(Cohen, 1983;Hooper, 1992)이 **컴퓨터 게임**은 학습자들 간의 상호작용에 큰 영향을 미친다고 하였다. 특히 컴퓨터 게임은 언어 학습에서 상호작용을 통한 협동학습이 가능하기 때문에 다른 학습자들과 다양한 언어를 경험할 수 있는 기회를 제공한다. 그리고 컴퓨터 게임을 통하여 학습자는 학습에 대한 동기를 유발하게 되고, 능동적인 활동을 통해 사회성도 키울 수 있게 된다. 교육적으로 유용한 컴퓨터 게임을 학습에 도입한다는 것은 학습자에게 재미있는 학습 방법을 안내하는 것이며 다양한 경험을 통해 자연스럽게 학습할 수 있는 환경을 제공해 주는 것이다. 그러므로 컴퓨터 게임을 활용한 교육을 더욱 효과적으로 현실에서 구현하기 위해서는 명확하고 타당한 이론적 배경을 바탕으로 한 실질적이고 구체적인 모형이 제시되어야 한다. 그러나 국내외적으로 이런 어린이 영어교육을 위한 컴퓨터 게임 모형 연구가 부족한 실정이다. 따라서 이 장의 목적은 학습 목표와 교육내용에 적합한 이론적 모형을 기반으로 웹과 컴퓨터 게임이 갖는 교육적 효과를 적용하여 어린이 영어교육을 위한 게임 모형을 제시하는데 있다.

우리나라는 세계무대에서 **컴퓨터 게임 강대국**으로 이름을 떨치고 있으며 이에 못지않게 게임 산업이 지속적으로 팽창하고 성장하는 실정이다. 그 중 교육용 컴퓨터 게임의 활용은 영어를 흥미롭게 학습하는데 도움을 줄 수 있다. 또한 신조어로 제시되는 **에듀테인먼트**(edutainment)는 교육(education)과 오락(entertainment)의 합성어로 교육을 보다 흥미롭게 하여 학습 효과를 향상시키는 목적을 가진 교육용 게임을 설명할 때 자주 사용된다. 에듀테인먼트의 활용은 영어를 처음 접하게 되는 어린이에게 학습의 흥미를 유발하여 학습효과를 향상시키는 유익한 수단이 되고 있다.

1997년 초등학교에 영어 교과가 정규 과정으로 도입되었고 그 연령이 점점 낮아지는 방안이 추진 중인 현 상황에서 취학 전 어린이들에게 영어를 교육하는 것은 일반적 현상이 되었다. 그러나 어린이 영어 교육에서는 문자언어(읽기, 쓰기)보다 음성언어(말하기, 듣기)에 더 치중해왔으며, 이제껏 문자언어를 배제하였다고 해도 과언이 아닐 것이다. 어린이가 언어를 학습하는데 있어 언어의 4가지 기능(말하기, 듣기, 읽기, 쓰기) 중에서 중요하지 않은 것은 없을 것이다. 이에 영어를 처음 접하는 어린이들에게 문자언어를 보다 효율적이고 흥미 있게 지도하기 위한 방안이 필요함을 알 수 있다. 어린이가 문자언어를 습득한다는 것은 읽기와 쓰기의 과정을 포함한 것이다. 이현구와 한경호(2002)가 지적하듯이 현대 사회에서 문자 언어를 학습하기 위해 학습 환경에 컴퓨터를 사용하는 것은 보편화적인 상황이 되어 있다. 따라서 어린이의 발달적 특성에 적합하게 읽기 및 쓰기 학습 도구의 하나로 컴퓨터를 사용하는 것은 유익하다. 이 과정에서 어린이에게 읽고 쓰는 기회를 줄 수 있는 개방적 소프트웨어로 교육용 컴퓨터 게임을 살펴볼 수 있다.

II 구성주의 이론과 게임학습

1. 구성주의의 게임적용

사회와 교육은 밀접한 상호관계 속에서 서로 영향을 주고 받으면서 변화해 가는 사회적 요구와 교육적 요구를 충족시켜 주는 방향으로 전개되어 왔다. 정보화시대라는 이름으로 규정되는 요즘의 사회에서는 정보화시대가 지니는 여러 특징으로 인한 사회적 패러다임의 변화에 따라 교육적 패러다임도 변하고 있다. 즉, 정보화시대의 급격한 변화에 따르는 엄청난 정보 홍수에서 필요한 정보가 무엇인지를 학습자가 스스로 선택, 가공, 활용할 수 있는 문제해결 능력과 객관적 사고력을 위한 학습 원리로서 교육 패러다임의 전환이 바로 구성주의 이론이다.

정보화 시대의 **구성주의**는 학습에서 학습자의 주도적 역할, 학습자의 책임, 그리고 학습자의 능동적이고 적극적인 참여를 요구하는 학습 이론이다. 또한 구성주의적 교육 패러다임은 가르치는 교사의 교수중심 및 결과 중심의 교육과정에서 배우는 학습자의 학습중심 및 과정 중심 교육과정으로의 전환이라고 요약할 수 있다. 따라서, 구성주의는 교수-학습 절차를 체계화시키는 것보다는 학습이 일어날 수 있는 환경을 설계하는 것으로, 학습자가 각자 의미를 구성하도록 지원할 수 있는 학습 환경을 제공하는 것에 중점을 둔다.

구성주의를 이해하기 위해서는 산업 시대의 학문적 패러다임인 객관주의(Objectivism)와 대조가 되는 구성주의적 인식론에 대한 이해가 선행되어야 할 것이다. 구성주의에서는 인간의 지식 구성 과정을 개인적인 인지적 작용의 결과, 즉 모든 지식은 개인에 의해 구성된다라고 보는 상대주의적 인식론의 관점에서 본다. 여기서 인식론이란 학습자가 어떤 식으로 지식 또는 의미를 습득하고 형성해 가는가를 의미하는데, 구성주의는 바로 '앎의 이론'으로서 인식론의 이해로부터 출발한다. <표 1>처럼, 구성주의에서는 knowing의 '-ing'형은 지식 이론의 완료형 Knowledge와 구분하여, 지속적으로 진행해 나간다고 보는 '과정'을 강조하고 있다. 이 점에서 구성주의를 '의미 만드는 법' (How to make meaning), '알아가는법' (How to come to know) 이론 이라고도 한다. 이들 용어의 공통점은 '진행형'으로서 과정을 중시하려는 의도가 있다.

<표 1> 구성주의 교수－학습 원리를 이용한 컴퓨터 게임 학습

구성주의적 교수-학습 특징		컴퓨터 게임의 활용
구성과정 (Construction procedure) 반성적 학습	⇨	게임을 통한 문제해결 학습 및 평가
학습자 주도적 학습 (Self-directed learning)		게임 학습의 주도적 해결
상호협동학습 (Collaborative learning)		학습에 관련된 대화, 토론 및 채팅을 통한 문제해결
실제적 과제 (Authentic task)		학습내용과 관련된 실제적인 게임 활동
교사의 역할 (Teacher's role)		교사및 부모의 안내자 역할 동료들의 학습 도움및 안내

1) 구성과정

Houser & Deloach(1988)에 의하면, **구성주의 학습**은 학습자가 깊이 있게 탐색하고 성찰할 수 있는 학습환경을 제공해 주고 과정중심의 평가를 지향하게 한다. 구성주의적 학습을 컴퓨터 게임과 연관지어 보면 컴퓨터 게임을 통해 문제를 해결하고 학습할 수 있는 환경을 제공하여 학습자로 하여금 스스로 의미를 구성하고 평가할 수 있는 기회를 부여하는 것이다. 그러기 위해서는 학습하는 목적이나 이유가 명확해야 하고, 학습자들의 흥미와 목적에 부합한 동기유발을 이끌어 낼 수 있어야 한다.

구성주의에서는 각각의 학습자들이 구성한 의미가 지식의 의미와 불일치 하는 것을 학습의 오류로 본다. 컴퓨터 게임에서의 실수는 보다 나은 의미를 구성해 나가는 하나의 과정으로서 학습자를 촉진시키는 역할을 한다. 이때 학습자들은 자신의 지식이 어떻게 구성되고 있는지를 재고하면서 내적인 정신 활동을 하게 된다. 따라서 교육용 컴퓨터 게임을 개발하는 교육자와 개발자들은 학습자의 이러한 내적인 정신 활동을 도울 수 있는 학습 환경을 마련해 주어야 한다. 예를 들어, 간단한 대답만을 요구하는 식의 게임이 아니라 문제를 해결하기 위해 배운 것을 응용해 보고, 때로는 다른 사람과의 교류를 통해 수정·보완해 갈 수 있는 식의 게임을 제시해 주는 것이 좋다. 또한 학습의 과정과 게임학습에 대한 평가가 기록되어 학습자가 어떤 오류를 범했는지 스스로 생각할 수 있게 한다면 좋을 것이다.

2) 자기 주도적 학습

자기 주도적 학습 (Self-directed learning)이란 학습자가 주어진 과제를 규명하고 해결하도록 방안을 모색할 뿐만 아니라 해결방안에 대한 평가를 하는 등 학습 전 과정에서 주도적인 역할을 하는 것을 의미한다. 컴퓨터 게임은 학습자의 자발적인 학습을 유도하며 학습자 스스로 게임을 주도할 수 있는 환경을 제공한다. 따라서 어린이들은 다양한 통로를 통하여 필요한 지식과 경험에 쉽게 접할 수 있게 됨으로써 과거 교사에 의해 관리되었던 자신의 학습에 대하여 스스로 관리하고 통제해야 하는 환경에 놓이게 되는데 이는 학습자가 게임 학습을 하면서 주어진 게임을 스스로 해결하기 위해 자신에게 맞는 학습 방법을 선택하고 찾을 수 있게 될 것이다. 이 때 학습자는 자신의 학습 과정에 책임을 지고 능동적으로 참여하게 된다. Bednar, Cunningham & Duffy(1991)는 학습자가 능동적으로 의미를 구성하고 스스로 새로운 의미를 창출하기 위해 그 학습 환경을 재조직하는 것이 허용되어 한다고 하였다. 그 이유는 학습 환경이 어떤 특정한 형태로 미리 정해져 있어서 학습자들이 조작할 수 없게 되었을 경우, 학습자들은 능동적으로 의미를 구성하고 창출하기보다는 정해져 있는 의미를 수동적으로 받아들일 가능성이 높기 때문이다. 이처럼 게임 학습도 게임을 하는 학습 환경이 미리 정해져 있어서 학습자들이 창의적인 사고를 하고 능동적인 대처를 하는데 장애가 되어서는 안된다. 이러한 것들이 바탕이 되어 Lebow(1993)가 언급한 것처럼 학습 평가에 있어서도 학습자의 주도적 역할을 강조해야 한다. 학습자들에게 자신이 학습의 과정을 통제하고 있다고 느낄 수 있도록 과제를 제시해 주어야 한다. 또한 성취 결과를 평가할 때 학습자가 자기 자신에 대한 주관적인 평가를 먼저 해 볼 수 있으며 이러한 자율적인 자기 평가는 교사 및 전문가, 또는 외부의 객관적 평가보다 더 중시되어야 한다. 따라서 컴퓨터 게임에서 자기 주도적 학습 환경이 마련되기 위해서는 학습과 자신이 그 세계의 주인공이 되어 주도적으로 게임을 이끌어 나갈 수 있는 자신감을 주는 것이 중요하겠다. 이러한 자신감을 가지고 게임을 해 나갈 때, 학습자는 게임과 연계된 학습에서 주도적인 역할을 하게 될 것이다.

3) 상호협동학습

Little & Brammerts(1996)은 **상호협동학습**이란 학습자들이 공동의 학습 목표를 달성하기 위해 서로 도우며 시간과 노력을 함께 기울이면서 학습해 나가는 것이라고 하였다. 이러한 의미는 사회적 상호작용을 강조하는 것으로서 Vygotsky(1978)의 주장과도 일치한다. 그리고 Brown(1994)은 협동학습 방법은 긍정적인 상호의존성을 지니게 됨으로써 학습자에게 정의적 특성을 형성시키며 인지발달을 촉진시킬 수 있고, 적극적인 형태로 의사소통, 상호이해, 그리고 사회적응을 하게 할 수 있다고 하였다. 정동빈(1999)에 의하면 구조중심 방식의 협동 학습은 여러 가지 복합적인 구조들을 결합하여 하나의 구조적 학습을 이루어서 어린이들이 상호작용을 통해 결과를 이끌 수 있게 하는 것이다. 다양한 방식의 상호 작용이 있지만 결국 학습 내용과 그 전달 구조는 학습이 진행되는 과정에서 이루어진다. 그러므로 여기에서 이루어지는 협동학습은 실제 상황에서 과제가 수행되는 것과 일치해야 하며 학습 목표에 맞게 이루어져야 한다. 또한 다양한 시각을 지닌 다양한 학습자들을 통해 자신이 구성한 지식이 타당한지도 검증해 볼 수 있어야 할 것이다. 컴퓨터 게임 학습을 구성할 때에도 게임의 내용과 그 게임을 통해 학습자가 얻은 지식의 완성은 학습이 진행되면서 자연스럽게 이루어지도록 해야 한다. 이러한 지식의 완성이 다른 동료들과 복잡한 게임 해결을 위한 상호작용 과정에서 이루어지도록 해야 한다. 특히 공동의 목적을 달성하기 위해 전문가와 학습자, 혹은 학습자들 간에 동료의식을 갖고 함께 협동해 나가는 관계가 형성되기 때문에 협동적이고 보완적인 학습이 될 수 있다. 온라인 게임에서의 채팅, 전자메일, 게시판 등을 통해 다른 사람들과 상호 작용하여 공동의 과제를 수행하게 한다면 협동학습이 잘 수행될 것이다.

4) 실제적 과제

구성주의 학습에서는 학습 내용과 학습 과제의 밀접한 관련성을 강조하여 구체적 상황이나 맥락에 기인하는 과제 학습을 강조한다. 그렇기 때문에 구성주의적 환경에 바탕을 두고 기획한 컴퓨터 게임은 게임의 전반적인 내용이 학습과 연관되는 것으로, 또한 교육 과정과 학습 이론, 교수법 등은 학습 목표와 학습자의 인지능력에 부합되어야 한다. 뿐만 아니라 컴퓨터 게임을 교육에 적용할 때에는 학습자의 요구와 필요를 고려하여 학습 내용과 방법을 선정해야 하며 그에 적합한 학습 프로그램이 제시되어야 한다. 따라서 단순히 반복하여 암기하고 이해하는 것으로 학습이 끝나는 것이 아니라 실제 상황에 활용 가능한 내용으로 구성하여 의미 있는 학습 과정을 추구해야 한다. 정동빈(2004b)은 웹을 이용한 컴퓨터 게임에서는 자료 제시가 다양하게 일어날 수 있다고 본다. 예를 들어, 실질적인 정보나 뉴스, 세계 역사, 인물 등에 대해 검색만 하면 쉽게 그 자료를 찾을 수 있다. 그러므로 학습자들이 실제적인 자료를 이용하여 수행할 수 있는 과제를 내 준다면 이러한 장점을 더욱 잘 활용하는 것이 될 것이다. Reiber(1996)도 게임에 의해 만들어진 학습 환경은 학습자에게 실제적인 과제 학습을 제공하기 때문에, 학습자가 이를 실질적으로 받아들일 수 있으며 상황에 맞게 사용할 수 있게 된다고 하였다. 그러므로 게임에서의 환경은 학습자에게 도움이 되는 실질적인 학습과 과제 활동으로 이루어져야 한다.

5) 교사의 역할

구성주의 학습에서 교사는 학습을 진행하는 동안, 학습의 조력자 또는 안내자로서의 역할을 해야 한다. 교사는 학습자 스스로 학습을 즐기고 도전 의식과 의욕, 호기심을 가질 수 있도록 학생들을 격려하고 성취동기를 갖게 해 주어야 한다. 정동빈(2003a)은 컴퓨터 게임을 통해 교사는 학습자들에게 더욱 생동감 있는 과제를 제시해 줄 수 있고 학습 동기를 부여해 줄 수 있으며 풍부한 문제를 제공해 줄 수 있다고 하였다. 뿐만 아니라 숙련된 학습 과정의 모델을 제시해 줄 수 있으므로 더욱 세련된 평가 방법을 연구해야 함을 강조하였다. 따라서 교사는 학습자들이 더욱 자율적으로 학습해 나갈 수 있도록 학습자들에게 지식을 활용하는 방법과 초인지적 기술을 활용하는 방법 등에 관심을 가지고 학습의 조력자 역할을 해야 한다.

2. 어린이의 쓰기 발달

1) 쓰기 개념 및 특징

Camble(1998)은 **쓰기**란 자기를 표현하거나 타인과 의사소통을 할때, 의미의 발견을 위한 중요한 매개체로 글자와 단어를 형성시켜 나가는 정신적이고 신체적인 행위이며, 사고, 감정, 경험을 표현하는 과정이다. 또한 프린트된 형태의 언어적 표상이며 특별한 활자체를 창작하는 손으로 쓰는 기술 뿐 아니라 메시지를 구성하는 것과 관련된 많은 기술을 포함한다.

Scott(1996)은 **어린이의 쓰기 행동**을 위한 동기는 어린이내부에서 나와야 한다고 했으며, 그는 쓰기 학습에서 지루하고 형식적인 훈련은 필요하지 않으며 어린이가 느끼는 흥미나 호기심을 잘 반영해야 한다고 주장하였다. 따라서 쓰기 교육은 강요될 수 있는 활동이 아니며 어린이의 쓰기에 대한 호기심을 자극시키고 자기 표현과 흥미의 동기유발을 여러 가지 활동을 통해 자연스럽게 이루도록 해주는 것이 중요하다.

어린이의 쓰기 발달은 구어의 발달과 밀접하게 관련되어있고, 정동빈(2005)에 의하면, 내재적인 의미를 상징적 표상으로 나타낸다는 점에서 몸짓, 놀이, 말, 그림 등과 밀접하게 관련되어 발달된다. 즉 어린이는 자신의 의견을 몸짓이나 말, 그림, 글씨 등으로 표현하게 되고 이것은 어린이의 행위를 통해서 나타나게 된다는 것으로 이해될 수 있다.

Clay(1979)는 **어린이의 쓰기 발달**을 이해하기 위해서는 발달 과정에서 나타나는 쓰기 행동의 원리를 아는 것이 더 중요하다고 하면서 다음과 같은 쓰기 발달의 원리를 제시하였다. 첫째, 반복의 원리로서 어린이들은 자신이 알고 있는 부호나 숫자 특정 글자는 단어를 계속해서 반복적으로 쓰는 행동을 한다. 둘째, 방향의 원리로서 어린이들은 왼쪽에서 오른쪽으로, 위에서 아래로 써 나간다는 것을 안다. 셋째, 생성의 원리로서 어린이들은 우연한 글자의 조합과 자신이 알고 있는 몇 개의 글자를 이용하여 여러 단어를 결합시키고 재배열하는 쓰기 행동을 한다. 넷째, 목록화의 원리로서 어린이들은 자기가 알고 있는 글자를 모두 그대로 적음으로써 실험적으로 쓰기 행동을 한다. 다섯째, 복사의 원리로서 어린이들은 인쇄물을 보고 그대로 베낄 수가 있다. 여섯째, 대조의 원리로서 글자, 단어, 개념들의 유사점과 차이점을 인식하게 된다. 일곱째, 기호 개념 발견의 원리로서 맞춤법, 문장부호 및 기타 문법적인 규칙들에 대해 알게 되고 이 규칙에 맞추어 쓰기 행동을 하려한다. 여덟째, 융통성의 원리로서 어린이들은 자신의 아는 글자를 활용하여 모르는 글자를 만들어 내는 쓰기 행동을 한다.

2) 어린이의 문자언어 발달

Mason과 Au(1990)은 어린이들의 읽기 현상을 관찰한 후 **어린이 읽기 발달**을 세 과정으로 보았다. 전초기 읽기 단계는 태어나면서부터 약 5세까지, 초기 읽기 단계는 약 5세에서 8세, 능숙한 읽기의 출현 단계는 약 8세에서 11세 사이에 나타난다고 보았으나, 이런 나이의 구분은 대략적인 구분으로 어린이에 따른 차이가 있기 때문에 개인차를 염두하고 지도해야 한다고 하였다. Clay(1975)는 3~5세 때 종이에 목적을 가지고 표시한다는 것을 인식하고 쓰기를 모방하며, 긁적거리기 단계의 글씨와 유사 글자가 나타난다고 하였다. 이와 같은 학자들의 주장은 약 3세 이후 읽기와 쓰기가 가능함을 입증해주고 있다.

3) 어린이의 쓰기 발달 단계

어린이의 초기 쓰기는 성인의 기준에 의한 형식적인 형태를 띠는 것은 아니지만 의사소통의 처음 시도를 의미한다. 어린이들에 대한 관찰연구들은 어린이들의 쓰기가 표상적으로 보이기 훨씬 이전에도 어린이들은 이미 문어 사용자임을 보여준다(정동빈, 2003a). 따라서 어린이의 쓰기 발달을 논의할 때 "발달적" 이라는 용어는 유아들이 똑같이 쓰기에도 한 가지 형태만을 사용하지 않고 다양한 형태를 사용할 수 있다는 것을 의미한다.

실제 어린이들은 다양한 형태의 쓰기를 사용한다. Scott(1996)에 의하면, 어린이들의 쓰기 발달단계라는 용어 대신 쓰기체제라는 용어를 사용하여, 어린이들의 쓰기에서 발견할 수 있었던 쓰기체제의 6가지 범주들이 (그리기, 긁적거리기, 유사글자 형태, 비음성학적 자모음 연결, 환경의 인쇄문자 베끼기, 창안적 글자 관례적 쓰기) 있다고 제시한 바 있다. 또한 Scott(1996)은 쓰기 발달을 3가지 기본적 원리로 설명하였다. 첫째, 쓰기 획득은 2~3세쯤 시작되는 어린이의 발달적인 과정이다. 이 과정은 쓰기에 대한 개념적인 행위의 인식으로 규정적, 합리적 의미론적 형태를 포함한다. 둘째, 쓰기 발달은 형태를 구별하지 못하는 단계, 구별하는 단계, 그림 문자적 단계, 사인적 단계로 구분한다. 셋째, 어린이는 2~3세에 이야기 문법의 기본적 구조에 대한 직관적인 이해를 갖고 있다. 이 시기의 쓰기 활동은 이야기의 의미를 읽기와 문자표현을 만들어 내는데 사용한다.

4) 어린이 영어문자지도

문자지도는 읽고 쓸 수 있는 능력을 일컫는 문식성을 포함하고 있으며 이를 지도하는 것을 말한다. 문자를 사용한 정보 교환 및 의사소통이 활발하게 이루어지고 있는 현대사회에서 문식성은 자신이 속한 사회와 원활한 적응을 위하여 매우 중요하게 여겨지고 있다. Anderson(1999)은 읽기의 중요성을 인식하여 문자지도 강조. 읽기를 통하여 자연스럽게 외국어의 쓰기 능력도 향상될 수 있다고 보고 통합적인 지도 방향을 주장했다. Scott(1996)는 어린이의 쓰기 능력 강조, 외국어 능력 향상을 위해서 쓰기 능력을 특히 배양해야 한다고 주장했다. 특히, 어린이의 외국어 쓰기 향상 방안은 컴퓨터를 활용한 쓰기 지도 기법이 사고력 향상에 효과적이라고 주장하였다. Cambell(1998)은 창조적인 쓰기 활동은 읽기와 쓰기 기능을 향상시키고, 그런 읽기와 쓰기 기능은 외국어 능력의 핵심적인 요소라고 보고 있다. Byrne(1996)은 어린이에게는 읽기와 쓰기의 통합적 연습 활동만이 외국어 의사소통 능력 향상에 가장 적절한 지도 방안이 된다고 말했다.

5) 어린이 영어문자지도와 컴퓨터 학습

컴퓨터 보조 언어 학습 CALL(Computer Assisted Language learning)은 언어학습 영역에 한정된 용어이다. Dunkel(1987)은 CALL을 '외국어 학습에 적용된 1960년경에 등장한 CAI (Computer Assisted/Aided Learning)' 라고 정의하고 있다. CAI (Computer Assisted/Aided Learning)는 30년의 성장과정을 거치면서 그 개념 및 활용 방법이 여러 방면으로 발전 진화되어 왔다. Dunkel(1987)은 CALL의 발전과정에 대해 초창기의 개별화 학습 형태에서 점차 소집단 학습 형태의 활용으로 (CAI→CAL), 단순한 주제의 제시 및 반복 연습의 형태에서 시뮬레이션과 게임을 이용한 다양한 문제 해결력 중심 환경으로, 문법 연습 등 단일 기능 학습에서 다양한 기능을 통합한 교육 과정 접근 형태로, 그리고 최근에는 단순한 텍스트 제시에서 그래픽과 애니메이션의 차원을 넘어 상호 대화형 멀티미디어 학습 환경의 창출에까지 진화되어 왔다고 하였다. 이러한 CALL의 역사는 컴퓨터 기술의 발달과정과 밀접한 관련이 있다. 따라서 어린이의 게임 학습에 있어서 바탕이 되는 교육 방법은 컴퓨터를 사용하여 언어학습을 하는 컴퓨터 보조 언어 학습이라고 볼 수 있다. 문자 교육을 위한 도구로서 컴퓨터는 어린이의 발달에 적합하게 적용될 수 있다(김영실, 1999; Guddemi & Mills, 1991). 어린이들은 알고 있는 어휘가 제한되어 있고 눈과 손 간의 협응 기술 발달이 충분하게 이루어지지 않기 때문에 초기의 읽기 및 쓰기 과정에서 쉽게 좌절한다(Chang & Osguthorpe, 1990). 어린이들이 이러한 어려움을 극복하도록 도우면서 초기 읽기 및 쓰기를 가르치는 매우 효과적인 방법으로 컴퓨터의 사용이 1980년대 이후 적극적으로 연구되기 시작하였다. 특히 컴퓨터의 기능이 향상되고 전체 어린이교육과정과의 통합적 접근이 강조되면서, 어린이의 발달에 적합한 적용 방법이 모색되고 있다. Rowlans & Scott(1992)는 컴퓨터가 어린이들의 초기 문해 경험을 강화시켜줄 수 있으며, 어린이들을 위한 문해 환경 조성에 컴퓨터가 중요한 역할을 할 수 있다고 주장하였다. Piazza & Riggs(1984)에 따르면 컴퓨터는 어린이들이 언어를 탐구할 기회를 제공한다고 하였다. 그는 컴퓨터를 통한 언어 놀이는 어린이들이 직접 글자와 상호작용하면서 문자에 대한 여러 가지 가설을 만들어내고 글자 간에 연결하여 새로운 글자를 조합해내고 컴퓨터로 제시된 문제를 풀면서 경험을 재구축할 수 있도록 도와준다고 하였다. 또한 인터넷이 제공하는 시・공간의 제약을 벗어나 교수－학습, 다양하고 풍부한 정보 제공, 쌍방향 커뮤니케이션 환경에서 어린이는 더 이상 수동적인 정보의 소비자가 아닌 능동적인 정보의 탐색, 해석, 가공이라는 과정을 통해 적극적인 어린이가 될 수 있다. 그러나 인터넷 접속 환경, 영어 교사의 인터넷 활용 동기, 그리고 인터넷 사용 기술 및 인터넷을 활용한 영어 교수－학습 방법론이 아직까지는 부족한 형편이다.

이 장에서 CALL의 역사를 세 부분으로 나누어 고찰한 것과 같이, 컴퓨터 기술은 언어 교수－학습에 다양한 형태로 활용될 수 있다. 즉, CALL의 효과는 매체 자체에 있는 것이 아니라 그것을 어떻게 활용하는가에 달려있다고 볼 수 있다. 따라서 영어교육에서는 영어 교육과정과 영어 학습자로서의 어린이의 특성을 고려하여 CALL을 적용하려는 노력이 필요할 것이다.

의사소통형 CALL에는 3가지 형태가 있다. 첫째, 교사형 컴퓨터(computer as tutor)의 확장형이다. 이 유형의 코스웨어로는 연습 형태가 아닌 언어기능 훈련 제공 단계별 읽기 (paced learning), 텍스트 재구성, 그리고 언어 게임과 같은 다양한 프로그램이 있다. 반복연습형에 비해 알맞은 답을 찾는 과정에 상당한 양의 학습자 선택 조정, 그리고 상호 작용이 포함된다. 둘째, '격려형 컴퓨터(computer as stimulus)이다. 이 유형에서 CALL 활동의 목적은 학습자의 정답 발견에 있기 보다는 학습자의 토론, 쓰기, 또는 비판적 사고력 촉진에 있다. 셋째, '도구형 컴퓨터 (computer as tool)'이다. 이 유형의 프로그램은 언어 자료를 거의 제공하지 않지만, 워드 프로세서, 철자와 문법 확인 프로그램, 한컴 사전 등의 활용과정을 통해 학습자에게 언어를 사용하고 이해할 수 있는 권한을 부여하는 도구 역할을 한다.

이처럼 의사소통형 CALL은 행동주의형 CALL에 비해 많은 진전을 보인 것 같지만 1980년대 말경에 많은 교육자들은 이 유형의 CALL을 통해 컴퓨터의 잠재적 가능성을 완전하게 활용하지 못하고 있다고 생각했으며, 분야별로 나누어진 언어 기능 및 구조를 가르치는데 더 이상 만족을 느끼지 못한 사람들은 언어 학습 과정의 다양한 측면을 통합시키는데 도움을 줄 수 있는 모형을 개발하는 것을 당면 과제로 삼기 시작하였다. 컴퓨터 기술의 급속한 발달은 바로 그러한 환경을 가능하게 만듦으로써 통합형 CALL이 등장을 야기시켰다. 통합형 (intergrative) CALL은 멀티미디어 컴퓨터 및 인터넷이라는 두 가지 중요한 컴퓨터 기술에 근거한다. 멀티미디어란 문자, 그래픽, 소리, 애니메이션, 동화상 등의 여러 매체를 하나의 컴퓨터 환경에 통합시킨 것을 의미한다. 멀티미디어를 더욱 강력하게 만드는 것은 멀티미디어 자료들을 서로 연결시켜 놓아 학습자는 단순히 마우스 클릭을 통해 자기 자신이 원하는 경로를 결정할 수 있게 하는 하이퍼미디어 기능에 있다. 하이퍼 미디어는 실제 세계에서처럼 듣기를 보기에 결합시킬 수 있기 때문에 보다 더 실제적인 학습 환경을 만들어 줄 수 있고, 다양한 형태의 매체가 자연스럽게 결합됨으로써 언어 기능 훈련이 쉽게 통합될 수 있으며, 프로그램의 앞뒤를 오가면서 특별히 필요한 부분을 연마할 수 있으므로 학습자는 자신의 학습에 상당한 주도권을 가질 수 있다는 장점을 가지고 있다.

이러한 **하이퍼미디어의 장점**에도 불구하고 멀티미디어 소프트웨어는 사용할 수 있는 프로그램의 품질에 관한 문제와 학습자의 발음, 구눈, 어법 등의 같은 것을 진단할 수 있는 능력, 또한 사람과 컴퓨터의 상호 작용 뿐만 아니라 컴퓨터를 매개로 유의미하고 실제적인 의사소통이 이루어지지 않는다는 단점을 드러내었다. 그러나 컴퓨터 기술의 비약적인 발전이 그것을 가능하도록 하는데 바로 전 세계 컴퓨터의 연결로 일컬어지는 인터넷이 그것이다. 인터넷은 언어 학습자로 하여금 다양한 형태의 실제적이고 의미 있는 의사소통을 학교나 가정에서 시간과 공간의 제약 없이 다른 학습자 또는 목표어 화자와 경제적으로 편리한 시간에 직접할 수 있도록 하는 환경을 제공한다(정동빈, 2004b). 영어 교사나 멀티 미디어 CD-ROM Title 교수-학습 자료보다 뛰어난 교수-학습을 가능하게 하는 인터넷의 특성을 다음과 같이 말하고 있다.

이 장에서는 그 시대의 지배적인 교육 이론과 컴퓨터 기술의 발달 과정의 관계 속에서 CALL의 발달과정을 행동주의형, 의사 소통형 그리고 통합형으로 구분하여 살펴보고자 한다. 행동주의형 CALL은 1950년대에 고안되어, 1960~70년대에 실행된 첫 번째 CALL 단계로서 당시의 지배적인 행동주의 학습 이론에 기초를 두었다. 행동주의형 CALL의 논리적 근거로는 동일한 학습자료에 대한 반복적인 노출은 학습에 유익한 효과를 가져올 뿐만 아니라 필수적이라고 본다. 따라서 동일한 자료를 제공하고, 즉각적이고 무비판적인 피드백을 제공하여 반복연습을 시키는데 컴퓨터는 이상적인 매체이며, 개별화된 학습자료를 제공함으로써 학습자로 하여금 자신의 학습 진도를 조절할 수 있게 해준다.

그러나 **행동주의형** CALL은 언어의 학습과 습득의 복잡한 면을 설명함에 있어 철학적,

심리학적 근거가 미약했다는 점에서 이론적인 측면과 언어 교육학적 수준에서 모두 수용되지 못했으며 유의미한 의사소통이 없음으로 인해서 학습자로 하여금 단조로움과 지루함을 느끼게 한다는 두 가지 중요한 요인에 의해, 1970년대 후반과 1980년대 초반 사이에 쇠퇴하기 시작했다. 의사소통형 CALL은 두 번째 CALL 단계로 1970~80년대에 중요시되었던 의사소통중심 교수법에 근거한다. 이 교수법을 지지하는 전문가들은 지난 10년 동안 행동주의형 CALL의 반복 훈련형 프로그램이 충분하게 실제적인 의사소통 능력의 향상을 가져오지 못했다고 생각한다. Dunkel(1987)은 의사소통 CALL에 대해 언어 형태 자체보다는 사용되는 형태에 더 초점을 두고, 학습자로 하여금 틀에 박힌 언어를 조작하는 것보다는 독창적인 발화를 생성하도록 허락과 격려를 하며, 학습자의 오답에 틀렸다고 언급하는 것을 피하며, 학습자의 다양한 반응에 유연성이 있고, 전적으로 목표어를 사용하여 모니터 또는 그 외의 경우에서도 목표어를 자연스럽게 사용할 수 있는 환경을 만들어준다는 등의 특성을 언급하였다. 이러한 점을 볼 때, 모든 의사소통형 CALL 코스웨어와 활동은 '내적 동기'에 근거해야 하며 학습자-컴퓨터, 그리고 학습자-학습자 사이의 상호 작용을 촉진시켜야만 한다.

6) 어린이 영어문자지도와 교육용 컴퓨터 게임

문화관광부에서는 **교육용 게임**이란 사용자들이 게임 진행과정에서 여러 가지 학습을 체험할 수 있도록 제작단계에서부터 의도적으로 설계되어 있는 게임을 말한다고 한다. 여기에는 게임의 교육 매체화, 교육상품의 게임화를 통해 역사, 과학, 예술 등의 분야에서 교육적 효과 재고를 주된 목적으로 제작된 모든 게임이 포함된다. 이상주(2000)는 교육용 게임은 학습자의 지적, 정의적, 신체적 발달이라는 교육 목표의 달성을 위한 교육적 매체의 하나로써 학습자의 흥미를 고려하고 발달 단계에 맞도록 제작된 게임이라고 정의한다. Alessi와 Trollip(1990)는 교육용 컴퓨터 게임은 오락적 요소를 지니고 있으며 학습을 촉진시키거나 특정 기술을 습득하도록 설계되어 있는 컴퓨터 프로그램이라고 한다. 박미선과 이상도(2000)이 강조하듯이 정보화 시대에서 컴퓨터 사용을 위해 꼭 필요한 어휘를 중심으로 기초적인 알파벳 사용이 가능하여야 한다고 보고 있다. 이는 컴퓨터를 사용함으로써 자연스럽게 문자학습이 가능하며, 문자를 좀 더 효율적이고 흥미롭게 학습할 수 있는 것이 교육용 컴퓨터 게임이다. 게임의 효율성에 대해 김주은(2004)은 영어를 외국어나 제2언어로 배우는 어린이들에게 게임은 효율성 있는 기법이라고 하였다. 이상주(2000)는 게임의 순기능에서 플레이어의 스트레스를 풀어줄 수 있고, 지적 능력 발달, 사회성 획득, 상상력 발달, 창의적 사고 발달, 언어력에 도움을 주며 집중력을 높여준다고 하였다.

3. 컴퓨터 게임의 설계 및 구성

1) 컴퓨터 게임

(1) 컴퓨터 게임의 정의

컴퓨터 게임의 정의는 학자나 연구자마다 다양한 정의를 가지고 있다. '컴퓨터 용어 대사전'에서는 컴퓨터 게임을 첫째, 체스, 바둑, 장기, 카드놀이 등 인간의 게임을 컴퓨터로 흉내내어 컴퓨터가 인간 또는 다른 컴퓨터와 게임을 할 수 있게 한 것, 둘째, 컴퓨터를 이용하여 이루어지는 오락행위, 특히 컴퓨터의 그래픽 기능을 이용하여 화면에 움직이는 그림을 주로 한 게임이라고 정의하고 있다. 강경석(2000)에 의하면 컴퓨터 게임은 허구적 내용이며 인간과 컴퓨터 사이의 커뮤니케이션을 전제로 하는데 게임의 가상성과 커뮤니케이션적 기능을 수용하여 '컴퓨터 게임은 컴퓨터를 매개로 인간에게 즐거움을 제공하기 위해 구성된 가상적인 놀이' 라고 정의된다. 한편, 이상주(2000)는 컴퓨터 게임을 다음과 같이 정의하고 있다. 첫째, 인간의 게임을 컴퓨터로 흉내 내어 컴퓨터가 인간 또는 다른 컴퓨터와 일을 할 수 있게 한 것이다. 이는 컴퓨터 대 인간의 게임형태로 단순히 컴퓨터가 인간을 대신하는 것이다. 둘째, 컴퓨터를 이용하여 이루어지는 오락행위를 말한다. 특히, 컴퓨터의 그래픽 기능을 이용하여 화면에 움직이는 그림을 주로 한 게임을 말한다. 이 정의는 컴퓨터가 제공하는 가상적인 상황을 배경으로 벌어지는 게임형태로 컴퓨터가 게임배경과 규칙을 제공하는 도구적 입장에서의 게임이다. 이 장에서는 교육적인 목적을 가지고 학습자에게 명확한 학습 목표가 제시되며 학습과 연관된 놀이로써의 컴퓨터 게임을 다루고자 하므로 진행 과정과 목표가 교육적으로 수행되며 그 과정 자체가 학습의 역할을 할 수 있는 것을 컴퓨터 게임으로 정의한다.

(2) 컴퓨터 게임의 특성

학습자들이 컴퓨터 게임에 몰입하는 것을 보면 컴퓨터 게임의 특성을 쉽게 유추해 볼 수 있다. 김주은(2004)에 의하면 가장 큰 특징은 재미를 수반한다는 것이다. 학습자들이 게임을 하면서 게임에 몰입하고 흥미와 동기 유발을 느낄 수 있으므로 감성이나 지적인 면을 자극받게 된다. 따라서 컴퓨터 게임을 학습에 활용할 경우 학습자들은 게임의 흥미적인 요소로 인해 강한 동기를 가지고 임하며 학습이라는 부담감을 덜고 게임을 진행할 수 있을 것이다.

Jones(1995)도 컴퓨터 게임을 통한 수업 연구서에서, 대부분의 어린이들은 게임이 자연스러운 경쟁을 유발시키고 도전에 대한 두려움을 없애 준다는 응답 결과를 보여주었다. 그러므로 어린이들은 게임의 목적과 학습 목표가 잘 조화된 게임을 하면서 자연스럽게 다른 학습자와 경쟁을 하여 학습의 목표를 성취해 나갈 수 있을 것이다. 그러고 다양한 게임의 규칙을 수행해 나가면서 동료들과의 선의의 경쟁도 배울 수 있다. 또한 컴퓨터 게임을 통해 가상공간에서 또 다른 자신을 표현할 수 있다. 예를 들면, 네트워크 게임 '리니지'는 가상 게임 공간 안의 또 다른 사회로 그 안에서 학습자는 자신의 캐릭터 능력을 키우고 상대방과 연합하여 사회적 지위를 높이는 방법으로 또 다른 나를 표현할 수 있는데 이러한 컴퓨터 게임이 교육적인 목적에 있다는 것이다. 이를 위하여 정동빈(2002a)은 게임에 내재적 요소가 많을수록 학습자에게 흥미를 더해주며 교육적이라고 밝히고 있다. 그에 의하면 교육적 게임으로 인정받기 위해서는 프로그램이 도전, 환상, 그리고 호기심을 지녀야 한다고 하였다.

(3) 교육용 컴퓨터 게임의 정의 및 특성

모든 놀이는 복잡한 생각과 행동을 유발한다는 측면에서 교육적 가치를 지닌다(정동빈 & 김주은, 2004)고 보았을 때, 이러한 인식을 발전시킨 것이 에듀테인먼트의 개념이라고 볼 수 있다. 교육용 컴퓨터 게임은 관심이나 자신감이 부족한 학습자들을 격려하는 수단으로 사용된다. 교육적 환경 속에서 연습의 기회를 제공하면서 시간과 학습 지도에 대한 노력을 줄일 수 있는 한편 지식 습들과 기억을 강화시킨다. 앞서 언급한 컴퓨터 게임에 있어서 학습을 목적으로 만들어진 교육적 게임이 지녀야 하는 몇 가지 특성을 살펴보면 다음과 같다(Allessi & Trollip, 1990) 첫째, 교육용 게임은 직접 또는 간접적인 목적이 있다. 즉, 교육적 목적 또는 학습의 목적과 게임의 목적이 분리되어 있을 수도 있으며 게임의 목적과 교수의 목적이 동일하게 설정되어 있는 경우도 있다는 것이다. 둘째, 교육용 게임에는 규칙이 있다. 게임 중에 어떤 것이 허용되고 어떤 것이 허용되지 않는지 분명하게 밝혀져 있어야 한다는 것이다. 셋째, 교육용 게임은 경쟁의 형태를 띠고 있으며 이는 학습자로 하여금 도전을 하게끔 동기 부여를 한다. 즉, 컴퓨터 게임은 자기 자신, 상대방, 도전의 기회나 시간 등 복합적으로 구성된 경쟁 대상을 가지고 있으며 목표에 도달하기 위해 극복되는 과정으로 학습자가 자신에 대한 도전심리를 자극하도록 구성되어 있다. 넷째, 교육용 게임은 안정성이 있다. 위험 요소를 지닌 여러 가지 활동－전쟁놀이, 스포츠, 투자전략 등－들을 하면서 실제로 피해를 입는다는 생각을 하지 않고 단지 게임에서 지는 것 뿐이라는 인식을 심어주기 때문에 안전하다고 할 수 있다. 다섯째, 교육용 게임은 오락성을 지니고 있다. 교육용 게임 뿐 아니라 모든 게임은 대부분 재미가 있다. 단, 교육용 게임은 재미를 학습자의 동기부여와 학습의 극대화를 위해 이용하고 있는 것이다. 위에서 언급한 교육용 게임의 특성은 대부분 외형적인 것을 가장 중요한 게임의 교육 가능성의 정도에 있다. 즉, 게임의 시나리오가 교육적인 의도로 구성되어 있느냐 그렇지 않은가의 기준이 된다는 것이다. 종합해보면 교육용 게임의 주요 특성은 첫째, 학습자의 흥미를 자극할 수 있는 것으로 목적은 교육적이어야 하며 둘째, 규칙이 있어야하고 경쟁의 형태를 띠고 있어야 한다. 셋째, 안정성과 오락성을 지니고 있어야 한다는 것이다 .

(4) 컴퓨터 게임의 분류

컴퓨터 게임이라고 정의 할 수 있는 세계 최초의 게임은 1962년 미국 MIT대학의 스티브 러셀이라는 사람이 우주전쟁이라는 게임을 개발함으로써 시작되었다. 이 후 1970년대 초반 ATARI사가 최초의 게임기를 세상에 발표 하였고, 이때부터 게임 시작은 어느 정도의 자리를 잡아 나가기 시작하였다. 길지 않은 역사를 가진 컴퓨터 게임분야지만 그 종류에는 아케이드 게임, 롤플레잉 게임, 어드벤처 게임, 시뮬레이션 게임 등과 같이 다양하다. 게임은 종류와 게임에서 요구되어지는 전략이 매우 다양하기 때문에 각각의 게임에 임하는 사람이 여러 가지 전략을 모색하여 게임에 임하게 된다(김주은, 2004). 여기에서는 <표 2>처럼, 컴퓨터 게임을 종류에 따라 분류하여 개략적으로 소개하고자 한다.

① 아케이드 게임

아케이드 게임은 슈팅, 액션, 보드, 퍼즐, 스포츠 게임 등을 통합하여 부르는 총칭으로 슈팅은 총을 쏘아서 적을 공격하고, 적의 공격을 피하면서 일정한 목표를 향하여 진행해 나가는 게임으로 대표작은 '제우비스'를 들 수가 있다. 액션의 경우, 어떤 동작을 행하면서 적을 공격하며 싸워나가며 목적을 달성하는 것으로 보통 슈팅과 액션을 구분하는 방법은 생명체가 주 캐릭터냐, 아니냐는 것으로 이와 관계없이 FIGHT 게임종류는 액션에 속한다. 대표작에는 '혼두라', '스트리트파이트'등이 있다. 보드 게임은 트럼프나 바둑, MONOPOLY와 같은 판 위에서 하는 게임을 그대로 PC용으로 바꾼 것을 말하는데 특이한 점은 이들 보드게임은 실제로 자주 볼 수 있는 놀이의 컴퓨터 판이라고 할 수가 있다. 퍼즐류는 TETRIS나 HEXA류의 게임을 들 수가 있다. 스포츠 게임은 제목과 같이 야구나 축구 등의 스포츠 종목을 게임화한 것이다. 이렇게 아케이드는 5가지로 분류된다.

아케이드 게임의 특성은 단순하면서도 민첩한 동작을 요하는 게임들이 많고, 게임의 진행 속도가 빠르며 행동위주로 시나리오가 구성되어져 있다는 점이다. 게임 수준이나 방법이 어렵지 않기 때문에 초보자들이 배우기 쉽고 단순한 조작으로 가능한 게임이기에 금방 흥미와 재미를 느낄 수 있다. 따라서 학습자의 연령이 낮거나 학습수준이 낮은 사람에게 적합하며, 쉬운 단어나 어휘 등을 학습하는 등의 반복적인 학습 과정에 활용할 때 유용하다고 할 수 있다. 윤경로(2001)에 의하면 아케이드 게임은 주로 키보드를 사용하므로 모방행위를 충족시킬 수 있어서 게임에 대한 몰입도가 크다고 하였다. 따라서 어떤 기능을 배우는 훈련형 학습에 활용하면 효과가 클 것으로 기대된다고 보았다.

② 어드벤처 게임

어드벤처 게임은 즐기는 사람이 게임의 줄거리에 따라 사건이나 문제를 적절히 대처하고 해결해 나가면서 게임의 최종 목적지를 향해 가는 게임이다. 여러 상황을 설정해 놓고 그 상황에 맞는 다양한 인터페이스를 통해 진행시키는 게임으로 배경이 미지의 세계이며 주인공은 불명의 존재이다. 즉, 스토리 진행 방식의 게임으로 소설과 같이 이야기가 전개되고 그 시나리오 안에서 사건이나 문제가 해결되며 최종 목적지에 가면 승리하게 된다.

어드벤처 게임의 특성은 주어진 상황과 대화에 맞게 생각을 짜내고 단서를 찾아 사건을 해결해 나가야 하므로 치밀한 사고력과 관찰력을 요하며 미리 설정된 시나리오에 의한 한 가지 문제 해결 방법만 존재하며, 사건을 풀어나가는 방법에는 순서가 정해져 있는 특징을 가지고 있다. 이것을 교육적인 측면에 도입하게 되면 학습자들은 미리 정해놓은 학습 단계와 내용으로 전행되는 시나리오 안에서 학습을 자연스럽게 익히게 된다는 장점이 있다. 윤경로(2001)에 의하면 이러한 어드벤처 게임은 개별형 학습이나, 훈련형 학습에 활용하면 효과적이며 또한 주인공과 이야기가 있어 게임의 주인공은 여러 가지 시도와 시행착오를 거쳐 문제를 해결하므로 토의형 학습, 문제해결 학습에 활용하면 효과적일 것이라고 보고 있다. 어드벤처 게임으로 잘 알려진 게임은 '고블린, 바이오 하자드, 인디아나존스, 가브리엘 나이트, 래리 시리즈, 루나틱돈, 블르포스' 등이 있다.

③ 롤플레잉 게임

롤플레잉 게임(Role playing Game)은 보통 약자로 RPG로 부르며 플레이어가 등장인물의 역할을 수행함으로써 게임이 진행된다. RPG의 핵심은 '성장'으로 등장인물이 자기 자신을 성장시켜 나가는 것이 가장 큰 테마라 볼 수 있다. 어드벤처와 무척 흡사하다고 생각할 수 있으나 우선 RPG에서는 게임이 진행됨에 따라 기술이 오른다. 또한 RPG는 목적과 기본 시나리오가 있지만 그 중간 단계는 게임을 하는 사람에 따라 계속해서 변하게 된다. 이 게임은 체험 위주의 게임으로 가상공간 내에서 게임을 진행하면서 주인공이 성장해가며 역할 분담 방식으로 일정한 목적을 달성하는 테마게임이다. RPG는 1974년 미국에서 만들어진 'Dungeon & Dragons' 에서부터 시작되었는데 이것은 컴퓨터 게임이 아닌 일조의 보드 게임으로 컴퓨터를 이용한 최초의 RPG는 Dungeon & Dragons을 기초로 한 BENEATH APPLY MANOR, 울티마 시리즈, 위저드리 시리즈 등으로 계속해서 현재까지 맥을 이어가고 있다.

RPG게임의 특성은 다른 게임보다 자유도가 높아 자유롭게 돌아다니며 행동할 수 있고 주인공의 힘, 지능, 마법 등의 능력을 전략적으로 표현하는 것이다. 게임 중에 나오는 다른 등장인물들과의 대화가 게임을 풀어가는 데 중요한 역할을 하는 특징을 가지고 있으며 다양한 경험을 통하여 등장인물을 성장시키는 것이 핵심적인 승부 요인이다. 이러한 RPG의 특성을 고려하여 토의학습, 탐구 학습, 문제 해결형 학습에 활용하면 그 효과가 클 것이다. 또한 문제를 해결해 나갈 때에 전략적인 팀을 구성하여 구성원간의 능력의 조화를 이루어 게임을 진행하므로 협동학습에 적용하면 좋을 것이다. 그리고 RPG의 특성인 성장의 개념을 학습에 도입한다면, 학습자가 단계상 여러 가지 난이도를 가지는 문제가 주어졌을 때 그것을 하나씩 해결해나가면서 학습 단계를 습득하고 학습을 성취해 나갈 수 있게 된다.

④ 시뮬레이션 게임

시뮬레이션 게임은 현실을 모의 실험하는 과정을 게임으로 만든 것으로 실제 상황을 재현하여 가상 체험으로 할 수 있는 게임 형식으로 어떤 복잡한 현상과 경험에 대하여 이와 유사한 간단한 모델을 이용하여 그 결과를 계산적으로 처리하는 기법의 게임을 칭한다. 시뮬레이션 게임의 종류에는 전략시뮬레이션, 경영시뮬레이션, 유성시뮬레이션 등 다양하게 존재하는데 우리나라에서 가장 잘 알려진 시뮬레이션 게임으로는 '스타크레프트'가 있다.

시뮬레이션 게임의 특성은 게임을 진행하면서 진짜 자신이 그 상황에 놓여 있는 것과 같은 현장감을 느낄 수 있으며 진행자의 선택에 따라 상의한 결과가 나타나고 프로그램의 종료를 볼 수 없다는 점들이다. 시뮬레이션 게임으로 교육용 게임을 만들게 되면 학습자에게 실제 문제 상황을 컴퓨터로 제시하여 스스로 문제를 해결할 수 있게 하기 때문에 교육적인 효과가 크다고 한다. 뿐만 아니라 학습자들의 반응에 대하여 즉각적인 피드백을 제시하거나 학습자들에게 문제 상황을 제세하여 스스로 문제 해결에 대한 적절한 전략을 세우게 함으로써 학습자들의 사고력과 태도 교육에 활용될 수 있게 도와 주고 학습자의 결정에 따라 결과가 변경될 수 있으므로 스스로 문제를 해결해 나가야 하는 문제 해결형 학습에 활용하면 효과가 있을 것이다. 또한, 학습자에게 즉각적인 피드백을 제공할 수 있으므로 학습자의 흥미와 동기 유발이 용이하고 복잡한 과정을 쉽게 이해할 수 있도록 제시되기 때문에 직관력이 향상된다. 그리고 실험이나 직접 실시한 결과에 대한 창피함이나 두려움 없이 학습에 임할 수 있는 장점이 있어 학습에 활용했을 때 효과가 크다고 할 수 있다.

⑤ 온라인 게임

온라인 게임은 과거 텍스트로 진행되는 상황과 부드럽지 못한 스토리 등을 문제로 사라지는 듯 하였으나, 최근 들어 다시 부활의 의지를 보이고 있다. TCP/IP를 기반으로 하는 것과 IPX를 기반으로 하는 게임을 크게 나뉘는 온라인 게임은 통신망의 급속한 발전과 LAN의 발전 등으로 인하여 새롭게 일어 날 수 있게 되었다. TCP/IP를 기반으로 하는 게임은 유닉스 서버를 사용하는데 이는 다중 사용자를 지원하는 운영체제인 동시에 내장된 TCP/IP를 통해 대규모 사용자의 접속이 가능하므로 머드게임의 서버로 적합하다. 한편 IPX를 기반으로 하는 온라인 게임은 특별히 서버를 두지 않고 하나의 게임 프로그램이 서버 역할을 하며 서로 간에 동기를 맞추게 된다. 이는 LAN을 통해 비교적 적은 사용자들을 대상으로 하기 때문에 네트워크 속도에 대한 부담이 없어 구현에 따른 어려움은 크지 않다. 그러나 이러한 온라인 게임은 경쟁과 사교욕구를 동시에 만족함으로써 그 중독성이 사회적인 문제로 대두되고 있다.

<표 2> 교육용 게임 유형별 교수-학습 효과

유형	개념 및 특징	교수-학습 효과
롤플레잉	·캐릭터를 통해 주어진 임무를 수행 ·환타지, SF, 역사, 현대 등 다양한 배경 ·학습 과제 해결 시 경험과 능력치 상승 ·가상 공동체 활용 가능	·윤리, 역사 학습에 유리 ·협동/경쟁적으로 문제해결 ·과정과 결과로서의 학습 부산물 공유 ·주제별 학습 가능 ·발표력 및 토로 학습 증징
시뮬레이션	·가상 체험기회를 통해 목적 달성 ·전략, 육성, 경영, 비행 등으로 구분 ·비선형적 방식으로 임의 과정이 곧 학습 ·가상 공동체를 활용 가능	·모든 분야에 적용가능 ·체험의 기회가 곧 학습 ·상황에 대한 판단력 증진 ·학습자의 생각과 특징이 많이 반영
어드벤처	·정해진 선형적 줄거리에 따라 진행 ·주변환경, 소치품,대화를 활용하여 문제를 해결해나감 ·가상 공동체를 활용 가능	·하회, 수학, 과학 등 원리를 추리하는데 효과적 ·학습 과제를 교육과정대로 배치하여 교사가 의도한 교육 효과가능
아케이드	·키 조작이 비교적 간단 ·사건 해결 시, 학습적 보상이 주어짐 ·단계별로 세분화된 학습 내용을 제시 하기에 적합 ·난이도에 따라 단계별 진행이 가능 ·가상 공동체를 활용 가능	·순발력과 판단력 학습에 도움 ·반복학습, 개념학습에 효과 ·수준별 학습이 가능
퍼즐/보드	·주된 흥미요소는 규칙 ·제시되는 문제나 도형을 맞추거나 옮기는 형식 ·단계별로 세분화된 학습 내용을 제시하기에 적합 ·난이도에 따른 단계별 진행이 가능 ·가상 공동체를 활용 가능	·개념, 어휘 학습 효과 ·수학적 사고 학습의 효과 ·나열형의 형가 학습에 유리 ·수준별 학습이 가능

2)컴퓨터 게임과 초등영어 교육

(1) 컴퓨터 게임을 활용한 영어 교육

영어교육용 프로그램으로서 **컴퓨터 게임의 목적**은 학습자의 흥미를 유발하고 학습자에게 좋은 학습 환경을 제공할 수 있다는 것이다. 또한 교육용 컴퓨터 게임은 창의력과 확산적 사고력을 계발시켜 준다. 특히 교육과 오락을 접목시켜 흥미롭고도 도전적인 오락의 형식 안에 학습내용을 담고 있으며 학습자가 즐겁게 보고 작동하는 중에 학습에 몰입하게 되어 간접적으로 학습 내용을 익힐 수 있게 된다. 컴퓨터 게임은 특히 학습자로 하여금 정보를 외우도록 요구되는 식별 혹은 언어정보 과정에서 학습자의 흥미와 학습 능력을 올릴 수 있다고 하였다. 또한 초등학교 학습자들은 발단 단계상 구체적 조작기에 있으므로 구체적 경험을 할 수 있는 컴퓨터 게임이 논리적인 사고력을 발달시킬 수 있으며 타인과의 협동심 및 선의의 경쟁력, 공평성 등을 증진 시킬 수 있어 풍부한 학습이 가능하다고 하였다. 학습자들은 영어 수업에 처음에는 흥미를 가지고 참여하다가도 어느 단계에 이르러서는 학습자들이 포기를 하거나 흥미를 잃는 경우가 있는데 이때 컴퓨터 게임은 학습자에게 동기를 부여하고 흥미를 제공할 수 있는 장점을 지닌다. 반복 연습의 지루함을 싫어하고 호기심과 탐구심이 많은 초등학교 학습자들에게 컴퓨터 게임은 흥미로운 학습 방법이 될 수 있다. 따라서 영어에 흥미와 자신감을 가지고 의사소통할 수 있는 능력을 기르고자 하는 영어교육의 목적은 쉽게 배우지만 빨리 잊어버리고 집중력이 오래 가지 못하는 초등학교 학습자의 특성을 고려해 볼 때, 컴퓨터 게임을 활용한 영어 학습은 언어 학습을 촉진시키고 다양한 정보 전달을 통해 사고력과 창의성을 발달시키며 협동심을 함양할 수 있다.

(2) 컴퓨터 게임을 활용한 영어 교육의 효과

영어 교육에 있어서 **컴퓨터 게임**을 활용하였을 때의 효과는 학습자의 흥미를 끌어낼 수 있다는 것이다. 반복 연습으로 자칫 지루해질 수 있는 영어 학습에 학습자들이 좋아하는 컴퓨터 게임을 도입한다면 학습에 대한 동기를 부여하고 흥미를 높여 학습 능력을 증진시킬 수 있게 된다. 또한 교사가 독단적으로 수업을 진행시키지 않도록 해 주고 교사의 판단력이 학습의 과정에 개입되지 않을 수 있기 때문에 학습 환경을 향상시킬 수 있다.

정동빈 & 김주은(2004)에 의하면, **컴퓨터 게임**은 어떤 형태로든 자신이 직접 참여하여 전개시켜나가야 하기 때문에 학습자들로 하여금 교수-학습 활동에의 참여를 적극적으로 유도할 수 있다고 보았다. 교수-학습 활동은 그 활동들에 학습자의 적극적인 참여가 이루어졌을 때 가장 효과적이며 이때 학습자의 태도를 다루는 것 또한 효과적이다. 즉, 학습자가 행함으로써 탐구에 대한 동기와 즐거움을 가지고 교수-학습 과정에 참여할 수 있다. 또한 게임의 감각적, 감성적 요소와 더불어 상호작용적인 특성은 교수-학습과정에서 일어나는 정서적인 분위기를 인식함과 동시에 의사소통에의 참여와 다른 사람과의 상호작용을 촉진시킬 수 있다고 분석하였다. 정서적인 효과 측면에서는 화면 구성과 음악, 캐릭터의 미세한 동작 하나하나가 결국 학습자에게 전달되어 그것을 받아들인 학습자는 그런 것들에 점차 반응을 하게 됨으로 얻어진다고 보았다. 즉, 그 반응이 하나로 집중되었을 때 학습자는 자기가 바라는 목적을 이루거나 아니면 게임으로부터 무엇인가는 얻게 된다고 밝히고 있다.

김주은(2004)은 컴퓨터 게임을 통하여 학습자에게 학습 주제에 대한 동기를 크게 제시할 수 있으며 인지적인 학습을 촉진시킬 수 있다고 하였다. 뿐만 아니라 컴퓨터 게임을 통하여 학습의 개념적인 지식들을 자연스럽게 습득할 수 있으며 게임에서 제공하는 학습 내용을 통해 유기적인 관련성을 이해할 수 있게 될 것이다.

또한 컴퓨터 게임 이용 형태가 학업 전략과 학업 성취도에 미치는 영향을 연구한 김주은(2004)에 따르면 게임 전략과 학업 전략과는 통계적으로 유의미한 관계를 가지고 있다고 보았으며, 컴퓨터 게임은 학습 전략의 정보처리 능력 향상을 가져올 수 있다는 가능성을 내포하고 있고 컴퓨터 게임의 적절한 사용은 학습 전략 요인에 영향을 줄 수 있다고 분석하고 있다.

이런 연구를 정리하여 볼 때 컴퓨터 게임을 영어 학습에 활용하는 경우 학습자가 문제를 발견하고 해결해 나가야 하므로 사고력을 신장시킬 수 있고 문제를 정확히 인식하는 기능을 발달시켜 지적 능력을 향상 시킬 수 있게 된다. 뿐만 아니라, 학습자가 직접 참여하고 행동을 통하여 지식을 습득함으로써 단순한 암기를 통해서 얻는 것보다는 훨씬 더 깊이 있게 원리를 이해하고 표현을 익힐 수 있으며 의사소통 기능을 향상시킬 수 있는 장점이 있다. 그러나 무엇보다 중요한 것은 학습자가 흥미 있어 하는 컴퓨터 게임을 활용했을 때 교수-학습 과정에 적극적으로 참여할 수 있는 동기를 제공할 수 있게 되고 그로 인해 학습자는 게임을 단순한 놀이로 즐기기보다는 생생한 학습 경험으로 인식하고 동참하게 되어 학습의 효과를 배가시킬 수 있다는 점이다.

3) 어린이 영어 교육용 컴퓨터 게임 분석

이 장에서는 어린이 영어 교육을 할 수 있는 여러 기존의 교육용 게임들을 살펴보고 이를 총괄하여 보다 체계적으로 보충할 수 있는 문자지도 모형을 설계하고, 교육용 게임을 활용하여 어린이 문자지도를 하는데 있어서 적용 가능한 방안을 살펴보고자 하는 것이다. 이를 위해 기존의 교육용 컴퓨터 게임들을 분석하여 문자지도가 어떻게 이루어지고 있는지 알아보고 그에 대한 문제점과 해결방안을 제시하고자 한다. 연구 대상은 어린이 영어 교육용 웹사이트 컴퓨터 게임에서 문자교육용 게임이며, 어린이 영어 교육용 컴퓨터 게임을 선정하여 분석하고 이를 활용한 문자교육 모형을 설계한다. 이에 대한 기대 효과는 기존의 교육용 컴퓨터 게임에서 문자교육을 위한 프로그램들의 방향 설정에 도움을 주고 앞으로 성장 가능성이 높은 교육용 컴퓨터 게임 분야에 문자지도의 중요성에 대해 다시 한번 생각할 수 있는 기회를 제공할 것이다.

대표적인 포털 사이트 네이버, 야후, 엠파스, 다음의 네 사이트에서 '어린이영어게임'으로 검색한 결과를 바탕으로 인기도 순으로 게임을 선정하여 분석하였다. 네이버의 결과 10건이 검색되었고, 야후는 10건, 엠파스는 14건, 다음은 8건으로 검색되었다. 이 중 두개 이상의 사이트에서 동일하게 검색된 6개를 살펴보고 필자가 '어린이영어'에 관련된 여러 검색을 바탕으로 살펴본 어린이영어교육 사이트 중에서 어린이 문자 지도 학습이 가능한 사이트 3개를 첨가하여 총 9개 사이트를 분석해보았으며, 문자요소를 읽기와 쓰기로 분류하여 <표 3>과 같이 제시한다.

<표 3> 교육용 사이트 문자요소 분석표

문자요소 사이트명	읽기	쓰기
베베라인	·알파벳순서 따라 읽기 ·낱말 그림 인식하여 읽기 ·애니메이션 중심 낱말 인식하여 읽기	·단어 빈칸 채우기 ·마우스로 따라 쓰기 ·알맞은 단어 마우스로 끌어 놓기
깨비키즈	·애니메이션 중심 낱말 인식하여 읽기	·오프라인 프린트 학습지
이런교육	·알파벳 따라 읽기 ·단어 따라 읽기	·알맞은 단어 마우스로 끌어 놓기 ·알맞은 단어 퍼즐 클릭 하기 ·빈칸에 컴퓨터 자판으로 쓰기
에듀리닷컴	·듣기와 함께 제시되는 알파벳, 단어, 문장 따라 읽기	·펜 클릭하여 순서대로 쓰기 ·알맞은 단어 마우스로 끌어 놓기
지니잉글리쉬	·애니메이션 중심 낱말 인식하여 읽기	·알맞은 단어 퍼즐 클릭 하기 ·숨은 단어 찾아 클릭 하기
잉글리쉬 피크닉	·단어 카드 읽기 ·제시되는 단어 읽기	·알맞은 단어카드 찾기 ·듣고 따라 쓰기 ·워크북 프린트 학습지
재미나라	·제시되는 영어 자막 읽기 ·단어 카드 읽기	·알맞은 단어 마우스로 끌어 놓기 ·알맞은 단어 맞추기 ·프린트 쓰기 학습지
세이하이키즈	·애니메이션 중심 낱말 인식하여 읽기 ·단어 사전 ·애니메이션 제시 문장 따라 읽기	·따라 쓰면서 단어 배우기
짱구교실	·듣기와 함께 따라 읽기 ·단어 특징 제시와 반복 읽기 ·발음되는 철자 색변화와 따라 읽기	·펜 클릭하여 자동 순서로 쓰기 ·알맞은 단어 찾아 클릭 하기

대부분 읽기 학습 요소는 알파벳, 단어 따라 읽기, 애니메이션 중심으로 진행되는 자막 등을 따라 읽기 등이 있었으며, 쓰기 학습 요소로는 마우스로 클릭하기, 컴퓨터 자판으로 쓰기 등이 나타났으나 그 수준이 매우 미약하여 오프라인 학습이 이루어지고 있었다. 따라서 어린이에게 적합한 어린이 영어문자지도 모형의 설계의 필요성을 느낄 수 있었으며, 잘 제시된 학습 요소들을 부분적으로 참고하여 개발해야하는 것을 알 수 있다.

4) 교육용 컴퓨터 게임 활용 어린이 영어문자지도 모형 설계

(1) 게임 활용 문자지도 모형 설계의 기본방향

이 장에서 교육용 컴퓨터 게임을 활용한 문자지도를 위하여 기존 사이트를 분석한 결과, 기존의 다양한 교육용 게임들이 읽기, 쓰기 요소를 포함하고 있어도 어린이들이 직접 수행하는 게임 형식보다는 듣기 중심으로 이루어지며 읽기, 쓰기에 대한 부분이 매우 불균형적으로 이루어졌다. 이에 어린이들의 조작이 간편하도록 마우스와 키보드를 사용하여 읽고 쓰는 과정을 능동적으로 행할 수 있도록 인터페이스 제공과 학습한 내용 확인하고 보상을 하는 체계적인 문자지도 게임 모형을 설계하고자 한다. 교육용 게임을 활용한 문자지도를 하기 위해 고려해야 될 사항을 정동빈(2003a)의 연구를 참조하여 본 연구는 환경적 측면과 교육적 측면으로 분류하여 다음과 같이 살펴보았다.

(1) 게임 문자지도 환경적 측면

① 어린이에게 적합한 간편한 조작이 이루어져야 한다. 마우스와 키보드를 가지고 큰 운동성을 요구하지 않는 간편한 조작을 행한다.

② 어린이에게 친근한 캐릭터를 사용하여 안정감을 부여한다.

③ 어린이에게 흥미로움을 유발할 수 있도록 한다. 어린이가 잘했을 때 적절한 보상을 주고, 직접적으로 참여하게 해준다. 흥미를 유발할 수 있는 다양한 그래픽과 적절한 사운드 요소를 제공한다.

④ 게임의 일정한 규칙을 제공하여, 어린이가 학습할 방향으로 제대로 갈 수 있도록 해준다.

(2) 게임 문자지도 교육적 측면

① 게임의 시작 시 문자지도를 위한 학습 목표 제시해준다.

② 문자지도 학습 내용 구성에 있어서 읽기와 쓰기 요소를 적절히 배치하고, 어린이에게 알맞은 수준으로 학습한다.

③ 어린이가 게임을 통해 학습이 잘 이루어졌는지 평가한다.

(3) 게임 활용 문자지도 모형 구성

필자가 제시하고자하는 모형의 이론적 배경은 개별학습, 자기 주도 학습, 열린 교육을 지향하는 구성주의에 입각해있으며, 절차, 방법, 기법으로 나누어 모형을 제시한다. 교육용 컴퓨터 게임을 활용한 어린이 영어문자지도 학습 모형은 <표 3>와 같이 구성한다.

<표 4> 교육용 컴퓨터 게임 활용 유아 영어문자지도 모형

이론	절 차	방 법	기 법
구성 주의	[Step1] 학습 목표 제시 및 동기 유발	학습자의 학습 동기를 유발하기 위해서는 학습 성취에 대한 호기심을 자극하는 다양한 컴퓨터 그래픽과 흥미로운 사운드를 적절하게 제공하고 친근감 있는 캐릭터를 사용한 애니메이션을 활용한다. 학습 목표에 대한 명확한 제시를 하여 학습자 스스로 학습문제를 확인할 수 있게 하며 학습의 시작을 알린다.	학습문제 확인 -제시된 학습 내용을 보고 따라 쓰기(Look and Write), 베껴 쓰기(Copying), 듣고 따라 읽기 (Listen and Read)
	[Step2] 게임을 통한 문자 학습	학습하고자 하는 내용을 제시하고 학습 내용을 응용한 게임을 제공하여 일정한 규칙에 의해 게임을 진행한다. 게임의 진행과정에서 아이콘 클릭과 같은 학습자의 참여를 유도한다.	게임 활용 개별 학습 -.읽기, 쓰기 개별 활동 및 통합적 접근

		읽기와 쓰기에 관한 세부 학습은 컴퓨터 오프라인을 통한 개별 활동과 온라인을 통한 통합 활동이 이루어진다. 학습 진행 과정에서 게임을 성공적으로 수행하기 힘든 학습자는 컴퓨터의 특성에 따라 반복학습이 가능하도록 한다.	반복 학습
	[Step3] 학습 평가 및 보상	게임을 통해 학습한 내용을 평가할 수 있는 퀴즈와 같은 장치를 마련하고 결과를 스스로 확인할 수 있게 한다. 이 과정에서 적정한 피드백이 가능하게 하며 온라인을 통한 문의 내용을 등록할 수 있게 한다. 학습 성취 정도에 따라 적절한 보상을 제공하여 학습자에게 성취감과 자신감을 부여한다.	퀴즈 평가 (Quiz- evaluation) 자가 평가 (self-evaluation) 피드백 (feedback) 상호작용 (Interact)

<표 3>로 제시된 모형은 <그림 1>과 같이 구조화할 수 있다. 이 장에서는 **게임 활용 문자지도 학습 모형 구조도**와 같이 게임 학습 전 과정에서 학습 게임을 시작할 때 어린이들에게 학습 동기를 유발하고 학습 목표를 제시한다. 학습 게임 중 과정에서는 읽기와 쓰기에 관련된 학습 게임으로 학습 목표에 알맞은 게임을 수행한다. 알파벳 게임 학습과 단어 게임 학습과 관련된 게임 학습 내용에서 구체적으로 제시하고 있는 학습 방법에 관해서는 세부 항목에서 자세히 살펴보기로 한다. 게임 학습 후 과정에서는 학습 목표에 알맞게 학습이 이루어 졌는지에 대한 게임 학습에 대한 평가가 이루어지고, 어린이들이 학습이 끝난 후에 성취감을 가질 수 있는 적절한 학습 보상이 주어지며, 학습 게임을 종료한다. 학습 중 활동에 대한 선택에 의해 어린이 문자 학습이 진행되며, 각각의 학습 게임은 어린이 영어 문자지도를 위한 게임이다. 본 게임 활용 문자지도 학습 모형 구조도는 <그림 1>과 같다.

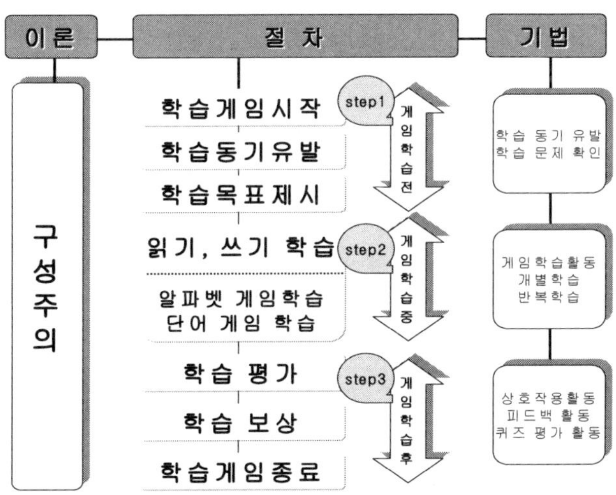

<그림 1> 게임 활용 문자지도 학습 모형 구조도

5) 게임 활용 문자지도 모형의 세부 학습 항목

(1) 학습 동기 유발

게임 활용 학습의 가장 큰 장점은 학습 과정의 흥미와 재미를 제공한다는 것이다. 이는 어린이 스스로가 학습을 할 수 있도록 도와주는 것으로 자발적 학습과 자기 주도적 학습이 가능하게 한다. 게임을 활용한 학습 동기 유발의 요소는 어린이에게 친근한 캐릭터가 함께 하고, 다양한 그래픽과 음향이 제시되어야 한다. 이때 어린이에게 호기심을 자극할 수 있는 나타났다 사라지는 그래픽의 활용과 이미 친숙한 캐릭터를 제시하는 것이 좋은 예시가 될 것이다.

(2) 학습 목표 제시

교육용 게임에서 교수 목적이 어린이에게 의미 있는 것으로 명확하게 제시되어야 하며 그 목적에 도달할 수 있는 원칙이 구체적으로 제시되어야 한다(Malone, 1980). 학습이 시작될 때는 학습 목표를 음성 혹은 어린이가 인지할 수 있는 문자로 제시해주어야 한다. 학습 목표가 제시되면 어린이가 학습하고자 하는 내용이 무엇인지 쉽게 이해할 수 있으며, 게임 요소로 인한 학습 효과의 축소를 방지할 수 있다. 학습 목표 제시에서도 게임 학습의 흥미를 고려하여, 친숙한 캐릭터로 하여 학습하고자 하는 방향을 음성 언어와 문자 언어를 함께 제시해준다.

(3) 읽기 · 쓰기 학습 게임

① 알파벳 게임 학습

알파벳 게임 학습은 어린이들이 익혀야 할 가장 기본적인 학습 내용이다. 알파벳 대 · 소문자를 식별하여 읽고 구분하여 쓸 수 있는가에 초점을 맞출 것이다. 이에 알맞은 게임은 대문자를 보여주고 알맞은 소문자를 찾아내어 대 · 소문자의 연결성을 알 수 있게 구성한다. 또한 게임을 진행할 때 제시된 알파벳을 마우스를 이용하여 직접 써보게 하거나 컴퓨터 자판기로 글자를 쓸 수 있다. 알파벳 게임 학습은 발음 중심의 학습 방법이며, 기존의 Phonics학습을 위해 사용되던 게임들을 이용하여 문자 학습에 이용할 수 있다. 제시된 알파벳 문자를 따라 읽고 쓰거나 낱자 퍼즐을 이용하여 낱자를 보여주고 같은 낱자를 찾게 하는 읽기 요소를 부여하거나 카드를 잠깐 동안 보여주고 카드를 뒤집어서 알파벳이 안보이게 한 후에 뒷면에 마우스나 컴퓨터 자판을 이용하여 쓸 수 있게 게임을 구성한다. 이러한 게임 활동은 어린이의 기억력 향상과 두뇌 개발에 도움을 준다.

② 단어 게임 학습

단어 학습 게임은 어린이가 실제 생활에서 접할 수 있는 다양하고 기초적인 단어를 읽고 쓸 수 있도록 하는데 중점을 둔다. 어린이들은 기존의 듣고 말하기 학습을 통해 익숙한 단어를 읽고 쓸 수 있게 하여 언어 향상에 도움을 준다. 단어 학습은 낱자로 구성된 알파벳과 달리 의미 중심의 학습 방법이며, 애니메이션과 그림, 실제 사진들을 제시하면서 어린이들에게 더욱 익숙하게 할 수 있다. 단어 게임 학습에서는 낱말 카드를 제시하여 그림과 연결하게 하는 읽기 요소와 제시된 그림에 해당하는 단어 카드의 빈칸을 채워볼 수 있도록 하여 쓰기 요소를 부여 한다. 마우스나 컴퓨터 자판으로 쓰기가 힘든 어린이들은 제시된 단어 카드를 이용하여 해당하는 글자를 끌어오기를 통해 재구성해 볼 수 있다. 또한 펜을 가지고 충분히 운동이 가능한 연령의 어린이에게는 컴퓨터와 연결된 펜으로 컴퓨터 화면에 쓰고 지우는 과정을 통해 종이의 낭비 없이 자유롭게 할 수 있는 기능이 현 기술적 발전으로 가능하다고 본다.

(4) 학습 평가

학습 평가 단계에서는 게임을 통해 학습한 내용을 점검하는 단계로 퀴즈와 같은 게임을 활용할 수 있다. 퀴즈를 통해 다시 한번 게임 중 학습했던 알파벳이나 단어를 보면서 확인 학습을 하는 것이다. 이는 게임에 집중했던 어린이의 학습을 한 번 정리해줄 수 있는 단계이다. 학습 평가 과정은 어린이가 지루함을 느끼지 않도록 게임에 비해 비교적 간단히 끝내야 한다. 학습 목표를 다시 한번 점검할 수 있고 게임이 끝났음을 알려주는 단계로 넘어가는 과정이다. 이 때 어린이가 게임을 진행하는 중에 틀리거나 맞춘 내용의 결과를 보여줄 수 있으며, 스스로 자가 진단을 할 수 있어서 매우 유용하다.

(5) 학습 보상

어린이가 충분히 학습 수행을 다 마쳤을 때는 그에 합당한 **학습 보상**이 이루어져야 한다. 게임 진행시 다음 게임 학습에 영향을 줄 수 있는 적립식 코인이나 어린이들이 좋아하는 스티커를 제공한다. 또한 잘했을 때의 반응은 즉각적인 칭찬으로 이어지게 하여 어린이가 자신감을 가질 수 있도록 도와준다. 틀렸을 때는 반복할 수 있을 정도로만 틀린 부분을 음향이나 문자로 알려준다. 학습 보상은 어린이가 지속적인 학습을 할 수 있도록 도와주며, 이를 활용할 수 있는 다음 학습을 단계적으로 제시한다.

5) 게임 활용 문자지도 모형의 예시

저자가 제시한 **게임 활용 문자지도 학습 모형 구조도**와 **문자지도방법**을 바탕으로 애니메이션 보노보노를 활용하여 학습의 예를 다음과 같이 제시하고자 한다.

(1) 게임명 : 보노보노의 알파벳 A 학습

(2) 게임대상 : 3~5세 어린이

(3) 학습목표 : 알파벳 A의 대소문자를 구분하여 읽고 쓸 수 있고, 관련 어휘를 익힐 수 있다.

(4) **학습방법**

① **[Step 1]학습 목표 제시 및 동기 유발**

<그림 2> 보노보노의 알파벳 A학습 메인 화면

어린이에게 친근한 애니메이션 보노보노의 캐릭터를 선택할 수 있게 하여 동기를 유발한다. 보노보노가 주인공으로 등장하는 애니메이션의 스토리를 활용하여 알파벳을 학습하는 자연스러운 과정으로 어린이의 흥미를 유발할 수 있는 단계이다.

<그림 3> 게임 전 알파벳 A 읽고 쓰기 화면

[Step 1]에서는 학습 목표를 알려주는데 '보노보노의 알파벳 A 학습'의 학습 목표를 음성과 함께 캐릭터의 목소리로 제시한다. 대문자 A와 소문자 a를 구분하여 읽고 쓰는 학습이 진행되며, 문자를 제시하여 읽고 쓴 후에 게임 학습이 시작된다.

② [Step 2]게임을 통한 문자 학습

<그림 4> 게임 학습 화면

[Step 2]게임을 통한 문자 학습으로 이 게임에서는 A 혹은 a가 포함된 단어를 시간 내에 많이 찾아내어 클릭 한다. 물 속에 있는 A로 시작되는 그림 혹은 단어장을 다른 방해물을 피해 클릭 한다. 마우스 클릭 혹은 컴퓨터 자판으로 A와 그에 해당하는 단어를 학습한다. 단어가 선택되면 음성언어와 함께 제시되어 학습에 도움을 준다.

③ [Step 3]학습 평가 및 보상

<그림 5> 게임 평가 퀴즈 화면

학습평가는 게임을 통해 학습한 단어를 가지고 퀴즈 형태로 확인이 이루어진다. 이때 자신이 틀린 것과 맞은 것의 점수를 확인한다. 퀴즈는 컴퓨터와 함께 어린이 혼자서 하는 개별 학습이 가능하고, 게임의 경쟁력과 흥미를 위해 온라인으로 다른 학습자와 함께 하는 학습이 가능하다. 다음에 오는 <표 5>에서는 '보노보노의 알파벳 A 학습'을 이용한 어린이의 게임 학습 활동에 대해 살펴보고자 한다.

<표 5>보노보노의 알파벳 A학습'의 유아 게임 학습 활동>

게임 학습 명		보노보노의 알파벳 A학습	
학습 단어		A, apple, ant, arm, angel, aunt	
학습 목표		알파벳 A의 대소문자를 구분하여 읽고 쓸 수 있고, 관련 어휘를 익힐 수 있다.	
학습단계	절차	게임 학습 활동	시간
Step 1	게임 학습 전	▷학습 목표 제시 및 동기 유발 -. 게임 시작 버튼을 누른다. -. 게임 학습 활동을 할 캐릭터(보노보노, 너부리, 포로리)를 선정한다. -. 게임 전 학습할 내용인 알파벳 A가 제시된다. A의 발음과 대소문자 쓰는 순서가 함께 제시된다. -. 마우스로 따라 쓰기와 관련 어휘가 플래시로 제시되면 함께 따라 읽는다.	5'
Step 2	게임 학습 중	▷게임을 통한 문자 학습 -. 보노보노 게임 학습이 시작된다. -. 시간의 제약성이 있으며, 시간 내에 헤엄쳐 다니는 물고기를 피해서 게임 전 학습했던 단어나 알파벳을 클릭 한다. 제시된 단어를 모두 찾아야 게임이 완료된다. -. 생명의 제한이 있으며, 생명은 물고기를 피하지 못하거나 잘못된 것을 클릭 했을 때 사라진다. -. 틀린 것을 클릭 하면 보노보노의 머리에서 당황했을 때 나타나는 물방울이 솟구친다. -. 맞는 것을 클릭 하면 보노보노의 목소리로 잘 수행한 것에 대한 칭찬이 나오고 플래시 카드가 문자 제시와 함께 춤을 춘다. -. 게임이 끝나면 점수가 보이며 점수 등록 여부를 선택할 수 있다.	10'
Step 3	게임 학습 후	▷학습 평가 및 보상 -. 게임 학습 전 과정에서 학습한 내용과 게임을 통해 학습한 내용을 점검한다. -. 퀴즈를 통한 학습 평가가 이루어진다. -. 퀴즈는 온라인과 오프라인을 통해 가능하며, 온라인을 선택했을 경우 다른 어린이들과의 경쟁이 가능하다. -. 제시되는 카드에 맞는 단어를 클릭 하거나, 제시된 문자에 맞는 그림을 클릭 하는 등의 게임이 진행되며, 제시되는 단어를 누가 빨리 키보드로 입력하는지 여부도 확인하는 퀴즈가 진행된다. -. 퀴즈 점수 별로 보노보노가 가지고 노는 조개 스티커가 제공된다. -. 조개 스티커로는 보노보노의 만화를 볼 수 있는 학습 머니로 이용되거나 자신의 캐릭터를 꾸밀 수도 있다. 좀 더 수준 높은 학습을 진행하는 게임에서 생명을 늘리거나 시간을 연장하는 것으로도 사용할 수 있어 학습을 이어갈 수 있다. -. 자신의 점수를 확인하고 게임이 종료된다.	5'

<표 5>와 같은 게임 학습 활동을 바탕으로 가정에서도 어린이의 문자 학습이 가능하다는 것을 알 수 있다. 어린이의 학습 능력을 고려하여 시간은 20분 이내로 제한하고, 학습 단계에서는 학습의 시작과 끝을 명확히 하도록 구성한다.

Ⅲ 맺음말

이 장에서는 **교육용 컴퓨터 게임**을 활용하여 문자지도가 가능한 모형을 제시하여 어린이들이 보다 효과적으로 읽고 쓰는 능력을 기르도록 하는데 있다. 어린이의 균형적인 언어 발달을 위해서 듣기와 말하기뿐만 아니라 읽기와 쓰기를 위한 지도가 필요하며, 이를 위해 기존의 어린이 학습 사이트에서 문자 지도가 어떻게 이루어지고 있는지를 살펴보았다. 그 결과 현 교육용 컴퓨터 게임에서 문자지도 학습 게임이 매우 부족하며 체계적으로 문자지도를 위한 모형 개발의 필요성을 알 수 있다. 교육용 컴퓨터 게임을 활용한 어린이 문자지도 모형 개발을 위해 어린이의 문자 언어 발달과 교육용 컴퓨터 게임에 대한 이론을 살펴보며 어린이 문자 언어 학습에 교육용 컴퓨터 게임을 활용하는 방안을 제시하였다.

이 장을 통해 기존의 **어린이 교육용 컴퓨터 게임**들에서 문자지도가 어떻게 이루어지고 있는지를 살펴보고 부족한 부분을 보충하여, 문자 학습에 관한 체계적인 학습 모형과 세부사항, 게임의 예시를 보여주었다. 이를 바탕으로 제시된 모형으로 다음과 같이 요약하고자 한다. 첫째, 어린이가 학습하고자 하는 학습 목표를 명확하게 제시하여 학습의 시작을 알려주며 이는 게임의 특성에서 게임으로만 치중할 수 있는 부분을 제거하여 게임 학습임을 강조한다. 둘째, 어린이에게 흥미의 요소를 줄 수 있는 부분을 지속적으로 제공한다. 학습에 제시되는 캐릭터는 친근감을 부여하였고, 다양한 그래픽과 사운드 사용을 강조한다. 셋째, 학습 게임을 어린이의 수준에 맞게 알파벳과 단어 게임 학습으로 구분하여, 이를 통해 읽기와 쓰기 영역을 명확하게 학습할 수 있도록 구성한다. 읽기와 쓰기는 나누어 학습하는 것이 아니고 하나의 게임을 통해 함께 학습할 수 있도록 하며, 이는 기존의 사이트들이 쓰기 영역을 오프라인 프린트 학습지에 의존하는 것을 보충한다. 넷째, 학습 평가를 통해 어린이가 학습한 내용을 점검하고 스스로 부족한 부분을 보충하고 인식할 수 있도록 한다. 학습 평가는 게임이라는 것을 감안하여 퀴즈 게임의 형태로 제시하며, 이 때 퀴즈 평가는 온라인을 통한 경쟁 학습도 가능하게 한다. 다섯째, 학습 보상을 적절하게 이루어지게 하여 다음 학습의 진행에 연계성을 두도록 한다. 학습이 충분히 잘 수행되었을 때 제공되는 코인이나 스티커는 다음 학습의 단계를 진행할 때 사용할 수 있도록 한다. 어린이 문자지도에 있어서 이 장과 같은 교육용 컴퓨터 게임을 활용한 어린이 영어문자지도 모형에 대한 개발이 지속적으로 필요하며 이를 활용한 교육용 컴퓨터 게임이 상용화되어야함을 강조하고 앞으로 보다 발전적인 연구가 이루어져야 할 것이다.

참고문헌

강경석. (2000). 컴퓨터 게임의 몰입기제에 관한 연구. 석사학위 논문. 연세대학교 대학원

구윤옥. (2007) 교육용 컴퓨터 게임을 통한 영어 어휘 읽기 지도가 학습 성취도 및 흥미도에 미치는 효과. 석사학위 논문. 중앙대학교 대학원.

김길선. (20008) 컴퓨터의 게임 및 퀴즈를 이용한 학습이 초등학생의 영어 어휘력 향상에 미치는 영향 : 말하기·듣기를 중심으로. 석사학위 논문 . 중앙대학교 대학원 .

김남진. (2006). 유비쿼터스 환경에서의 특수교육의 발전 과제. 지체부자유아교육, 47(1), 89-105

김영실. (1999). 문해 출현의 관점에서 본 유아의 '컴퓨터로 쓰기'의 성격. 유아교육 연구, 19(1), 5-19.

김주은. (2004). 초등영어교육을 위한 컴퓨터 게임 모형 연구. 박사학위 논문. 중앙대학교

김창석, 남종영. (2005, 4월15일). 제2언어엔 '결정적 시기'가 있다. 한겨레21.

박미선 & 이상도. (2000). 영어교육에서 멀티미디어와 인터넷의 효율적인 활용을 위해서. 현대영어교육. 1. 111-146.

박희정. (2005). 총체적 언어 교수법에 의한 문자지도 유아영어 학습 사이트 평가 분석연구. 석사학위 논문. 중앙대학교 .

배두본. (1997). 외국어과 교육과정 개발 방향. 한국교원대학교 .

안부금. (1991). 유아의 쓰기행동발달에 관한 단기-종단적 연구. 석사학위 논문. 부산대학교.

윤지숙. (2004). 교육용 게임의 흥미유발을 위한 디자인 연구. 석사학위논문. 상명대학교.

유구종. (2006). ICT 통합 언어교수방법이 유아의 읽기능력, 음운인식능력, 이해도에 미치는 효과. 열린유아교육연구, 11(2), 419-441.

이기숙. (1994). 유아교육과정. 서울: 교문사

이상주. (2000). 영어 어휘력 향상을 위한 게임 방식의 멀티미디어 코스웨어의 설계 및 구현. 석사학위 논문. 한국교원대학교.

이연주. (2007) 초등영어 교육용 컴퓨터 게임을 활용한 연어(Collocation) 학습 모형 연구

이현구 & 한경호. (2002). 포털 사이트에서의 영어 컨텐츠 유형 분석. 현대영어교육. 3(1), 198-215.

임명식. (1997). CALL 프로그램을 활용한 영어수업 모형에 관한 연구. 석사학위논문. 한국교원대학교 대학원 .

정동빈. (1996-2007). 웅진 *Think-Big* 영어/ *Kids' story*. 서울: 웅진닷컴.

정동빈. (1997-2006). 교육부 검인정 초등영어 3-6학년 교과서, 지도서 서울: 웅진닷컴.
정동빈. (1998). 초등학교 영어 문자지도 방향. 초등영어교육, 4(2), 5-47.
정동빈. (1999). 조기영어교육론. 서울: 한국문화사.
정동빈. (2002a). 유아영어의사소통교육론. 서울: 한국문화사.
정동빈. (2002b). 유아영어의 통합적 교수요목 모형 개발. 영어어문교육학회. 8(2),219-243.
정동빈. (2002c). 유아영어교수학습접근, 방법, 기법 및 절차에 대한 개발 연구, 영어언어과학. Vol.8(2002.1) 37-67
정동빈. (2003a). 인터넷 활용한 유아영어문자지도방법. 현대영어영문학회, 47(2)145-166.
정동빈. (2003b). 100가지게임 활용 초등영어지도, 창원: 드림랜드.
정동빈. (2003c). 수준별 조기 영어 교육 모형 설정과 그 활용방안. 외국학 연구, 7, 75-100.
정동빈. (2004a). 유아영어놀이지도. 서울: 한국문화사.
정동빈. (2004b). 웹기반 초등영어 교과서개발 모형. 현대영어영문학. 48(1).171-195.
정동빈. (2005). 어린이 영어 발달 지도. 서울: 중앙대학교 출판부.
정동빈. (2007). 똑 소리 나는 우리아이 영어, 3살부터 시작하자. 서울: 해피하우스.
정동빈. (2008a). 영미문화와 영어지도. 서울: 동인출판사.
정동빈. (2008b). 엄마가 들려주는 영미문화 이야기와 함께 신나는 영어공부를. 서울: 동인출판사.
정동빈, 김주은. (2004). 어린이 영어교육을 위한 컴퓨터 게임모형, 영어어문교육, 10(2), 133-158.
정동빈, 채유순. (2003). 누구나 영어 영재의 부모가 될 수 있다. 서울: 아가월드.
정동빈, 채유순. (2005). 동화를 활용한 어린이 영어지도. 서울: 드림랜드.
정동빈, 석진이. (2007). 유도적 읽기가 학습자의 자기 주도적 읽기 능력에 미치는 효과. *Foreign Language Education*. 14(2), 287-303.
정동빈, 진현정. (2007). 어휘덩어리 지도가 수준별 5-6세 유아들의 유창성 발달에 미치는 효과. 영어교육. 62(4), 539-562.
정동빈, 윤정주. (2007). 모바일 기기를 활용한 u-러닝 영어학습모형연구. 멀티미디어 언어교육. 10(2), 131-154.
정봉숙. (2004) 쓰기활동 방법이 유아의 쓰기발달과 자아개념에 미치는 효과. 서울: 문화사
정은진. (2005). 컴퓨터 교과학습을 위한 교육용게임의 설계 및 구현. 한국교원대학교 석사학위논문.
조정숙. (1997). 유치원의 문자언어 교육실태에 관한 연구. 유아교육학논집. 1(1).113-138.
한국게임산업개발원. (2003). 대한민국게임백서. 한국게임사업개발원
한국게임산업개발원. (2002). 에듀게임의 현황과 전망. KGDI 연구보고서, 02-006.
허운나. (1995). 교육공학개론. 서울: 한양대학교 출판부.
황보영. (2000). 국내외 어린이 인터넷 사이트의 현황 분석. 이화여자대학교 대학원 석사 논문
Allessi, S. M. & Trollip, S.R. (1990). *Computer-base Instruction: Methods and Development*. 2nd

Ed. NJ: Prentice-Hall, Inc.

Anderson, N. (1999). *Exploring SecondLlanguage Reading*. NY: Newburry House.

Benson, M. Benson, E & Ilson, R. (1986). The BBI *Combinatory Dictionary of English.* Amsterdam: Philadelpfia

Bednar, A.K., Cunningham, D., & Duffy, T.M. (1991). Theory into practice: How do we link? In G.J.Anglin (Ed.), Instructional technology: *Past Present, and Future.* NJ: Libraries Unlimited

Brown, D. (1994). *Teaching by Principles: Interactive Language Teaching Methodology*. NJ: Prentice Hall Regents.

Byrne, D. (1996). *Teaching Writing Skills.* London: Longman.

Cambell, C. (1998). *Teaching Second-language Writing*. NY: Newburry House.

Chang, L. L. & Osguthorpe, R. (1990). The effects of computerized picture-word processing on kindergarteners' language development, *Journal of Research on Childhood Education, 5(1),* 73-83.

Clay, M. (1975). *The early Detection of Reading Difficulties: A Diagnostic Survey.* NY: Heinemann.

Duffy, T.M. & Jonasen, D. H. (1991). Constructivism: New implications for instrcution? *Educational Technology.*

Dunkel, P. (1987). The effectiveness literature on CAI/CALL and computing: Implications of the research for limited English proficient learners. *TESOL Quarterly, 21*, 367-372.

Dyson, A, H. (1992). From prop to mediator: The changing role of written language in children's symbolic repertories. *National Center for the Study of Writing and Literacy.* CA. Research-Reports. ERIC.

Elis, N, C.(2001). Memory for language. In P. Rbinson(Ed.), *Cognition and Second Language Instruction* (pp' 33-68). Cambridge: Cambridge University press.

Firth J, R. (1957). Papers in linguistics 1934-1951. London : Oxford University Press.

Greenfield, P. M. (1984). *Mind and Media.* MA: Harvard University Press.

Guddemi, M. & Mills, H. (1991, Winter). Supporting literacy growth through word processing. *Dimensions, 19(2)*, 18-21.

Gee, J. (2004). Good Games, Good Teaching: Interview with James Gee. Uw-Madison School of Education Online News. From the World Wide Web: http://www.education. wisc.edu/ news/ details.asp?fldLdNes=64

Gilutz, S. & Niesen, J.(2002). *Usabilty of Websites for Children: Seventy Design Guidelines*. CA: Nielsen Noman Group.

Hackbarth, J. D. (1997). Principles for designing appropriate web site for children. *Education*

Technology July-August, 39-44.

Houser, R. & Deloach, S. (1998). Learning from games: Seven principles of effective design. Technical Communication: *Journal of the Society for Technical Communication. 9(1)*, 231-256

Jenkins, H. (2002). Game theory. *Technology Review, 29*, 1-3.

Jones, M. G., Farquhat, J. D. & Surry, D. W. (1995). Using metacognitive theories to design user interfaces for Computer-based learning. *Educational Technology.*

Kagan, S. (1999). *Cooperative Learning*. CA: Resources for Teachers Inc.

Lebow, D. (1993). Constructivistic values for instructional systems design : Five principles toward a new mind set. Educational Technology Research and Development.

Little, D. & Brammerts, H. (Eds.). (1996). A guide to language learning in tandem via the Internet. CLCS Occasional Paper No. 46. Dublin: Trinity College, Centre for Language and Communication Studies. ISSN 0332 3889. Tandem teacher guide.

Mason, J. & Au, K. H. (1990). *Reading Instruction for Today* (2nd Ed.). NY: Haper Collins.

Malone, T. W. (1980). *What makes things fun to learn? Heuristics for designing instructional computer game.* Paper presented at the Joint Symposium: Association for Computing Machinery Special Interest Group on Small Computers and Special Interest Group on Personal Computers. Palo Alto, California. A study of intrinsically motivating computer games.

Piaget, J. (1970). *The development of thought : Equilibration of cognitive structures.* NY : Viking Press.

Piazza, C. L. & Riggs, S. (1984). Writing with a computer: An invitation to play. *Early Child Development and Care, 17*(1), 63-76.

Reinking, D. (1994) Electronic literacy. Perspectives in reading research, 4, National reading research center, ED371324.

Rieber, L. P. (1996). Seriously play: Designing interactive learning environments based on the blending of microworlds, simulations and games. Educational Technology Reseach and Development.

Rieber, L., Daves. J., Matzko, M. & Grant, M. (2001). Children as multimedia critics: Middle school students' motivation for and critical analysis of educational computer games designed by other children. Paper presented at the American Educational Research Association, Seattle, WA.

Robinson, D. H. (1998). Graphic organizers as aids to text learning. *Reading and Instruction.* 37, 85-105.

Rowlans, J. H. & Scott., G. (1992). Promoting Language and Literacy for young children Through

Computer. *Jl. of Computing in Childhood Education. 3,* 55-61.
Scott, V. M. (1996). *Rethinking Foreign Language Writing*. NY: Newburry House.
Strauber, L. P. (1982). *Constructivism in Education.* NJ: Lawrence Erlbaum.
Vygotsky, L. S. (1978). *Mind in Society: The Development of Higher Psychological Processes*. MA : Harvard University Press.
Willamson, E. & Kolimyije, R.D. (1996). The electronic boogeyman. *Psychological Today, 8,* 10-11.

참고 웹사이트

http://www.bebeline.co.kr
http://www.kebikids.com
http://www.2learn.co.kr
http://www.eduree.com
http://www.genienglish.com
http://www.gameinfinity.or.kr/sub03/ : 한국게임 산업개발원(2004)
http://www.englishpicnic.com
http://www.jaeminara.co.kr
http://www.sayhi.co.kr
http://www.edu109.com

교육용 컴퓨터 게임 자료

1) 국내 사이트

(1) 이티영어http://www.et05.co.kr/
(2) 와삭영어 http://www.wasac.com/
(3) 프리잉글리시 http://www.freeenglish.co.kr/
(4) 리틀팍스 http://www.littlefox.co.kr/
(5) 아이브라운 http://www.ibrown.co.kr/
(6) 주니버 http://jr.naver.com/
(7) 에듀리닷컴 http://www.eduree.com/

2) 외국 사이트

(1) 리터러시센터 http://literacycenter.net/
(2) 펀스쿨 http://funschool.kaboose.com/

(3) 부와콸라 http://www.boowakwala.com/
(4) 세서미스트리트 http://www.sesameworkshop.org/sesamestreet/
(5) 알피닷컴 http://www.alfy.com/

부록

교수-학습 지도안 -문자지도를 위한 교사와 유아의 교수 학습활동 모형

다음은 문자지도를 위한 컴퓨터 게임을 중심으로 수업모형을 활용한 전체 차시별 교수학습 내용과 과정이다.

<표 1> 컴퓨터 게임 활용 문자지도를 위한 전체 교수학습 내용과 과정

차시	교수학습 내용과 활동 단계	교수학습 활동
1	-Look and Listen -Listen and Repeat -Let's write -Let's Play computer game	-Aa의 음가 및 쓰기 연습 -/A/ 발음이 들어간 단어 학습 -게임을 통해 확실히 알기
2	-Look and Listen -Let's Read -Let's write -Let's Play computer game	- Bb의 음가 및 쓰기 연습 -/B/ 발음이 들어간 단어 학습 -게임을 통해 확실히 알기
3	-Look and Listen -Let's Read -Let's write -Let's Play computer game	-Cc 의 음가 및 쓰기 연습 -/C/ 발음이 들어간 단어 학습 -게임을 통해 확실히 알기
4	-Let's read -Review	- 자신들만의 책을 만들어서 Phonics의 자신감을 심어준다

<표 2> 1차시 교수 학습 활동을 위한 수업 지도안

대상	6세 Phonics class (처음 영어 시작하는 어린이)		시간	25분
1/4 차시				
단계	절차	교수 - 학습 활동	시간	유의점
Warm-up	Introduction (도입)	동기유발 및 인사 T: Good Morning? S: Good Morning teacher. How are you ? T: Look out the window ! How's the weather today? S: It's sunny today.	5'	어린이들의 호기심을 유발하고 영어에 대한 반감을 사지 않도록 한다. 노래를 부르면서 흥미유발 한다.

		Let's sing together~~!!		
	Develop ment (전개)	알파벳 song 를 함께 불러본다. 그리고 나서 미리 준비해둔 flash card를 보여주며 T: What is it? It's A 라고 하며 큰 소리로 따라 읽힌다. A,a는 아주 친한 사이라서 매일 함께 다닌다고 말하고 별명이 있다고 하면서 /a/ 라고 말한다. /a/ /a/ /a/ Apple apple, ant, alligator, Ann, Andrew 이 단어들을 위와 같은 방법으로 소개한다 Ann like an ant and alligator. Andrew like apple. 위 상황에 맞는 Picture card로 한눈에 알아볼 수 있게 한다. 노래를 부르면서 익힌다.	15'	찍찍이 판을 이용해 아이들이 직접 붙여 볼 수 있는 시간을 갖도록 해주는 것이 좋다. 게임을 할땐 어린이들이 학습의 효과를 높일수 있도록 선생님은 옆에서 별명을 같이 읽도록 유도한다.
Activity		어린이에게 친근한 애니메이션 보노보노의 캐릭터를 선택할 수 있게 하여 동기를 유발한다. 보노보노가 주인공으로 등장하는 애니메이션의 스토리를 활용하여 알파벳을 학습하는 자연스러운 과정으로 유아의 흥미를 유발할 수 있는 단계이다. 대문자 A와 소문자 a를 구분하여 읽고 쓰는 학습이 진행되며, 문자를 제시하여 읽고 쓴 후에 게임 학습이 시작된다. Computer game을 활용하여 어린이들의 흥미를 끌며 다시 학습을 한다. 컴퓨터 게임에 나온 방법대로 학생들이 게임을 할 수 있도록 도와준다. 게임을 통한 문자 학습으로 이 게임에서는 A 혹은 a가 포함된 단어를 시간 내에 많이 찾아내어 클릭 한다. 물 속에 있는 A로 시작되는 그림 혹은 단어장을 다른 방해물을 피해 클릭한다. 마우스 클릭 혹은 컴퓨터 자판으로 A와 그에 해당 하는 단어를 학습한다. 단어가 선택되면 음성언어와 함께 제시되어 학습에 도움을 준다.		
	Closing (정리)	집에가서 알파벳의 별명을 잊지 않도록 숙제를내준다.	5'	

<표 3> 2차시 교수 학습 활동을 위한 수업 지도안

대상	6세 Phonics class (처음 영어 시작하는 어린이)		시간	25분
2/4 차시				
단계	절차	교수 - 학습 활동	시간	유의점
Warm-up	Introduc tion (도입)	동기유발 및 인사 T: Good Morning? S: Good Morning teacher. How are you ? T: Look out the window ! How's the weather today? S: It's sunny today.	2'	어린이들의 호기심을 유발하고 영어에 대한 반감을 사지 않도록 한다. 노래를 부르면

		Let's sing together~~!!		서 흥미유발 한다.
Review		T: Do you remember what we did last time? S: Yes~~! T: What is the A 's nickname? S: /a/ T Very very good!!!!	5'	잘 못하는 친구들은 가장 나중에 시켜서 자신감을 갖도록 해준다.
	Developme nt (전개)	알파벳 song 를 함께 불러본다. 그리고 나서 미리 준비해둔 flash card를 보여주며 T: What is it? It's B 라고 하며 큰 소리로 따라 읽힌다. B, b 에게도 아주 친한 친구가 있다고 그래서 매일 함께 다닌다고 말하고 별명이 있다고 하면서 /b/ 라고 말한다. /b/ /b/ /b/ book Bear, Ball, Book, Box, Brown, Billy 이 단어들을 위와 같은 방법으로 소개한다 Billy has ball and book. Browon bear is in the box. 위 상황에 맞는 Picture card로 한눈에 알아볼수 있게 한다. 노래를 부르면서 익히다.		/b/발음이 나는 단어는 /b/ 발음을 조금도 강조해서 발음해준다.
Activity		Computer Game 를 활용해서 어린이들의 흥미와 기억력을 증진 시켜 준다. 어린이에게 친근한 애니메이션 보노보노의 캐릭터를 선택할 수 있게 하여 동기를 유발한다. 보노보노가 주인공으로 등장하는 애니메이션의 스토리를 활용하여 알파벳을 학습하는 자연스러운 과정 으로 유아의 흥미를 유발할 수 있는 단계이다. 대문자 A와 소문자 a를 구분하여 읽고 쓰는 학습이 진행되며, 문자를 제시하여 읽고 쓴후에 게임 학습이 시작된다. Computer game을 활용하여 어린이들의 흥미를 끌며 다시 학습을 한다. 컴퓨터 게임에 나온 방법대로 학생들이 게임을 할 수 있도록 도와준다. 게임을 통한 문자 학습으로 이 게임에서는 A 혹은 a가 포함된 단어를 시간 내에 많이 찾아내어 클릭 한다. 물 속에 있는 A로 시작되는 그림 혹은 단어장을 다른 방해물을 피해 클릭한다. 마우스 클릭 혹은 컴퓨터 자판으로 A와 그에 해당하는 단어를 학습한다. 단어가 선택되면 음성언어와 함께 제시되어 학습에 도움을 준다	15'	/b/ 발음이 들어가 카드를 뒤집기 게임이다. 배운단어를 잘 기억할 수 있도록 지도해준다.
	Closing	쓰기 연습을 시키기 위해 집에서 쓸 수 있는 자료들을 나눠주어 집에서 숙제로 할 수 있게 해준다.		부모님의 도움을 받아 별명을 큰소리로 읽고 쓴 어린

				이는 사인을 받아온다.

<표 4> 3차시 교수 학습 활동을 위한 수업 지도안

대상	6세 Phonics class (처음 영어 시작하는 어린이)		시간	25분
3/4 차시				
단계	절차	교수 - 학습 활동	시간	유의점
Warm-up	Introduction (도입)	동기유발 및 인사 T: Good Morning? S: Good Morning teacher. How are you ? T: Look out the window ! How's the weather today? S: It's sunny today. Let's sing together~~!!	2'	어린이들의 호기심을 유발하고 영어에 대한 반감을 사지 않도록 한다. 노래를 부르면서 흥미유발 한다.
Review		T: Do you remember what we did last time? S: Yes!!~~ T: What is the B 's nickname? S: /b/ T: Very very good!!!!	5'	어린이들이 Phonics에 능숙해지면 별명만을 가지고 노래불러본다. 잘 못하는 친구들은 가장 나중에 시켜서 자신감을 갖도록 해준다.
	Development (전개)	알파벳 song 를 함께 불러본다. 그리고 나서 미리 준비해둔 flash card를 보여주며 T: What is it? It's C 라고 하며 큰 소리로 따라 읽힌다. C, c 에게도 아주 친한 친구가 있다고 그래서 매일 함께 다닌다고 말하고 별명이 있다고 하면서 /c/ 라고 말한다. /c/ /c/ /c/ cat Cat, cap, cup, cany, 이 단어들을 위와 같은 방법으로 소개한다 Cat is on the cap. Candy is in the cup. 위 상황에 맞는 Picture card로 한눈에 알아볼 수 있게 한다. 노래를 부르면서 익힌다.		
Activity		Computer Game 를 활용해서 어린이들의 흥미와 기억력을 증진 시켜 준다. 어린이에게 친근한 애니메이션 보노보노의 캐릭터를 선택할 수 있게 하여 동기를 유발한다. 보노보노가 주인공으로 등장하는 애니메이션의 스토리를 활용하여 알파벳을 학습하는 자연스러운 과정 으로 유아의 흥미를 유발할 수 있는 단계이다. 대문자 A와 소문자 a를 구분하여 읽고 쓰는 학습이 진행되며, 문자를 제시하여 읽고 쓴 후에 게임 학습이	15'	

		시작된다. Computer game을 활용하여 어린이들의 흥미를 끌며 다시 학습을 한다. 컴퓨터 게임에 나온 방법대로 학생들이 게임을 할 수 있도록 도와준다. 게임을 통한 문자 학습으로 이 게임에서는 A 혹은 a가 포함된 단어를 시간 내에 많이 찾아내어 클릭 한다. 물 속에 있는 A로 시작되는 그림 혹은 단어장을 다른 방해물을 피해 클릭 한다. 마우스 클릭 혹은 컴퓨터 자판으로 A와 그에 해당 하는 단어를 학습한다. 단어가 선택되면 음성언어와 함께 제시되어 학습에 도움을 준다		
	Closing	수업시간에 배운 내용을 집에 가서 숙제로 할 수 있는 프린트를 나눠준다.	3'	

<표 5> 4차시 교수 학습 활동을 위한 수업 지도안

대상		6세 Phonics class (처음 영어 시작하는 어린이)	시간	25분
4/4 차시				
단계	절차	교수 - 학습 활동	시간	유의점
Warm-up	Introduction (도입)	동기유발 및 인사 T: Good Morning? S: Good Morning teacher. How are you ? T: Look out the window ! How's the weather today? S: It's sunny today. Let's sing together~~!!	2'	어린이들의 호기심을 유발하고, 영어에 대한 반감을 사지 않도록 한다. 노래를 부르면서 흥미유발 한다.
Review		T: Do you remember what we did last time? S: Yes ~ ~!! T: What is the C 's nickname? S: /c/ T: Very very good!!!!	15'	
	Development (전개)	알파벳 song 를 함께 불러본다. 그리고 나서 미리 준비해둔 flash card Aa, Bb, Cc를 바닥에 뒤집어두고 소문자 대문자 matching game를 한다. 미리준비해둔 하트모양의 종이에 한쪽에는 대문자 한쪽에는 소문자를 쓴다. 그리고 그것을 붙여 자신만의 책을 만든다.		
Activity		Computer Game을 활용해서 어린이들의 흥미와 기억력을 증진 시켜 준다. 어린이에게 친근한 애니메이션 보노보노의 캐릭터를 선택할 수 있게 하여 동기를 유발한다. 보노보노가 주인공으로 등장하는 애니메이션의 스토리를 활용하여 알파벳을 학습하는 자연스러운 과정으로 유아의 흥미를 유발할 수 있는 단계이다. 대문자 A와 소문자 a를 구분하여 읽고 쓰는 학습		

		이 진행되며, 문자를 제시하여 읽고 쓴 후에 게임 학습이 시작된다. Computer game을 활용하여 어린이들의 흥미를 끌며 다시 학습을 한다. 컴퓨터 게임에 나온 방법대로 학생들이 게임을 할 수 있도록 도와준다. 게임을 통한 문자 학습으로 이 게임에서는 A 혹은 a가 포함된 단어를 시간 내에 많이 찾아내어 클릭 한다. 물 속에 있는 A로 시작되는 그림 혹은 단어장을 다른 방해물을 피해 클릭 한다. 마우스 클릭 혹은 컴퓨터 자판으로 A와 그에 해당하는 단어를 학습한다. 단어가 선택되면 음성언어와 함께 제시되어 학습에 도움을 준다		
	Closing	T: Everyone did a good job. S: Thank you teacher!! T: Next time we're going to study 'Dd'. Do you know Dd's nickname?? S: I don't know~~ T: Don't worry about that~!! We're going to learn next time. T: Good bye~! S: Thank you teacher~!!	5'	다음 수업시간에 대한 기대감을 갖도록 만든다.

Epilogue

이 책은 초등학교 교사들이 스스로 문제를 해결하고 영어수업에 혁신적인 변화를 가져다 줄 창의적인 초등영어문자학습지도법을 기술한 것 이다. **초등영어문자지도**에서는 **어린이 영어문자지도**에서 다루지 못한 쟁점들을 체계적으로 집필 하였다. 초등영어문자지도에서 필자는 특히 다음과 같은 의문점을 해결하고자 노력하였고, 현장교사들이 스스로 제시하는 체험적인 의견을 많이 참관하여 듣고 확인 하여 많은 실제지도사례를 기술하는데 도움을 받았다.

초등영어문자지도에서, 첫째, 초등학교 어린이에게 흥미 있는 읽고 쓰기 지도를 어떻게 효과적으로 할 것 인가, 둘째, 어린이에게 u-러닝 조기영어문자지도는 어떻게 할 것 인가, 셋째, 어린이에게 문학을 활용한 영어교육은 어떻게 할 것 인가, 넷째, 어린이에게 문자지도 프로그램을 어떻게 운영할 것 인가, 다섯째, 어린이에게 문자지도접근법은 어떤 것들이 있을 것 인가, 여섯째, 어린이에게 유익한 문자지도평가 방법은 어떻게 할 것 인가를 체계적으로 살펴보았다. 그리고 그 주제의 의문점을 해결하기위해서 노력을 하였다.

21세기 정보화와 세계화시대에 초등영어문자지도의 필요성과 그 욕구가 점점 강하게 요구되고 있다. 이 책에서는 교육인적자원부에서는 2007년 2월28일 제 8차 영어과 교육과정을 고시하면서 문자지도의 중요성을 강조하는 정신을 잘 반영하고 있다. 그래서 효과적이고 효율적인 초등영어문자놀이지도를 개발하기 위해서, 이 책에서는 영어문자놀이지도의 접근법, 방법, 절차, 기법을 각 주제별로 구분하여 구체적으로 살펴보았다. 어린이영어문자놀이지도의 접근법이란, 언어교육의 원리와 실제의 근원을 제공하는 언어와 언어학습에 관한 본질적 이론이며 가설이다. 초등영어문자놀이지도의 방법이란 이론적인 접근방법을 구현하는 실제적인 어린이교사와 학습자의 활동을 말하고 있다. 초등영어문자놀이지도의 절차란 가르치는 기술을 순서별로 열거한 활동 과정이라고 보고 있다. 마지막으로 초등영어문자놀이지도의 기법이란 학습과 교수 활동을 진행하는 구체적인 멀티미디어 매체, 교구, 몸 동작을 활동적인 기술을 가리키고 있다. 따라서 이런 기법을 과학적이고 체계적인 교수학습 절차로 열거하여 전개하는 것을 초등영어문자교수학습지도 과정이라고 한다.

영어를 처음 접하는 초등학생들에게 보다 쉽고 흥미롭게 영어문자를 대하도록 하기 위해서는 그들의 호기심과 감각을 자극시킬 수 있는 영어지도학습방법이 필요하다. 영어문자지도는 체계적인 절차에 따라 학습하는 과정이다. 이런 점에서 문자지도놀이 활동이나 게임, 다양한 시청각매체를 적절히 활용하는 것은 자연스럽게 영어문자를 익히고 사용하기에 아주 효과적인 방법일 것이다. 따라서 교육인적자원부에서 권장하는 첫째, 읽기는 초등 영어 학습 환경과 초보자의 읽기 학습 발달 정도를 고려하여 음성 언어 학습 내용과 연계하여 지도하고, 점진적으로 문자 언어에 익숙해지도록 지도안을 제시하였다. 둘째, 읽기 학습의 초기 단계에는 다양한 학습 방법을 활용하여 소리와 철자 관계를 자연스럽게 익힘으로써 문자 언어에 친숙해지도록 지도하게 제시하였다. 셋째, 쓰기는 초기에는 철자 및 구두점 등에 유의하여 지도하고, 점차 의미 전달에 중점을 두어 지도하도록 제시 하였다.

이 책은 유치원과 초등학교 어린이에게 외국어로서 영어를 가르치는 조기영어교육전문가나 학부모들에게 영어문자지도교재로 활용하도록 고안된 지침서이다. 따라서 이 책은 유치원과 초등학교 영어교육을 담당하는 장학사, 연구사에게 유익한 자료 일 뿐만 아니라, 교육대학원 조기영어교육과, 영어교육과, 유아교육과의 영어 문자 놀이 지도 교수에게 좋은 자료가 될 것이다. 또한 각 대학의 어린이 영어 전문가 과정의 지도 자료로 유익 할 뿐만 아니라, 각 영어학습지회사의 영어교사양성 프로그램의 문자놀이활동지도 자료로 활용되길 기원한다.

정 동 빈 교수 소개

학력 및 경력

중앙대학교 사범대 영어교육과 및 대학원 영어학과 졸업 (학사/ 석사)
미국 캔사스 주립대학교 대학원 영어과 졸업 (석사)
미국 캔사스 위치타 주립대학교 대학원 응용언어과학과 전공 (박사)
미국 캔사스 주립대, 버클리대, 영국 랭카스터대, 캐나다 국제대, 호주 남 퀸즈랜드대등 객원교수
현 한국영어언어과학학회장/ 한국조기영어교육학회장. 전 한국응용언어학회장
현 중앙대학교 외대 영어학과 교수, 교대원 조기영어교육과 및 대학원 영어언어과학과 학과장

저서 및 활동

정동빈. 언어습득론. 서울: 한신문화사. 1987.
정동빈. (공역) 비교역사언어학. 서울: 학연사. 1988.
정동빈. 영어학. 서울: 한신문화사. 1989.
정동빈. (공저) 심리언어과학. 서울: 한신문화사. 1990.
정동빈. (공저) 영어교육론. 서울: 한신문화사. 1991.
정동빈. (공역) 언어습득. 서울: 한신문화사. 1992.
정동빈. (공역) 통사이론과 영어통사습득. 서울: 한신문화사. 1993.
정동빈. (공역) 언어학이론. 서울: 한신문화사. 1994.
정동빈. 심리언어학. 서울: 중앙대출판부. 1992.
정동빈. 영어형성과 발음. 서울: 송학문화사. 1993.
정동빈. (공역) 언어학개론. 서울: 송학문화사. 1994.
정동빈. (공역) 이중언어상용. 서울: 한국문화사. 1995.
정동빈. 언어발달지도. 서울: 한국문화사. 1996.
정동빈. 웅진 Think-Big 영어/ Kids' story. 서울: 웅진닷컴. 1996 -2007.
정동빈. 교육부 검인정 초등영어 3-6학년 교과서, 지도서 서울: 웅진닷컴. 1997-2006.
정동빈. (공저) 어린이 영어교육. 서울: 홍익미디어. 1997.
정동빈. (공저) 방송화법. 서울: 한국방송공사. 1998.
정동빈. (공저) 조기영어교육론. 서울: 한국문화사. 1999.
정동빈. 현대영어학. 서울: 한신문화사. 1999.
정동빈. *English job interviews and classroom English*. 서울: 박문각. 2000.
정동빈. (공저) 영어교육 어떻게 할 것인가. 서울: 학문닷컴. 2000.
정동빈. (공저) 멀티미디어 영어교육. 서울: 학문닷컴. 2000.
정동빈. (공저) *English teaching and learning*. 서울: 학문닷컴. 2000.
정동빈. (공저) 영어교육의 새출발. 서울: 학문닷컴. 2001.
정동빈. (공저) *Classroom English*. 서울: 학문닷컴. 2001.
정동빈. 새경향 TOEIC. 서울: 학문닷컴. 2001.
정동빈. *English grammar*. 서울: 송학문화사. 2001.
정동빈. 어린이영어 의사소통 교육론. 서울: 한국문화사. 2002.
정동빈. 어린이 영어놀이지도. 서울: 한국문화사. 2004.
정동빈. 어린이 영어발달지도. 서울: 중앙대. 2005.
정동빈. (공저) 동화를 활용한 어린이 영어지도. 서울: 드림랜드. 2006.
정동빈. *New Power TOEIC*. 서울: 팬콤미디어. 2007.
정동빈. 똑소리나는 우리아이 영어, 3살부터 시작하자. 서울: 해피하우스. 2007.

*기타 저서 및 논문 다수 있음/ 각종 사법, 행정, 교사, 학사 고시, 수능 출제 위원/ 각종기관 강연 자문위원/ 어린이 영어자랑대회 개최등 다양한 활동을 하고 있음

http://EnglishT.com
E-mail: dbjeong@cau.ac.kr

초등 영어문자지도

초판인쇄 2008년 2월 20일
초판발행 2008년 2월 25일

지은이 정동빈
펴낸이 김진수
편 집 하경민
펴낸곳 **한국문화사**
등 록 1991년 11월 9일 제2-1276호
주 소 서울특별시 성동구 성수1가2동 656-1683번지 두앤캔B/D 502
전 화 (02)464-7708 / 3409-4488
전 송 (02)499-0846
이메일 hkm77@korea.com
홈페이지 www.hankookmunhwasa.co.kr

값 18,000원

ISBN 978-89-5726-533-8 93730